Nikol

Rainer A. Müller

Geschichte der Universität

Von der mittelalterlichen Universitas zur deutschen Hochschule

Nikol

Lizenzausgabe (1996) mit Genehmigung des Verlags Georg D. W. Callwey
GmbH & Co., München
für Nikol Verlagsvertretungen GmbH, Hamburg

Schutzumschlaggestaltung: Baur + Belli Design, München
unter Verwendung der Abbildung 106
Lithos: Fotolitho Longo, Bozen
Satz: Kösel, Kempten
Druck: Druckerei Uhl, Radolfzell
Printed in Germany
ISBN 3-930656-48-5

Nikol

Inhalt

TEXTTEIL	9	I. Die »universitas« – eine »soziale Erfindung« der Scholastik	*»Wissenschaftsbetrieb« der Scholastik – Universitas und studium generale – Archetypen*
	13	II. Einwirkung der Kirche und Mitwirkung der Orden	*Engagement des Papsttums – Lehrautorität – Die alten Orden – Der Weltklerus – Die Bettelorden – Der Bettelordensstreit – Das Kollegienwesen*
	18	III. Universitätsstruktur und Studium	*Universität und Generalstudium – Die Fakultäten – Die Nationen – Patrone – Siegel und Szepter – Das Rektoramt – Das Kanzleramt – Vermögen und Etat – Die »regierenden« Professoren – Lehrbetrieb – Lehrfächer und Lehrbücher – Akademische Grade – Bibliothek – Studenten*
	31	IV. Ur-Universitäten	*Paris – Bologna – Oxford – Salamanca*
	39	V. Frühe Universitätsgründungen im Deutschen Reich	*Prag – Wien – Heidelberg – Köln*
	45	VI. Territorialisierung und Humanismus	*Territorialisierung – Professoren – Studenten – Brauchtum – Humanismus*
	51	VII. Reformation und katholische Reform	
	58	VIII. Barocke Gelehrsamkeit und aufgeklärte Wissenschaft	*Staatsdienerschule – Nützliche Wissenschaft – Epilog des Lateins – Libertas philosophandi – Adelsstudium und Orden – Landsmannschaften und Orden – Aufklärungsuniversitäten*
	66	IX. Einsamkeit und Freiheit – Die Humboldt-Universität	*Krise und Massensterben – Preußen – Bayern – Die »klassische« Universitätsidee – Klassische Universität: Berlin – Bayerischer »Sonderweg«*
	74	X. Vormärz und Vorabend des Kaiserreiches	*Urburschenschaft – Wartburgfest – Die Corps – »Protestation« der Göttinger Sieben – Revolution und Professorenparlament – Studentenschaft*
	82	XI. Die Universität als »wissenschaftlicher Großbetrieb«	*Großwissenschaft – Strukturreformen – Studentenboom – Blütezeit*
	89	XII. Krisen und Kriege des 20. Jahrhunderts	*Erster Weltkrieg – Die Weimarer Republik – Die Zeit des Nationalsozialismus*
	102	XIII. Moderne	*Neubeginn und Aufbauphase in der Bundesrepublik Deutschland – Schweiz – Österreich – Deutsche Demokratische Republik – Moderne*
BILDTEIL	109	Hoheitszeichen und Attribute	
	125	Rektoramt und Repräsentation	
	133	Forschung und Lehre – Die Professoren	
	165	Album universitatis – Die Matrikel	
	173	Universitätsfeste	
	181	Studium und Freizeit – Die Studenten	
	209	Gebäude – Institute – Kliniken	
ANHANG	277		*Bibliographie – Apparat – Register – Bildnachweis*

Vorwort

Die Universität gehört zu den wirkmächtigsten wissenschaftlichen Institutionen unserer Zeit. Ohne den Einfluß dieser in ihrer Struktur im Mittelalter geformten »Gelehrtenrepublik« wären moderne Zivilisation und heutige Kultur nicht denkbar. Vorliegender Band versucht, an Hand eines reichhaltigen Bildmaterials die historische Genese des europäischen, vor allem aber die Entwicklung des deutschen Universitätswesens nachzuzeichnen. Im Zentrum der Darstellung steht die Beschreibung gesamtuniversitärer institutioneller Strukturen sowie deren Veränderungen im Laufe der Zeit, steht vor allem aber auch das Bemühen, visuell den Wandel der Universität von der mittelalterlichen »Lehr-Korporation« über die frühmoderne »Staatsuniversität« bis hin zum modernen wissenschaftlichen »Großbetrieb« kenntlich zu machen. Soweit notwendig und aufgrund des vorgegebenen Umfanges möglich, wurden einschlägige Aspekte der Wissenschafts-, Kultur- und Personalgeschichte mitberücksichtigt.

Ein Unternehmen wie das vorliegende ist auf Vorarbeiten verschiedenster Art angewiesen und weiß sich insbesondere den »Klassikern« der Universitätsgeschichte verpflichtet, als die (in alphabetischer Auflistung) bei den Recherchen mehr denn je als solche empfunden wurden: A. B. Cobban (1975), S. D'Irsay (1933), H. Denifle (1885), Th. Ellwein (1985), F. Eulenburg (1904), G. Kaufmann (1888/96), A. Kluge (1958), W. Lexis (1904), Ch. McClelland (1980), Ch. Meiners (1802), E. Meuthen (1988), Fr. Paulsen (1919/21), H.W. Prahl (1978), H. Rashdall (1895), R. Chr. Schwinges (1986), G. Steiger (1981) und J. Verger (1973). Der Autor dankt darüber hinaus Laetitia Boehm, Harald Dickerhof, Notker Hammerstein, Arno Seifert (†) und Rüdiger vom Bruch, die durch ihre Arbeiten und durch ihr Interesse das Entstehen dieses Buches mit ermöglicht haben. Dank gilt auch Frau Dr. Veronika Baur-Callwey und Herrn Ulrich Becker für ihren engagierten Einsatz bei der Bearbeitung des Bildteiles.

Eichstätt, im Juni 1990 Rainer A. Müller

I. Die »universitas« – eine »soziale Erfindung« der Scholastik

Die Universität Bologna gibt als ihr Gründungsdatum das Jahr 1088 an, für die Universität Paris mutmaßt man, daß sie Mitte des 12. Jahrhunderts ins Leben gerufen wurde, für die Oxforder Hochschule wird das letzte Drittel dieses Jahrhunderts als Entstehungsphase angegeben.[1] Ein jeweils eindeutig zur Universität qualifizierendes Datum für diese drei ältesten europäischen Universitäten existiert damit ebensowenig wie ein eigentliches Gründungsdokument. Prinzipiell muß von einem länger dauernden Entstehungs- bzw. Konsolidierungsprozeß ausgegangen werden, der auf unterschiedlichen Prämissen aufbaute und unterschiedlich lange dauerte, bis die Qualität einer *universitas magistrorum et scholarium* bzw. eines *studium generale* erlangt war. In der italienischen Stadtrepublik Bologna war es die alte Rechtsschule, in der französischen Hauptstadt Paris waren es mehrere Philosophieschulen und in der englischen Kleinstadt Oxford Mönchsschulen, die initiierende Elemente für die neuartige Bildungsinstitution darstellten.[2]

Entstehungstheorien

Ungeklärt ist jedoch nicht nur das Wann der Gründung, sondern auch das Wie: Daß die »modernen« Universitäten im 12. Jahrhundert entstanden sind, ist in der Forschung unumstritten. Über den Entstehungsprozeß selbst gibt es allerdings eine Reihe von Hypothesen, die sich im wesentlichen unter drei Haupttheorien zusammenfassen lassen:

1. Der »Traditions-Theorie« zufolge gab es eine direkte, strukturelle Verbindung zwischen den arabisch-orientalischen, den byzantinischen sowie den hochmittelalterlichen mönchisch-kirchlichen Bildungsinstitutionen und den Universitäten des 12. und 13. Jahrhunderts.
2. Vertreter der »Intellekt-Theorie« behaupten, daß wissenschaftliches Interesse allein motivierend war, sich ein Forum für ungezügelte geistige Entfaltung zu schaffen.
3. Im Rahmen der »Sozial-Theorie« spielt die Überlegung, daß die Hochschulen des 12. Jahrhunderts sich als neue Formen sozialen Zusammenlebens, -arbeitens, -forschens etablierten, die ausschlaggebende Bedeutung.

Mit aller Wahrscheinlichkeit wird man mit einer Kombination der Theorien zwei und drei der Wirklichkeit am nächsten kommen. Wer nur hohen Ausbildungsstandard und elitebezogenes Bildungsstreben als kleinsten gemeinsamen Nenner für die Definition von Universitäten ausmacht und Hochschulen in-

Fig. 1
Albertus Magnus († 1280) im Kreise seiner Studenten; seiner Aristoteleskommentierung folgt vermutlich auch der mit einem Heiligenschein versehene hl. Thomas von Aquin († 1274).

folgedessen zu allen Zeiten seit der Antike und in nahezu allen Hochkulturen etabliert sieht, mißachtet zwei entscheidende Komponenten, kraft derer sich die »modernen Universitäten« ihrem geistigen Selbstverständnis wie auch ihrer Struktur nach ganz wesentlich von den antiken Akademien und Gymnasien, den orientalischen Hochschulen sowie den Juristen- und Medizinerausbildungsstätten unterschieden. Es sind dies erstens die »neue Wissenschaftlichkeit der Scholastik« und zweitens die »soziale Revolution« des 12. Jahrhunderts.[3] Der scholastische Lehr- und Wissenschaftsbetrieb auf der einen Seite, die neuen korporativen Gesellschaftsformationen, wie sie Zünfte, Gilden und Orden ausgebildet hatten, auf der anderen Seite, ermöglichten erst diejenigen Formen von Lehren und Lernen, schufen erst diejenigen konstitutiven Prinzipien, die das Wesen der »modernen« (mittelalterlichen) Universität ausmachten.

Scholastik

Fig. 2
Disputation mehrerer Professoren vor ihren Studenten; das wissenschaftliche Streitgespräch galt vornehmlich der rhetorischen Widerlegung des Gegners. Holzschnitt, 16. Jh.

»WISSENSCHAFTSBETRIEB« DER SCHOLASTIK

»Wir sind Zwerge, die auf den Schultern von Riesen sitzen. Wir können mehr und weiter sehen als diese, nicht, weil wir einen schärferen Blick oder eine stattlichere Gestalt besitzen, sondern weil deren Größe bewirkt, daß wir gehoben und getragen werden.« Dieser oft zitierte Ausspruch Bernhards von Chartres, des großen frühscholastischen Denkers im ersten Drittel des 12. Jahrhunderts, zeugt vom Selbstbewußtsein einer neuen Epoche, die zwar die »Renaissance« der alten Wissenschaften suchte, von dieser Basis aus aber zu neuen Erkenntniszielen strebte.[4] Die philosophischen Disziplinen bekamen gegenüber der Theologie eine neue Gewichtung, die dialektische Methode Abaelards, das *sic et non*, die scholastische Methode des Dreischrittes von These, Antithese und Synthese verdrängten pure Autoritätsgläubigkeit und monologisches Lehrverfahren. Zwar blieben die *lectio*, die Vorlesung, in der der Magister ein bestimmtes Lehrbuch abschnittsweise vortrug, und das Diktat wichtiger Textstellen weiterhin übliche Unterrichtsformen, doch fand gleichzeitig eine intensive Kommentierung und Glossierung der einzelnen Textpassagen und Sentenzen statt. Der bewußt geführten geistigen Konfrontation entsprach ferner die *disputatio*, eine oftmals geübte Diskussion zwischen Magister und Scholar, bei der Lehrer und Schüler ihre Kenntnisse in Logik und Rhetorik unter Beweis stellten. Die geistige Unruhe jener Zeit, die wissenschaftliche Neugierde, das aufkeimende Mißtrauen gegenüber alten Autoritäten, der Aufbau neuer Fächer wie derjenigen der *septem artes liberales*, so säkularer Disziplinen wie Jurisprudenz und Medizin, dieses intellektuelle Engagement allenthalben waren letztendlich der Antrieb der »neuen Wissenschaftlichkeit« der Scholastik. Die großen Summen, Kommentare und Sentenzensammlungen dieser Zeit dokumentieren diesen Elan auf anschauliche Weise.[5]

Fig. 3
Peter Abaelard (†1142), einer der Begründer der »scholastischen Methode«. Paris, Bibl. Sainte-Geneviève, MS 1108.

Der wissenschaftliche Impetus der Scholastik führte zu hoher geistiger wie auch geographischer Mobilität der Gelehrten und Scholaren, einer Gesellschaftsschicht also, die Kaiser Friedrich Barbarossa in seiner berühmten Scholarenkonstitution von Roncaglia 1158 als *amore scientiae facti exules* (durch Liebe zur Wissenschaft heimatlos) bezeichnet, und, da sie in seinen Augen *bona facientes*, Wohltäter, waren, mit beachtlichen Privilegien versah. Die »für die Wissenschaft im Exil Lebenden« bedurften zur Entfaltung ihrer Fähigkeiten eines sozialen Umfeldes, das genügend Freiraum – die *libertas academica* – bot. Diese »geistige Republik«, weitgehend ohne Kontrolle von außen, aber mit solider sozialer Sicherheit, fand sich in den *universitates*, korporativen Kollegien, die in Analogie zu den bürgerlichen Zünften und Gilden entstanden waren. Begriffe wie *rector* und *magister* weisen deutlich auf die Verbindung zum Genossenschaftswesen hin (Zünfte besaßen allerdings früh eigene Zunfthäuser, während die Universitäten im Mittelalter keine »Zentralgebäude« besaßen).[6] Wie sich im 12. Jahrhundert im Zuge der Arbeitsteilung, der Positivbewertung von Arbeit überhaupt, der entstehenden Städte, Handwerker und Kaufleute zu Innungen, *communitates*, *consortia*, *collegia* oder *societates* zusammenschlossen – wobei auch für diese Korporationen der Begriff *universitates* der übliche war –, so schlossen sich eben an bestimmten Orten Lehrer und Schüler zu *universitates magistrorum et scholarium* zusammen, reklamierten bürgerliche Freiheiten und verschafften sich einen eigenen Rechtsstatus samt Privilegien. Im »Großen vollständigen Universal-Lexicon aller Wissenschaften und Künste« Zedlers (Halle/Leipzig 1732 ff.) wird dies korrekt so beschrieben: »Denn eine Universität bedeutet eigentlich ein Collegium oder Corpus von Lehrenden und Lernenden, welche gleichsam eine eigene Republik unter sich machen, ihre eigene Jurisdiction und Gesetze haben, von niemand, als der höchsten Landes-Obrigkeit, dependiren ...«[7]

Die *universitates* erwarben sich fortan als entscheidende akademische Sonderrechte das Privileg der Selbstverwaltung (Rektorwahl, Senat, Vollversammlung), das Promotionsrecht, das Statutenrecht sowie die Jurisdiktionshoheit, ferner eine Reihe wirtschaftlicher und sozialer Vergünstigungen wie die Steuer- und Militärfreiheit und die Mietpreisbindung. Sie kannten keinen sozialen *numerus clausus* und blieben weitgehend demokratischen Prinzipien verpflichtet. Ein Vergleich mit den traditionellen Lehr- und Schuleinrichtungen schließt sich schon von daher völlig aus; pointiert formuliert waren sie ein »soziales Konstrukt« der Scholastik.

UNIVERSITAS UND STUDIUM GENERALE

Gegen Ende des 12. Jahrhunderts, vornehmlich aber dann im 13., wuchsen – vor allem in Paris und Bologna – die verschiedenen, auch nach Fächern (*facultates*, *scientiae*) differenzierten *universitates* zu einer Institution zusammen, einer Lehranstalt, die als *studium generale*, *studium privilegiatum*, *academia* oder auch *universitas* bezeichnet zu werden pflegte.[8] Nachdem man ursprünglich auf Straßen, in Professorenwohnungen oder in Kirchen doziert und disputiert hatte, mietete man nun Räumlichkeiten an, publizierte einen Lektionsplan, benötigte Statuten, zog Gebühren ein, führte eine eigene Matrikel und eigene Hoheitszeichen (Siegel, Szepter, etc.). In dieser »Lehranstalt« unterrichteten fortan besoldete Professoren Studenten nach einem festen Lehrplan und nach bestimmten Lehrbüchern. Der korporativ-demokratische Charakter der Anstalt blieb zwar weiterhin erhalten, der Einfluß der Magister, die zum professoralen Berufsstand geworden waren, nahm immens zu.

Studium generale bedeutete einerseits, daß die Hochschule überregionalen Charakter besaß, mit einem Privileg von einer der beiden Universalgewalten (Papst/Kaiser) versehen war, andererseits aber – wenn auch nicht immer –, daß sie die vier klassischen Fakultäten umfaßte, die der Philosophie, der Theologie, der Jurisprudenz und der Medizin. Die Privilegien bestimmten das Renommee der Anstalt, sie vor allem garantierten die internationale Anerkennung der von ihr verliehenen Grade – mit dem Doktorgrad bzw. der *licentia ubique docendi* war das Recht, an jeder anderen Universität zu lehren (!), verbunden, sie auch stellten die weitgehende Autonomie gegenüber staatlich-kommunalen Gewalten sicher. Musterbeispiele dafür sind die Bulle *Parens scientiarum* für Paris (1231), auch als *Magna charta* der späteren Sorbonne bezeichnet, sowie die kaiserliche Gründungsurkunde Friedrichs II. für Neapel (1224).[9]

ARCHETYPEN

universitates ex consuetudine

Zur ersten Generation von Universitäten, man bezeichnet sie auch als *universitates ex consuetudine* (Universitäten kraft Gewohnheitsrecht), gehörten die *Alma mater* des europäischen Hochschulwesens schlechthin – Paris – sowie die Juristenuniversität Bologna. Das Bologneser Modell – eine echte *universitas magistrorum et scholarium* – mit seiner die Studenten bevorzugenden Verfassung (Rektorwahl, Rektoramt, Kontrolle der Professoren in Lehre und Besoldung) und seiner Nationengliederung, mußte jedoch bereits im 13. Jahrhundert dem Pariser Modell der *universitas magistrorum* weichen, der Professorenuniversität mit Fakultätseinteilung, die für das europäische Universitätswesen bis in die Moderne prägend blieb. Zu dieser ersten Generation bzw. diesem Typus sind des weiteren die englischen Universitäten Oxford und Cambridge zu zählen, die ebenfalls in einem evolutionären Prozeß entstanden und für die kein exaktes Gründungsdatum zu fixieren ist. Bedingt hinzuzurechnen sind auch die »Auswanderungsuniversitäten« wie u. a. Padua (1222) und Siena (1246).[10]

universitates ex privilegio

Zur zweiten Generation zählen die *universitates ex privilegio* (Universitäten mit Gründungsprivileg), d. h. Universitäten, die durch königliche, kommunale oder sonstige staatliche Dekrete und Rechtsakte gegründet wurden. Am Beginn ihrer Geschichte steht ein dezidierter Gründungsakt mit wirtschaftlicher Fundierung und damit verbundenen Kontrollmöglichkeiten. Für diese »Staats- oder Gründungsuniversitäten« sind prototypisch Salamanca (1222), Neapel (1224), auch Toulouse (1229). Im Bereich des Deutschen Reiches setzten die Universitätsgründungen aufgrund verschiedener Ursachen erst verspätet in der Mitte des 14. Jahrhunderts ein. Prag (1348), Wien (1365), Heidelberg (1385) und Köln (1388) gehören zu diesem zweiten Typus wie auch alle seit dem zweiten Drittel des 13. Jahrhunderts etablierten Hochschulen.[11]

Zwischen etwa 1200 und dem Ende des Mittelalters entstanden in Europa circa 75 Universitäten. 20 in Frankreich, 20 auch in Deutschland und ebensoviele in Italien. Acht Generalstudien wurden in Spanien und Portugal gegründet, die gleiche Zahl etwa in Großbritannien, wobei neben Oxford und Cambridge vier schottische und die Universität Dublin errichtet wurden. Osteuropa besaß mit Krakau, Pecz und Buda drei, Nordeuropa mit Kopenhagen und Uppsala deren zwei. Ein Fünftel der Universitäten war in Mitteleuropa beheimatet, wobei die französischen und italienischen Hochschulen größtenteils bereits im 13. und 14. Jahrhundert eröffnet wurden.

Deutsches Defizit

Im Deutschen Reich fand eine erste Gründungswelle von der Mitte des 14. Jahrhunderts bis zum Ende des ersten Viertels des 15. Jahrhunderts statt, der die Universitäten Prag, Wien, Heidelberg, Köln, Erfurt und Löwen ihre Entstehung verdanken. Es gibt keine monokausale Begründung für den zeitlichen Rückstand der deutschen Universitätsgründungen. Neben mangelnder wirtschaftlicher Prosperität, einer geringeren Stadtkultur, der wohl als ausreichend angesehenen Versorgung mit Akademikern durch italienische und französische Universitäten lag es vermutlich auch an der territorialen Zersplitterung des Reiches und einem generellen kulturellen Defizit, daß Hochschulgründungen im 13. und beginnenden 14. Jahrhundert hier nicht stattfanden. Die Reichsstruktur mit ihrer Gliederung in Territorien, Hochstifte und Reichsstädte wirkte sich andererseits in späterer Zeit sehr positiv und stimulierend aus und war insbesondere der zweiten Gründungswelle zwischen 1450 und 1525, die mit gehörigem humanistischen Bildungselan startete und zu weiteren neun Gründungen führte, äußerst förderlich.

Erste und zweite Gründungswelle Deutscher Universitäten:

1. Welle:	Prag	1348
	Wien	1365
	Heidelberg	1385
	Köln	1388
	Erfurt	1392
	Leipzig	1409
	Würzburg	1402/10 (1413 geschlossen)
	Rostock	1419
	Löwen	1425
2. Welle:	Greifswald	1456
	Freiburg	1456
	Basel	1460
	Ingolstadt	1472
	Trier	1454/73
	Mainz	1476
	Tübingen	1477
	Wittenberg	1502
	Frankfurt/O.	1506

II. Einwirkung der Kirche und Mitwirkung der Orden

Die Entwicklung der mittelalterlichen *universitas* zur eigenständigen Lehr- und Lernkorporation vollzog sich grundsätzlich als eine Entwicklung *in* der Kirche wie auch als Emanzipation *von* der Kirche. Dieser Prozeß spielte sich in ambivalenten Formen auf mehreren Ebenen ab.[1]

ENGAGEMENT DES PAPSTTUMS

Für die Errichtung eines Generalstudiums war eine päpstliche Zustimmung deshalb von zentraler Bedeutung, weil zu jener Zeit nur die Kirche »supranational« organisiert und daher imstande war, als Garant für die Akzeptanz eines derartigen Privilegs zu stehen. Grundsätzlich war die Erlangung eines päpstlichen Universitätsprivilegs von einer Supplik (Bittschrift) an die Kurie durch den jeweiligen Stifter bzw. Gründer abhängig. Ob König, Landesherr, Bischof oder Stadtmagistrat, sie alle hatten eine Petition nach Rom zu richten, auf die dann der jeweilige Papst reagierte. Im 13. Jahrhundert privilegierten die Päpste etwa zehn, im 14. und 15. Jahrhundert jeweils etwa 30 bis 35 Universitäten und gaben diesen damit die kirchliche Autorisation.

licentia ubique docendi

In den Papstbullen wurden den einzelnen Hochschulen in größerem Umfang Privilegien und Freiheiten zuerkannt, von denen die *licentia ubique docendi* das wichtigste Sonderrecht war. Ein Großteil der Privilegien ging auf Indulte, Rechte, Freiheiten und Immunitäten zurück, die den beiden »Ur-Universitäten« Paris und Bologna zustanden, bzw. die jene sich durch Gewohnheitsrecht erworben hatten. Paris und Bologna wurden von der Kurie als »Musteranstalten« akzeptiert, ihr Status für die weiteren Privilegierungen als Exempel genutzt, obwohl sie selbst aufgrund ihrer besonderen Entstehungsgeschichte kein eigentliches päpstliches Gründungsdokument aufweisen konnten. In beide Hochschulen, insbesondere in diejenige von Paris, regierte die Kurie jedoch im Verlauf des 13. Jahrhunderts energisch hinein.

Die Papstbullen dokumentieren das große Interesse der Kirche an den neuen Formen der Wissenschaftsbetätigung – Wissenschaft freilich vorrangig als Mittel der Glaubensstärkung gesehen. Doch auch die säkulare Funktion der *scientiae* (Wissenschaften) für Kultur und Zivilisation fand Anerkennung; ab der Mitte des 15. Jahrhunderts enthalten die Privilegierungen eine soziale Komponente insofern, als die Universitäten nun auch als Ort sozialen Aufstiegs definiert werden. Insgesamt jedoch dominiert in den päpstlichen Aufgabenumschreibungen die kirchlich-religiöse Motivation eindeutig den säkularen Bildungspragmatismus. Kanzleramt und Lehrautorität bleiben Instrumente kirchlicher Kontrolle. Martin Luther kritisierte gerade unter diesem Aspekt das Universitätswesen als verlängerten Arm des Papsttums. In seiner großen Reformschrift »An den christlichen Adel deutscher Nation« (1520) schreibt er: »Die Universitäten bedürfen wohl auch einer guten, starken Reformation... Ist doch alles, was das Papsttum eingesetzt und verordnet (hat), nur darauf gerichtet, Sünde und Irrtum zu mehren!«[2]

Wirtschaftliche Starthilfen

Der explizite Wille der Päpste zur Förderung des Universitätswesens erschöpfte sich nicht in großzügigen Starthilfen, sondern dokumentierte sich auch in einer Vielzahl die weitere Entwicklung flankierender Hilfsmaßnahmen. Das Papsttum griff über kirchliche Stellen in die Miet- und Preispolitik der Universitätsorte ein, legitimierte Umwidmungen von Pfründen und Stiftungen zu universitären Zwecken, meist Professorenbesoldungen, und ermöglichte durch die Befreiung von der Residenzpflicht den Universitätsbesuch und die Lehrtätigkeit von Klerikern. Zu Recht betont die Forschung, daß sich das europäische Universitätswesen wohl kaum so erfolgreich entwikkelt hätte, wenn nicht das kirchliche Pfründenwesen für die Abkömmlichkeit des Klerus zum Zwecke des Studiums die ökonomischen Voraussetzungen geschaffen hätte.[3]
Im ausgehenden Mittelalter fand die päpstli-

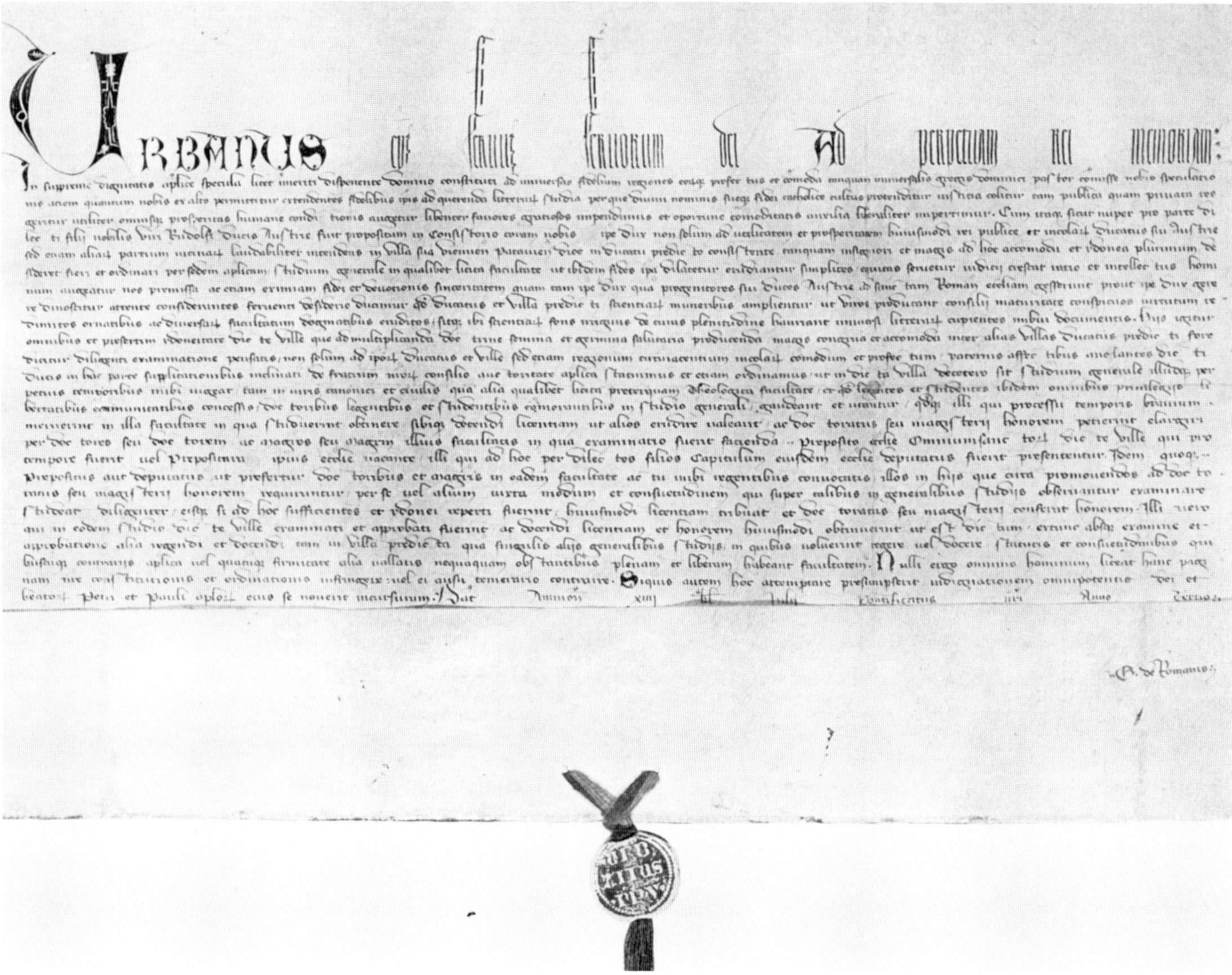

Vrbanus episcopus servus servorum dei ad perpetuam rei memoriam.

Fig. 4
Stiftsbrief Papst Urbans V. († 1370) für die Wiener Universität aus dem Jahre 1365, mit dem er die Hochschulgründung Herzog Rudolfs IV. legitimierte.

che Universitätsprivilegierung weitgehend ihr Ende. Allerdings verlief die Entwicklung in den einzelnen Ländern unterschiedlich, in Deutschland anders als in den westeuropäischen Staaten. In Spanien, England und Frankreich privilegierten fortan die souveränen Monarchen, für die deutschen Territorialuniversitäten handelte als personifizierte Universalgewalt zumeist der Kaiser. Überhaupt hatte das deutsche Kaisertum seit Friedrich Barbarossa (Scholarenprivileg 1158) und Friedrich II. (Universitätsgründung in Neapel 1224) nie ganz aufgehört, Universitätsprivilegien auszustellen, doch war sein Aktionsradius auf das Reich, Italien und Burgund beschränkt. Eine kontinuierliche kaiserliche Universitätspolitik hat m. E. nur Karl IV. betrieben, der der päpstlichen Privilegienhoheit die kaiserliche entgegensetzte und das Universitätsstiftungsrecht nachdrücklich für das Kaisertum reklamierte. In Wirkung und Geltungsdauer reichte die kaiserliche Privilegienpolitik freilich nie an die päpstliche heran.[4]

LEHR-AUTORITÄT

Der Kanzler der Universität – prinzipiell eine hohe kirchliche Amtsperson – war nicht nur Protektor der akademischen Grade, sondern auch der Garant der rechten Lehre, d. h. Kontrollinstanz der Kirche über Lehrinhalte und Lehrbücher. Und es war keineswegs die Theologie allein, der die besondere Aufmerksamkeit von Papst und Kurie galt. Deren kontrollierende und zensierende Aufsicht richtete sich auf fast alle angebotenen Wissenschaften, insonderheit auf die Philosophie. Während des gesamten Mittelalters und noch weit darüber hinaus stand die Kirche nicht-christlichem, »heidnischem« und »ketzerischem«

Schrifttum negativ und ablehnend gegenüber. Nahezu sämtliche Konzilien des Mittelalters befaßten sich mit der »rechten Lehre«, mit abweichenden Lehrmeinungen und mit Häretikern. Inquisition und Index sind nur ein Ausfluß dieser gemeinkirchlichen Tendenz.

Aristoteles-Rezeption

Aus dem komplexen mittelalterlichen Lehrkanon soll nur an einem Einzelbeispiel, und zwar an einem von besonderer Wichtigkeit, dem der Aristoteles-Rezeption, die kirchliche Kontrollfunktion erläutert werden. Es ist hinreichend bekannt, daß bis zur Mitte des 12. Jahrhunderts im lateinischen Kulturkreis nur die aristotelische Logik überliefert war. Etwa zwischen 1150 und 1200 gelangte schließlich das Gesamtwerk *des* »Philosophen« – wie das Mittelalter Aristoteles schlechthin bezeichnete – durch Übertragungen erst aus dem Arabischen, dann aus dem Griechischen in die Schulen und Universitäten. Nicht immer in reiner Form, oft eklektisch, vermischt mit anderen Traditionen in den diversen Kommentaren von Arabern (Averroes, Avicenna), Juden (Maimonides) oder Christen (Wilhelm von Moerbecke), wurde Aristoteles etwa ab 1230/40 zur philosophischen Lehrautorität schlechthin und fand insbesondere auch Eingang in die theologischen Studien eines Albertus Magnus oder eines Thomas von Aquin.[5]

Nun enthielten die aristotelischen naturphilosophischen Schriften heterodoxe Aussagen, die den damaligen Glaubenswahrheiten zuwiderliefen (u. a. über die Sterblichkeit der Seele). Kraft kirchlicher Lehrautorität verbot folgerichtig eine Pariser Synode 1210 die Lektüre dieser Schriften, und die Universitätsstatuten des Robert von Courçon verstärkten 1215 dieses Verbot. Die »Aristoteles-Verbote« wurden in der Folgezeit mehrfach verschärft, u. a. 1231, 1245 und noch 1261; eine Rezeption endgültig verhindern konnten sie gleichwohl nicht, sondern diese lediglich verzögern. 1255 wurde an der Pariser Universität der gesamte »Aristoteles« als Lehrstoff zugelassen; Verbote gab es allerdings auch jetzt noch, wenngleich in moderaterer Form: 219 Sätze durften nur in christlicher Interpretation gelehrt werden. Dies führte in Paris zu Flugschriften, die verkündeten: »Die Philosophen sind die einzigen Weisen und Wissenden! Die Religion gründet auf Fabeln und die Theologie auf Mythen! Die *lex christiana* hindert Forschung und Lehre!«[6] Noch Thomas von Aquin (1225–1274), der alsbald zum Lehrer der Theologie schlechthin aufsteigen sollte, hatte unter diesen Kontroversen zu leiden. Der Siegeszug des antiken Philosophen war an den Universitäten wie auch andernorts durch das kirchliche Lehramt jedoch nicht mehr aufzuhalten.

DIE ALTEN ORDEN

Funktion, Arbeitsweise und Qualität der alten Orden – wie desjenigen der Benediktiner, der Augustiner-Chorherren oder der Zisterzienser – sind allseits bekannt, die Rolle von Klosterwissenschaft und -Bildung für das Hochmittelalter ist relativ gut dokumentiert.[7] Man hat vom Bildungsmonopol der alten Orden gesprochen, obgleich Hieronymus, Augustinus oder auch Benedikt und Bernhard mehr der Askese, dem Gebet und der Selbstbesinnung lebten und geistige Arbeit eher in den Dienst introvertierter Selbstfindung und -vervollkommnung stellten. Lateinische Sprachstudien, Bibelexegese und auch säkularwissenschaftliche Studien, die dem Verständnis des Wortes Gottes und der Theologie dienten, wurden von diesen Orden akzeptiert, aber nicht gefordert. Die Benediktregel kennt keinerlei Anweisung für Studium und Bildung, sondern überließ Betätigungen dieser Art der individuellen Bereitschaft der Konvente. Obgleich das Postulat des hl. Hieronymus: *»Monachus autem non doctoris habet, sed plangentis officium: qui vel se, vel mundum lugent«* (Der Mönch muß weder Lehrer haben, noch seine Aufgabe betrauern: weder sich noch die Welt beklagen) volle Gültigkeit behielt, waren die Klöster der alten Orden – erinnert sei stellvertretend an Chartres und die Reichenau – Hauptträger der Bildungstradition. Die Askese dominierte auch bei den Zisterziensern. Der hl. Bernhard von Clairvaux gestattete nur den *modus sciendi*, der der Gottesschau und theologischen Wissenschaft zu dienen hatte, eine Anschauung, die auch bei den regulierten Chorherren Gültigkeit besaß. Trotz der Bedeutung, die die Klosterschulen für die Scholastik besaßen, kam es zu einer immer stärkeren Distanzierung, ja Abkoppelung der Ordensstudien von der »modernen« scholastischen Dialektik wie auch von Aristoteles. Die Scholastik, kann man übertreibend sagen, wurde aus den Orden verbannt.

DER WELTKLERUS

Die radikale Neuorientierung im Schul- und Wissenschaftsbetrieb bedingte, daß fortan die aufblühende Aristoteles-Rezeption vornehmlich in den französischen und italienischen Städten gepflegt wurde, vollzogen dort von nicht ordensgebundenen Klerikern, deren Prototyp in Abaelard (1079–1142) zu sehen ist.[8] Sein Lehrbetrieb in Paris war Fokus der Scholastik und damit auch des Universitätswesens. Von weitreichender Bedeutung war nun, daß die säkularen *scientiae*, die Logik wie die Artes insgesamt, aber auch die Jurisprudenz und die Medizin, in den sich formierenden Kommunen einen neuen, höheren Stellenwert erhielten. Die kirchlichen Verbote der Aristoteles-Rezeption bis weit ins 13. Jahrhundert hinein belegen, daß hier ein Säkularisierungsprozeß in Gang gesetzt wurde, der alsbald auch die Institution Universität ergreifen sollte. Andererseits dokumentierten die Bestimmungen des 3. und 4. Laterankonzils 1179 und 1215, daß die Kirche im Bildungsbereich zu Reformmaßnahmen bereit war und das Bildungsniveau des Klerus durch Reservierung von Benefizien für Scholaster (Dozenten) an Kathedralschulen zu heben suchte. Stets aber blieben Philosophie und Theologie *die* Klerusfächer; *scientiae lucrativae*, Medizin und Jura, waren für Kleriker verboten.

Fig. 5
Eröffnung der Basler Universität 1460; der Fürstbischof ernennt den links knienden Peter v. Andlau zum 1. Rektor der Korporation und übergibt die päpstliche Gründungsbulle zur Aufbewahrung an den Altbürgermeister der Stadt. Anonyme Federzeichnung, Ende 15. Jh.

DIE BETTELORDEN

Mit der Gründung der beiden Bettelorden durch Franz von Assisi (1182–1226) und Dominikus (1170–1221) änderte sich die Situation in nicht unerheblicher Weise. Franziskaner- und Dominikaner-Orden entstanden in einer Krisensituation der Kirche im frühen 13. Jahrhundert. Die Armuts- und Predigerbewegung subsumierte zwar viele traditionell monastische Ideale, doch ihr Aktivismus, ihre Zielsetzung, durch die *praedicatio* (Predigt) das kirchlich-religiöse Leben zu reformieren, bedurfte einer anderen Einstellung zu Wissenschaft und Bildung.[9]

Die jungen Orden reagierten vorzüglich auf die Zeichen der Zeit. Allerdings sind zwischen der *fraternitas* (Bruderschaft) des hl. Franziskus und den *fratres praedicatorum* (Predigerbrüdern) des hl. Dominikus durchaus Unterschiede festzustellen, wobei die Minoriten (Minderbrüder) sich weniger der Bildung zuwandten als die Prädikanten (Predigerbrüder). Letztere bedurften bei ihren Auseinandersetzungen mit den Häresien der Zeit einer höheren und effizienteren Ausbildung. Machte Franziskus verschiedentlich Vorbehalte geltend gegenüber wissenschaftlicher Betätigung aus Furcht, in der *scientia* könne die Gefahr menschlicher Selbstüberschätzung liegen, die der *vita apostolica* entgegenstünde, so forderte Dominikus für seine Predigerbrüder den Anschluß an die moderne Wissenschaft. Bildung und Ausbildung erhielten bei ihm einen hohen Rang, jede Ordensniederlassung bot ein konventsinternes Theologiestudium – monastische Theologie also, aber mit pastoraler Zielsetzung. Schon bald erhob sich die Forderung, daß kein Dominikanerkloster *sine priore et doctore* (ohne Prior und Lehrer) sein solle, daß jedes einen Lektor haben müsse, der ein vollausgebildeter Theologe zu sein habe. Das dominikanische Amtspostulat setzte quasi wissenschaftliche Bildung voraus. Dem Bildungselan des Ordens entsprach, daß sich schon in der Frühphase viele Universitätsprofessoren der Gemeinschaft anschlossen und daß der Orden im damaligen Wissenschaftszentrum Paris ein ordensinternes »Generalstudium« eröffnete, den Studienkonvent St. Jacques, an dem die Ordensstudenten aus sämtlichen Ordensprovinzen zu studieren hatten. Obwohl das Armutsideal gewisse Probleme aufwarf, gründeten die Dominikaner in ihren vier Pro-

Fig. 6
Fundationsurkunde des »Collège de Sorbon« von 1256; Robert de Sorbon († 1274), der Stifter, war Kanonikus von Notre-Dame und Hofkaplan des Königs.

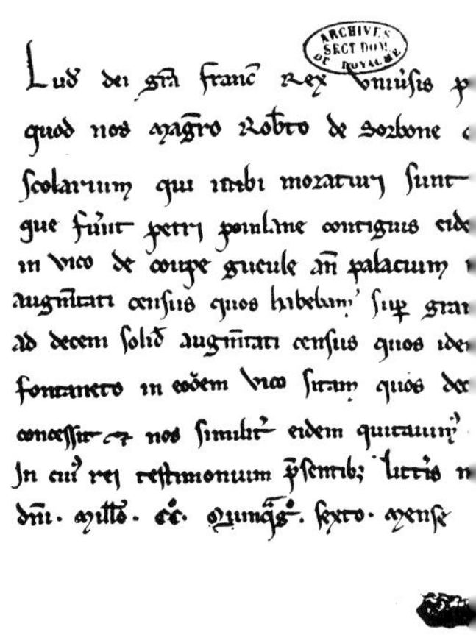

vinzen schon 1246 Ordensstudien in Bologna, Montpellier, Oxford und Köln, jeweils – mit Ausnehmung von Köln – an renommierten Universitätsorten.[10]

DER BETTELORDENSSTREIT

In der Frühzeit von Bettelorden und Universität bestand bei den Mendikanten eine unverhohlene Abneigung, Universitätsprofessuren zu übernehmen. Ihre schließliche Aufnahme in den Lehrkörper vollzog sich dadurch, daß bereits amtierende Professoren (u. a. Alexander von Hales, Raimund von Pennafort) Ordensmitglieder wurden. Damit war aber ein Konflikt programmiert, der darin bestand, daß die Mendikantenprofessoren, deren Zahl rasch anwuchs, zwei verschiedenen Korporationen angehörten, deren Interessenslage nicht immer identisch war. Höhepunkt dieser Konfliktkonstellation war der »Bettelordensstreit«[11] an der Pariser Universität kurz nach der Mitte des 13. Jahrhunderts: Die Mendikanten hatten an der Hochschule seit den 30er Jahren zum Ärger des Weltklerus mehrere Lehrstühle der Theologischen Fakultät besetzt. Die Klerikermagister wollten die Ordensprofessuren eingeschränkt sehen, ja deren Inhaber eigentlich aus der Korporation verdrängen. Papst und französischer König stellten sich in diesem Streit auf die Seite der Bettelorden. 1261 wurden auf Dauer zwei Dominikanerprofessuren sowie je eine für die anderen Mendikantenorden zugelassen. Papst Alexander IV. hatte schon 1256 mit seiner Bulle *Quase lignum vitae* in den Universitätsstreit eingegriffen und die Aufnahme der Mendikanten erzwungen. Die Universität machte allerdings zur Bedingung, daß jene sich den Statuten unterzuordnen hätten. Der Streit eskalierte dahingehend, daß die Universität drohte, ihre Korporationsrechte zu autonomisieren – und dies auch gegenüber dem Papsttum durchzusetzen gedachte. Der Angriff auf die päpstliche Machtsphäre im Bereich der Universität schlug freilich fehl, das Papsttum setzte sich durch. Die Mendikanten erhielten ihre Universitätszugehörigkeit, u. a. bekamen in diesem Streit Bonaventura (1221–1274), der spätere Ordensgeneral der Franziskaner, und Thomas von Aquin ihre Lizenz.

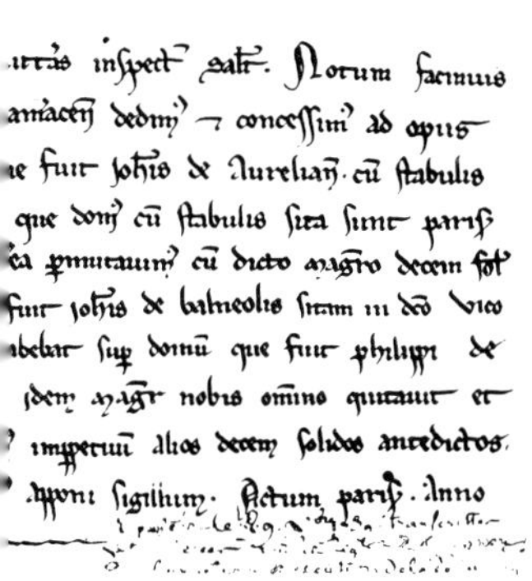

Hinter der Auseinandersetzung des »Bettelordensstreites« stand auch die Kontroverse der neuen Orden mit dem Weltklerus, dessen Predigtmonopol durch sie gebrochen wurde. Darüber hinaus ist der Streit im Kontext der vom Weltklerus neidisch monierten Exemtion der Bettelorden von der bischöflichen Gewalt in den Diözesen zu sehen. Bemerkenswert ist, daß sich das Papsttum auch hier auf die Seite des Fortschritts, eben die der jungen Orden, stellte, wie es 50 Jahre zuvor auf seiten der neuen Universitätskorporation gestanden hatte, die sich ihrerseits nun korporativ gefestigt zeigte und selbst Neuerungen restriktiv gegenüberstand. Für das 13. Jahrhundert läßt sich festhalten, daß sich die Bettelorden (Dominikaner, Franziskaner, Augustiner-Eremiten, Karmeliter) an den Universitäten etablierten, ob nun in Paris, in Oxford oder auch in Toulouse, und vornehmlich Theologieprofessuren besetzten. Vorrangig blieben für sie aber weiterhin ihre eigenen Ordensstudien, die dann allerdings – in den folgenden Jahrhunderten – oftmals in die Universitäten überführt wurden.

DAS KOLLEGIENWESEN

Die Orden, speziell die Bettelorden, spielten auch noch in anderer Hinsicht eine bedeutende Rolle für das Universitätswesen, nämlich im Bereich des »Kollegien-« oder »Collège«-Wesens.[12] Die an den französischen Universitäten entstandenen Collèges – die Universität Paris erhielt ihren Namen von ihrem berühmtesten, dem Collège de Sorbonne –, die englischen »Colleges« in Oxford und Cambridge sowie die spanischen »collegios Mayores« waren Lehr- und Lebensgemeinschaften von Magistern und Scholaren mit unterschiedlichen Strukturen, die sich die Bettelordensklöster zum Vorbild nahmen und zwar vor allem in Hinblick auf die Architektur und die Normierung des Alltags, mit festen Essens-, Studien- und Vorlesungszeiten, mit uniformer Kleidung usw. Der *Modus Parisiensis*, das internatsmäßige Studieren, wie es in Frankreich und England üblich wurde, war von monastischer Lebenskultur geprägt und stand im Gegensatz zum *Modus Bononiensis*; in Italien und Deutschland studierte man frei – zumindest weitgehend und vornehmlich an den höheren Fakultäten. Im Kollegienwesen äußerte sich einmal mehr der enge Bezug, der Kirche und Universität im Mittelalter verband.

III. Universitätsstruktur und Studium

UNIVERSITÄT UND GENERALSTUDIUM

Das mittelalterliche Universitätswesen bediente sich zur Interpretation seines Selbstverständnisses wie auch zur Explikation seines organisatorischen Aufbaus einer eigenen Terminologie, die sich bis in die Neuzeit erhalten hat und sich um Zentralbegriffe wie *universitas, studium generale, facultas, natio, cancellarius, rector, concilium* und andere mehr gruppiert. Diese wie auch jene nicht minder typischen, die dem Lehr- und Studiensystem sowie dem dazugehörigen Graduierungswesen angehören – es seien stellvertretend die Begriffe *lectio, disputatio, magister, doctor* genannt –, seien im folgenden einer genaueren Untersuchung unterzogen.

Universität

Der Begriff *universitas* bezeichnete im Hochmittelalter eine korporative Schutzgemeinschaft – etwa von Kaufleuten, Handwerkern oder auch Bürgern –, die sich in Konkurrenz zu übergeordneten Instanzen genossenschaftliche Freiheitsrechte verschafft hatten (Zünfte, Gilden, etc.). *Universitas* bedeutete folglich weniger die »Allgemeinheit«, das »Universale«, auch wenn dieser Begriff so der Philosophie der Zeit zugehörte, als vielmehr »Gemeinschaft«, »Gesellschaft«. Die Einschränkung von *universitas* auf *communitas* oder *societas* setzte eine gewisse Exklusivität voraus, die wiederum dadurch erreicht wurde, daß ein selektierendes Aufnahmeverfahren die Zahl der Mitglieder (*membra*) begrenzte. Warum sich der Begriff *universitas* auf die Genossenschaft von Magistern und Scholaren hin monopolisierte, ist ungeklärt. Noch 1207 titulierte der Pariser Bischof die werdende Universität als *communitas scholarium*, 1208/09 belegte der Papst sie allerdings schon mit dem Namen *universitas*, wobei hier wohl das *collegium* der Magister gemeint war. 1221 bezeichnete sich die Pariser Universität erstmals selber als *universitas magistrorum et scholarium.*[1]

Die eindeutige Fixierung des Begriffes *universitas* auf den neuen Hochschultypus erfolgte dennoch erst im Laufe des 15. Jahrhunderts; zuvor war die einzig legitime und offizielle Bezeichnung der Lehranstalt *studium generale*. Bezog sich der Begriff »Universität« mehr auf die rechtliche Organisationsform, so verstand man im Hochmittelalter unter der Wendung *studium* die Form der gelehrten Wissensvermittlung schlechthin. *Studium* war also in etwa gleichzusetzen mit »Schulbetrieb«. Das *Studium Parisiense* z. B. umfaßte sämtliche Schulen der Stadt Paris, das *Studium Bononiense* analog dazu sämtliche Schulen der Stadt Bologna.

Diese doch recht allgemeine Nomenklatur wurde noch im 13. Jahrhundert spezifiziert. Man sprach differenziert nun vom *studium universale, commune* oder auch *solemne*, wenn man die Universität meinte. Das, was ein »Generalstudium« von einem »Spezialstudium« (*studium particulare*) unterschied, war aber nicht allein die Existenz der vier Fakultäten, eine Vielzahl an Lehrern oder Fächern oder gar ein weites Einzugsgebiet, sondern allein das päpstliche Privileg sowie, damit verbunden, die *licentia ubique docendi*. Diese »Lizenz« besagte, daß jeder examinierte Magister oder Doktor an jedem anderen europäischen Generalstudium lehren durfte. Urkundlich belegt ist das *ius* (Recht) oder die *licentia ubique docendi* im Privileg Papst Gregors IX. für die Universität Toulouse aus dem Jahre 1233: »*Et ut quicumque magister ibi examinatus et approbatus fuerit in qualibet facultate, ubique sine alia examinatione regendi liberam habeat potestatem*« (Und wenn dort irgendein Magister geprüft und approbiert worden ist, gleichgültig in welcher Fakultät, hat er das Freirecht, überall ohne erneutes Examen zu lehren), heißt es in der Bulle.[2] Ohne jedes Examen konnte man also als »regierender Professor« mit Lehrstuhl und Salär in die Kommunität eintreten – ein allerdings nicht allzu häufig praktizierter Vorgang, den die Fakultäten und Universitäten durch das Einsetzen der *inceptio* (der formalisierten Aufnahme), die diese Freizügigkeit beschränkte, um den eigenen Lehrbetrieb und das eigene Gehalt zu schützen, zu verhin-

Fig. 7
Nicostrata, die angebliche Erfinderin der Grammatik, führt einen Schüler zum Turm der Weisheit; in dessen Stockwerken sitzen die Lehrbuchautoritäten der philologisch-philosophischen Disziplinen (u. a. Donatus, Priscian, Cicero, Pythagoras, Euklid, Aristoteles, Ptolemäus) sowie der »Morallehrer« Seneca und der »Sentenzenmeister« der Theologie, Petrus Lombardus.

dern wußten. Sämtliche päpstlichen Universitätsgründungsdokumente des Mittelalters enthalten stets eine ähnlich lautende Passage über die *licentia ubique docendi*. Bologna und Paris besaßen diese wohl aus Gewohnheitsrecht, sie mußten das Recht auf die Vergabe nicht gesondert bestätigt bekommen.[3]

DIE FAKULTÄTEN

Das im Prinzip bis in die jüngste Zeit gültige Fakultätenschema, das zuerst an der Pariser Universität erprobt wurde, begann sich im Verlauf des 13. Jahrhunderts überall durchzusetzen. Es bedeutete den Durchbruch fachbezogener Spezialisierung gegenüber bisher betriebener enzyklopädischer Wissensvermittlung. Die sich herauskristallisierenden vier, voneinander präzis getrennten »Fachbereiche«, die *facultates*, nämlich der Philosophie, Medizin, Jurisprudenz und der Theologie, waren grundsätzlich oligarchisch strukturiert und von Magistern beherrscht. Warum sich die Vierzahl durchsetzte, ist ungeklärt, zumal es im Hochmittelalter durchaus mehrteilige Gliederungsprinzipien und Ordnungsschemata der Wissenschaft(en) gegeben hätte. Ein großes Maß an Plausibilität hat die Theorie, daß die »Heiligkeit« und Symbolträchtigkeit der Zahl 4 (vier Himmelsrichtungen, vier Kardinaltugenden, vier Säfte), von ausschlaggebender Bedeutung war.[4] Von daher wird verständlich, daß die Ökonomie bis weit ins 18. Jahrhundert hinein vom universitären Lehrbetrieb ausgeschlossen blieb; die Staatswissenschaften als fünfte Fakultät kamen erst in der späten Neuzeit hinzu. Man mutmaßt, daß auch das Zahlenverhältnis 3:1 der Höheren Fakultäten zur Artistenfakultät eine gewisse Rolle gespielt habe, das Vierfakultätenschema in Anwendung zu bringen, wie eventuell auch die Bedeutung der drei großen Studienorte: Paris für Philosophie und Theologie, Bologna für Jurisprudenz und Salerno für Medizin. Auch über die Herleitung der vier Fakultäten von den vier Doktrinen (*artes*), mit der die Scholastik ihr Wissenschaftssystem einteilte, ist verschiedentlich spekuliert worden.

Für ein Generalstudium waren durchaus nicht sämtliche vier Fakultäten nötig; grundsätzlich reichte es aus, wenn zur obligatorischen Artistenfakultät noch eine der höheren Fakultäten kam; z. B. genehmigte die Kurie recht zurückhaltend die Theologische Fakultät. Dennoch lag es im Bestreben aller Universitäten, sämtliche *artes* bzw. *facultates* aufzuweisen.

Artes-Fakultät

Während die Wissensbereiche, die die Theologische, Juristische und die Medizinische Fakultät vermittelten, unmittelbar einsichtig erscheinen, bedarf das Stoffgebiet der Artistenfakultät eines klärenden Wortes. An der *Artes*-Fakultät lehrte und lernte man die *septem artes liberales* – die »sieben freien Künste« (die ein freier Mann beherrschen sollte) – d. h. das *Trivium* von Rhetorik, Grammatik und Dialektik, sowie das *Quadrivium* von Geometrie, Astronomie, Arithmetik und Musik.[5] Diesem in den philologisch-philosophischen »Dreiweg« und den naturwissenschaftlichen »Vierweg« getrennten Kanon standen im Alltagsleben die *septem artes mechanicae*[6] der Bürgerhandwerker sowie die *septem probitates* (Fähigkeiten/Betätigungen) des Adels gegenüber.[7]

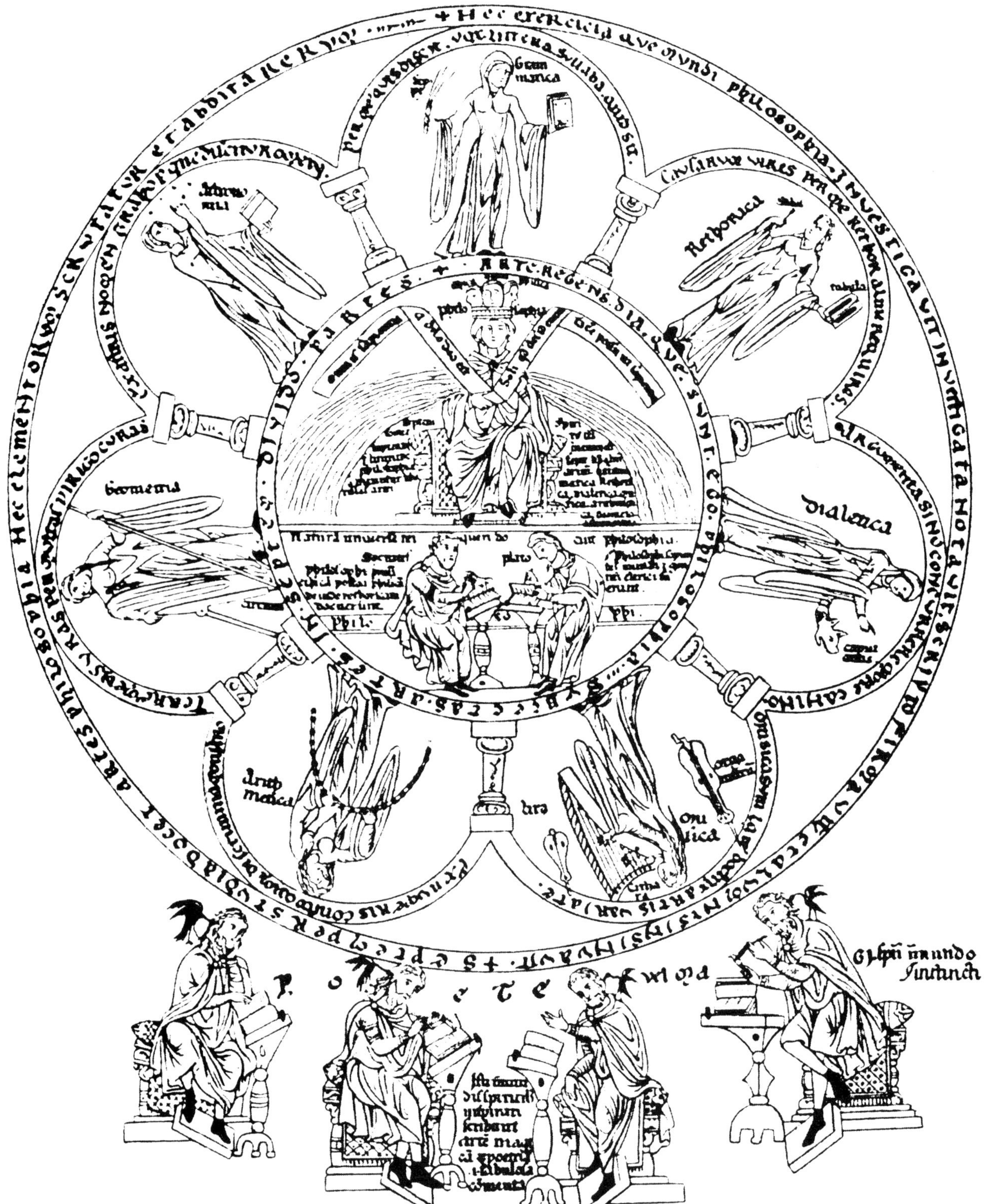

Fig. 8
Allegorische Darstellung des mittelalterlichen Philosophie-Lehrkanons im »Hortus Deliciarum« der Äbtissin Herrad von Landsberg († um 1196). Im inneren Kreis sitzt die Philosophie, deren drei Köpfe die Ethik, die Logik und die Physik symbolisieren. Sie hält ein Band mit dem Spruch: »Alles Wissen kommt von Gott«. Zu ihren Füßen sitzen Sokrates und Plato, unter dem äußeren Kreis vier Poeten. Der Brust der Philosophie entströmen die »sieben freien Künste«, die mittels Symbolfiguren in den Halbbögen dargestellt werden.

DIE NATIONEN

Ein Spezifikum der mittelalterlichen Universität – das sich allerdings (in Italien und Frankreich insbesondere) bis weit in die Frühmoderne hinein hielt – war die Einteilung bzw. Zusammensetzung der Korporation in beziehungsweise aus Nationen.[8] Diese *nationes* waren genossenschaftliche Vereinigungen auf »landsmännischer« Basis, in welchen sich Studenten entsprechend ihrer regionalen Herkunft zur Wahrnehmung ihrer Interessen zu Schutzverbänden zusammentaten, vergleichbar etwa den Gemeinschaften der Fernhandelskaufleute.

Paris

Die mittelalterliche *natio* war nun aber keineswegs »national« geprägt, sondern umfaßte vielfach verschiedene Länder. An der Universität Paris bestanden vier Nationen: die französische, die normannische, die pikardische und die englische. In der *natio Gallicana* waren u. a. auch Spanier und Italiener zusammengefaßt (vielleicht aus der Gemeinsamkeit der romanischen Sprache heraus), in der *natio Anglicana* waren neben den Engländern die Nordeuropäer wie auch die Deutschen beheimatet.

Bologna

In Bologna existierten insgesamt 17 Nationen: die spanische, französische, provenzalische, englische, pikardische, burgundische, poitevinische, tourainische, normannische, katalonische, ungarische, polnische, gascognische und die deutsche als die 14 der »ultramontanen« Universität, die »citramontane« Universität besaß deren drei: die lombardische, toscanische und römische. Beide Gruppierungen schlossen sich alsbald zu den beiden »Universitäten« zusammen und regierten weitgehend das Bologneser Generalstudium. Die »Deutsche Nation« spielte dabei bis ins 17. und 18. Jahrhundert eine wichtige Rolle; sie bot ihren Mitgliedern nicht nur Unterkunft und Verpflegung, sondern war auch ihr Rechtsvertreter in der Stadt und ihr Interessensvertreter innerhalb der Universität. Sie besaß ein eigenes Haus mit eigenem Personal, führte eine Matrikel (Mitgliederliste) und erhob natürlich Gebühren. Das Bologneser Muster setzte sich vorwiegend in Italien, Spanien und Südfrankreich durch, wobei die Anzahl der Nationen erheblich schwankte, sich die Vierzahl aber immer mehr herauskristallisierte. Oxford wie auch Cambridge besaßen nur zwei Nationen.

Doch nicht nur an den beiden »Ur-Universitäten« Paris und Bologna oder in Italien und Frankreich allgemein wurden die Nationen im 13. und 14. Jahrhundert konstitutiv für die

Fig. 9
Während die theoretische Medizin durchaus obligater Lehrstoff an der Universität war, spielte die praktische Medizin – hier ein Holzschnitt vom Ende des 15. Jh.s – eine eher untergeordnete Rolle.

Korporation (u. a. bei der Rektorwahl, der Satzungsgebung, Mietpreistaxation, etc.), sie gehörten vielmehr auch an den deutschen Universitäten durchaus zu wichtigen Trägern der Universitätsorganisation, wenn hier ihre Bedeutung gegenüber den Vorbildern auch etwas reduziert war.

Deutsche Varianten

Die älteste Universität im Heiligen Römischen Reich – Prag – hatte (wie Paris) ebenfalls vier Nationen: die böhmische (zu der auch die Mähren zählten sowie die übrigen Slawen und die Ungarn), die polnische, die bayerische und die sächsische. Erst später bildete sich in Prag aus den nichtböhmischen Nationen die *natio Teutonica*. Die zweitälteste deutsche Universität – Wien – gliederte sich in die Nationen der Österreicher, der Böhmen, Sachsen und Ungarn, wobei gegen Ende des 14. Jahrhunderts die böhmische durch die rheinische Nation ersetzt wurde, die die Studenten aus Süd- und Westdeutschland ebenso umfaßte, wie diejenigen aus Burgund, Frankreich und Spanien. Die zitierten Beispiele zeigen, daß die Nationeneinteilung nach großzügig bemessenen geographischen Gesichtspunkten erfolgte und nur in untergeordnetem Maße nach nationalen.

Mit der großen Zahl der zu Ende des 14. und dann in der 2. Hälfte des 15. Jahrhunderts in

Deutschland erfolgten Universitätsgründungen wurden die jeweiligen Einzugsgebiete immer kleiner, so daß an der regional und territorialstaatlich ausgerichteten Hochschule keine derartigen landsmännischen Organisationen mehr nötig waren. In Heidelberg sah man eine Nationengliederung vor, verzichtete aber alsbald darauf; in Erfurt und Köln, wo zur etwa gleichen Zeit Universitäten gegründet wurden, waren Nationen nicht mehr vorgesehen. In der zweiten Gründungswelle deutscher Universitäten war das Nationenwesen nahezu obsolet geworden, andererseits behielt die Universität Leipzig – eine »nationale Sezessionsuniversität« – diese Gliederung, die man aus Prag mitgenommen hatte, bis ins 19. Jahrhundert bei. Gleiches tat die Universität Wien, wobei die Funktion der Nationengliederung hier wie dort eher formal (Legitimation zur Immatrikulation und Promotion) war.

PATRONE

So wie die mittelalterlichen Zünfte und Gilden besaßen auch die Fakultäten eigene Patrone, zumeist Heilige.[9] Ihre Feiertage waren Festtage der Fakultät und wurden zu Festakten und kirchlichen Feierlichkeiten genutzt. Fakultätsheilige bzw. Patronin der Philosophen war die hl. Katharina. Der Legende nach hatte die Märtyrerin zu Anfang des 4. Jahrhunderts, im jungen Alter von 18 Jahren, aufgrund ihres rhetorischen Geschickes und ihrer Gelehrsamkeit 50 heidnische Gelehrte in einer großen Disputation zum Christentum bekehrt. Diese Bekehrung wurde ihr zum Verhängnis: man räderte sie und enthauptete sie, nachdem das Marterrad zerbrochen war. Die zu den 14 Nothelfern zählende Heilige wird dargestellt mit den Insignien Buch, zerbrochenem Rad, Palme und Schwert. Patrone der Mediziner und ihrer Fakultät waren sowohl der Evangelist Lukas wie auch die beiden heiligen Zwillingsbrüder Cosmas und Damian. Lukas, der Begleiter des hl. Paulus, soll der Apostelgeschichte nach von Beruf Arzt gewesen sein, die gleiche Profession übten Cosmas und Damian aus, die als Christen, die Armen kostenlos behandelnd, in Verruf kamen und unter Kaiser Diokletian um die Wende zum 4. Jahrhundert den Märtyrertod fanden. Die Blutzeugen wurden bald als Volksheilige verehrt und bei Krankheiten angerufen. Ihre Gebeine befinden sich seit 1649 in der Michaelskirche in München. Sie werden zumeist mit medizinischen Gerätschaften abgebildet. Der hl. Ivo (Hélory), Priester und Jurist, der im späten 13. Jahrhundert in der Bretagne Arme vor geistlichen und weltlichen Gerichten verteidigte, wurde bald nach seinem Tode als Schutzpatron der Juristen verehrt und neben dem hl. Nikolaus auch Patron vieler juristischer Fakultäten. Schirmherren und Schützer der Theologischen Fakultät waren zumeist die Apostelfürsten Petrus und/oder Paulus, die Kirchenväter Augustinus oder Hieronymus und auch Johannes der Täufer. Die Apostelfürsten und Kirchenväter finden sich häufig auch als Patrone der Gesamtuniversität, doch zumeist wurde dazu die Gottesmutter Maria gewählt.

Fig. 10
Die Gottesmutter Maria war vielfach Schutzheilige mittelalterlicher deutscher Universitäten. Abzeichnung der Rektorkette Mainz.

SIEGEL UND SZEPTER

Ihren Charakter als Korporation mit eigener Rechtssphäre brachten die mittelalterlichen Universitäten durch spezifische Attribute zum Ausdruck, konkret durch Siegel und Szepter.[10] Siegelfähigkeit bedeutete »Rechtsfähigkeit« auf bestimmten Gebieten, so etwa schloß es den Anspruch zur Beurkundung verschiedener Rechts-Akte (Ernennungen, Promotionen, Verlautbarungen) ein. Die Universitäten führten in Deutschland zumeist durch landesherrliche Verleihung große und kleine Universitäts-, Rektorats- und Fakultätssiegel. Neben der Devise (Umschrift), die den Siegelinhaber oder die siegelführende Instanz beschreibt, stellen die Siegelbildnisse entweder Embleme oder Allegorien dar, die die Funktion des Besitzers sinnbildhaft ausdeuten, oder aber Schutzpatrone. Nicht wenige Hauptsiegel von mittelalterlichen und frühneuzeitlichen Universitäten tragen ein Abbild der Mutter Gottes, der Apostel Petrus und Paulus oder eine Lehrszene mit Professor und Studenten. Die Siegel der Juristenfakultät schmücken gemeinhin der hl. Ivo, vereinzelt auch die Figur der Justitia oder aber ein Kaiserbildnis. Die Fakultätsheiligen der Theologen finden sich auf den Siegeln dieser Fakultät. Dort sind in der Frühmoderne aber auch die Arche Noah, die Darstellung der Taufe Christi, ein Papstporträt oder die Erschaffung Adams anzutreffen. Auch die Siegel der Medizinischen Fakultät bevorzugen mit Cosmas und Damian ihre Schutzpatrone. Neben ihnen kommt verschiedentlich der hl. Lukas zu Ehren, oft findet man nur einen Arzt dargestellt, gelegentlich auch die Szene einer Krankenheilung. Die hl. Katharina ziert häufig die Fakultätssiegel der Artisten, relativ selten trifft man eine (anonyme) Philosophenfigur. Häufig sind die Universitätssiegel kleine Kunstwerke mit einem zeitgenössischen Dekor.

Die offiziellen Amtszeichen der Universität waren die Szepter. Zumeist als *virga* (Rute) oder *baculus* (Stab) bezeichnet, ab dem 15. Jahrhundert auch als *sceptrum universitatis/facultatis*, symbolisierten sie den Rechtsstatus von Korporation und Fakultät. Sie wurden von den Pedellen dem Rektor bei wichtigen Amtshandlungen vorausgetragen. Die Fakultätsszepter erfüllten eine entsprechende Funktion bei feierlichen Veranstaltungen wie z. B. Promotionen und Disputationen, aber auch bei Prozessionen. Zumeist waren die Szepter mit einer Silber- und/oder Goldbekrönung und -verzierung versehen. Die Hauptszepter trugen architektonisch geformte Darstellungen wie auch allegorische Personendarstellungen, so u. a. die Madonna mit Kind, Apostel oder Symbolfiguren, auf den jüngeren Fakultätsszeptern finden sich Bekrönungsmotive entsprechend den Siegelbildnissen.[11]

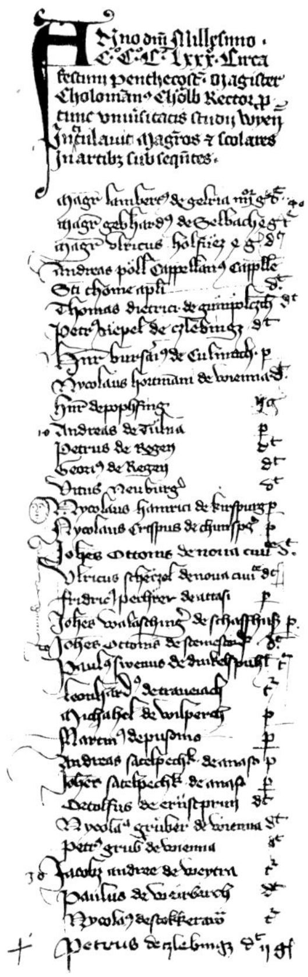

Fig. 11
Älteste Matrikeleinträge der Wiener Universität aus dem Jahre 1380.

DAS REKTORAMT

Caput universitatis, das Haupt der Hochschule, war der zumeist halbjährlich aus der Gruppe der ordentlichen Professoren gewählte Rektor.[12] Er repräsentierte die Korporation nach außen, er leitete sie in Verbindung mit den Kollegialorganen im Inneren. Er hatte den Vorsitz im Senat und war in der Regel auch der oberste akademische Richter. Der Rektor amtete in allen entscheidenden Dingen, ihm oblag die »Universitätsverwaltung«, von der Matrikelführung über die Gebühreneinhebung, von der Statuten- und Disziplinüberwachung bis zur Finanzverwaltung, von der Koordination des Lehrplanes bis hin zu akademischen Promotionen. Im Regelfalle wechselten die Rektoren entweder in der Folge der Fakultäten oder aber nach dem Anciennitätsprinzip. Damit sank der Wahlakt oftmals zu einer Formalität ab; die Vielzahl der administrativen und disziplinären Pflichten machten das Amt zeitaufwendig und wenig attraktiv, zumal das Honorar an Sporteln (unmittelbare Gebühren) relativ gering blieb. Nicht selten wurde dieses Amt auch von Fürsten und hohen Adeligen bekleidet, die der Institution damit großes Ansehen verschafften; diese waren dann allerdings mehr Repräsentanten, die von Prorektoren (= Professoren) in der Amtsführung vertreten wurden. Der Rektor amtete auch als rechtlicher Vertreter der Korporation, er führte u. a. das Hauptsiegel und er hatte deren Interessen gegenüber Landesherr und Kommune zu vertreten. Er stand in der Präzedenz (= Rangfolge) naturgemäß an erster Stelle, seine Amtswürde wurde bei akademischen Akten durch das Vorantragen des Szepters sinnträchtig ins Bild gesetzt.

Dem Rektor unterstellt waren die Notare, die die schriftlichen Verwaltungsaufgaben tätigten (Matrikelführung, Protokollerstellung, Aktenführung), sowie die Pedelle, deren vorrangige Aufgabe die Aufrechterhaltung der Ordnung war. Darüber hinaus überwachten Rektor und Verwaltung die Tätigkeiten der »Universitätsverwandten«, d. h. der Buchdrucker, Tanzmeister, Sprachlehrer, eines Personenkreises, der mittelbar für die Universität tätig war.

DAS KANZLERAMT

Die Vorstufen der Universität Paris waren Säkular-Kleriker-Schulen im Umkreis der Abtei St. Genoveva sowie der Kathedrale und unterstanden der Aufsicht des Abtes oder des Kanzlers von Notre-Dame. Bei den diversen

Konflikten, unter denen die Korporationsbildung vonstatten ging, übertrug König Philipp II. auf Anraten der Magister die Gerichtsbarkeit über die Studenten dem Bischof und sorgte damit für einen privilegierten Justizstatus der Universitätsbesucher. Der Bischof übertrug diese Aufgabe seinem Offizial, dem Kanzler. Der *cancellarius* wurde so zum Gerichtsherrn der Scholaren. Es waren folglich die studentischen Konflikte in Paris, die die Übernahme der amtlichen Gewalt durch die Kirche über die Universität mitprovoziert hatten. Einer anderen Entwicklungstradition zufolge gründet das Kanzleramt auf den Befugnissen der *scholastici*, die in den jeweiligen Domkapiteln die Schulaufsicht ausübten und damit die »Lehrautorität« und die disziplinarische Kontrolle über das Bildungswesen besaßen.

»Kanzler-«, »Rektor-« und »Staats«-Universitäten

In Frankreich (und dies gilt insbesondere für Toulouse und Orléans) wie auch in England (Oxford und Cambridge) sprach man demzufolge gerne von »Kanzler-Universitäten«, im Unterschied zu den »Rektor-Universitäten« der italienischen Stadtstaaten oder auch in Abgrenzung zu den spanischen »Staats-Universitäten«, in denen der Kanzler in erster Linie dem König und nicht dem Bischof unterstand. Auch in Deutschland und Nord-Ost-Europa besaßen sämtliche Generalstudien bis weit in die Neuzeit hinein einen Kanzler, also eine kirchliche Aufsichtsinstanz. Dieses Amt übte zumeist der Lokalbischof, sein Stellvertreter oder der Dompropst aus. So wie in Paris der Kanzler von Notre-Dame Universitätskanzler war, so war es in Wien der Kanzler von St. Stephan, in Heidelberg der Wormser Dompropst, in Köln der dortige Dompropst, in Ingolstadt der Bischof von Eichstätt. Nicht selten delegierten jene Befugnisse und Amtsgewalt an Vizekanzler, die auch Universitätsprofessoren sein konnten. An den protestantischen Universitäten übernahm im 16. Jahrhundert zumeist der Landesherr (oder ein Stellvertreter) das Kanzleramt.[15]

Konzil und Senat

Die *universitas* wurde anfangs als Korporation von allen ihren Mitgliedern, auch den Scholaren, gebildet. Mit der weiteren Verbreitung des Pariser Modells, das den zumeist minderjährigen *artes*-Studenten kein Mitspracherecht einräumte, sondern sich zur »Magisteruniversität« verengte, begann sich zunehmend ein repräsentativ organisiertes Verfassungsorgan herauszubilden, das *consilium generale*, das *concilium* oder auch die *congregatio* bzw., im Humanistenlatein, der *senatus*. Diesem Kollegialorgan gehörten zumeist je drei bis fünf Professoren der höheren Fakultäten an und nur ein gewisser Anteil von Artistenmagistern, da diese ja selber noch an den anderen Fakultäten studierten, und auch die Philosophiedozenten noch keineswegs mit den übrigen gleichberechtigt waren, ganz abgesehen davon, daß ihre Anzahl meist überproportional hoch war. Dem Bedeutungszuwachs der Artistenfakultät im Zeitalter des Humanismus war es dann allerdings zu danken, daß nunmehr der Senat sich aus allen ordentlichen Professoren der Universität zusammensetzte.[14]

Zu den Befugnissen des Senates zählte das Ordnungs- und Satzungsrecht, die Jurisdiktion z. T. über graduierte Mitglieder der Korporation und auch die Kompetenz, die Institution gegenüber dem Landesherrn zu vertreten. Aufgrund seiner schwerfälligen Arbeitsweise wurde dieses oberste und zentrale Gremium nicht selten durch ein Konzil der Dekane ersetzt. Dieser »engere Senat« fungierte im Normalfall auch als akademisches Gericht.

Neben dem obersten »Parlament« der Hochschule bestanden in früherer Zeit Gremien der Fakultäten, die, ebenso wie der Senat, eigene Satzungen besaßen. Dem *consilium facultatis* oblag die Organisation des Lehrbetriebes und des Prüfungswesens. An ihm hatten ursprünglich alle Lehrenden Anteil, doch reduzierte sich die Zahl der Berechtigten in der Frühmoderne auf die ordentlichen Professoren. Aus ihnen wurde prinzipiell auch der Dekan gewählt. Die Juristenfakultäten amteten zumeist auch als Spruchkollegien, die Theologischen Fakultäten des öfteren als Zensurgremien.

VERMÖGEN UND ETAT

Die wirtschaftliche Fundierung und Absicherung der Universitäten war äußerst schwierig und komplex. Es waren weniger die Sachtitel (Gebäude, Heizung, Licht, Mobiliar, Bibliothek), die das zentrale Problem darstellten, als vielmehr die Bezahlung der Lehrkräfte. Da es im eigentlichen Sinne keinen »Staatsetat« gab, löste man im Regelfall die Problematik durch die Übertragung von Stifts- oder anderen kirchlichen Pfründen. Der dozierende Professor oder Magister war oftmals zugleich Chor- oder Stiftsherr, hatte eine Pfarrpfründe inne, ließ sich aber im geistlichen Amt vertreten. Voraussetzung war das Plazet des Papstes für derartige »Beurlaubungen«, womit diesem eine wichtige Funktion in der Finanzgeschichte des Universitätswesens zukam. Diese Möglichkeit, eine Vielzahl von Klerikern von der »Residenzpflicht« zu befreien, ermöglichte überhaupt oftmals erst eine Universitätsfundierung. Zu dieser indirekten Finanzierung durch »Pfründenbesoldung« kam als zweites häufig die Übertragung von Liegenschaften, Zins- und Steuergefällen hinzu, die die Korporation dann selber zu verwalten hatte. Kollegien konnten überdies eigenes Stiftungsvermögen besitzen, und Kollegiaturen dienten oftmals zum Unterhalt von Artistenmagistern.

In der Frühmoderne änderte sich diese Finanzstruktur nicht prinzipiell, aber im Detail.[15] Protestantische Landesherren übertrugen Universitäten säkularisierte Klostergüter, katholische Landesherren widmeten kirchliche Stiftungen zu universitären Zwecken um. Dennoch war die wirtschaftliche Autonomie, die im Mittelalter bedingt existiert hatte, bald nicht mehr vorhanden. Der Fürstenstaat des 17. und 18. Jahrhunderts mußte aus seinem Etat Mittel zuschießen und benutzte dies, um massiver in das Hochschulwesen einzugreifen, insbesondere über das Berufungswesen.

Fig. 12
Dozierender Professor mit seinen studentischen Hörern im späten 14. Jh. Grandes chroniques de France, 1375–79.

DIE »REGIERENDEN« PROFESSOREN

Eine gesonderte Qualifikation für das Professorenamt – wie sie mit der Habilitation im 19. Jahrhundert aufkam – kannte die mittelalterliche und frühneuzeitliche Universität nicht.[16] Der Aufstieg vom Magister zum Lizentiaten und zum Doktoranden hatte die universitäre oder landesherrliche Ernennung zum *professor regens* zur Folge, d. h. die Berechtigung, ordentliche Vorlesungen zu halten und eine geregelte Besoldung zu beziehen, die nicht allein auf dem Vorlesungsgeld der Studenten beruhte. Diese »regierenden« Professoren dominierten fortan auch in den Entscheidungsgremien der Universität, die übrigen Hochschullehrer hießen *legentes*, d. h., sie hatten die außerordentlichen Vorlesungen zu halten und besaßen mindere Rechte. War der Titel *doctor* ursprünglich gleichbedeutend mit dem Titel *professor*, so setzte sich letztere Amtsbezeichnung im 15. und 16. Jahrhundert für die beamteten und festbesoldeten *professores publici* (öffentlichen Professoren) durch.

Das Einkommen der Professoren stammte nicht selten aus einer der Universität inkorporierten Pfründe. Gemeinhin wurden – zumeist von den Stiftern veranlaßt und von Rom aus sanktioniert – Kanonikate bestimmten Professuren zugesprochen. Da die Universität sich selbst mehr oder minder auch als *corpus ecclesiasticum* (kirchliche Institution) verstand, waren die meisten Professoren, die auf diesen Stellen saßen, Kleriker bzw. unverheiratete Laien. Zinserträge aus Kapitalien wurden ebenfalls zu Besoldungszwecken herangezogen. Erst gegen Ende des Mittelalters und dann vor allem im 16. Jahrhundert entstanden auch in Deutschland »Beamtenprofessuren«, die vom Landesherrn bzw. vom Territorium dotiert wurden. Die weitgehende »Beamtung« des Professorenstandes erfolgte somit erst in der Frühmoderne.

Die Professorengehälter variierten stark: Die Juristen verdienten häufig das Doppelte bzw. Dreifache der Artisten. Bei Juristen und Medizinern kalkulierte man überdies eine »Nebentätigkeit« ein. Das Salär wurde – bis weit in die Neuzeit hinein – durch »Naturalien« (Getreide, Wein, Fleisch, Holz) aufgebessert. Die Professoren bezahlten keine – oder doch so gut wie keine – Steuern und besaßen häufig das lukrative Privileg, Wein und Bier ausschenken zu dürfen, um ihr Gehalt aufzubessern. Nicht selten lebten auch zahlende Studenten mit im Professorenhaushalt.

LEHRBETRIEB

lectio

Die wesentlichste und am häufigsten praktizierte Lehrmethode war die der *lectio*, der Vorlesung.[17] Diese bestand üblicherweise aus dem Vorlesen sowie dem Diktieren aus einem festgelegten Lehrbuch und der Kommentierung eines Textes. Man unterschied zwischen »ordentlichen« und »außerordentlichen« Vorlesungen, wobei die ersteren den obligaten Lehrstoff anboten und »öffentlich« (für alle Hörer zugänglich) zu sein hatten. Während die *lectiones publicae* zu den besten Terminen – zumeist frühmorgens – stattfanden, mußten die *extraordinariae* vormittags abgehalten werden. Erstere waren das Monopol der ordentlichen bzw. regierenden Professoren. Sämtliche Lehrveranstaltungen fanden in lateinischer Sprache statt, die Benutzung der Volkssprache war streng verboten.

disputatio

Neben die Vorlesungen traten als besonderes Charakteristikum die *disputationes*, die den Lehrstoff durch Frage und Antwort, *quaestio* und *responsio*, zu vertiefen suchten. Es handelte sich dabei im eigentlichen Sinne um die scholastische Diskussionsmethode, um ein *pro* und *contra* zweier Thesen. Die großen Disputationen, die *disputationes ordinariae*, wurden zumeist von zwei Magistern oder Doktoren geführt – vielfach unter dem Vorsitz von Dekan oder Rektor –, aber dann auch als Prüfungen verstanden, die zum erstrebten akademischen Grad führten. Nicht selten wurden sie als großes Spektakel aufgezogen und dienten der »Öffentlichkeitsarbeit« der Universität. Bedingt anderen Charakter besaßen die *disputationes de quolibet (Quodlibeta)*, bei denen die Thematik offen war, wo jedermann Fragen stellen konnte, und die mehrere Tage dauerten und mit akademischen Feierlichkeiten verbunden waren. Auch hier standen sich *opponens* und *respondens* gegenüber, was nicht ausschloß, daß sich auch andere Akademiker beteiligten. Neben Vorlesung

repetitio

und Disputation kannte man auch *repetitiones* und *resumptiones*, d. h. Wiederholungsübungen zum Einpauken des Stoffes bzw. der erlernten Methode. Vielfach fanden diese privat oder in den Bursen und Colleges statt.

akademischer Tagesablauf

Das Studienjahr dauerte gewöhnlich von Oktober bis Anfang September, unterbrochen lediglich durch kürzere Ferienzeiten (Ostern, Weihnachten) sowie durch Feiertage. Der akademische Tagesplan war – ähnlich dem mönchischen – gegliedert: zur Prim (6 Uhr) begannen in der Regel die Hauptvorlesungen, sie dauerten bis zur Terz (9 Uhr). Von 9 bis 12 Uhr, d. h. bis zur Sext, fanden die außerordentlichen Vorlesungen statt wie auch Teile der Repetitionen. Von 12 bis 15 Uhr, bis zur Non, war Mittagspause; bis zur Vesper (18 Uhr) herrschte Übungs- und Wiederholungsbetrieb, der im allgemeinen in den Hospizen, Bursen oder Colleges stattfand. Die akademischen Stunden dauerten 45 bzw. 90 Minuten, d. h. sie bestanden aus einer Halbierung oder einer Viertelung des dreistündigen Tagesrhythmus.

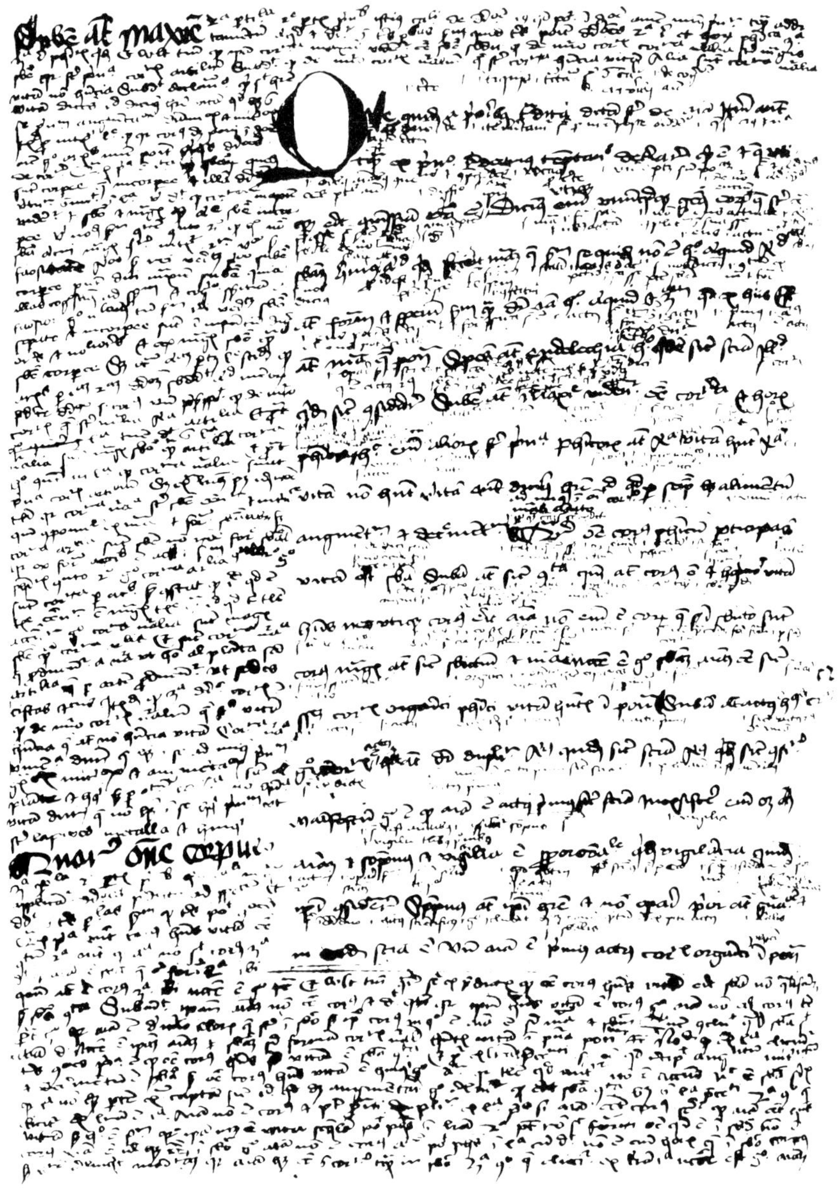

Fig. 13
Konzept einer spätmittelalterlichen »lectio« über die Schrift »De anima« von Aristoteles. Die in weitem Abstand und mit größerer Schrift geschriebenen Zeilen beinhalten den Lehrbuchtext; darunter befinden sich die Glossen des Vorlesers; die Randbemerkungen dokumentieren den konkreten Ablauf der Vorlesung. Universitätsbibliothek Uppsala.

LEHRFÄCHER UND LEHRBÜCHER

In der untersten der Fakultäten, die obligatorisch zu besuchen war, erlernte man die *artes*, d. h. vor allem die Lateinische Sprache sowie die Logik.[18] Als Lateingrammatik diente traditionell der »Donatus«, die Standardgrammatik seit der Spätantike, ferner das *Doctrinale puerorum* des Alexander de Villa Dei, eine Grammatik in Versen, die in drei Teilen Etymologie, Syntax, Orthographie und Prosodie umfaßte. Donatus und Alexander wurden erst durch humanistische Lehrbücher ersetzt, u. a. durch jene von Melanchthon und Alvarez. Dem Sprachstudium folgte die Rhetorik, die sich sowohl an Aristoteles orientierte als auch an dem Werk *Ars dictandi* des Boethius.

Die »Fundamentalwissenschaft« Philosophie, die sich daran anschloß, bestand aus Dialektik, Logik, Metaphysik und Ethik. Sie baute prinzipiell auf den lateinischen Übertragungen der aristotelischen Werke auf. Auch Naturkunde und Naturphilosophie wurden nach Aristoteles (*Parva naturalia; De anima*, u. a.) gelehrt. Die Werke des antiken Philosophen boten auch den Anlaß bzw. die Grundlage für den »Wegestreit«[19], der die Philosophischen Fakultäten im 15. Jahrhundert in Atem hielt und in der Kontroverse gipfelte, ob man die diffizilen Texte in der Vorlesung intensiv kommentieren (= *via moderna*/Nominalisten), oder aber ein simpleres, am Text sich orientierendes Verfahren (*via antiqua*/Realisten) anwenden sollte. Die *Moderni* (Occamisten, Nominalisten) wandten sich in der akademischen Lehre mehr der *quaestio* zu als der *lectio*. Sie waren in der Beweisführung stark an der Logik orientiert und neigten zum Individualismus. Die *Antiqui* (Thomisten, Realisten) fühlten sich den Texten der tradierten Autoren verpflichtet und bekundeten den philosophischen Autoritäten große Ehrfurcht. Beide Wege waren auf ihre Weise Vorläufer des Humanismus. In der Mathematik war Euklid, in der Musik Boethius beherrschende Lehrautorität.

Das Medizinstudium verstand sich als Fortsetzung der Naturkunde, wobei die Werke von Hippokrates, Galen und Avicenna Standardlehrbücher waren.

An der juristischen Fakultät wurden das kanonische und das bürgerliche Recht gelehrt, im Bereich des ersteren mit den Hauptteilen des *Corpus juris canonici* als Grundlage der Vorlesungen, im Bereich des zweiten mit dem Römischen Recht, das sich freilich erst allmählich durchsetzte. Zumeist promovierte man zum *Doctor juris utriusque* (Doktor beider Rechte), doch gab es auch nur in einem Bereich Promovierte. Die Theologie galt stets als vornehmste Disziplin, und folglich war die Theologische Fakultät auch die oberste in der Rangskala. Das Lehrbuch der scholastischen Theologie war und blieb – selbstredend neben der Hl. Schrift – die Sentenzensammlung des Petrus Lombardus.

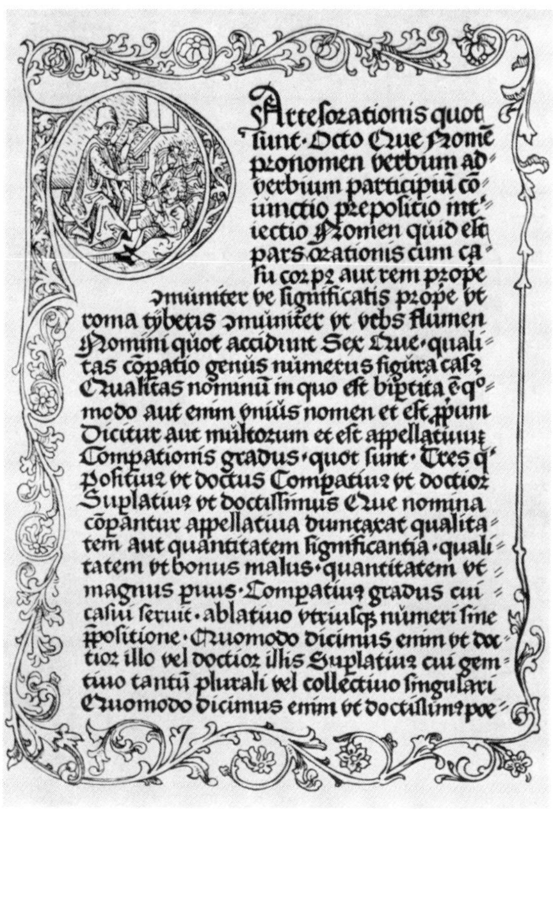
Partes orationis quot sunt · Octo Que Nomen pronomen verbum adverbium participium coniunctio preposicio interiectio Nomen quid est pars orationis cum casu corpus aut rem proprie communiter ve significans proprie ut roma tyberis communiter ut urbs flumen Nomini quot accidunt Sex Que · qualitas comparatio genus numerus figura casus Qualitas nominum in quo est bipertita est quomodo aut enim unius nomen et est proprium Dicitur aut multorum et est appellativum Comparationis gradus · quot sunt · Tres que Positivus ut doctus Comparativus ut doctior Superlativus ut doctissimus Que nomina comparantur appellativa duntaxat qualitatem aut quantitatem significantia · qualitatem ut bonus malus · quantitatem ut magnus parvus · Comparativus gradus cui casui servit · ablativo utriusque numeri sine preposicione · Quomodo dicimus enim ut doctior illo vel doctior illis Superlativus cui genitivo tantum plurali vel collectivo singulari Quomodo dicimus enim ut doctissimus poe

Fig. 14
Beginn des bis zum Ende des Mittelalters gebräuchlichsten Grammatikwerkes des römischen Lehrers Aelius Donatus (4. Jh. n. Chr.). Der Lehrstoff wurde in der Methodik von Frage und Antwort abgehandelt. Blockbuch, Ende 15. Jh.

AKADEMISCHE GRADE

magister und doctor

Die wichtigsten akademischen Grade, die die mittelalterliche (und neuzeitliche) Universität zu vergeben hatte, waren die des Magisters und Doktors, Bezeichnungen, die man von altersher kannte. Beide Titel wurden bis weit ins 15. Jahrhundert hinein synonym verwandt, bis die Vergabe des *doctor*-Grades schließlich als Privileg der höheren Fakultäten und der *magister*-Grad als Abschluß der Artistenfakultät mehr oder minder ausschließlich gebräuchlich wurden. Im 15. Jahrhundert, mit der Aufwertung der Fakultät, kam es auch zur Verwendung des *doctor philosophiae*-Titels. Der *magister artium* blieb über das Mittelalter hinaus die Voraussetzung für das Studium an einer höheren Fakultät.

Die unteren akademischen Grade an sämtlichen Fakultäten waren die des *baccalaureus* sowie des *licentiatus*. Der Titel des Bakkalars wird etymologisch unterschiedlich hergeleitet, einmal vom Altfranzösischen »bachellier« = »bas chevallier«, in anderer Version von »bac laureus« = Lorbeerkranz.[20] Der akademische Aufstieg konnte, z.B. als Theologe, wie folgt vollzogen werden: *baccalaureus – magister artium; baccalaureus – licentiatus – doctor Theologiae.*

baccalaureus

Die Studiendauer betrug bis zum Bakkalaureat etwa zwei Jahre, bis zum Doktorgrad dann zwischen drei und fünf Jahren, wobei zwischen den einzelnen Fakultäten z.T. erhebliche Unterschiede bestanden. Der Graderwerb war zumeist sehr kostspielig, denn die Professoren mußten nicht nur mit einem *prandium* (Doktorschmaus) bewirtet werden, sondern sie und ihre Frauen erwarteten auch Geschenke, etwa in Form von Wein und Geld.

Arme Universitäten besserten mit diesem Verfahren den schlechten Sold ihrer Professoren auf, ein Verfahren, das einige Hochschulen in Mißkredit brachte, da an ihnen die Grade käuflich wurden. Hinzu kamen nicht geringe Gebühren, die die Universität erhob, so daß sich mancher Student überlegen mußte, ob der Doktorgrad für ihn überhaupt finanzierbar war.

Die Graduierungs- und Prüfungsmodalitäten ähnelten einander an allen Hochschulen. Der Prüfling hatte mündlich mehrere Stunden lang vor der gesamten Fakultät vereinbarte Textstellen zu rekapitulieren und zu interpretieren sowie eine Disputation zu bestreiten. Hatte er dieses erfolgreich absolviert, erhielt er vom Dekan die Attribute des erworbenen Grades, Ring, Hut und Buch. Dissertationen wurden erst im 16. und 17. Jahrhundert von den Studierenden selber verfaßt; zuvor handelte es sich bei »Doctorarbeiten« zumeist um kurze Elaborate zu einem Thema, das ein Professor stellte und nicht selten auch für den Kandidaten selber bearbeitete. Generell wurden deshalb jene Traktate unter dem Namen des Professors publiziert.

Ein akademischer Grad bedeutete sozialen Aufstieg; der Doktortitel war dem Adelsprädikat in etwa gleichwertig. Man konnte in den Staats- und Kirchendienst eintreten, wobei die Jurisprudenz und die Medizin als *scientiae lucrativae* (lukrative Wissenschaften) galten, während die *artes liberales* zumeist als »brotlose Künste« angesehen waren, da die Vielzahl der die Universität verlassenden *magistri artium* als Schreiber oder Lehrer kaum hohe Einkommen erlangte.[21]

BIBLIOTHEK

Die Entwicklung eigener Universitätsbibliotheken war sehr häufig Artistenfakultäten zu danken, die ihre Räumlichkeiten auch den Spezialbibliotheken der Theologen, Medizinern und Juristen zur Verfügung stellten.[22] Da die Anschaffung von Handschriften und Büchern so gut wie nirgends ausgewiesen war, beruhten die ersten Ausstattungen zumeist auf Stiftungen. In Heidelberg stifteten der erste Kanzler, Konrad von Gelnhausen, 117 und der erste Rektor, Marsilius von Inghen, 437 Bände, denen dann weitere Zustiftungen des Landesherrn folgten.

Die in der Zeit des frühen Buchdrucks stets teuren, kostbaren und seltenen Bücher, Codices und Sammelhandschriften waren in den Bibliotheksräumen häufig auf Pulten angekettet. Der Bibliotheksaufbau folgte dem Fächerkanon der Universität bzw. Fakultät. Bis weit ins 15. Jahrhundert hinein besaßen die verschiedenen Universitätsbibliotheken selten mehr als 1000 Bände, erst das Zeitalter des Humanismus mit seinem enormen Aufschwung in der Buchherstellung brachte einen raschen Ausbau. Als *librarius* fungierte gewöhnlich ein Mitglied der Artistenfakultät, dem bei größerem Arbeitsaufwand der Pedell zur Seite stand.[23]

STUDENTEN

Da es – von einer gewissen Beherrschung der lateinischen Sprache abgesehen – keine eigentliche Eintrittsvoraussetzung gab, waren Bildungsstand und Alter der Studenten überaus unterschiedlich. Im Fachkanon des Triviums holten die jungen Studiosi, die meist im Alter von 12 bis 14 Jahren das Studium aufnahmen, die mangelnde Latinität auf. Ein »sozialer numerus clausus« bestand nicht, wenn auch, standesmäßig rubriziert, Immatrikulationsgebühren entrichtet werden mußten, von denen nur die *pauperes* (Armen) befreit waren. Allerdings existierte im Spätmittelalter bereits ein umfängliches Stipendienwesen. Mit der Einschreibung in die Matrikel wurde der Scholar (auch der Professor) Mitglied der Korporation, nahm teil an deren Privilegien (profitierte u. a. von Steuerfreiheit, Mietbindung und akademischer Gerichtsbarkeit) und erhielt in den verschiedenen Einrichtungen – zumeist Bursen (von *bursa* = Beutel) oder Colleges – Unterkunft und Verpflegung.[24]

Bursenwesen

Der Student unterstand – sofern er nicht als Adeliger oder als betuchter Jurastudent frei in der Stadt wohnte – überaus strengen Disziplinarvorschriften. Das Leben in den studentischen Wohnhäusern war internatsmäßig geregelt. Kontrolliert wurde der Besuch der Lehrveranstaltungen, die Ausübung der religiösen Pflichten, die Einhaltung des minutiös geregelten Tagesablaufs, das immerwährende Lateinsprechen, der sittenmäßige Lebenswandel. Die Tracht war klerikal, ein Zwang, von dem sich nur der Adel befreien konnte. Die Unterkünfte (Bursen, Konvikte) bestanden aus einfachen Schlafräumen für mehrere Personen, aus Räumen für den Unterricht und einem Speisesaal, der *mensa*. Sie alle waren kaum möbliert. Klagen über die einfache Kost lassen den Schluß zu, daß die Verpflegung insgesamt qualitativ eher bescheiden und quantitativ keinesfalls üppig war.

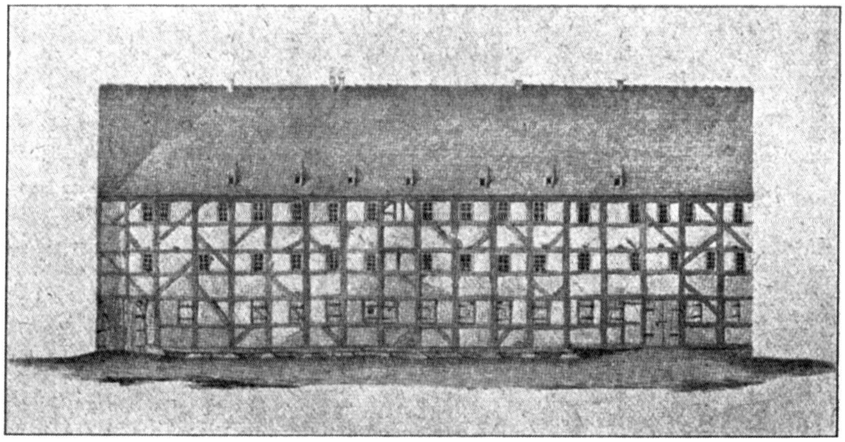

Fig. 15
Die Leipziger »Bursa bavarica«; in den von den Landsmannschaften oder von Magistern unterhaltenen Bursen war der Kontakt zwischen akademischem Lehrer und jungem Scholaren durchaus »familiär«.

Die Studentenschaft der einzelnen Universitäten zeigte im Mittelalter durchaus internationales Gepräge und schränkte sich erst im 15. und 16. Jahrhundert regional und lokal ein. Studentische Migration galt als normal, man besuchte auf seiner *peregrinatio academica* (akademischen Wanderreise), die nicht selten von Deutschland nach Italien führte, häufig drei bis fünf Universitäten. Insgesamt dürfte die Durchschnittsverweildauer für das Gesamtstudium allerdings nur anderthalb bis zwei Jahre gewesen sein; die meisten Studenten verließen dann die Hochschule und traten ins Berufsleben ein. Der Prozentsatz derjenigen, die es zum Magister oder Doktor brachten, war gering.[25]

peregrinatio academica

Frequenz

Eine mittlere Universität besaß im 14. und 15. Jahrhundert etwa 250 bis 500 Studenten. Paris brachte es wohl auf etwa 5000, Oxford auf 1000, Prag zeitweise auf vielleicht 1500. Wien, Köln und Leipzig, die größten deutschen Generalstudien, dürften im 15. Jahrhundert nicht mehr als 500 bis 1000 Studenten gezählt haben. Setzt man diese Zahlen in Relation zur Bevölkerung der Universitätsstädte, so stellten die Akademiker – ausgenommen in den »Großstädten« – einen gewichtigen Anteil und waren als ökonomischer Faktor ernstzunehmen. Verständlich, daß, trotz mancher Mißhelligkeiten, Bürger und Magistrat einer Universitätsstadt es ungern sahen, wenn es zur »Auswanderung« (aus Protest oder wegen Kriegs- und Seuchengefahr) der Universität kam.

Mit einem Minimum von zehn bis 20 Gulden konnte ein Student sein Leben bestreiten. Reichen Bürgersöhnen und Adeligen stand ein Vielfaches zur Verfügung; ein Professor erhielt etwa das 10–20fache als Salär pro Jahr (200–400 fl.). Man wird nicht fehlgehen in der Annahme, daß ein nicht geringer Teil der Studentenschaft am Rande des Existenzminimums lebte, dies auch nach dem Studium, denn ein »Arbeitsmarkt« für Akademiker – zumal für die Vielzahl der *artes*-Studenten – bestand, von kleinen bescheidenen Ansätzen abgesehen, kaum. Die Bezeichnungen der Studiosi als *impressores*, *parasiti*, *henselini* zeigen deutlich, was man von ihnen hielt. In seinem »Narrenschiff« schrieb Sebastian Brant 1494 voll Ironie:

»Do mit so gat die jugent hyen
So sint wir zu Lyps, Erfordt, Wyen
Zu Heidelberg, Mentz, Basel gstanden
Kumen zu letst doch heym mit schanden
Das gelt das ist verzeret do
Der truckery sint wir dann fro
Und das man lert ufftragen wyn
Dar usz wurt dann eyn henselyn
So ist das gelt geleit wol an
Studenten kapp will schellen han.«[26]

Ebenfalls aus dem Jahre 1494 stammt die berühmtgewordene *disputatio*, die der Artistenmagister Johannes Schram aus Dachau

Fig. 16
Vorlesungsstunde an der Wende zur Frühmoderne; Holzschnitt 1525.

in Erfurt unter dem Titel »Monopolium der Schweinezunft« führte. Seine Hauptfrage, was aus den Erfurter Studenten zumeist geworden sei, beantwortete er wie folgt: »hollenhippenmenner, platzmeyster, wurfelleger, czinkenczeler, cuppler, hurer, hurnwirt, lantzknecht, wyrtzknecht, pfaffenknecht, henselyn, wynruffer, schelmenschinder, kaßjager, wurstsameler, farentschuler, wachßdieb, slafkogel, plastetreter.« Eine kompromittierende Sammlung spätmittelalterlicher Schimpfwörter, fürwahr.

Im 15. Jahrhundert war die Relation Magister:Scholaren, Professoren:Studenten vergleichsweise günstig, der persönliche Kontakt recht eng. An den deutschen Universitäten dürfte das Verhältnis 1:10 bis 1:15 gewesen sein, bei kleineren Universitäten noch günstiger. Geht man davon aus, daß sich die Studenten durchschnittlich 18 bis 24 Monate an der Universität aufgehalten haben, und rechnet man die Besucherzahl anhand der Matrikeleinschreibungen (die allerdings nicht immer getätigt wurden) hoch, so läßt sich für die zweite Hälfte des 15. Jahrhunderts folgende Rangskala der deutschen Universitäten in bezug auf die Studentenzahlen ermitteln:

Studenten 1451/1505		*% in Relation zur Gründungszeit*[27]
Wien	22 004	16,2
Leipzig	19 869	14,7
Erfurt	18 802	13,9
Köln	17 969	13,3
Löwen	12 190	15,6
Rostock	8737	6,4
Ingolstadt	6997	5,2
Heidelberg	6697	4,9
Basel	4161	3,1
Freiburg	3337	2,5
Tübingen	3043	2,2
Greifswald	2663	2,0

Zwar hatten Universitäten wie Paris und Oxford zweifellos mehr Studenten, doch konnten sich auch die deutschen »Großstadt-Universitäten« Wien, Leipzig und Köln im europäischen Vergleich durchaus sehen lassen. Ein attraktiver Studienort scheint auch Löwen gewesen zu sein. Zwischen 1385 und 1505 inskribierten sich an den 12 Hochschulen des Deutschen Reiches an die 250 000 Studenten. Mitberücksichtigt in dieser Zahl sind Studierende, die sich nicht in die Matrikel eintragen ließen, wie auch solche, die im Ausland studierten. Den Studienplatz wechselte etwa ein Viertel.

IV. Ur-Universitäten

Die ältesten europäischen Universitäten versuchten durch Legendenbildung, ihr Alter – und damit ihren Rang – zu erhöhen und datierten ihre Gründungen ins Frühmittelalter, ja sogar in die Spätantike zurück. Selbst Bologna und Paris – anerkanntermaßen die ältesten Hochschulen – schreckten vor derartigen Falschmünzereien nicht zurück. So legendär Gründung und Namensherleitung (Gott *Paris*) der Seinemetropole sind, so legendär ist auch die Behauptung (u. a. von Vinzenz von Beauvais in seinem »*Speculum historiale*«, XXIII. cap. 173), die Universität sei von Kaiser Karl dem Großen gegründet worden. Der übermächtigen Versuchung, die eigene Bedeutung durch ein möglichst früh angesetztes Gründungsdatum noch zu erhöhen, konnte im übrigen nicht nur Paris nicht widerstehen. Padua und Pavia rühmten sich des gleichen Gründungsvaters – Karls des Großen –, Oxford und Cambridge griffen noch weiter aus und führten sich auf König Sigbert (630) zurück, Bologna und Orléans übertrafen auch diese und gaben als Initiatoren ihrer Universitäten die Kaiser Theodosius II. (408–450) bzw. Kaiser Aurelian (270–275) an.

PARIS

Die Seinemetropole[1] war im 11. und 12. Jahrhundert das Zentrum der europäischen Kultur; ihre Schulen genossen höchsten Ruf. Dort lehrende Theologen und Philosophen wie Anselm von Laon, Roscelin von Compiègne, Wilhelm von Champeaux und sein Antipode und Rivale Abaelard, der große Protagonist der Scholastik, Johannes von Salisbury, Wilhelm von Conches, Anselm von Canterbury und Petrus Lombardus u. a. waren keine Lokalgrößen, sondern Gelehrte von internationaler Reputation, die der Wissenschaft neue Horizonte wiesen. Als eigentliche

Schulzentren

Zentren der Gelehrsamkeit galten die Kathedralschule von Notre-Dame (*inter duo pontes* = Seine-Insel) sowie die Klosterschulen von Ste. Geneviève und St. Victor, doch lehrten auch freie Magister im Umkreis der Kathedrale oder auf dem Genovevenberg (*in monte*), dem »Parnaß«. Die meisten Magister waren allerdings Kleriker, Weltgeistliche oder Mönche, die als Kanoniker oder Fratres Unterhalt bezogen und bischöflicher oder Ordens-Obödienz unterstanden. Im 12. Jahrhundert wurden die Kanoniker von Notre-Dame zunehmend als *scholastici* (Scholastiker) oder *magistri scholarum* (Lehrer) bezeichnet, die unter Aufsicht des Kanzlers Theologie und Philosophie lehrten. 1179 forderte Papst Alexander III. in einem Dekret des 3. Laterankonzils für die Kathedralschulen grundsätzlich bepfründete Lehrstellen. Beide konkurrierenden Schulbezirke, die *scholae Parisiensis*, bildeten den Grundstock der späteren Universität Paris, mit der die Stadt ihre Rivalen Tours, Reims und Chartres ausstach. Im speziellen waren es die *artes*-Schulen von Ste. Geneviève, die »Theologie-Schulen« von Notre-Dame und, nicht zu vergessen, die »wilden Schulen« des Kathedralbezirkes, die außerhalb der Kompetenz des Kanzlers lagen, und wo weniger die Theologie als die scholastische Philosophie gelehrt wurde, die sich zur Universität zusammenfanden und gemeinsam weiterentwickelten. Abaelards Name steht programmatisch über dem scholastischen Denk- und Wissenschaftsgebäude, das schließlich die Bildung einer Universität erzwang, ohne daß es zu seiner Zeit schon eine universitäre Institution oder Korporation der diversen Magister gegeben hätte.

Der wissenschaftliche Dialog, wie er in der Theologie, in der Philosophie und auch in der Jurisprudenz im 12. Jahrhundert geführt wurde, sprengte zunehmend den geistigen Rahmen, den die bisherigen Schulen zu bieten fähig waren und den die organisatorische Klammer an die Kirche zuließ. Abaelard[2]

Abaelard

etwa, der ohne kirchliche Lehrbefugnis lehrte, diskutierte in seiner revolutionären Schrift *Sic et non* (Ja und nein) die Widersprüche in den Aussagen von Bibel, Kirchenvätern und Kirchenrecht, propagierte die dialektische Methode, erhob kritische Einwände gegen Tradition und Überlieferung, verbesserte die glossierende Methode. Seinem Tun mußte unter den gegebenen Umständen ein Ende bereitet werden: Unter Berufung auf ein Kaiseredikt der Spätantike, das Klerikern und Laien verbot, über die christliche Lehre öf-

Fig. 17
Siegel der Universität Paris. Das aus dem 13. Jh. stammende Siegelbild zeigt unter dem gotischen Baldachin die Himmelskönigin als Schirmherrin der Wissenschaft; rechts und links von ihr zwei Heilige, darunter zwei Magistri und sechs Studenten.

fentlich zu sprechen und zu disputieren, verurteilten Bernhard von Clairvaux und Papst Innocenz II. ihn 1141, da er »alles was Gott ist, mit menschlicher Vernunft meint begreifen zu können«.

Lehrautorität Aristoteles

War in Bologna das römische Kaiserrecht der zentrale Lehrgegenstand, so waren es in Paris die Schriften des Aristoteles. Die im Verlauf des 12. Jahrhunderts ins Lateinische übersetzten naturphilosophischen und metaphysischen Schriften des antiken Philosophen tangierten das Philosophie- und Theologiestudium elementar. Eine Welt ohne Schöpfung und Ende, eine Sterblichkeit der Seele, wie Aristoteles sie dachte, das war mit der kirchlichen Glaubenslehre nicht vereinbar, das mußte zu Konflikten führen. Die Krise zwischen kirchlicher Doktrin und aristotelischer Philosophie erreichte um 1200 ihren Höhepunkt und trieb die Bemühungen um eine *universitas magistrorum* weiter voran. Die ersten Statuten, die der päpstliche Kardinallegat Robert de Courçon in Auftrag von Papst Innocenz III. 1215 der sich formierenden *Alma mater Parisiensis* gab, standen noch ganz im Zeichen des zurückliegenden »Glaubenskampfes«: »*Non legantur libri Aristotelis de naturali philosophiae nec commenta legantur Parisius publice vel secreto, et hoc sub pena excommunicationis inhibemus*« (Wir verordnen, daß weder insgeheim noch öffentlich die Bücher und Kommentare der Naturphilosophie des Aristoteles gelesen werden, und zwar unter Strafandrohung der Exkommunikation). Die gleichen Statuten bestimmten, daß der Kanzler die Lizenz nur an streng geprüfte Kandidaten vergeben dürfe, gewährten der Korporation aber auch das Recht, sich selbst Statuten zu geben und eine Lehrordnung aufzustellen.[3]

Ruhe in die aufgebrachte Wissenschaftsgemeinde brachte das Statut von 1215 allerdings nicht. Der Emanzipationsprozeß der Universität von Bischof und Kanzler setzte sich fort. Der Bischof machte der jungen Korporation alsbald ihre Rechte streitig, exkommunizierte einen Teil der Magister und Scholaren, so daß jene nach Rom appellierten. Papst Honorius III. (1216–1227) nahm 1219 die *doctores et discipuli universitatis*... (Doktoren und Schüler der Universität) unter seinen besonderen Schutz und bestätigte 1222 das Statut von 1215. Konflikte, die bisweilen zu Tumulten und offenem Aufruhr führten, waren in der Folgezeit dennoch an der Tagesordnung. Als im Jahre 1229 bei Auseinandersetzungen um den Weinpreis mehrere Scholaren den Tod fanden, forderte die Universität von König und Legaten Genugtuung. Als diese ausblieb, beschloß man, die Universität für den Zeitraum von sechs Jahren zu schließen. Die Mehrzahl der Universitätsleute wanderte aus, u. a. nach Orléans und nach Oxford. Zwar lenkte der König ein, doch blieb der Bischof hart und verhängte den Bann über die Ausgewanderten; eine Synode verlangte den Entzug des Residenzprivilegs. Erst die berühmt gewordene Bulle *Parens scientiarum* (Elternteil der Wissenschaften) vom 13. April 1231, die die Universitätsvertreter von Papst Gregor IX. (1227–1241) erbeten hatten, beendete den Konflikt.[4] Im wesentlichen wurde das Statut von 1215 bestätigt und dem König anempfohlen, die alten Privilegien zu bestätigen. Von dieser Zeit an florierte die Alma mater.

Parens scientiarum

Ohne eigentliches Gründungsdokument, aber ausgestattet mit einer beachtlichen Anzahl an königlichen und päpstlichen Privilegien, war die junge Institution zwar eine *universitas magistrorum et scholarium* (Gemeinschaft von Lehrern und Schülern), doch hatten auf den Universitätsversammlungen nur die Magister Stimmrecht. Es gab keine Universitätsmatrikel, der Scholar war bei seinem Magister inskribiert. Ein eigentümliches Nebeneinander von Fakultäts- und Nationengliederung bestimmte die Struktur der Hochschule. Es existierten vier Fakultäten (ohne römisches Recht!), wobei an den drei oberen Fakultäten der Theologie, des Kirchenrechtes und der Medizin nur derjenige studieren konnte, der einige Jahre an der Artes-Fakultät verbracht und den Magister Artium-Titel erworben hatte.

Magister-Universität

In den ersten Dezennien besaß die Universität Paris offenbar keinen Rektor. Dieses Amt ist ab der Mitte der 30er Jahre des 13. Jahrhunderts überliefert. Prinzipiell war der Dekan *(rector)* der Artistenfakultät auch Universitätsrektor. Bis zum Ende des Jahrhunderts gaben sich die einzelnen Fakultäten eigene Statuten, wobei die Theologische Fakultät dem Kanzler, dem Bischof und der Diözese am intensivsten verpflichtet blieb. Mit dem Beginn des 14. Jahrhunderts war die Universitätsverfassung festgeschrieben und wurde im Verlauf des Mittelalters nur noch geringfügig verändert.

Hochburg von Philosophie und Theologie

Weitgehend gefestigt als Korporation, sicher im getroffenen Arrangement mit Kirche und Staat, selbstbewußt und gestärkt nach erneut durchlittener Konfrontation (Bettelordensstreit) stand die Universität zu jener Zeit in nie wieder erreichter Blüte. Gelehrte wie Thomas von Aquin, Bonaventura, Albertus Magnus, Johannes Duns Scotus, Heinrich von Segusia, Roger Bacon, Siger von Brabant, Johannes Buridanus, Nicolaus Oresmius hatten ihr einen nahezu legendären Ruf verschafft. Des Lobes war kein Ende. Hugo von Trimberg etwa besingt sie in seinem »Renner«:

> »Diu heilege schrift muoz immer sîn
> doch aller künste keiserîn;
> swer die niht lernet in der jugende,
> der sol selten groẑe tugende
> bî andern künsten lernen
> ze Paris oder ze Salerne.«[5]

Auch Petrarca lobt die Pariser Alma mater und vergleicht sie mit der Athener Akademie; Dante gar versetzt die Pariser Lehrer in seiner *Divina Commedia* (Göttliche Komödie) in das Paradies. Im späten 14. und 15. Jahrhundert verblaßten Glanz und Gloria. Aufgrund der Kriege wanderten viele ausländische Mitglieder ab, die Universität wurde »national«, das hieß, verglichen mit der ruhmvollen Vorzeit, provinziell. 1446 wurde sie dem Parlament von Paris unterstellt und verlor als Staatsinstitution ihre Unabhängigkeit. Eine Statutenreform 1452 brachte keinen merklichen Aufschwung.

Fig. 18
Robert de Sorbon (1201–1274) stiftete 1265 ein »Collegium pauperum magistrorum«; dieses Magisterkolleg machte sich einen so guten Namen, daß die Bezeichnung »Sorbonne« für die Universität Paris üblich wurde.

Das Studentenleben in Paris spielte sich weitgehend in den Kollegien ab. Die Hospizien der frühen Jahre wurden im 13. und 14. Jahrhundert ergänzt durch eine Vielzahl von Collèges im »Quartier Latin«; im Jahre 1500 gab es davon etwa 70. Hinzu kamen in der ersten Hälfte des 13. Jahrhunderts die klösterlichen Studienhäuser der Orden: 1217 der Dominikaner, 1230 der Franziskaner, 1246 der Zisterzienser (Collège du Chardonnet), 1252 der Prämonstratenser und 1260/65 der beiden Benediktiner-Kollegien von Cluny und St. Denis.

Collège de Sorbon

Das berühmteste Collège gründete im Jahre 1257 ein Kaplan König Ludwigs IX., des Heiligen, Robert de Sorbon (1201–1274).[6] Es war für 16 arme Theologiestudenten gedacht und nicht landsmannschaftlich begrenzt. Jede der vier Nationen konnte vier arme Studenten benennen, denen Unterkunft, Verpflegung und Ausbildung gewährt werden sollten. Sorbon legte Wert auf »teamwork«, das Leitmotiv der Kolleggemeinschaft war: *vivere socialiter et collegialiter et moraliter et scholariter*. Das Kollegium, in dem mehr und mehr auch die universitären Lehrveranstaltungen abgehalten wurden, wurde alsbald Zentrum der theologischen Fakultät, sein Name Synonym für den der Universität. Bedeutende andere Collèges waren das Collège d'Harcourt (1280) für Studenten aus der Normandie, ferner das 1305 gegründete Collège de Navarre, das 20 Grammatikern, 30 Artisten und 20 Theologen Platz bot.

Die Universität Paris hatte im Mittelalter kein eigentliches Domizil.[7] Es wurde – anfänglich auch auf den Straßen – in Privaträumen und Kirchen gelehrt, man richtete sich in der alten Kathedralschule, im Dominikanerkloster (Jakobinerkloster), im Franziskanerkloster *Les Cordiers* und in den größeren Kollegien ein. Die Artisten lehrten in Häusern an der Rue du Fouarre, deren Name »Strohgasse« aus der Zeit herrührt, als die Studenten, auf Stroh sitzend, dort ihre Vorlesungen hörten. In den Nationenhäusern wurde ebenfalls Unterricht erteilt. Die Theologen hatten in der Kathedrale, dem Kapitelsaal und schließlich in der Sorbonne ihre wichtigsten Räumlichkeiten; die Mediziner lehrten in Privatsälen. Als Zentrum der Universität galt im 13. Jahrhundert die Kirche der Benediktiner zu St. Julien-le-Pauvre. Das Universitätssiegel wurde in Ste. Geneviève, dem neben Notre-Dame zweiten Promotionsort der Universität, aufbewahrt. Der Rektor residierte im Kloster der Mathuriner, das Archiv war in der Kapelle des Collège de Navarre deponiert.

Zu einer wesentlichen Reduktion der Kollegien und damit zu einer seit langem gewünschten Konzentration der Lehrveranstaltungen führte mittelbar das 1562 gegründete Jesuitenkolleg (Collège de Clermont, später Collège Louis le Grand), das fortan als zentrales Lehrsaalgebäude der Artisten benutzt wurde. Der Neubau der Sorbonne zwischen 1628 und 1648 durch Lemercier (auf Veranlassung Richelieus) zentrierte auch die theologischen Studien. Neben diesen beiden Einrichtungen bestanden im 17. und 18. Jahrhundert nur noch neun größere Kollegien mit 20 bis 70 Kollegiaten. Mit der Ordensaufhebung 1772/73 fiel das Jesuitenkolleg an die Universität. Während der Revolution wurden sämtliche Collèges aufgelöst. Die Neubaupläne Napoleons für eine *Université impériale* kamen nicht mehr zur Ausführung. So dienten die alten Gebäude weiterhin ihren Zwekken, bis gegen Ende des 19. Jahrhunderts die Universität ihren monumentalen und repräsentativen Neubau, die heutige »Sorbonne«, bezog.

BOLOGNA

Die Rechtsuniversität Bologna[8] gehört, wie Paris, zum Archetypus der *universitates ex consuetudine*, d. h., sie bezog ihre Legitimation aus dem Gewohnheitsrecht. Der fehlende Gründungsakt und das infolgedessen nicht vorhandene Gründungsdatum quälte seit jeher all jene, denen die Ausrichtung von Jubiläen oblag. Schon früh suchte man nach Auswegen und behalf sich damit, zu sagen, die Gründung eines »Studienzentrums« für Zivilrecht im Jahre 1088 durch Papst Urban II. sei die eigentliche Gründung der Universität Bologna gewesen. Gegenüber der zweiten Hypothese, derzufolge Kaiser Heinrich V. 1119 bei seinem letzten Italienzug den Rechtslehrer Irnerius in Bologna aufgesucht, um Rat gebeten und dabei gewissermaßen die Universität gegründet habe, hatte erstere den Vorzug, noch gut drei Dezennien weiter zurückzureichen. Bei 1088 blieb es dann auch, und kaum jemand nahm Anstoß, als Bologna 1888 ein pompöses 800-Jahr-Jubiläum feierte.

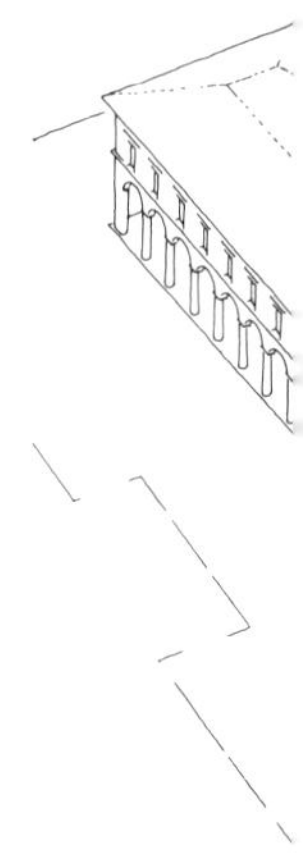

Die Universitätsgeschichtsschreibung urteilt weniger prosaisch und geht davon aus, daß die Bologneser Universität im Verlauf des 12. Jahrhunderts aus den Legisten- und Kanonistenschulen der Stadt erwachsen ist. Die beiden Rechtsschulen sind der »Renaissance des 12. Jahrhunderts« zuzurechnen und verdanken ihre Existenz der Auffindung und Nutzbarmachung des antiken *Corpus juris civilis* sowie der Sammlung des Kirchenrechtes durch den Kamaldulensermönch Gratian im sogenannten *Decretum Gratiani* (1139/40). Die Legistenmagister, darunter Pepo und Irnerius, ferner deren Schüler, die *quattuor doctores* Bulgarus, Martinus Cosia, Hugo und Jacobus, glossierten und kommentierten das alte Recht Justinians, während die Kanonisten und Dekretisten, darunter die berühmten Lehrer Rolandus, Hugutio, Alanus Anglicus und Johannes Teutonicus den *Corpus juris canonici* mit Glossen und Kommentaren versahen.

Rechtsschulen

Eine äußere Form besaßen diese Rechtsschulen bis zum Ende des 12. Jahrhunderts nicht. Es bestanden aber sehr wohl persönliche Beziehungen zwischen Magistern/Doktoren und ihren Schülern, die von jenen gegen Honorar unterrichtet wurden. Diesem Verhältnis von *dominus* zu *socii* suchte Kaiser Friedrich Barbarossa in der berühmten *authentica habita* von 1158 auf Bitten der vier Bologneser Doktoren durch sein Scholarenprivileg eine solide Basis zu geben, indem er die Scholaren vor den Übergriffen der Stadtbewohner in Schutz nahm und sie unter die Jurisdiktion ihres Dominus bzw. des Bischofs von Bologna stellte.[9]

authentica habita

Konfliktfrei war das Leben für Studenten wie Rechtsgelehrte auch in der Folgezeit nicht. Zu unterschiedlich waren die Interessenslagen, namentlich auch der in vielen Belangen tangierten Kommune, als daß sich rasch hätte Einigkeit erzielen lassen. Die Stadt versuchte, die Rechtsschulen an den Ort zu binden, indem sie die Professoren bei Eid versichern ließ, in keiner anderen Stadt zu lehren. Die Rechtslehrer waren bestrebt, ihren Berufs-

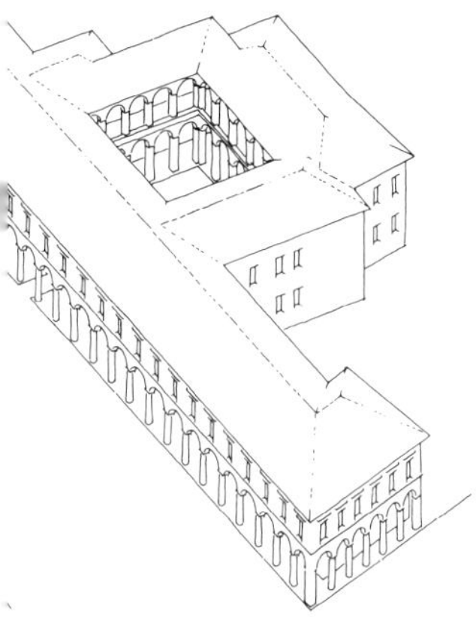

Fig. 19
Das Bologneser »Archiginnasio«. Das in den Jahren 1562/63 erbaute Hörsaalgebäude der Universität besaß ebenerdig Kaufläden, während sich die Hörsäle im ersten Stock befanden. An den Flügeln befanden sich die Aulen; axial angebracht waren die Kapelle sowie die Verwaltungsräumlichkeiten.

stand auf hohem Niveau zu halten und den Zugang zu ihrem Beruf durch eine Prüfung zu kontrollieren, seine Ausübung von der Zugehörigkeit zu einer *societas* bzw. einem *collegium* von Doktoren abhängig zu machen. Den Scholaren war an guten Lebensbedingungen in der Stadt und an einem qualifizierten Lehrprogramm in ihrer Rechtsschule gelegen. Da schlichtende Instanzen fehlten, kam es verschiedentlich zum Eklat, der u. a. 1204 dazu führte, daß Magister und Scholaren nach Vicenza auswichen, 1215 dann nach Arezzo und 1222 nach Padua.

Der Einigung mit der Stadt, wie sie Mitte des 13. Jahrhunderts schließlich zustande kam, war eine wichtige institutionelle Neuformierung vorausgegangen. Aufgrund eigener Interessen, aber auch gedrängt von außen, hatten sich in den ersten beiden Dezennien nach 1200 zwei Korporationen gebildet, einmal diejenige der Doktoren und zum anderen die der Studenten. Die Rechtslehrer bildeten das *collegium doctorum legum* sowie das *collegium doctorum decretorum*, in denen jeweils die *doctores corporati*, die die vom Archidiakon von Bologna verliehene *licentia docendi* besaßen, die Hauptvorlesungen halten und Examina abhalten durften, d. h., mithin auch den Doktorgrad verleihen konnten. Die Scholaren hatten sich anfänglich zu *nationes* zusammengeschlossen, die sich unter Ausschluß der Magister sowie der Bologneser Studenten zu zwei Gesamtverbänden zusammenfanden, den beiden *universitates*. Die *universitas citramontanorum* war für die Italiener, die *universitas ultramontanorum* für die Ausländer gedacht, wobei sich beide in Nationen untergliederten. Ihrer Struktur nach waren sich beide Korporationen ähnlich, beiden stand ein Rektor vor, der ihre Geschäfte regelte, die Matrikel führte und die Jurisdiktion ausübte. Ende des 13. bzw. Anfang des 14. Jahrhunderts kam eine dritte *universitas* hinzu, die *universitas artistarum*, in der sich neben den Artes-Studenten auch die Mediziner befanden, allerdings ohne weitere Spezifizierung in Nationen.

Corpus juris civilis

Der Lehrbetrieb in Bologna bestand aus Vorlesungen (*lecturae*), Disputationen und Repetitionen. Hauptlehrgegenstände waren bei den Legisten die Hauptteile des *Corpus juris civilis* (Kaiserrecht, römisches Recht), nämlich die Digesten, der Codex sowie die Institutionen, während bei den Kanonisten das *Decretum Gratiani* (Hauptteil des *Corpus juris canonici*), ferner die Dekretalen, der *Liber Sextus* (6. Buch der Dekretalen) sowie die Clementinen (Konstitutionensammlung Papst Clemens' V.) zum Pflichtprogramm der Hauptvorlesungen gehörten.

Scholarenuniversität

Die Scholaren waren in Bologna – und das macht die Besonderheit dieser Universität aus – die eigentlichen Träger der frühen Korporation: Sie wählten und stellten die Rektoren – zumeist aus dem Kreis der älteren Rechtsscholaren –, sie besoldeten durch ihr Hörgeld die Professoren und bestimmten Teile der Lehre. Die Studentenvollversammlung wirkte als eine Art Universitätsparlament.

Der Scholarenuniversität stand das Professorencorpus in Form der beiden *collegia* gegenüber, das für sich die Prüfungsrechte beanspruchte und auch die Lehrberechtigung aussprach. In der Frühzeit der Bologneser Universität gab es keine beamteten oder fest angestellten Professoren, sondern nur solche mit frei vereinbarten Dienstverhältnissen und individuell ausgehandelten Honoraren. Erst ab dem Ende des 13. Jahrhunderts scheinen einige Rechtslehrer ihr Gehalt von der Stadt bezogen zu haben; um 1350 schließlich waren alle Professoren öffentliche Beamte, besoldet von der Kommune. Nunmehr beriefen nicht mehr die Studenten, sondern die städtischen Aufsichtsorgane die Rechtslehrer. Jene (*reformatores studii*) waren es auch, die die Lehrtätigkeit beaufsichtigten und damit praktisch die Leitung der Universität übernahmen. Die städtische Anstalt, zu der sich die Hochschule entwickelt hatte, wurde auf Betreiben der Bettelorden und des päpstlichen Legaten Kardinal Albornoz nach der Mitte des 14. Jahrhunderts um das Theologische Studium erweitert. Albornoz (1300–1367), der »Zweite Begründer des Kirchenstaates«, gründete 1364 auch das weithin berühmte »Spanische Kolleg.«[10]

Der komplexen Struktur der Universität Bologna entsprach ihre bauliche Situation. Die frühen Rechtsschulen verteilten sich auf Privathäuser, auf Klosterschulen sowie die Kathedralschule von St. Pietro; auch stellte die Stadt den Palazzo del Comune für Lehrveranstaltungen zur Verfügung. Mediziner und Artisten lehrten ebenfalls in Privaträumen des Stadtzentrums unweit der Via delle Scuole. Ein Rechtslehrer formulierte um 1220 den idealen Standort eines Lehrsaalgebäudes so: »Das Haus, das als Schule bestimmt ist, muß dort stehen, wo die Luft frisch und rein ist, so weit ab, daß Frauen es nicht jederzeit besuchen können, fern vom Lärm des Platzes, dem Scharren der Pferde, dem Quietschen der Wagen, dem Bellen der Hunde und von all dem täglich belästigenden Aufruhr.«[11]

Im 14. Jahrhundert begannen die einzelnen Disziplinen sich in einzelnen Stadtvierteln niederzulassen. Entlang bestimmter »Zunftstraßen« bildeten sich »Zunftviertel« mit Hörsaalgebäuden rechts und links der Straßen. Die Hauptstraßen der Juristen waren die Via dei Libri und die Via delle Scuole, die Hauptstraße der Scholarenzunft und der Mediziner die Via Porta Nova. Den verstärkten kommunalen Einflußnahmen parallel verlief die bauliche Einordnung der Schulen in das Bauprogramm der Stadt. Die Stadt finanzierte Mitte des 15. Jahrhunderts den Ausbau von St. Petronio zum zentralen Hörsaalgebäude der Juristen, in dem freilich eine Nutznießung der Räume durch Artisten und Mediziner nicht vorgesehen war. Eine volle Konzentration der universitären Lehrstätten gelang erst 1563, als Juristen, Mediziner und Artisten das an Stelle der »Schulen von St. Petronio« errichtete »Archiginnasio« beziehen konnten. Die Kurie wollte durch diesen Neubau eine Erweiterung von St. Petronio verhindern, um St. Peter in Rom keine bauliche Konkurrenz erwachsen zu lassen. Der frühbarocke Palast erinnerte in nichts mehr an das Mittelalter, er trug das Signum der Neuzeit und dokumentierte den staatlichen Zugriff auf eine vormals weitgehend autonome Korporation. Das Archigymnasium zählt zu den frühesten zentralen Hauptgebäuden von Universitäten, die eigens neu erbaut wurden.

Bologna docet

Die Rechtsuniversität Bologna verfügte im Hoch- und Spätmittelalter über europaweites Ansehen. *Bologna docet* (Bologna lehrt) war ein geflügeltes Wort. Rogerus, Accursius, Odofredus, Bartolus lehrten oder studierten hier als Legisten, Henricus de Segusia (Hostiensis), Bernardus de Botone, Nicolaus Tudeschis wirkten als Dekretalisten von Rang. Auch eine Vielzahl deutscher Studenten hörte beide Rechte in Bologna, übernahm nach Studienabschluß später in ihrer Heimat hohe Positionen in Staat und Kirche und trug damit wesentlich zur Rezeption des römischen und des kanonischen Rechtes im Deutschen Reich bei.[12]

OXFORD

Die Entstehungsgeschichte der Universität Oxford[13] weist deutliche Parallelen zu Paris und Bologna auf. Wie die dortigen Universitäten gründete auch die Oxforder Hochschule auf den bestehenden Schulen der Stadt. Die Existenz einer alten, von König Alfred dem Großen ins Leben gerufenen Universität ist ebenso legendär wie eine Rückführung auf König Sigbert. Oxford stellt insofern einen Sonderfall dar, als sich die Universität nicht im Umfeld einer Kathedralschule oder eines Kollegiatstiftes entwickelte, sondern auf einem der Fürsorge- und Aufsichtspflicht des Bischofs von Lincoln bereits entlassenen Schulwesen fußte, das englischen Magistern und Scholaren, die im späteren 12. und frühen 13. Jahrhundert Paris den Rücken wandten, zur Heimat wurde. Speziell das Jahr 1167, als König Heinrich II. im Konflikt um Thomas Beckett die englischen Studenten aus Frankreich abberief, wird als Beginn eines *Studium generale* in Oxford gesehen.

Ohne diesem Datum mehr als Symbolkraft zuzusprechen, muß die Hochschule als Korporation sich bis zum Beginn des 13. Jahrhunderts doch so weit gefestigt haben, daß ein Skandal – die Hängung einiger Scholaren durch Bürger der Stadt – sie als Ganzes traf und eine entschlossene Reaktion zur Folge hatte. Roger von Wendower berichtet, 3000 Akademiker hätten die Stadt verlassen und seien nach Cambridge gegangen. Mit Unterstützung des päpstlichen Legaten, der vermittelnd der Stadt manches Zugeständnis abrang, nahm die Universität 1214 wieder ihre Tätigkeit auf.

Exodus nach Cambridge

Ein Kanzleramt nach Pariser Vorbild bildete sich in Oxford im Verlauf des 13. Jahrhunderts heraus. Allerdings war der Kanzler hier nicht Vertreter des Bischofs mit Kontrollfunktionen über die Hochschule, sondern ein gewählter Universitätsbeamter, der im Grunde die Aufgaben eines Rektors wahrnahm. 1368 hob Papst Urban V. das Bestätigungsrecht des Bischofs von Lincoln auf. Oxford besaß ähnlich Paris eine Verfassung, in der die Magisterkorporation dominierte, die Professoren größtenteils durch Pfründen besoldet waren. Eine große Rolle spielten die Colleges. Anders als im Fall der französischen Alma mater, wirkten Papst und Kirche auf den Oxforder Entstehungs- und Entwicklungsprozeß nur bedingt ein. Hier dominierten König und Stadt. Der König verlieh Oxford – wie dann auch Cambridge – das Universitätsmonopol.

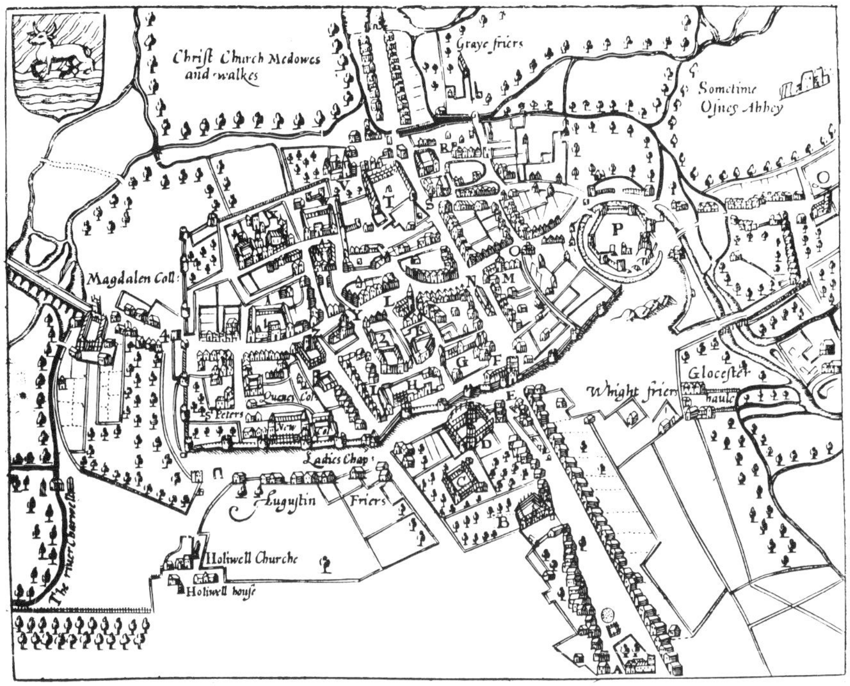

Fig. 20
Oxford und seine »Colleges«; es entstanden im Verlaufe des Spätmittelalters und des frühen 16. Jh.s mehrere Colleges, Plan von 1616.

Die Stadt Oxford, die zeitweise 1000 bis 1500 Studenten beherbergte, verpflichtete ihre Magister bei Eid, nirgendwo anders – von Cambridge abgesehen – als in der eigenen Stadt zu lehren.
Die Gewohnheitsrechte, die in der ersten Jahrhunderthälfte bei einer mäßigen Ausprägung von Standes- und Selbstbewußtsein hinreichende Dienste geleistet hatten, wurden erst 1253 durch reguläre Statuten ersetzt, diese 1254 vom Papst bestätigt. In Oxford bestimmten die Magister der Artes-Fakultät weitgehend die Geschicke der Universität; doch waren sie nicht wie andernorts in vier Nationen, sondern nur in zwei geteilt, die *boreales* und die *australes*, diejenigen aus dem Süden und diejenigen aus dem Norden. Jede Nation hatte als Vorstand einen Prokurator mit weitreichenden Befugnissen. Da das Kanzleramt in Oxford funktionierte, entwikkelte sich kein eigenes Rektoramt.
Die Universität besaß drei Kongregationen:[14] Die erste und bedeutendste war die »schwarze Versammlung« der *regentes* (der Philosophie), sie regelte u. a. die *inceptio* (Aufnahme) und wählte die Prokuratoren. Die zweite war die *congregatio minor* (kleiner Rat), die Versammlung sämtlicher Magister aller Fakultäten; sie entschied über die Finanzen, den Studienablauf sowie die Zeugnisse. Die dritte Versammlung, die *congregatio plena* oder *magna* (Vollversammlung), umfaßte regierende und nichtregierende Professoren; sie stellte die Hauptversammlung dar, die nach Nationen abstimmte und das alleinige Statutenrecht besaß. Die erste Kongregation tagte in St. Mildred, die zweite und die dritte in St. Mary's. Die Oxforder Verfassung kannte so gut wie keine Fakultätsstatuten, kaum eine Differenzierung zwischen den höheren Fakultäten und der Artistenfakultät; sie war weniger hierarchisch, sondern mehr parlamentarisch – bei leichter Dominanz der Artes-Magister – organisiert.
Die Eingliederung der Dominikaner (Black Friars, 1221), der Franziskaner (Grey Friars, 1224), der Karmeliten (1256) und der Augustiner (1268) in das Universitätsleben vollzog sich harmonisch. Aufkommende Konflikte zu Beginn des 14. Jahrhunderts suchte eine Bulle Papst Johannes' XXII. 1320 zu beschwichtigen – ziemlich erfolglos, wie die folgenden Jahrzehnte zeigten, und obwohl die Bettelorden nun unter den Gesetzen der Universität standen. Die Divergenzen zwischen Weltklerus und Mönchen, zwischen Scholaren und kommunalen Administratoren führten wiederholt zu exzentrischen Reaktionen. Diverse Male wanderte die Universität aus, so, wie erwähnt 1209 nach Cambridge, 1263 nach Northampton, 1334 nach Stamford. Mord und Totschlag zwischen »Townsmen«, Stadtbürgern, und »Gownsmen«, Universitätsangehörigen, 1354/55, dem ein bischöfliches Interdikt über die Stadt einherging, hatten immerhin als Resultat weitreichende Privilegien für die Universität zur Folge, so u. a. die volle Gerichtsbarkeit für den Kanzler.
In Oxford wurde zunächst – wie in Paris und Bologna – in gemieteten Privaträumen beidseits der High-Street sowie der School-Street gelehrt[15]; Zentrum der Universität war St. Mary's Church an der High-Street, wo die Magistervollversammlung tagte, wo sich die Schatzkammer (Archiv) der Universität sowie der Sitz des Gerichtes befanden und auch die Disputationen und Promotionen abgehalten wurden. Um 1488 erhielt die Theologische Fakultät ein eigenes Lehrsaalgebäude, die »Divinity School« gegenüber der »School of Arts«. Von entscheidender Bedeutung wurden in Oxford die *Halls* oder *Hostels* sowie die *Colleges*. In den *Halls* wohnten die Studenten gegen Mietzins bei Magistern, die gleichzeitig als Tutoren wirkten. Die meisten *Halls* wurden später den Colleges angeschlossen, einige unterstanden den Orden.

Halls und Hostels

Colleges, des öfteren von kirchlichen Würdenträgern für Graduierte aus einer bestimmten Region gestiftet, waren »Internate«, klosterähnliche Anstalten zum Zweck des höheren Studiums, mit Statuten und genormtem Tagesablauf, mit religiösen Pflichten usf. Während in Paris die Collèges früh der Universität unterstellt wurden, blieben die englischen Colleges weitgehend unabhängig. Bis gegen Ende des 16. Jahrhunderts hatten die Colleges – in Oxford wie in Cambridge – den universitären Lehrbetrieb so vollständig an sich gezogen, daß sich ein Universitätstypus eigener Art entwickelt hatte, der sich von der europäischen Universitätstradition des Festlandes nunmehr stark unterschied: neben der dominanten Position des Kanzlers und der Funktion der Colleges vor allem das »Tutorensystem« (Betreuung jüngerer Studenten durch einen älteren oder Lehrenden).[16] Die Blütezeit der Universitäten Oxford und Cambridge lag zwischen 1250 und 1400. Man nannte sie die »beiden Augen Englands«. Oxford bezeichnet der Chronist Matthäus Paris 1252 als »Nebenbuhlerin von Paris« und als »zweite Schule der Kirche, vielmehr, Grundstein der Kirche.«[17] Beide Hochschulen beeinflußten das amerikanische Universitätswesen (1636 Harvard, 1701 Yale).

Fig. 21
Siegel der Universität Oxford aus dem 13. Jh.

SALAMANCA

Zu den Charakteristika der *studia generalia* Spaniens und Portugals zählen die Gründung kraft königlichem Privileg, die Verbindung zu einer Kathedrale oder doch wenigstens einer geistlichen Gewalt sowie das fördernde Interesse der jeweiligen Kommune. Palencia (1208/09), Lerida (1300) und auch die spätmittelalterlichen Gründungen Huesca, Saragossa, Alcala, Coimbra und Lissabon waren ebenso königliche Gründungen wie Sevilla, Valladolid oder die *madre de las artes liberales y todas virtudes*, die 1227/28 errichtete Hochschule in Salamanca.[18]

Die erste, von König Alfons IX. von Leon 1227 gegründete Universität in Salamanca war offenbar nicht lebensfähig, so daß Ferdinand III. von Kastilien und Leon (der Heilige) sich 1243 zu einer Neuprivilegierung entschloß. Das wirtschaftlich wohl immer noch unzureichend dotierte Unternehmen stellte schließlich Alfons X. (der Weise), mit seiner *Magna charta* 1254 auf sicheren Boden. Seine Absicht, in Salamanca die juristischen Studien zu etablieren und hier ein Bildungszentrum für staatliche Beamte zu schaffen, traf sich mit dem Ansinnen des Bischofs, die Tradition der alten Kathedralschule in der Klerusbildung fortzuführen und seiner eigenen richterlichen Kontrollfunktion ein weiteres wichtiges Betätigungsfeld zu erschließen. 1255 bestätigte Papst Alexander IV. das *studium generale*, nahm die Korporation unter kurialen Schutz und genehmigte den dort Graduierten, überall lehren zu dürfen, außer in Paris und Bologna. 1263 definierte König Alfons der Weise in seinem berühmten Gesetzbuch (*Siete partidas*) generell die Gründungsmodalitäten für Universitäten, die von Papst und Kaiser/König privilegiert werden müßten.[19]

Trotz z. T. beachtlicher Unterstützung von seiten der Monarchie – Alfons stellte der Universität jährlich 2500 *maravedis* zur Verfügung – zwangen finanzielle Probleme die Hochschule gegen Ende des 13. Jahrhunderts erneut, ihre Tore zu schließen. Ferdinand IV. wagte 1300 einen Neubeginn, wobei er zur Deckung der Kosten ein Drittel des Kirchenzehnten heranzog. Papst Bonifaz VIII. bestätigte diese *Tertia ecclesiarum* für drei Jahre, sein Nachfolger verbot sie 1306. Wieder mußte die Universität Vakanz anmelden; sie nahm ihren Lehrbetrieb erst 1313 wieder auf, als Papst Clemens V. das gleiche Zugeständnis machte (fortan bis 1837!).

Mitte des 14. Jahrhunderts erhielt Salamanca, das sich bisher ohne Theologie behelfen mußte, erste theologische Professuren; ihren vollen Betrieb konnte die Theologische Fakultät 1416 mit vier Lehrstühlen aufnehmen. 1411 bestätigte Papst Benedikt XIII. die neuen Statuten, die die Universität als Scholarenhochschule mit gewähltem Rektor auswiesen. Im Unterschied zu Bologna gab es nur einen Rektor und auch nur ein *collegium doctorum*. Eine wichtige Rolle im Gefüge der Hochschule, neben Rektor und Doktorenkollegium, fiel dem *scholasticus* der Kathedrale zu, der nicht nur für Lizenzverleihungen und Promotionen zuständig war, sondern auch als *iudex ordinarius* (oberster Richter) der Hochschule wirkte; er stand so in gewisser Konkurrenz zum Rektor, der wie er mit Berufungen und Besoldungsfragen betraut war. 1422 verlieh Papst Martin V. der Universität eine neue Verfassung und stellte sie in der Rangskala der europäischen Lehranstalten in eine Linie zu Paris, Oxford und Bologna.[20]

Fig. 22
Siegel der Universität Salamanca mit Darstellung des päpstlichen Protektors sowie der königlichen Wappen.

V. Frühe Universitätsgründungen im Deutschen Reich

In den etwa anderthalb Jahrhunderten nach der Entstehung der »Ur-Universitäten« in Paris und Bologna waren etwa weitere 15 Hochschulen ins Leben gerufen worden, jedoch keine im Deutschen Reich. Dieses Vakuum begann sich ab der Mitte des 14. Jahrhunderts zu füllen, als sich die Dynastien der Luxemburger und der Habsburger aufgerufen fühlten, in den Hauptstädten ihrer Territorien – Prag und Wien – Universitäten zu gründen, die Vorbildcharakter besaßen und in den folgenden Jahrzehnten von anderen Landesherren kopiert wurden (Heidelberg, Köln, Erfurt).

PRAG

Die Universität Prag[1] verdankt ihre Existenz den unterschiedlichen Interessen der am Gründungsakt Beteiligten. Kaiser Karl IV. war an einer Aufwertung seines böhmischen Königtums gelegen. Das avignonesische Papsttum tat alles, Paris Konkurrenz erwachsen zu lassen, die schulische Tradition in Prag selbst verlangte eine Neuorganisation unter optimalen Bedingungen, und schließlich wollte die Stadt ihrer wirtschaftlichen Prosperität ein geistiges Pendant zur Seite stellen.

1348 Als Karl IV. am 7. April 1348 in seiner böhmischen Residenzstadt die Gründungsurkunde bestätigte, war Prag die erste Universitätsgründung im Deutschen Reich. Bereits ein Jahr zuvor hatte Papst Clemens VI. dazu das Privileg erteilt.

Die spätere »Karlsuniversität« war in ihrer Verfassung stark von Bologna, vor allem aber von Paris beeinflußt. Das neugegründete *studium generale* erhielt sogleich sämtliche vier Fakultäten. Die Universität unterstand dem Prager Erzbischof, der ihr auch als Kanzler diente, dem das Promotionsrecht oblag und der die Gesamtaufsicht über die Anstalt führte. Die innere Leitungsgewalt besaß der gewählte Rektor, der auch jurisdiktionelle Rechte ausübte. Die eigentümliche Verfassungsmischform aus Pariser und Bologneser Elementen brachte es mit sich, daß sich im Rektoramt ein Scholar der Jurisprudenz mit einem Artistenmagister abwechselte. Die Gesamtkorporation, nicht wie in Paris nur die Artes-Fakultät, gliederte sich in vier Nationen, die *natio Bohemica*, die *natio Bavarica*, die *natio Saxonica* und die *natio Polonica*.

Die Universität, deren Gründung in das »Goldene Zeitalter« Böhmens fiel, blühte rasch auf. Um ihre finanzielle Ausstattung kümmerte sich in generöser Weise ihr erster Kanzler, Erzbischof Ernst von Pardubitz (1297–1364), und ergänzte die spärlich fließenden Zuwendungen aus der königlichen Schatulle der jeweiligen Notlage entsprechend aus Bistumsmitteln. Der Kaiser zeigte zunächst wenig Interesse an seiner Gründung und besann sich erst wieder auf sie, als 1365 in der habsburgischen Universität Wien eine Konkurrenz erwachsen war. Nun ließ er das *collegium Carolinum* für zwölf Magister der Philosophie und der Theologie errichten und diesem weitere elf Kanonikate des Allerheiligenstiftes auf der Prager Burg einverleiben.

Trotz aller Bemühungen um Gesamtstatuten für das Generalstudium kamen diese nicht zustande, so daß die Universität sich 1372 in zwei organisatorisch völlig getrennte Anstalten mit jeweils eigenem Rektor teilte, und zwar in eine für Juristen und eine für Nichtjuristen. Diese Teilung hatte bis 1419 Bestand. Problematisch blieb, daß die Theologieprofessoren nicht wie die Artisten und teilweise die Juristen Kleriker waren, sondern zumeist Bettelmönche, deren Loyalitätskonflikte nun für Unruhe sorgten. Papst und Kaiser taten dabei ihr Möglichstes, die sich entwickelnden Ordensstudien der *Carolina* zu inkorporieren. 1380 gründete der Sohn Karls IV., Wenzel IV. (1378–1419 böhmischer König), ein weiteres Kolleg; er war es auch, der 1388 dem Karlskolleg den gotischen Gebäudekomplex erwarb, der bis in die heutige Zeit als Zentrum der Universität besteht. Anson- *Karlskolleg*

Fig. 23
Kaiser Karl IV. († 1378), der als böhmischer König die erste Universität im Deutschen Reich gründete.

sten besaß die Universität keine eigenen Räumlichkeiten, sondern war auf Mieträume angewiesen; für Generalversammlungen nutzte man die Kollegiatkirche Allerheiligen auf dem Hradschin.

Den nationalen Konflikten gegen Ende des 14. Jahrhunderts war die Nationenverfassung der Prager Universität nicht mehr gewachsen. Zwischen 1384 und 1390 wanderten – dem wachsenden tschechischen Druck weichend – deutsche Magister aus dem Carolinum ab; Studenten suchten ebenso das Weite. Professoren wie Studenten zogen nach Wien und Köln, nach Heidelberg oder auch nach Erfurt, dessen erster Lehrkörper sich nahezu ausschließlich aus abgewanderten Prager Professoren zusammensetzte. Es war jedoch nicht allein die »Bohemisierung«, die zur Abwanderung aus Prag führte; die Anziehung, die die neu gegründeten Universitäten der näheren Heimat auf viele ausübten, führte gleichfalls zu einer Reduktion von Lehrkörper und Studentenzahlen. Hinzu kamen die Konflikte, die das Schisma auslöste, und der beachtliche Einfluß von Wyclif und Hus auf die

Johannes Hus

Universität. Der Kirchenkritiker Johannes Hus (1370–1415), Vertrauter Wenzels, bestärkte die dem Nominalismus und Wyclif zuneigenden tschechischen Professoren in ihren nationalen und universitären Ansprüchen in einem Maße, daß sie ihn 1409/10 zweimal zum Rektor der Universität wählten. 1411 wurde Hus gebannt, 1415 auf dem Konstanzer Konzil verurteilt und verbrannt.

Das »Kuttenberger Dekret« des Jahres 1409, in dem König Wenzel der böhmischen Nation drei Stimmen zubilligte, den drei übrigen Nationen jedoch nur noch eine gemeinsam, zog die größte Sezession deutscher Magister und Scholaren und – mittelbar – die Gründung der Universität Leipzig (1409) nach sich. Diese Auswanderung wie insbesondere die Auswirkungen der religiös-kirchlichen Konflikte führten die Universität an den Rand des Ruins. Frequenzzahlen, wie die Hochschule sie in ihrer Blütezeit zwischen 1380 bis 1390 mit annähernd 1000 Studenten besessen hatte, gehörten der Vergangenheit an. Die Theologische Fakultät verlor das Promotionsrecht. Als sich in Prag und Böhmen die »Utraquisten« durchsetzten, Hus gleichsam zum Märtyrer stilisierten und die Universität zur höchsten kirchlichen Autorität erhoben, entzog das Konzil 1417 der Universität alle Privilegien. Eine Promotion war in Prag fortan nicht mehr sinnvoll; der Lehr- und Prüfungsbetrieb reduzierte sich radikal.

Nicht nur während der revolutionären Phase der »Hussiten-Kriege«, sondern auch im gesamten 15. Jahrhundert kam die älteste deutsche Universität nicht mehr in Flor. Zwar erneuerte Kaiser Sigismund 1437 die Privilegien der Carolina, die 1447 auch durch Papst Nikolaus V. bestätigt wurden, doch setzten die Utraquisten, die 1462 den Eid auf den Laienkelch als Grundlage der Graduierung einführten, einer gedeihlichen Entwicklung enge Grenzen. Die Universität blieb eine »Insel-Hochschule« der Artisten für die utraquistische Konfession. Prag hatte seinen europäischen Rang eingebüßt, wenngleich es für Universitätsgründungen auf Reichsboden weiterhin als Modell diente. Erst mit dem Einzug der Jesuiten 1556/62, der endgültigen Aufhebung der protestantischen »Karls-Akademie« im Dreißigjährigen Krieg (1622) und der Gründung der »Universitas Carolo-Ferdinandea« 1654 gewann sie wieder internationales Renommee.

WIEN

Die luxemburgische Universitätsgründung in Prag 1348 hatte Signalwirkung. Weniger aus wissenschaftlichem Impetus denn aus machtpolitischen Ambitionen gründete Herzog Rudolf IV. von Österreich 17 Jahre später das habsburgische Konkurrenzunternehmen in Wien.[2] Vom 12. 3. 1365 datiert der Stiftungsbrief Rudolfs, vom 18. Juni desselben Jahres das päpstliche Privileg von Urban V. Der Universität wurde ein eigener Stadtteil zwischen Hofburg und Schottentor zugewiesen, mit Steuerfreiheiten, gesonderten Gerichtsrechten, preiswertem Wohnraum. Die Korporation der Magister und Scholaren gliederte sich – wie in Prag – in vier Nationen mit jeweils einem Prokurator als Vorstand (Artistenmagister); die Prokuratoren wählten den Rektor. Beide zusammen stellten das Gerichtstribunal der Universität dar. Als Kanzler und oberste Justizinstanz fungierte der Propst von St. Stephan.

1365

Der frühe Tod Rudolfs (noch im Gründungsjahr; er erhielt den Beinamen »der Stifter«) brachte die Hochschule in eine kritische Situation. Der Zuwanderung von Magistern und Studenten aus Paris 1378, veranlaßt durch das Schisma, war es zu danken, daß sie

Fig. 24
Ältestes Siegel der Wiener Universität. Das aus dem Jahre 1365 stammende Siegelbild bringt unter gotischem Baldachin die Madonna sowie eine Lehrszene zur Darstellung.

nicht sofort sang- und klanglos wieder einging. Mit den Reformen Herzog Albrechts III. und der Errichtung einer Theologischen Fakultät, die 1365 noch nicht realisiert werden konnte, nun aber von Papst Urban VI. genehmigt wurde, konnten schwierige Jahrzehnte bewältigt werden. Heinrich von Langenstein († 1397), ehedem Professor und Vizekanzler in Paris, einer der berühmtesten Gelehrten und Prediger seiner Zeit, tat ein übriges, die materielle Ausstattung (durch Kanonikate) zu sichern. Neben den Pfründen waren es seit dem Beginn des 15. Jahrhunderts Einkünfte aus der Ybbser Maut, die die Universität stützten.

Collegium Ducale

Zentrum der Universität wurde das 1385 eröffnete *Collegium Ducale* (Herzogliches Kolleg), eine Stiftung für zwölf Professoren, dessen Gebäudetrakt die Lehr- und Fakultätsräume der Artisten, Mediziner und Theologen umfaßte, ferner Kapelle, Bibliothek und Aula. Die Juristen waren in einem Bürgerhaus untergebracht. Die Sanierung der Universität in den achtziger Jahren des 14. Jahrhunderts war im eigentlichen Sinne eine Neugründung, auch wenn der Rudolfinische Stiftungsbrief Grundlage blieb.

Hatte die Universität anfänglich kaum mehr als 300 Studenten, so stieg die Frequenz bis zur Mitte des 15. Jahrhunderts auf 800 an, und am Ende des Mittelalters studierten in Wien an die 1000 Studenten. Es war nicht allein die geographische Lage inmitten der habsburgischen Erblande, die die »Rudolfina« zu einer der größten Hochschulen werden ließ, sondern auch der Ruf namhafter Gelehrter wie der Theologen Nikolaus von Dinkelsbühl und Thomas Ebendorfer, die die Universität auf den Konzilien von Konstanz und Basel vertraten, die Naturwissenschaftler und Mathematiker Johann von Gmunden, Georg von Peuerbach und Johannes Regiomontanus. Obwohl am Wiener Hof der berühmte Humanist Enea Silvio Piccolomini wirkte – der spätere Papst Pius II. (1458 bis 1464) – und von Kaiser Friedrich III. 1442 zum *poeta laureatus* gekrönt wurde, blieb die Universität eine Hochburg der Scholastik, an die der Humanismus erst relativ spät einkehrte. Institutionelles Glanzstück wurde das von dem seit 1497 an der Universität wirkenden deutschen »Erzhumanisten« Konrad Celtis 1501 begründete *Collegium poetarum et mathematicorum*. Dieses von Maximilian I. gestiftete »humanistische Institut« hatte u. a. das Privileg, den Ehrentitel des *poeta laureatus* zu verleihen. Überhaupt erlebte die Wiener Universität zur Zeit des Humanismus noch einmal eine Glanzzeit, ehe sie dann im Verlauf des 16. Jahrhunderts mehr und mehr an Reputation einbüßte. Die »neue Reformation« 1554 durch Ferdinand I. schuf eine vom Staat kontrollierte Lehranstalt, in die alsbald der Jesuitenorden einzog.

HEIDELBERG

Neben den Universitäten Prag und Wien war Heidelberg[5] die dritte akademische Hochschule, die auf dem Boden des Deutschen Reiches gegründet wurde. Im Grunde genommen zählt sie zu jenen *studia generalia*, die als »Auswanderungsuniversitäten« bezeichnet werden, da ihre ersten Lehrer und Studenten aufgrund mißlicher Umstände aus anderen Universitätsorten zuwanderten. Der Konflikt des Großen Schismas (1378–1418) im allgemeinen, der drohende Pfründenverlust in der Heimat, die Komplikationen einer Promotion an der Sorbonne, veranlaßten die Anhänger Papst Urbans VI., ins Reich zurückzukehren. Kurfürst Ruprecht I. von der Pfalz (1353–1390), treuer Freund Kaiser Karls IV. und des römischen Papstes Urban, nutzte die Gunst der Stunde, die heimatlos gewordenen Professoren und Scholaren aufzunehmen, eine prestigeträchtige Hochschule für die wittelsbachische Dynastie im Westen des Reiches zu errichten und für sein zersplittertes Territorium ein akademisches Ausbildungszentrum zu schaffen.

Möglicherweise ging die konkrete Initiative zur Universitätsgründung von Marsilius von Inghen († 1396) aus, einem aus den Niederlanden stammenden und in Paris Logik lehrenden Weltpriester, der der dortigen *natio Anglicana* angehörte und zweimal Rektor der Universität war. Marsilius konnte von einer Romreise nicht nach Paris zurückkehren und
1385 knüpfte etwa 1384/85 Kontakte zu Kurfürst Ruprecht I., der ihn zum Organisator seiner Hochschule machte; diese wählte ihn 1386 auch zu ihrem ersten Rektor.

Vom Oktober 1385 datiert die päpstliche Gründungsbulle der Universität Heidelberg, die der Kurfürst im folgenden Jahr, Anfang Oktober 1386, durch fünf Stiftungsurkunden in die Tat umsetzte. Dem Papstprivileg entsprechend erhielt die neue Hochschule Privilegien und Satzungen nach dem Muster von Paris. Der Dompropst von Worms, Konrad von Gelnhausen, wurde aufgrund päpstlicher Empfehlung ihr Kanzler. Das Heidelberger Generalstudium, das am 18. Oktober mit einem feierlichen Gottesdienst eröffnet wurde und dessen Vorlesungen am nächsten Tag begannen, umfaßte zwar sämtliche vier Fakultäten, hatte aber zu Beginn nur wenig Lehrpersonal; die Medizinische Fakultät konnte ihren Lehrbetrieb erst verspätet aufnehmen. Bei über 450 Studenten, die sich 1386/87 immatrikulierten, blieb die Professorenzahl unter zehn (ein Theologe, ein Jurist, ein Mediziner, drei Artistenmagister). Die Matrikel- und Siegelführung wurde noch vor Ablauf des Jahres 1386 aufgenommen; ein Szepter erhielt die Universität im Herbst 1387.

Eine nur vorläufige positive Veränderung des Schüler-Lehrer-Schlüssels brachte die Übersiedlung von fünf Professoren und 17 Artistenmagistern aus Prag. Aufgrund nationaler Konflikte in der Moldaustadt kehrten sie dieser den Rücken und fanden in der Neckarstadt eine neue akademische Heimat. Mehr oder weniger gleichzeitig mußte aber auch erster personeller Tribut der neuen attraktiven reichsstädtischen Universität Köln gezollt werden. Die Konflikte des rheinisch-schwäbischen Städtekrieges sowie eine Epidemie ließen auch die Zahl der Immatrikulationen drastisch sinken. Diese pendelte sich aber schließlich zwischen 50 und 120 ein, so daß die Universität im Spätmittelalter zu den mittelmäßig frequentierten zählte.

Die Finanzierung der Universität erfolgte wie üblich durch Pfründenvergabe an Professoren, beruhte z.T. aber auch auf Schenkungen oder persönlichen Zugaben des Landesherrn. Am Ende des 14. und zu Beginn des 15. Jahrhunderts kamen zwölf Kanonikate (u.a. in Worms und Speyer) und inkorporierte Pfarreien hinzu, ferner einige Zollanteile in Bacharach und Kaiserswerth. Diese Mischfinanzierung aus geistlichen und weltlichen Mitteln wurde 1413 durch die Gründung des Hl. Geist-Stiftes erheblich aufgestockt, welches zwölf Pfründen umfaßte. Um 1420 bestanden an der Universität 24 Hauptpfründen, die etwa 15–17 Professoren ernährten. Den Gebäudebedarf des neuen Generalstudiums deckten Häuser der 1390 aus der Pfalz und Heidelberg vertriebenen Juden (alte Judengasse/heute: Dreikönigstraße); die Synagoge wurde in eine Marienkapelle umgewidmet, die fortan vielfach Universitätszwekken diente. Weitere Häuser wurden sukzessive hinzugekauft. Die Judengasse sowie der Komplex der Unteren und Oberen Straße blieben Zentrum der Hochschule.

Bis zum Ende des 15. Jahrhunderts stabilisierte sich das Heidelberger Generalstudium sowohl nach innen, was Universitätsverfassung und Fakultätsstatuten betraf, als auch nach außen in bezug auf Erscheinungsbild und Frequenz. Das Zahlenverhältnis von Magistern und Scholaren pendelte sich dann bei 1:10/15 ein. Die Universität zählte etwa 250–400 Scholaren, die sich durchschnittlich etwa anderthalb Jahre am Studienort aufhielten. Die soziale Zusammensetzung der Studentenschaft war gemischt. Während die reicheren und adeligen Studiosi in Privatquartieren wohnten, lebten die armen Studenten meist in Bursen. Konflikte mit den Bürgern waren häufig, doch schützte die weitgehende Immunität der Universität hinlänglich vor »polizeilichen« Eingriffen.

Daß die Universität politisches Gewicht besaß, beweist ihre Teilnahme an den Reformkonzilien des 15. Jahrhunderts, wo sie klug zwischen Papst und Konzil zu taktieren verstand und dabei stets die Interessen ihres Landesherrn im Auge behielt. 1441/42 wurden die Statuten reformiert; 10 Jahre später beendete ein Mandat Kurfürst Friedrichs des Siegreichen den seit längerem währenden Streit an der Artistenfakultät zwischen den beiden Richtungen der scholastischen Philosophie durch Verkündigung einer formalen »Lehrfreiheit«. Beide »Wege« *(via antiqua/ via moderna)* waren nun erlaubt.

Fig. 25
Vorlesung eines Heidelberger Professors im 16. Jh.; Holzschnitt von Sebastian Münster, 16. Jh.

Die Impulse des Humanismus erreichten in Heidelberg mehr den Hof als die Universität. Zwar bot dort Peter Luder 1456 als erster in Deutschland die *studia humanitatis* an, doch war er als Wanderhumanist ohne längeres universitäres Dienstverhältnis. Ein Mehr an klassischen Sprachen und der Rekurs auf die Antike, ihre Rhetorik und Poesie, waren im Heidelberger Lehrplan kaum auszumachen. Von den bekannten Humanisten wirkte nur Jakob Wimpfeling (1481/82–1501) länger an der Universität. Celtis, der hier 1495 die *sodalitas litteraria Rhenania* gründete, war ebenso kurz in Heidelberg wie Agricola und Reuchlin, die beide am Hof wirkten und nur bescheidene Einflüsse auf die Universität ausübten. Nikolaus von Kues hatte sich 1416 als Student immatrikuliert, zog aber alsbald zum Studium nach Padua weiter. Erst im 16. Jahrhundert kam auch hier der Humanismus stärker zur Geltung, u. a. durch das Wirken von Martin Bucer und von Johannes Brenz, die beide auch eine wichtige Rolle in der Reformation spielen sollten.

KÖLN

Die Kölner Universität[4] gehört neben Erfurt (1392), Rostock (1419), Trier (1454) und Basel (1460) zu den wenigen deutschen Hochschulen, deren Gründung auf städtische Initiativen zurückgeht. Der Magistrat der größten mittelalterlichen deutschen Stadt erlangte die päpstliche Bestätigungsbulle im Mai
1388 1388; am Dreikönigstag 1389 konnte das neue Generalstudium feierlich eröffnet werden. Mit der Universitätsgründung führte die rheinische Wirtschaftsmetropole eine alte, hochangesehene Schultradition fort, deren Ruf sich vornehmlich auf das 1248 gegründete Generalstudium der Dominikaner stützte, an welchem u. a. so berühmte Lehrer wie Albertus Magnus, Thomas von Aquin und Meister Eckart unterrichtet hatten.

Als vierte Gründung innerhalb des Reiches erhielt die neue Universität die Rechte und Privilegien des *studium Parisiense* und verfügte von Anbeginn an über sämtliche vier Fakultäten. Für die Besoldung der Professoren bürgten die Stadtkasse, in der Frühphase auch elf Präbenden sowie die Bettelmönche. Ein eigenes Universitätsgebäude existierte in Köln nicht. Das Kapitelhaus des Domes sowie die Ordenshäuser dienten als universitäre Versammlungsorte, festliche Promotionen wurden im Dom selbst vorgenommen, an dessen Toren auch die Vorlesungen angekündigt waren.

Der Einzugsbereich der Kölner Alma mater – der frequenzstärksten des Reiches mit über 1000 Studenten im 15. Jahrhundert – waren Stadt und Erzbistum, aber auch die Niederlande und Westfalen. Für die Studenten wurden noch in der ersten Hälfte des 15. Jahrhunderts Bursen errichtet, von denen die *bursa Montana* (1420), die *bursa Laurentiana* (1426) und die *bursa Cucana* bzw. *Tricoronata* (1450) die größten und bekanntesten waren. Diese entwickelten sich im 16. Jahrhundert dann zu Gymnasien und teilweise zu Sachwaltern der Philosophischen Fakultät.

Fig. 26
Großes Siegel der Universität Köln von 1392; die Dreikönigsanbetung symbolisiert die lokale Interpretation des Patronates der Wissenschaft; darunter das Wappen der Stadt Köln.

Der Ruf der Hochschule gründete vor allem auf der Theologischen sowie der Juristischen Fakultät, an der als erster und lange Zeit einziger im Reich Lehrstühle für Römisches Recht eingerichtet wurden. Thomismus und scholastischer Lehrbetrieb an der Theologischen Fakultät brachten der Universität gegen Ende des 15. und zu Beginn des 16. Jahrhunderts herbe Kritik ein (Dunkelmännerbriefe), da sie sich – d. h. vornehmlich ihre Ordenstheologen – dem Humanismus verschloß und »moderne« Methoden ablehnte. Fakultät und Gesamtuniversität blieben weiterhin streng antilutherisch.

1392 erhielt das Kölner Generalstudium seine Statuten, wenige Jahre später gaben sich die Fakultäten die ihrigen. Dem gewählten Rektor stand ein Gremium städtischer Provisoren zur Seite, die die Universität beaufsichtigten; die Funktion des Kanzlers wurde vom Dompropst wahrgenommen. Die durch die Kurie garantierte Autonomie der Korporation, insbesondere die Rechts- und Steuerprivilegien, konnten gegen Eingriffe der Kommune erfolgreich verteidigt werden. Im Zeitalter der konfessionellen Konflikte blieben Köln und seine Universität eine Bastion des Katholizismus, an der vornehmlich die Societas Jesu wirkte. Sie zählte, obwohl sie ihre im Mittelalter erworbene Reputation nicht in die Neuzeit retten konnte, auch fortan zu den größten deutschen Hochschulen. 1798 wurde sie von den Franzosen aufgehoben.

Europas Universitäten bis 1500

VI. Territorialisierung und Humanismus

TERRITORIALISIERUNG

Bis ins 16. Jahrhundert hinein war das europäische Universitätswesen weitgehend einheitlich strukturiert, waren Hochschulen, ungeachtet nationaler Besonderheiten oder lokaler Schwerpunkte, international nach Geist und Gesinnung, offen für nahezu jedermann, in zwar beschränktem, aber doch erstaunlich hohem Maße souverän als Rechtskörper, autonom in ihrem Wissenschaftsverständnis. Mit dem gleichzeitigen Machtverfall von Papsttum und Kaisertum, den beiden bewährten »Garantiemächten« sowie der Herausbildung der europäischen Nationalstaaten änderte sich dieses Bild grundsätzlich; es kam zu nationalen »Eigenwegen« und Sonderentwicklungen, auch auf dem Sektor des Universitätswesens.[1]

Von entscheidender Tragweite für das deutsche Hochschulwesen war die territoriale Aufgliederung des »Heiligen Römischen Reiches« in nahezu autonome Fürstentümer und geistliche Hochstifte. Während in England, Frankreich, in Italien und den Niederlanden – weniger in Spanien – ein prosperierendes Bürgertum sowie nationalstaatliche Interessen zu einer dynamischen Wissenschaftsentwicklung führten, die die Universitäten zwar berührte, aber noch weit mehr die Entstehung neuer Organisationsformen – Akademien – bewirkte, stagnierte die Entwicklung in Deutschland weitgehend. Die territoriale Konkurrenzlage führte zwar zu einer starken Vermehrung der Universitäten – man spricht von einer 2. Gründungswelle zwischen 1450 und 1550 –, aber auch zu einer nachhaltigen Disziplinierung und Einvernahme der Hochschule in den frühmodernen Verwaltungsstaat. Diese Stagnation läßt sich auch quantitativ fassen: Nicht nur blieb die durchschnittliche Anzahl der Professuren an den Universitäten bei etwa 15 bis 20 stehen, trotz neuer Fächer zur Zeit des Humanismus, es stagnierte auch die Studentenfrequenz: Studierten um 1500 etwa 4000 Scholaren an deutschen Universitäten, so waren es um die Mitte des 17. Jahrhunderts nur etwa doppelt so viele. Die normale und durchschnittliche Studentenzahl belief sich auf etwa 250 bis 500 pro Universität.[2]

Territoriale Konkurrenz

Die Universitäten waren im endenden 15. Jahrhundert und zu Beginn der Frühen Neuzeit nicht mehr allein der Wissenschaft verpflichtet, wie es den Idealvorstellungen des Mittelalters entsprochen hatte, sondern standen im landesherrlichen Kalkül. Als mit neuen Zielvorstellungen und Zweckbestimmungen versehene Ausbildungsstätten für »Staats- und Kirchenbeamte« hatten sie Loyalität gegenüber ihrem Patron zu wahren. Dies bedeutete, daß vornehmlich die drei höheren Fakultäten nachhaltig in die Interessenssphäre des Staates (und der Kirche) gerieten. Für Juristen und Mediziner entstanden im 17. Jahrhundert eigene Prüfungskollegien, während für Kleriker und Absolventen der Theologischen Fakultäten episkopallandeskirchliche Gremien und Konsistorien schon länger existierten. Die Autonomie der Universität wurde so vermehrt ausgehöhlt. Vor allem ermöglichte die nunmehr unverzichtbare staatliche Finanzierung, die die eigene universitäre Vermögensverwaltung zumeist ergänzte, wenn nicht ersetzte, staatliche Eingriffe und Vorschriften.[3]

Der territoriale Pragmatismus, das »Gemeinwohl« und der »Gemeine Nutzen« bestimmten fortan die Hochschulpolitik der weltlichen Fürsten nicht weniger als auch der geistlichen. Es gehörte zum Prestige des Landesherrn und zur vermeintlich notwendigen Ausstattung eines Territoriums, eine eigene »Landesuniversität« zu besitzen. Die Säkularisierung der Universitäten, die Entlassung aus der Obhut kirchlicher Autorität, bedeutete nicht ein Mehr, sondern ein Weniger an Freiheit. Ihr fortan »staatstragender« Charakter implizierte eine Vielzahl landesherrlicher Eingriffe, die über die bloße Finanzierung hinausreichten und auch die Berufspraxis, die Kontrollorgane (Geistlicher Rat, Visitationskollegien), ja selbst das Lehrprogramm und die Zulassungskriterien (»Landeskinderbo-

Landesuniversität

Fig. 27 Nazarenische Darstellung (19. Jh.) der Eröffnung der Universität Tübingen im Jahre 1477 durch Graf Eberhard im Bart, später Herzog von Württemberg. Zeichnung von C. Häberlin.

nus«) umfaßten. Der territoriale Partikularismus wurde durch die konfessionellen Spaltungen der Reformation noch intensiviert. Die eidliche Verpflichtung auf die jeweilige Landeskonfession segmentierte und parzellierte die deutsche Hochschullandschaft in bisher nicht gewohntem Maße und ließ ehemalige Frequenzgebiete versiegen. Die Universitäten wurden zu »Provinzhochschulen«.

PROFESSOREN

Der finanzielle Aufwand für eine Landesuniversität belief sich auf selten mehr als 7000 Gulden pro Jahr, wobei 3000 bis 5000 Gulden für Professorengehälter und 1000 bis 2000 Gulden für Stipendien zu veranschlagen waren.[4] Das Durchschnittsgehalt eines Professors betrug im 16. Jahrhundert zwischen 100 und 500 Gulden, je nach Status und Fakultät (hinzu kamen Steuerfreiheit, freies Wohnen, Naturalien). Die Immobilien- und Sachkosten waren gering, die Einquartierung der Universität in aufgelassenen Klöstern oder angekauften Häusern schlug kaum zu Buche.

Die neue Rolle der Professoren als »Staatsbeamte« zog eine Reihe von Veränderungen nach sich. Nicht nur, daß der Zölibat (auch an den nicht-protestantischen Universitäten) aufgehoben und – damit einhergehend – die kollegiale Lebensweise (Professorenkolleg) im Prinzip abgeschafft wurden, auch im äußeren Auftreten gab man sich bewußt bürgerlich. Die Talare verloren an Bedeutung, man kleidete sich so gut es ging à la mode. Mit der Bevorzugung einheimischer Professoren versiegte der überregionale Austausch. Nicht wenige Dozenten wirkten gleichzeitig am Hof als Räte bzw. Leibärzte, waren Mitglieder staatlicher Gremien (Geistlicher Rat; Kirchenrat; an Gerichten) oder betätigten sich sonst in der Landesverwaltung.

Von wesentlicher Bedeutung wurde im Zuge der durch den Humanismus entstehenden neuen Professuren, daß sich nun auch an der Artistenfakultät das Prinzip der »regierenden Professoren« durchsetzte. Dem »Fachprinzip« verpflichtet, wie es an den höheren Fakultäten bereits seit dem 15. Jahrhundert üblich war, lehrte der jeweilige Professor weitgehend nur noch ein Fach »ordentlich«, wobei er ein festes Gehalt und zuzüglich Hörgelder bezog. Dies führte zur Stabilisierung des Lehrkörpers und zu einer zahlenmäßigen Beschränkung der Professuren. Nicht jeder neu-kreierte Doktor wurde künftig automatisch in das *Collegium* übernommen oder erhielt Stimmrecht in Fakultät und Konzil. Der Doktor oder Professor an der Artistenfakultät studierte kaum noch an einer höheren Fakultät weiter, sein Ziel war ein ordentlicher Lehrstuhl an seiner eigenen Fakultät.

STUDENTEN

Der deutsche Student[5] der Frühen Neuzeit legte die klerikale mittelalterliche Tracht sukzessive ab und kleidete sich nach adeliger Manier. An die Stelle des schwarzen Scholarenhabits trat eine renaissancehaft-barocke Ausstaffierung. Das Kennzeichen des Scholaren war nicht länger das Studierbuch, sondern der Degen. Studentische Rituale wie die Deposition kamen in Gebrauch, die Zahl der Duelle nahm sprunghaft zu. Dank eines kontinuierlich steigenden Anteils an Adels- und Bürgerstudenten prägte der »Bursche« bald das Alltagsbild der Universitätsstadt. Anders als in England und Frankreich, wo die *Colleges* bzw. *Collèges* weiterhin eine entscheidende Rolle spielten, hatte in Deutschland die Reformation klaustrale Einrichtungen obsolet gemacht. Internatsmäßige Lebensweise wurde nur noch an wenigen Musteranstalten (Heidelberger Sapienz, Tübinger Kolleg) sowie den jesuitischen Konvikten gepflegt. Der deutsche Student, mehr Kavalier als Zögling, lebte in Privatquartieren, führte das Leben eines »honnête homme«. Exzesse waren keineswegs unbekannt (Duelle, Trinkgelage, etc.), doch blieb der Studentenalltag auch in dieser Epoche weitgehend vom Studium bestimmt.

Das Immatrikulationsalter lag aufgrund eines verbesserten Lateinschul- und Gymnasialwesens um einiges höher als in früheren Jahrhunderten. Die Juristenfakultät wurde zur frequenzstärksten Fakultät, gefolgt von der Theologischen, die ebenfalls gute Berufsperspektiven bot, da eine Vielzahl an Pfarrstellen zu besetzen war. Die Absolventen der Artistenfakultät (Magister) strebten zumeist Schulmeisterposten an. Die Juristische Fakultät bildete etwa 30–45% der Studierenden aus, die Theologische 25–30%, minimal war der Anteil der Mediziner, ein Viertel der Studentenschaft stellten gewöhnlich die Artisten.

BRAUCHTUM

Deposition

Zum akademischen Brauchtum[6] der spätmittelalterlichen und frühneuzeitlichen Universität gehörte die *depositio* (Deposition = Beisetzung, Begräbnis), d. h. die zeremonielle Ablegung des Schülerhabitus. Die *depositio cornuum* (Abstoßung der Hörner) begründete die Aufnahme in den Stand des Studenten. Die Zeremonie war wohl dem zünftischen »Lossprechen« des Lehrlings zum Gesellen entlehnt. Einer »Vexation« (Quälerei) des als *beanus* (bejanus/bejaunus – wohl von bec jaune = Gelbschnabel) titulierten Neulings einer Nation oder einer Burse folgte die feierliche Aufnahme in die jeweilige Gemeinschaft; ein intensives und kostenträchtiges *convivium* (Trinkgelage) schloß die Taufhandlung ab. Mit der Deposition, zu der Gebühren zu entrichten waren, und der damit erfolgten Ablegung der *beanitas* waren die Voraussetzungen für die Immatrikulation gegeben. Eine scherzhafte Definition des Beanus in Form eines Akrostichons stammt vom Ende des 16. Jahrhunderts: *Beanus est asinus nesciens vitam studiosorum* (Der Beanus ist ein Esel und kennt sich im akademischen Leben nicht aus).

Mit dem Beginn des 16. Jahrhunderts, als Nationen und Bursen allmählich abkamen, wurde die im 15. Jahrhundert zwar schon übliche und ritualisierte, aber noch nicht obligatorische Deposition fester Bestandteil des studentischen Aufnahmemodus. Der Depositionsakt wurde nun von einem Professor vorgenommen, meist dem Dekan der entsprechenden Fakultät. Der Bean hatte sich einem kurzen formellen Examen zu unterziehen, dem sich Vexation mit mancherlei Schabernack, Absolution und Convivium anschlossen.

Martin Luther hat als Dekan der Theologischen Fakultät der Universität Wittenberg mehrfach den akademischen Akt der Deposition vorgenommen. Eine seiner Absolutionsreden wurde tradiert: *»Diese gegenwärtige Demütigung ist nichts weiter, Knabe, als der Anfang jener Depositionen, welche für dich das ganze Leben hindurch bleiben. Hier setzt dir ein geringer Mensch für eine halbe Stunde Hörner auf und verspottet dich. Aber glaube mir, es kommt noch weit ärger. Der nächste Depositor, der dich täglich deponiert, wird der Praeceptor, der Magister sein und wird alles, was an dir in Sitte und Glauben bäurisch ist, abhauen; nicht mit einem Schlage oder Hieb, sondern durch häufige und viele, bis er dich ein wenig zugestutzt hat und dich dem Pastor oder Prediger übergibt. Der wird nun soviel er kann bei dir versuchen, aus einem Gottlosen einen Frommen zu machen… Auf diesen folgt nun Rektor und Konzil… Guter Gott, wieviel Schwierigkeit und Herzeleid, was alles du für eine Art der Deposition halten magst, mußt du da durchmachen. Bauern, Ritter, Bürger, ja deine Diener und Untergebenen werden dir genug Hörner aufsetzen. Bist du dahin gekommen, sagst du wohl: Ja, ja zu Wittenberg hub mein Deponiertwerden an, und nun dauert es das ganze Leben hindurch«.*[7]

Fig. 28
Depositionsszene des 16. Jh.s.

Im 17. Jahrhundert und verstärkt dann im 18. wurde Kritik am Depositionswesen, vor allem an seinem possenhaften Charakter, laut. Da es jedoch traditionelles akademisches Brauchtum war und für seine Arrangeure materiellen Nutzen brachte, hielten sich Zeremonie wie Zechgelage bis weit in die Zeit der Aufklärung hinein und wurden erst sukzessive und von Universität zu Universität unterschiedlich reduziert bzw. abgeschafft. An den Neugründungen Halle (1694) und Göttingen (1734) war die Deposition nicht mehr vorgesehen.

Pennalismus

Aus dem Depositionswesen entwickelte sich im Verlauf des 16. Jahrhunderts der Pennalismus, der im 17. Jahrhundert seinen Höhepunkt erlebte. Er bezeichnete die studentische (Un-)Sitte der schikanösen Herrschaft eines Altstudenten über einen Jungstudenten, einen *Pennäler* (von lat. *penna* = Schreibfeder). Der Pennal, auch *Quasimodogenitus*, *Neovistus*, *foss* oder *Fuchs* titulierte Neuinskribent wurde von seinem *Schoristen* (Scherer), *Tribulierer* (Qäler) und *Agierer* in allen möglichen Variationen zu Dienstleistungen herangezogen und vielfach malträtiert. Der Pennal diente zumeist als Bierkellner oder Diener, mußte bei Trinkexzessen parat sein, insbesondere beim *Hospiz*, einem Gelage auf der Studentenbude, das der Gastgeber (*hospes*) für seine Landsleute arrangierte. Neben der Deposition war der Pennalismus eine weitere Form des akademischen Grobianismus.

HUMANISMUS

Dem Wandel der Universitäten von mittelalterlichen Korporationen zu frühneuzeitlichen Landeshochschulen ging eine Ablösung des scholastischen Lehr- und Wissenschaftsbetriebes durch das humanistische Lebens- und Bildungsprinzip einher.[8] Die Universitäten handelten dabei keineswegs aktiv, sondern reagierten vorsichtig und spät auf Strömungen, die sie von den Brennpunkten und Zentren humanistischer Gelehrsamkeit, den Höfen und gelehrten Gesellschaften, aus miterfaßten.

humanitas

Das Ideal des Humanismus, als dessen bildungstheoretischer und namensgebender Zentralbegriff der der *humanitas* diente, war die Wiederbelebung der antiken Literatur, Kunst und Philosophie durch die *studia humanitatis* bzw. *humaniora*. Man empfand und definierte die Zeit zwischen sich und der Antike als *media tempestas* (Mittelalter), die die alte Kultur negiert habe und somit finster geblieben sei, bis dann – wie der Florentiner Coluccio Salutati am Ende des 14. Jahrhunderts schrieb – *»die Lichter von Florenz, Dante, Petrarca und Boccaccio auferstanden«* und das Dunkel durchbrochen hätten.[9]

Der Rezeption neuer geistiger Vorbilder korrespondierte eine Veränderung der Lebensformen; die mittelalterliche *christianitas* war dabei, ihr Monopol zu verlieren, eine Profanierung des Denkens und ein verstärkter Individualismus in Absetzung vom Kollektivismus der vorhergehenden Epoche setzten sich durch. Die mittelalterliche Sicht- und Denkweise mit ihrer Jenseitsorientierung wich einer innerweltlich-profanen Lebenseinstellung. Kirchenkritisch wurden mittelalterliche Autoritäten, Kirchenväter und Scholastiker in Frage gestellt, deren Bildungssystem und dessen Vermittlungsformen für veraltet erklärt und neuartige Bildungsprogramme definiert, die sich an der klassischen Sprachkunst, vornehmlich dem Latein Ciceros, orientierten und sich ausdrücklich vom barbarischen »Küchenlatein« (= Kirchenlatein) distanzierten. In die Polemik gegenüber dem »gotischen Zeitalter« und seinen abstrakten dialektischen Wissenschaftsformen eingebunden war eine Minderachtung des Aristoteles, an dessen Stelle die vermehrte Beschäftigung mit Platon und dem Gedankengut der Stoa trat. Die ehedem so bedeutsamen »Zwei Wege« führten nach Humanistenmeinung ins Niemandsland. Der Humanismus war vornehmlich eine literarische Bewegung, die der Rhetorik und der Grammatik huldigte, andererseits aber auch praktische Philosophie, eine sozial-kulturelle, aktive und normative Bewegung mit dem Impetus einer humanen *caritas*.

eloquens et sapiens pietas

Das Bildungsideal des Humanismus – wie auch der Reformationszeit – war die *eloquens et sapiens pietas*, der gebildete Humanist war gelehrter Literat bzw. Rhetoriker. Dieses Bildungsideal zeitigte starke Konsequenzen im geisteswissenschaftlichen Bereich der Universitäten, zumindest im Bereich der Artistenfakultät; der scholastische Lehrstoff ging unter in der Lektüre antiker Klassiker. Der ehedem so sakrosankte Kanon der *septem artes liberales* wurde, was Grammatik und Rhetorik betraf, intensiv reformiert. Das Latein Ciceros begann seinen Siegeszug; die alte Lateingrammatik des Donatus mußte nach fast tausendjähriger Gültigkeit humanistischen Grammatiken weichen. Neue Fächer wie Poesie und Eloquenz wurden in den Lehrkanon aufgenommen und mit Professuren oder Lekturen ausgestattet.

Die humanistischen Einflüsse kamen an den deutschen Universitäten allerdings erst relativ spät, in ausgeprägterer Form nicht vor dem letzten Drittel des 15. Jahrhunderts, zum Tragen. Einer der ersten, der den Begriff *humanitas* in der deutschen akademischen Öffentlichkeit benutzte, und zwar in seiner Heidelberger Vorlesungsankündigung im Jahre

Peter Luder

1456, war der Wanderhumanist Peter Luder. Er wollte in seinem Programm die barbarisierte lateinische Sprache restaurieren, indem er öffentlich die *»studia humanitatis«* las, *»id est poetarum, oratorum ac hystoriographorum«* (Poesie, Rhetorik und Geschichtsschreibung).[10] Für ihn bedeuteten diese Studien die Beschäftigung mit Autoren, Rednern und Geschichtsschreibern der Antike. Luder, einer der Propagatoren der neuen Bildung, lehrte außer in Heidelberg und Erfurt auch in Leipzig, mußte aber die dortige Universität verlassen, nachdem er aufgrund einer grammatikalisch falschen Vorlesungsankündigung zum Gespött der Stadt geworden war. Er hatte zu einer Terenz-Vorlesung eingeladen, wo Studenten ihre Lateinkenntnisse hätten aufbessern können, *tres lectiones interesse*. Dieser falsche Akkusativ hinderte ihn jedoch nicht, 1464 in Italien zum Doktor der Medizin zu promovieren und dann eine Stellung an der Universität Basel anzunehmen als *poeta et medicinae doctor*.

Weitere bedeutende Frühhumanisten in Deutschland waren u. a. Rudolf Agricola († 1485), der in Heidelberg wirkte, aber keine Professur übernahm; Jakob Wimpfeling († 1528), seit 1498 Professor für Rhetorik in

Konrad Celtis

Heidelberg, und Konrad Celtis († 1508), der Professuren an vielen deutschen Universitäten innehatte. Celtis, der deutsche »Erzhumanist«, er war 1487 auf der Nürnberger Burg als erster Deutscher von Kaiser Friedrich III. zum *poeta laureatus* gekrönt worden, versuchte mit unterschiedlichem Erfolg, auch an mehreren Hochschulorten (Heidelberg/Ingolstadt/Wien) nach italienischem Vorbild humanistische Akademien (*sodalitas litteraria*) zu gründen. Im Gegensatz zu den großen deutschen Humanisten Erasmus von Rotterdam († 1536) und Ulrich von Hutten († 1523) war Celtis besonders aktiv im Hochschulbereich engagiert.

Auf satirische und überaus populäre Weise – begünstigt hier durch das neue Medium des Buchdrucks – brachten die *Dunkelmännerbriefe* die Kontroverse zwischen Scholastik und Humanismus zum Ausdruck. Ihr Anlaß war der Streit zwischen dem bekannten Humanisten Johannes Reuchlin († 1522), der

Fig. 29
Erasmus von Rotterdam († 1536).

neben Erasmus als das zweite Haupt des deutschen Humanismus gilt, und dem christianisierten Kölner Juden Pfefferkorn um die Publikation jüdisch-hebräischer Literatur, die letzterer strikt verboten wissen wollte. Zu Reuchlins Gunsten – er wurde allerdings 1520 von den Kölner Dominikanern der Ketzerei angeklagt und verurteilt – verfaßte der Erfurter Humanistenkreis (Crotus Rubianus; Ulrich von Hutten; u. a.) *Epistulae obscurorum virorum*, fiktive, in miserablem Latein verfaßte Briefe, die die Kölner Professoren mit Verbalinjurien verspotten und ihre Universität als Hort der Scholastik an den Pranger stellen. In einem Brief des Magisters Irus Durchleierer an Magister Ortvinus Gratius in

Dunkelmänner-briefe

Köln heißt es: »... *Es sind hierher an die Universität Eure Schriften gelangt, die Ihr gegen Johannes Reuchlin verfaßt habt; die alten Magister lobten sie sehr, allein die neuen und jüngeren halten nichts davon und sagen, Ihr quälet den guten Reuchlin nur aus Neid. Und als wir eine Beratung hielten, ob wir auch einen Beschluß gegen den ›Augenspiegel‹ fassen wol-*

Berhardus Comes In wirtemberg et Montepeligardo Senior. Vniuersis et singulis cuiuscunq; Dignitatis
Status ac peminencie Doctoribus Magistris Studiosisq; Scolaribus Vbicunq; constitutis Salute & omne
bonum Cum res etatesq; hominum animo reuoluimus qualia quantaq; Summus ille rerum parens & conditor
atq; huius immense molis Rector mortalibus beneficia contulerit dispensaueritq; nil magis humane inuenimus
conuenire nature q̃z aliquo se erga tantorum bonorū largitorem opere gratū exhibere Nam & si illi haud vnq̃z
condignas gracias agere valeamus Habet tamen mens bona atq; diuine beneficencie obnoxia affatim quo se
exerceat creatoriq; suo complacere ac vt ita dicamus debitum conetur exoluere Quod nobis cōsiderantibus ac
sepenumero memoria repetentibus qua nam potissimū via aggrediamur qd creatori nostro gratum reipublice
ac subditorꝝ nostrorū saluti atq; vtilitati conducibile videretur tandem succurrit nil melius atq; ad beatam vitā
consequendam aptius Immortaliq; deo acceptius ne concipi quidem posse q̃m bonarꝝ arcium atq; disciplinarum
studia quibus ipsum deum nosse solū colere soli obtempare erudimur sedula diligencia atq; concertatione psequi
Atq; quo ea in terris nostro temporali dominio subiectis vigeant in hysq; boni ac studiosi Iuuenes imbuantur
instituant doceāturq; preomībus enixeq; curare Non hys accurata templorū edificia atq; structuras non deniq;
beneficiorꝝ ecclesiasticorū fundationes pferimus Nam satis euo nostro decus creuit ecclesie Constatq; solū acce-
ptabile deo templum esse pectus humanū Summūq; illum oīm rerum opificem plus Innocencia atq; sanctitate
hominum q̃m templorꝝ magnificencia letari Atq; ea parum ad beatitudinem conferre sed ita duntaxat deo pl...e
si quis puram castamq; mentem in eaipsa intulerit quam profecto nulla via atq; arte melius neq; compendiosius
q̃m ex literarum eruditōne consequi poterimus Qua de re permoti publicas Scolas atq; Vniuersale diuinarum
humanarūq; scienciarꝝ Studiū In terris nostro tempali dominio subiectis erigere atq; coopatione Illustrissime
principis & domine domīe Mechtildis Archiducisse Austrie &c. genitricis Necnon Illustris domini Vdalrici Co
mitis In wirtemberg et Montepeligardo &c. patrui nr̄i fundare curauim⁹ In quo doctissimorū virorū cōuentus
celebrari rudesq; adolescēcium animi erudiri atq; instituī possent Ad cuius quidem fundatōem satis oportune se
locus Insignis opidi nr̄i Tuwingen offerebat cuius amenitatē agriq; fertilitatem atq; aeris salubritatem plus
oculis cōtemplari q̃m a nobisimetipsis cōmendari placuit In hoc itaq; tam pclaro atq; ameno opido Auctoritate
Sanctissimi In xp̄o patris ac dn̄i nostri dn̄i Sixti diuina puidentia pape quarti atq; Sacrosancte Romane
ac Vniuersalis ecclesie gubernatoris publicas Scolas atq; Generale optimarū artiū Studiū erexim⁹ atq; fun
dauimus Cuius felix cursus Sub decem Doctoribus Quatuorq; liberaliū arcium mḡris cathedras inibi regen
tibus compleret quorꝝ tres sacris theologie libris atq; scripturis intenderēt Tres itidem qui sacrata pontificū
Iura que canonica vocant resoluerent Duos q̃ legum ampla volumina eorūq; difficultates enodarent totidem
In medicinis q̃ salubri cura morbis corpibusq; mederent humanis Quatuor insup qui liberalibus artibus intēti
causas rerum atq; naturas subtili inuestigatione pquirerent Vt omes fixis atq; sufficientibus prouisi stipendys
In omni facultate gratis legēdo ne quis inopia diuiciarꝝ ad notiōem veritatis impediret ascendere solerti stu
dio atq; diligencia singulis facultatibus pessent Insup vt haberent studiosi adolescētes in quo spem reponerēt
atq; bona fiducia premiū laborum suorꝝ expectarent Eandem Vniuersitatē plus q̃m triginta Beneficiorꝝ colla-
tione dotatam condignis Emunitatibus atq; priuilegys laudabilibusq; institutis plurimū decorauimus Vos
igitur bonarū arcium Studiosos viros Vos omes pstantis animi Iuuenes vereq; sapiencie amatores qui vir-
tutis atq; sciencie semitā ingredi Verāq; beatitudinē cōsequi desideratis ad hanc ipam accedendā frequentandaq;
q; hortamur & Inuitamus Non deerunt vobis qui & doctrina & auctoritate animos vr̄os atq; mentes informent
ac ad erudiendam Instituendāq; lr̄is ac bonis moribus vitā quottidie vos meliores reddant Ex quorꝝ eruditōe
facile emergē atq; ad altiores dignitatū gradus ac fastigia ascendē atq; conuolare poteritis Et ne vobis tam
Fructuosum et laudabile bonū diutius differat hui⁹ nouelle plātatiōis fausta ac felicia inicia a doctissimis viris
In omī arte disciplinaq; principiantib⁹ ad primas kalendas Octobris expectate atq; suscipite deinceps In omī
euū Ad laudē summi ac eterni dei tociusq; celestis Curie pgressura atq; perpetuo duratura Datum In Vrach
Sub sigillo nostro presentibus subimpresso Anno domini Millesimoquadringentesimo Septuagesimoseptimo
Mensis July die Tercia Inditōne vero Decima

Fig. 30
Öffentliches Patent Eberhards im Bart zur Eröffnung der Landesuniversität Tübingen, deren Vorlesungen im Oktober 1477 beginnen sollen.

len, da hielten jene Neulinge, welche noch keine gehörige Erfahrung haben, jenen Alten Widerpart und sagten, Reuchlin sei unschuldig und habe nie etwas Ketzerisches geschrieben. Und so sind sie uns bisher immer noch im Wege gewesen; was ferner geschehen wird, weiß ich nicht. Ich glaube, die Universität wird noch gar zugrunde gehen wegen jenen Poeten, deren Zahl erstaunlich groß ist.«[11]

Obwohl der Humanismus die Lehrinhalte der deutschen Universitäten erheblich beeinflußte, bewirkte er keine grundsätzliche strukturelle Reform, sondern eine »Umstrukturierung«, mehr »fachwissenschaftliche Differenzierung« und bedingt durch die landesherrlichen Eingriffe eine Aufweichung der Korporationsverfassung.[12] Die mittelalterlichen Lehr- und Unterrichtsformen wurden weiterhin in Ehren gehalten. Vorlesung, Disputation und Repetition existierten fort; ebenso blieben das Diktieren und Interpretieren des vorgeschriebenen Lehrstoffes bzw. der autorisierten Lehrbücher akademischer Usus. Dem *dictabo* bzw. *scribite*, dem Lesen des Textes, folgte wie gewohnt erst eine Übertragung des lateinischen Urtextes in die deutsche Sprache, diesem dann die Interpretation der wichtigsten Passagen, Begriffe und Probleme, wobei die Hauptunterrichtssprache weiterhin das Lateinische blieb. Viele der alten Standardlehrbücher (Aristoteles, Galen, Römisches Recht usf.) wurden auch weiterhin benutzt; am Examenssystem für die Studenten änderte sich nichts. Dominierend im Stundenplan der Hochschule blieben die hörgeldfreien Hauptvorlesungen der Professoren (zumeist 4 Wochenstunden); sie waren obligatorisch für die Scholaren und Stoff der Examina. Darüber hinaus standen den Studierenden private »Spezialvorlesungen« zu Gebote sowie Repetitionen, die honoriert werden mußten. Das Repetitionswesen war gut ausgebildet nach dem Motto *lectio audita et non repetita est quasi nulla* (eine nicht repetierte Vorlesung ist wie eine nicht gehörte).

Gründungen

Dem Zeitalter des territorialstaatlichen Ausbaus und des Humanismus sind in Deutschland folgende Universitätsgründungen[13] zuzurechnen:

1456 Freiburg
1456 Greifswald
1460 Basel
1472 Ingolstadt
1473 Trier
1476 Mainz
1477 Tübingen
1502 Wittenberg
1506 Frankfurt/Oder

VII. Reformation und katholische Reform

REFORMATION

Universitätsrevolution

Als »Bildungsreform« wurde der Humanismus in Deutschland bald von der Reformation überlagert, die ebenfalls bedeutende Veränderungen auf universitärem Sektor mit sich brachte.[1] Pointiert ausgedrückt ging die »Universitätsrevolution in die Kirchenrevolution«[2] über, Luther übernahm die Leitbildfunktion von Erasmus. Humanismus und Reformation war gemeinsam, daß sie scholastische Philosophie und Theologie weitgehend ablehnten, den reinen »Aristotelismus« zu rezipieren zwar bereit waren, nicht aber den »verchristianisierten«. Uneinigkeit bestand zwischen beiden, was die Akzeptanz der Antike generell betraf: den Humanisten galt sie als Ideal schlechthin, den Reformatoren als heidnische Gegenwelt; letztere propagierten die »evangelische Tugendlehre«, erstere die Tugendsystematik der Stoa. Die Divergenz der Anschauungen wurde leidlich überdeckt durch ein gemeinsames Feindbild: Kirche und Kurie.

Als die deutschen »Althumanisten« – Erasmus, Mutian und Reuchlin – erkannten, daß die lutherische Bewegung dem Humanismus gefährlich zu werden drohte, distanzierten sie sich in radikaler Form, die »Junghumanisten« aber – wie Melanchthon und Hutten – stellten sich voll Bekennermut auf die Seite des Reformators. So blieb das Verhältnis der beiden dominierenden Geistesströmungen des 16. Jahrhunderts tatsächlich durchaus ambivalent.

Die beiden für den Universitätsbereich wichtigsten Persönlichkeiten jener Zeit waren Luther – als Initiator – und Melanchthon – als Sachwalter und Vermittler. Martin Luther (1483–1546), Theologieprofessor an der jungen Universität Wittenberg, war schon als Dozent aktiv, als er noch keinen Namen als Reformator hatte. Die 1517 veröffentlichte *disputatio contra scholasticam theologiam* nimmt vieles vorweg, was in der großen Anklage 1520 *An den christlichen Adel deutscher Nation* in § 25 in erweiterter und verschärfter Form ausgeführt wird. Dort geht die Stoßrichtung unmittelbar gegen das Papsttum, mittelbar gegen die Universitäten. Sie seien als Produkte und Schöpfungen der Kurie dazu gemacht, Sünde und Irrtümer zu vermehren; sie seien »Burgen des Teufels« und er fordert: *»Die Universitäten bedürften gewiß auch einer guten, starken Reformation. Darum meine ich, da kein päpstlicheres noch kaiserlicheres Werk geschehen könnte als eine gute Reform der Universitäten und wiederum kein teuflischeres, ärgeres Wesen als unreformierte Universitäten.«*[3]

Fig. 31
Martin Luther († 1546), nach einem Holzschnitt von Lucas Cranach.

Im derzeitigen Studium regiere allein der blinde heidnische Meister Aristoteles. Ihn, ja eigentlich den ganzen Unterricht der *artes liberales* abzuschaffen mit Ausnahme der Formenlehre in Poetik, der Logik und Rhetorik, war ihm Herzensangelegenheit. Zu dulden geneigt war er den Unterricht in den drei klassischen Sprachen (Latein, Griechisch, Hebräisch), in Mathematik und Geschichte.

Der Medizinischen Fakultät gab Luther keine Empfehlungen, wohl aber der der Jurisprudenz und der der Theologie. Die Theologieausbildung sollte seiner Ansicht nach am

Bibeltext erfolgen, nicht mehr anhand der Sentenzen des Petrus Lombardus; das Kirchenrecht schien ihm ein rechtes Teufelsrecht, im weltlichen Recht zog er die Landesrechte dem Kaiserrecht vor. Nur die Intelligentesten studieren zu lassen, da sich auch nur wenigen Qualifizierten im Kirchen- und Staatsdienst Berufschancen eröffneten, schien ihm vernünftig und sozial gerechtfertigt. Der voruniversitäre Unterricht war seinem Dafürhalten nach auszubauen und dem Besuch derjenigen Universitäten der Vorzug zu geben, *»wo die heilige Schrift regiert«*. Seine Ausführungen schließen mit dem sorgenvollen Satz: *»Ich habe große Sorge, die hohen Schulen seien große Pforten der Hölle, wenn sie nicht emsig die Heilige Schrift studieren und ans junge Volk vermitteln.«*[4]

Fig. 32 Philipp Melanchthon (†1560), nach einem Holzschnitt von Lucas Cranach.

Anders als Luther hat Philipp Melanchthon (1497–1560), Professor für alte Sprachen seit 1518 in Wittenberg, in seiner berühmten Antrittsrede mit dem Thema *De corrigendis adolescentium studiis*[5] (Über die Reform des Studiums der Heranwachsenden) noch den Rekurs auf die Philosophie des Aristoteles gefordert (Corp. Ref. 11, 15–25), im gleichen Atemzug aber auch das verstärkte Studium des Griechischen mit seinem Wert für Philosophie und Theologie betont: *»Weil die Theologie teilweise mit der hebräischen und teilweise mit der griechischen Sprache zu tun hat, denn wir trinken als Lateiner nur ihre Bäche, müssen wir es nicht wie stumpfsinnige Personen tun, wollen wir sie mit den Theologen zusammen betreiben... Und wenn wir dazu die Sinne zu den Quellen hingeführt haben, werden wir anfangen, Christus zu verstehen. Seine Gebote werden uns klar werden, und wir werden mit dem gesegneten Nektar göttlicher Weisheit erfüllt werden...«* Der Humanist empfahl seinen Zuhörern, zu denen auch Luther zählte, vor allem die Lektüre Homers. Sein Appell endet mit dem Satz: *»Darum strebt nach den vernünftigen Studien und bewegt in eurem Herzen, was über die Poetik gesagt wird: Wer anfängt, hat schon die Hälfte des Werkes. Habt Mut zur Einsicht! Treibt die alten Lateiner! Schätzt die griechische Sprache hoch, ohne die das Latein nicht richtig betrieben werden kann.«*[6]

Obwohl auch Melanchthon die Universitäten einmal als Teufelswerk bezeichnete, blieb er Humanist genug, nach deren Wiederaufblühen die Einführung der humanistischen Fächer (u. a. der Eloquenz) an den protestantischen Hochschulen zu betreiben bzw. ihnen zu neuer Existenzberechtigung zu verhelfen. Er betätigte sich darüber hinaus intensiv als Verfasser von gymnasialen und universitären Lehrbüchern. Neben seinem dogmatischen Lehrbuch für das Luthertum, seinen vielfach aufgelegten *Loci communes rerum theologicarum* (1521/30, u. ö.), sowie einem Katechismus (1529) verfaßte er u. a. eine Rhetorik, eine Dialektik sowie die berühmten Grammatiken für Griechisch und Latein, die aus dem protestantischen Hochschulunterricht nicht wegzudenken sind.

Krisensituation

Die Kritik der Reformatoren an den Universitäten, die politischen Spannungen im Umfeld der Reformation sowie die Unruhen des Bauernkrieges hinterließen im gesamten deutschen Universitätsbereich – nicht nur an den sich zum Protestantismus bekennenden Landesuniversitäten, sondern auch an den katholisch verbliebenen – nachhaltige Spuren, vor allem große Frequenzeinbrüche. Die Universität Basel mußte zeitweise den Lehrbetrieb ganz einstellen, in Heidelberg befanden sich kurzzeitig mehr Professoren als Studenten.

Die deutschen Universitäten (ohne Österreich und Schweiz) wiesen im Zeitraum 1501–1580 folgende Gesamtstudentenzahlen auf (und zwar berechnet in fünfjährigen Durchschnitten):[7]

1501/05	= 3346	Studenten
1506/10	= 3687	"
1511/15	= 4041	"
1516/20	= 3850	"
1521/25	= 1994	"
1526/30	= 1135	"
1531/35	= 1645	"
1536/40	= 2307	"
1541/45	= 3195	"
1546/50	= 3531	"
1551/55	= 3670	"
1556/60	= 4388	"
1561/65	= 4786	"
1566/70	= 5191	"
1571/75	= 4850	"
1576/80	= 5342	"

Köln hatte ebenso wie Wien starke Einbußen zu verzeichnen, wobei die Wiener Universität 1522 die Ursache ganz bei der »lutherischen Sekte« vermutete, die vom Studium und dem Erwerb der Grade abrate.[8] In der Tat führte das Fehlen eines – geistlichen – Kanzlers dazu, daß mancherorts, so auch in Wittenberg und Tübingen, zeitweise keine Grade vergeben wurden. Nicht unbegründet war ferner die Vermutung, die vielfach zu beobachtende Ablehnung des »Magister«-Titels rühre von einem radikalen Bibelverständnis her, das Matthäus 23,10 (wonach sich niemand »Meister« nennen lassen sollte) sehr wörtlich nahm. Erst 1533 ließ Luther wieder promovieren – unter der Autorität des Landesherrn, d. h. in Ableitung des kaiserlichen Rechtes. Melanchthon verteidigte hingegen stets die akademischen Grade, da sie seiner Ansicht nach für einen sinnvollen Studienaufbau unabdingbar waren.

Dieses alles schien jenen recht zu geben, die wie Erasmus von Rotterdam das Grundübel in der Reformation sahen: *»Wo immer das Luthertum herrscht, da sind die Wissenschaften zugrunde gegangen. Zwei Dinge suchen sie, eine Stelle und ein Weib, dazu gibt ihnen das Evangelium die Freiheit, nach ihrer Lust zu leben.«*[9]

Doch auch abwägende Zeitgenossen, wie Justus Jonas, stellten verwundert fest, daß Reformation und blühende Wissenschaft offenbar nicht zusammengingen: *»Vor wenigen Jahren gab es in Deutschland zahlreiche hohe Schulen; sie waren, während die Religionslehre noch ganz tot dalag, lebendig wirksam und zahlreich besucht… Seitdem das Evangelium (= die Reformation) seinen Weg durch die Welt angetreten hat, sind viele Universitäten so gut wie ausgestorben…«* Nun seien die altehrwürdigen Anstalten jammervolle Ruinen und trübselige Leichname.

Neubeginn

Die Krise, in die die Reformation das Universitätswesen zweifellos gestürzt hatte, bewältigte dieses weitgehend aus eigener Kraft und dank eigener Initiative, geleitet von der Überlegung, daß alte Sprachen und Teilbereiche der Philosophie für die Unterweisung und Ausübung der Theologie unabdingbar seien und daher vermittelt werden müßten, dann aber auch von dem praktischen Gedanken der obrigkeitlichen Schulfürsorgepflicht, den Luther beispielsweise 1530 in seiner Schrift *Sermon, daß man solle Kinder zur Schule halten*, geäußert hat, wo er als Aufgabe des Staates hervorhebt, *»die abgesagten Ämter und Stände zu erhalten, daß Prediger, Juristen, Pfarrer, Schreiber, Ärzte, Schulmeister und dergleichen bleiben, denn ihrer kann man nicht entbehren«*[10]; es entstanden neue evangelische Universitäten oder wurden bereits bestehende reformiert. Parallel zu dieser Universitätsreform(ation) verlief der Aufbau eines evangelischen Gymnasialwesens, dem Luther nicht weniger Bedeutung beimaß, hatte er doch schon 1524 in einem Plädoyer an die *Ratsherren*[11], das man als Gründungsmanifest des deutschen protestantischen Gelehrtenschulwesens bezeichnet, die Unverzichtbarkeit einer soliden Gymnasialbildung für Kirche und Staat betont.

Gymnasium

In der Tat konnte dank der Entwicklung des protestantischen Gymnasialwesens das Niveau der Studenten bei Studienbeginn erheblich angehoben werden. Neben einer großen Anzahl an Gymnasien entstanden an den Hochschulorten zusätzlich *Pädagogien*, die die Vorbildung und Betreuung der jungen Studenten gewährleisteten. Großzügigkeit bei der Vergabe von Stipendien sicherte über Jahrzehnte den dringend benötigten Pfarrer- und Beamtennachwuchs.

Die protestantischen Universitäten erhielten im Rahmen jener reformatorischen Um- und Neuorganisation ein anderes Gesicht.[12] Die evangelischen Obrigkeiten, konkret die Landesherren, schufen eine neue Qualität staatlicher Universitätsaufsicht, indem sie sich als die legitimen Rechtsnachfolger der ehemaligen geistlichen Kanzler betrachteten und deren Funktion übernahmen. Das landesherrliche Kirchenregiment umfaßte auch die obrigkeitliche Kontrolle des Schul- und Universitätswesens. Eine Vielzahl von regionalen Kirchen- und Schulordnungen, der Einsatz von Superintendenten, die die Universitätsaufsicht führten, sowie zahlreiche Visitationskommissionen bildeten ein engmaschiges Netz staatlicher Aufsicht und Überwachung (im übrigen veränderte sich in jener Zeit auch die »katholische Universitätspolitik« in dieser Richtung). Da der protestantische Landesherr das *ius episcopale* (Bischofsrecht) besaß, konnte er die Konfession seiner Universität bestimmen. Die Universitätsaufsicht des Landesherrn wurde gang und gäbe, Eingriffe aufgrund spezieller Rechtstitel waren Regelfälle. Die Hochschulen verloren wesentliche Korporationsrechte (u. a. Berufungsrechte) und Privilegien, sie wurden mit dem Argument der Obsorge für das Gemeinwohl dem landesherrlichen Regiment und dessen Verwaltung zugeführt, ein Prozeß, der bereits im 15. Jahrhundert verstärkt einsetzte und im Reformationszeitalter voll zum Tragen kam. Reformatoren und evangelische Landesherren waren vornehmlich an den theologischen

Universitätsaufsicht

Fig. 33
Verleihung der Doktorwürde an der Universität Heidelberg im 16. Jh.; Holzschnitt von Hans Weiditz.

Fakultäten interessiert, da hier die *Neue Lehre* vermittelt wurde und die Qualität der Ausbildung von Predigern und Pfarrern von weitreichender Konsequenz war. Denn nicht zuletzt war es die Predigt, die dem Protestantismus zu ungeahnter Ausbreitung und Popularität verhalf.

Auch wenn der religiös-konfessionelle Auftrag vorherrschend blieb, so verblaßte der klerikale Charakter vornehmlich der protestantischen Universitäten doch im Laufe der Zeit. Die Abneigung der Reformation gegenüber dem Kollegienwesen sowie die Verheiratung der Professoren veränderten ebenso den akademischen Alltag wie die Aufhebung der Bursen und Konvikte für die Studentenschaft. Der Hochschullehrer des 16. Jahrhunderts war noch sehr viel konkreter »Staatsbeamter« als der des 15. Jahrhunderts. Seine Amtsführung unterlag weitgehend nicht mehr allein der Kontrolle der Korporation, sondern der des frühmodernen *Policey-Staates*. Er wurde nicht mehr via Kirchenpfründe besoldet, sondern bezog sein Salär u. U. aus säkularisiertem Kirchen- oder Klostergut.

Akademischer Alltag

Obwohl durch die nahezu vollständige Aufhebung des Bursenwesens im Bereich der evangelischen Universitäten die Studenten mehr in den bürgerlichen Alltag integriert wurden, da sie zumeist Privatquartiere mieten mußten, blieb der Studientag streng geregelt und war dem der Mitglieder eines der wenigen »Studentenheime« vergleichbar. »Der Tagesablauf eines Heidelberger Studenten, der im Jahre 1585 im *domus sapientiae* (Sapienz) wohnte, hatte nach Aussagen des Stipendiaten etwa folgendes Aussehen: Der Tag beginnt um 5 Uhr; erst wird ein Psalm gesungen, dann ein Kapitel aus dem Alten Testament gelesen, sodann ein Gebet aus dem Heidelberger Katechismus; am Sonntag kommen ein Psalm und ein weiteres Gebet hinzu. Daran schließt sich unverzüglich bis 6 Uhr die Repetition der Vorlesungen an. In der Zeit von 6–10 Uhr werden die öffentlichen Vorlesungen besucht; 10 Uhr ist Prandium; vor diesem wird vierstimmig die *benedictio et consecratio mensae* gesungen, dann besteigt einer der Scholaren das Katheder und liest ein Kapitel aus dem Alten Testament. Dieses wird sodann diskutiert und interpretiert, wobei ein Professor Hilfestellung leistet. Das Essen endet mit einem Tischgebet, dem die Lesung eines Kapitels aus dem Neuen Testament folgt. Ähnlich wird es beim Abendessen (*coena*) um 5 Uhr gehalten. Der Nachmittag gehört den Repetitionen sowie dem Besuch der außerordentlichen Vorlesungen; zwischen 5 und 8 Uhr ist Selbststudium. Um 8 Uhr abends kommen nochmals alle Stipendiaten im Saal zu Gesang, Lesung und Gebet zusammen.«[13]

Da die territorialen Verwaltungsapparate noch nicht komplett entwickelt waren, wurden nicht sämtliche Eigenverantwortlichkeiten der Hochschulen liquidiert. Die Universitäten behielten weitgehend – bis zum Dreißigjährigen Krieg – das Satzungsrecht, gebunden allerdings an die landesherrliche Bestätigung sowie die Wirtschaftsselbstverwaltung.[14]

Bündnis von Humanismus und Reformation

Das Bündnis von Humanismus und Reformation, personalisiert im Zusammenwirken von Melanchthon und Luther, bedeutete einerseits das Ende der universalen Universitätskonzeption des Mittelalters und andererseits die definitive Integration der Hochschulen in den territorialen Flächenstaat, deren Inpflichtnahme für den sich ausbildenden frühmodernen Verwaltungsapparat. Diese Fusion und Aufgabenstellung zeitigte nachhaltige Folgen, vor allem an der Universität Wittenberg. Das an der *Leucorea* (Weißenberg), am *Berg der Weisheit* entwickelte Modell – vornehmlich von Melanchthon betrieben – nahm seinen Weg vom sächsischen *Elb-Athen* als Vorgabe und diente zur Reformierung bereits bestehender Universitäten wie auch als Leitmuster neu zu errichtender Anstalten. Zum *Wittenberger Modell* und zur Reformation bekannten sich von den bereits bestehenden Universitäten ab etwa 1530: Basel, Frankfurt/Oder, Rostock, Greifswald, Leipzig, Heidelberg und Tübingen.

Erste protestantische Neugründung: Marburg

Die erste protestantische Neugründung einer Universität in Deutschland – Marburg – mußte aufgrund reformatorischer Kontroversen ohne päpstliches und (vorerst) kaiserliches Privileg auskommen: eine völlig neue Situation. Landgraf Philipp der Großmütige, ein früher Anhänger Luthers, eröffnete – da ihm keine der beiden Universalgewalten Hilfestellung leisten wollte, die *Neue Lehre* auf diesem Wege zu verbreiten – aus landesherrlicher Machtvollkommenheit 1527 die Hochschule mit vier Fakultäten, gab ihr 1529 einen »Freiheitsbrief« und finanzierte sie durch ehemalige Klostereinkünfte. Marburgs Gründungsvorgang bedeutete eine Zäsur in der Entwicklungsgeschichte des deutschen Universitätswesens. Obwohl 1541 eine kaiserliche (Nach-)Privilegierung erfolgte, war Marburg zum Präzedenzfall geworden: sämtliche späteren protestantischen Universitätsgründungen erfolgten ohne kaiserliches Mandat.

An protestantischen Neugründungen verzeichnet diese 3. Gründungswelle von Hochschulen:

1527 Marburg
1544 Königsberg
1558 Jena
1574 Helmstedt
1578 Altdorf
1584 Herborn
1607 Gießen
1620 Rinteln
1621 Straßburg
1655 Duisburg
1665 Kiel

KATHOLISCHE REFORM

Jesuitenorden

Das in der Reformationszeit ebenfalls in die Krise geratene katholische Universitätswesen – es handelt sich um weniger als zehn Hochschulen um die Mitte des 16. Jahrhunderts – fand seinen Retter in der Societas Jesu.[15] Der Orden des hl. Ignatius († 1556), vom Papst 1540 bestätigt, hatte sich die Aufgabe gestellt, im Sinne der katholischen Reform und im Sinne der gegenreformatorischen Intentionen des Konzils von Trient (1545–1563) durch Predigt und Mission zum Nutzen und zur Verbreitung des katholischen Glaubens beizutragen. Der *propagatio fidei* (Glaubensverkündung) diente auch sein ganzes Engagement im Bereich des Gymnasial- und Universitätswesens. Als *Schulorden* bewußt streng hierarchisch organisiert (Jesuitengehorsam) und unter den Idealen der *paupertas*, *castitas* und *oboedientia* (Armut, Keuschheit und Gehorsam) stehend, ging die Gesellschaft Jesu daran, in den katholischen Ländern ein Kolleg-System einzurichten, dessen vornehmste Aufgabe darin bestand, höhere Bildungsanstalten zu unterhalten.

Die am Vorbild der Bettelorden ausgerichtete Gesellschaft unterschied sich von jenen im wesentlichen darin, daß sie bewußt keine Klöster bzw. Abteien errichtete, sondern *collegia*, in denen die Ordensmitglieder lebten und z. T. wirkten, die aber prinzipiell mit einem Gymnasium, einem Lyzeum (Philosophisch/Theologische Lehranstalt) oder auch mit einer Universität verbunden waren. Die Jesuitenniederlassung bestand zumeist aus einem Kollegtrakt, aus Kirche und Gymnasium/Lyzeum/Universität – eventuell einem Seminar oder Konvikt – und war, in der Regel hierin einem Kloster nicht unähnlich, ein geschlossener Komplex mit den notwendigen Wirtschaftsgebäuden. Die gymnasiale und universitäre (auf Philosophie und Theologie beschränkte) Wirksamkeit der Jesuiten orientierte sich zum einen am alten College-System (wie es in Paris und Oxford gepflegt wurde), zum anderen an der Humanistenuniversität Löwen und auch an Elementen der spanischen Staatsuniversitäten. Das pädagogische Ideal war die Internatserziehung, wenn auch die Mehrzahl der Schüler und Studenten *Externi* blieben.

Das jesuitische Modell machte aus mehreren Gründen im katholischen Bereich Furore: der Orden stellte ein qualifiziertes Lehrpersonal, er besaß einen überall eingehaltenen Studienplan *(Ratio studiorum)* und er gestaltete die Finanzierung so, daß sich kaum noch Etatprobleme stellten. Dies geschah dergestalt, daß sich die Societas die Gebäude finanzieren ließ, daneben einen Kapitalbetrag von Landesherr oder Bischof erbat, von dessen Zinserträgen Gymnasium und Hochschule betrieb, ab und zu mit Zuschüssen versehen oder durch Grundrenten nachgebessert. Zwischen 1551 und 1600 entstanden an 30 zentralen Orten des Deutschen Reiches Kollegien mit Gymnasien (so u. a. in Wien, Ingolstadt, Köln, Trier, Mainz, Speyer, Würzburg, Fulda, Graz, Augsburg, Paderborn, Münster, Regensburg, Hildesheim). Dem Orden gelang es, bis zur Jahrhundertwende im Bereich der katholischen Länder ein Gymnasialmonopol aufzubauen. Verschiedentlich war auch das Bemühen, Kurse in Philosophie und Theologie zu einem Lyzeum aufzustocken oder gar die entsprechenden Fakultäten der Ortsuniversität in die Verantwortung der Gesellschaft Jesu übergehen zu lassen, von Erfolg gekrönt. Im 17. Jahrhundert kamen rund 70 weitere Anstalten hinzu (u. a. Aachen, Linz, Worms, Bamberg, Passau, Eichstätt, Erfurt, Düsseldorf, Breslau), so daß die Jesuiten gut 90% des höheren katholischen Unterrichtswesens unterhielten, woneben nur wenige Gymnasien und Hochschulen anderer Orden (Benediktiner) bestehen konnten.[16]

Ratio studiorum

Im Sinne einer weitgehenden (europäischen) Kongruenz des Studienwesens erarbeitete der Jesuitenorden im letzten Drittel des 16. Jahrhunderts eine eigene Studienordnung, die ihre endgültige Formulierung 1599 erfuhr. Diese *Ratio studiorum*[17] (Studienplan) gliederte den Studiengang triadisch: der gymnasialen Philologie folgte die lyzeal/universitäre Philosophie und dieser wiederum als krönender Abschluß die Theologie. Für die beiden letzten Disziplinen wurden Aristoteles und Thomas von Aquin als Lehrbuchautoritäten bestimmt. Dieses Studienprogramm wurde bis 1773, bis zur Ordensaufhebung, nur marginal reformiert. Dessen anfangs positiv eingeschätzte Stabilität und Homogenität führten im 18. Jahrhundert zwangsläufig zu nicht geringer Kritik.

Lehrplanschema[18]

STUDIEN- UND FAKULTÄTEN-EINTEILUNG		ALTER DER SCHÜLER	FÄCHER UND KLASSEN	LEHR-BÜCHER	STUDIEN-DAUER
		ca. 6–8 Jahre	Principista Infimista (Abc-Klasse)	Lesebücher	1–2 Jahre
Studia inferiora	Gymnasium	ca. 9 Jahre	1. Grammatik (infima)	für Latein, Griechisch, Hebräisch	
		10 Jahre	2. Grammatik (media)	Alvarez,	
		11 Jahre	3. Grammatik (suprema)	Pontanus, Soarius,	
		12 Jahre	Humanitas (= Poesis)	Gretser, Canisius	
		13 Jahre	Rhetorik		5 bis 6 Jahre
Studia superiora	Artisten-Fakultät	14 Jahre	Logik	Aristoteles	
		15 Jahre	Physik mit Mathematik		
	Lyzeum	16 Jahre	Metaphysik mit Ethik		2 oder 3 Jahre
	Theologische Fakultät	17 Jahre 18 Jahre 19 Jahre 20 Jahre	Scholastische und positive Theologie: Kontroverstheologie, Kasus, Kirchenrecht	Thomas v. Aquin	
			sowie Hl. Schrift	Altes und Neues Testament	4 Jahre (+ 2)

Als Lehrpersonal dienten dem Orden nahezu ausschließlich eigene Patres, wobei diese meist vom Gymnasiallehrer zum Professor aufstiegen. Die Gymnasien wiesen eine durchschnittliche Schülerzahl von 200–500 auf, größere kamen auf über 1000. Gymnasial- und Universitätsunterricht war kostenlos; obwohl sich die Jesuiten insbesondere der Adelserziehung annahmen, kannten sie keinen sozialen *numerus clausus*.
Neben einer Vielzahl an Lyzeen unterhielt die Societas Jesu folgende Universitäten, auch z.T. Akademien genannt, in eigener Regie: Dillingen, Paderborn, Molsheim, Graz, Osnabrück und Bamberg. Diese als »Jesuitenuniversitäten« titulierten Anstalten unterstanden einem Ordenspater als Rektor. »Jesuitenfakultäten« (Philosophie/Theologie) bestanden an den Universitäten Münster, Köln, Mainz, Würzburg, Ingolstadt, Freiburg, Trier, Erfurt, Wien, Innsbruck und Prag. Damit war der Orden an nahezu sämtlichen katholischen Universitäten in entscheidender Position vertreten; eine erwähnenswerte Ausnahme bildete die Universität Salzburg, die vom Benediktinerorden getragen wurde.[19]
An katholischen Universitätserrichtungen gehören der 3. Gründungswelle an:

1549 Dillingen
1582 Würzburg (Erstgründung 1410)
1586 Graz
1615 Paderborn
1623 Salzburg
1630 Osnabrück
1648 Bamberg
1675 Innsbruck
1702 Breslau

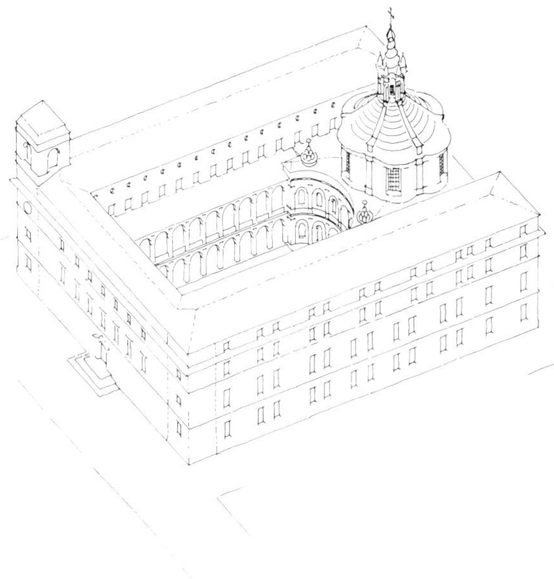

Fig. 34
Die Sapienza in Rom um etwa 1660; der Dreiflügelbau wird durch die Universitätskirche St. Ivo abgeschlossen. In der typischen Innenhofanlage waren sowohl die Lehrsäle, die Verwaltungs- als auch die Unterkunftsräumlichkeiten untergebracht.

Zentralbauten

Das Zeitalter von Reformation und katholischer Reform brachte den Hochschulen ein architektonisches Novum. Hatten die Universitäten bis dahin in angekauften oder gemieteten Häusern bzw. säkularisierten Klostergebäuden die wichtigsten Veranstaltungen abgehalten bzw. anderweitige Gebäude und Kirchen genutzt, kam es nun auch in Deutschland zur Neuerrichtung universitärer Zentralbauten. Nach den Vorbildern in Rom (Sapienza) und Bologna (Archiginnasio) entstand der erste deutsche Zentralbau für die Universität Altdorf in den Jahren 1571 bis 1583; es folgten dann die prachtvollen Neubauten der Universitäten Würzburg (1582 bis 1591) und Helmstedt (1592–1612).[20]

VIII. Barocke Gelehrsamkeit und aufgeklärte Wissenschaft

STAATS-DIENER-SCHULE

Die Epoche, die sich an den Dreißigjährigen Krieg anschloß und mit dem ausgehenden 18. Jahrhundert endete, brachte eine weitere staatliche Inpflichtnahme der Hochschulen durch die Territorialstaaten. Der absolutistische Staatsapparat nutzte die Universitäten umfänglicher als »Staatsdienerschulen«.[1] Die Wohlfahrtsinteressen des Staates ließen keine Freiräume mehr zu, die ehedem bestehende Selbstverwaltung der Universitäten wich der straffen Leitung durch die Landesbehörden, die sich inzwischen konstituiert hatten, wobei die Zuständigkeit für das akademische Bildungswesen prinzipiell den Zentralbehörden oblag. Der *Geheime Rat* oder der *Geistliche Rat* führten die Oberaufsicht über die Hochschulen, griffen in die Lehrpläne ebenso ein wie in das Berufungswesen.

Die Landesherren forderten die Bestätigung der Rektorwahlen für sich und ihre Organe; in verschiedenen Ländern wurden eigene Kuratoren oder auch Gremien für die Hochschulen eingesetzt. Die Universitäten verloren generell ihr Satzungsrecht, der Staat formulierte letztendlich die Statuten. Er übernahm zumeist auch die Finanz- und Vermögensverwaltung bzw. *incamerierte* das Universitätsvermögen.[2] Die Modernisierung des Staatsapparates war den tradierten Korporationsrechten der Universitäten ebenso abträglich wie die Kritik der Aufklärungsphilosophie. Diese sah in den Fakultäten das Fortleben alter Zunftgedanken, in den akademischen Privilegien einen Gegensatz zum Ideal der bürgerlichen Gleichheit.

Der absolutistische Verwaltungsstaat legte sein besonderes Augenmerk auf das Prüfungs- und Graduierungswesen. In diesem Bereich war es zu großen Mißbräuchen gekommen, so auch zur Käuflichkeit der Grade. Z. T. wurden Promotionen *in absentia* vorgenommen, Examina gefälscht und dergleichen mehr. Aus diesem Grunde kontrollierten die staatlichen Organe in steigendem Maße neben dem Studienprogramm auch die Prüfungen und führten eigene *Staatsexamina* ein.[3]

Staatsexamen

Dieses System der Staatsexamina, wie es sich, nach gewissen Vorläufern im 17. Jahrhundert, im 18. Jahrhundert eigentlich ausbildete, verdankte seine Existenz nicht nur dem Mißtrauen des Staates gegenüber der Redlichkeit und Kompetenz der Universitäten, vielmehr lag ihm auch der Gedanke zugrunde, staatliche Normen durchzusetzen und das Adelsmonopol in den Beamtenkarrieren zu brechen.

Justiz und Verwaltung forderten mehr denn je eine universitäre Ausbildung (auch des Adels), um den einmal erreichten Standard zu halten bzw. ihn nach Möglichkeit zu verbessern. Selbst der Adel erfüllte die nun fälligen Qualifikationskriterien in verstärktem Maße, um sich bürgerlicher Konkurrenz erwehren zu können.

galant homme

Mit dem *galant homme* zogen verstärkt Wertvorstellungen an den Universitäten ein, die vom früheren Ideal des asketischen, allein seinem Beruf lebenden Mannes der Wissenschaft weit entfernt waren. Nicht nur, daß Habitus und Kleidung des Hofmannes zum akademischen Alltag zählten, Studenten und Professoren meist Kavalierskleidung trugen und sich mit Perücken schmückten, auch andere, dem Adelsleben entlehnte Gepflogenheiten, so etwa das Duellwesen, kamen nun intensiv in Gebrauch. Neben diesen neuen Sitten veränderten z. T. auch die alten ihr Ritual, wurden freizügiger, exzessiver, weltlicher. Der Pennalismus z. B. erlebte eine regelrechte Blütezeit. Nicht selten kam es zu studentischen Trinkgelagen und erotischen »Verirrungen«. Das studentische »Schuldenmachen« war ein ebenso großes Problem wie der Konsum von modernen »Suchtmitteln« (Tabak, Kaffee). Karzerstrafen (*carcer* = lat. Kerker) waren an der Tagesordnung. Im Verlauf des 17. Jahrhunderts setzte sich die Bezeichnung *Bursche* (von lat. *bursalis* = Bursenbewohner) für den Studenten durch. Ein satirischer Spruch aus dem frühen 18. Jahrhundert karikierte ihn wie folgt:

»Immer sitzen, meditieren,
und die ganze Nacht studieren,
dieses heißet studenti ...;
aber raufen, balgen, saufen,
und beständig Dorf zu laufen,
dieses heißet purschi ...«[4]

Auf dem Medizinalsektor wurde das staatliche Prüfungswesen ebenfalls obligat; Medizinalkollegien überprüften die universitäre Ausbildung und tätigten die Approbation. Die Regelungskompetenz übernahm der Staat auch allmählich in der Lehrerausbildung, zumindest in den protestantischen Territorien, während das Monopol der Gymnasiallehrerausbildung in den katholischen Gebieten weiterhin bei der Societas Jesu, z. T. auch bei den Prälatenorden oder den Piaristen, lag. Die Einführung des Abiturs[5] (in Preußen 1788, in Bayern 1809) als Zugangsberechtigung zum Hochschulstudium schließlich ist gewissermaßen als letzter Akt im Kontext der staatlichen Einwirkungen auf das Universitätswesen zu sehen.

Loyalität künftiger Staatsbeamter und späterer Kleriker gegenüber Staat, Landesherr und Kirche war oberstes Gebot. Es war von daher zu verstehen, daß die Juristische und die Theologische Fakultät in besonderem Maße in staatlich-kirchlicher Obhut standen. In diesen beiden Fakultäten kam es zu häufigeren Eingriffen in Lehre und Ausbildungsplan als an den beiden anderen. Auch daß die *Landeskinder* an den Landesuniversitäten studierten, dort unter Kontrolle standen und – aus kameralistischen Gründen – kein Geld durch ein auswärtiges Studium aus dem Lande trugen, lag folgerichtig im Interesse von Territorialstaat oder Hochstift. So verstärkte sich der regionale Charakter der Studentenrekrutierung. Studien- und Kavaliersreisen (*peregrinatio academica*), wie sie im Mittelalter und noch im 16. und 17. Jahrhundert für Adel und Bürger üblich waren und nach Italien, Frankreich oder in die Niederlande geführt hatten, wurden demnach seltener.[6]

Studienanstalt für Landeskinder

Die relativ guten Berufschancen ihrer Absolventen ließen die Juristische und die Theologische Fakultät zu den frequenzstärksten Fakultäten werden. Die Medizinische Fakultät reüssierte erst im späten 18. Jahrhundert, als sich das Krankenhauswesen stark zu erweitern begann. Im Barock- und Aufklärungszeitalter mehrten sich jedoch auch die Stimmen, die die *Studiersucht der niederen Stände* kritisierten und vor einem *akademischen Proletariat* warnten. In nahezu allen deutschen Territorien kam es zu Maßnahmen, den Akademikernachwuchs zu drosseln, wobei neben dem Elitegedanken immer wieder der soziale Vorbehalt herangezogen wurde.

Akademisches Proletariat

1708 z. B. erließ die preußische Regierung ein diesbezügliches Patent, das der Sorge Ausdruck gab, daß *»die Studia in allen Facultäten dadurch in Abgang und fast in Verachtung gerathen, weil ein jeder bis auf Handwercker und Bauern seine Söhne ohne Unterschied der Ingeniorum und Capacität studiren und auf Universität und Hohen Schulen sumptibus publicis unterhalten lassen will, da doch dem Publico und gemeinen Wesen vielmehr daran gelegen, wenn dergleichen zu denen Studiis unfähige Ingeniis bey Manufacturen, Handwerckern und der Militz, ja gar bei dem Ackerbau nach eines jeden Condition und natürlichen Zuneigung angewendet, und sie dergestalt ihres Lebens Unterhalt zu verdienen unterwiesen würde.«*[7]

Fig. 35
Hörsaal der Leipziger Juristenfakultät im 17. Jh.

Nicht nur der Staat, auch Privatpersonen zeigten ihr Mißfallen am vermeintlich allzu wohlfeil dargebotenen Bildungsangebot. *»Es sind sechs und dreyssig Academien in Deutschland, und man kann annehmen, daß eines gegen das andere gerechnet, auf jeder derselben, Jahr aus Jahr ein drey hundert einländische Studenten sich aufhalten«*, schrieb ein Autor 1771 in seiner Schrift *Von der Menge der Studirenden in Deutschland. »Dieses macht schon eine Anzahl von 10800 Studirenden. Nehme ich ferner an, daß diese in drey, oder nach der neueren Methode, gar in zwey Jahren, ihr academisches Leben endigen, und eben so viel an-*

dern Platz machen, mit welch einer Menge Gelehrter wird denn Deutschland in dreyßig Jahren überschwemmet seyn? Es ist wahr, viele derselben scheitern während der Universitätsjahre, oder kurz nachher, und werden gelehrte Brauer, Soldaten, Husaren, Laquayen, Bettler u. dgl., allein es bleibt doch immer noch eine weit größere Anzahl übrig, als der Staat braucht, und von diesen müssen also nothwendig viele unnütze Mitglieder des Staates werden, oder Bedingungen annehmen, zu welchen eigentlich nichts als eine Kenntnis von Lesen, Schreiben und Rechnen erfordert wird. Sachen, die man auch ausser der Academie sehr gut lernt… Es ist wahr, wir haben die jetzigen aufgeklärten Zeiten diesen weisen Anstalten größtentheils zu danken. Allein, jetzo fällt die Ursache, die sie damals veranlaßte, weg. Es studiren mehr, als nöthig ist und ich glaube, man kann jetzt dreist sagen, daß ein Mensch mit dem Meißel oder dem Hobel dem Staate ebenso nützlich seyn könne, als mit der Feder…«[8]

Den quantitativen Rahmen, in dem die Universitäten ausbildeten, zeigt klar die Studentenstatistik. Um 1650, also am Ende des Dreißigjährigen Krieges, studierten etwa 8000 Studenten an deutschen Hochschulen, um 1700 waren es etwa 9000, ebenso viele um die Jahrhundertmitte. Im letzten Drittel des 18. Jahrhunderts sanken die Zahlen auf durchschnittlich 6–7000; die Kritik an einer und die Maßnahmen gegen eine Überproduktion hatten gegriffen, die politischen Umstände (Auswirkungen der Französischen Revolution) sowie die Universitätsschließungen bewirkten ein übriges.

Die Zahl der ordentlichen Professoren ließ sich statistisch für das Jahr 1756 wie folgt erfassen:[9]

Lehrkörper

	Theol.	Jura	Med.	Phil.	Summe
Altdorf	3	3	3	5	14
Bamberg	4	4	1	3	12
Breslau*	6	–	–	6	12
Dillingen*	6	2	2	5	15
Duisburg	3	3	2	3	11
Erfurt	7	10	7	7	31
Erlangen	3	3	4	8	18
Frankfurt/O.	7	5	2	5	19
Freiburg*	5	4	5	6	20
Fulda*	4	5	4	3	16
Gießen	2	3	2	6	13
Göttingen	4	11	6	20	41
Greifswald	3	6	3	5	17
Halle	6	10	13	8	37
Heidelberg	3	5	3	7	18
Helmstedt	4	6	3	5	18
Herborn*	3	2	1	2	8
Jena	4	10	4	16	34
Ingolstadt	5	5	3	7	20
Kiel	2	2	2	4	10
Köln*	9	7	7	13	36
Königsberg	8	8	9	10	35
Leipzig	5	14	8	17	44
Mainz	3	4	3	3	13
Marburg	3	5	2	10	20
Paderborn*	6	–	–	8	14
Rinteln	3	3	2	3	11
Rostock	5	4	3	7	19
Trier*	8	5	3	6	22
Tübingen	3	10	5	5	23
Wittenberg	4	5	4	18	31
Würzburg	3	5	5	3	16
Graz*	6	3	3	15	27
Innsbruck*	6	3	4	5	18
Olmütz*	5	3	3	3	14
Prag*	6	4	9	11	30
Salzburg*	4	4	–	5	13
Wien	9	5	4	15	33
Basel	3	3	3	9	18

Das gesteigerte Interesse des Territorialstaates an seiner »Staatsdienerschule« kam auch architektonisch dort zum Ausdruck, wo die Notwendigkeit bestand und die Etatmittel vorhanden waren, die Universität mit einem Neubau zu versehen. Der Neubau der Sorbonne durch Lemercier zu Beginn des 17. Jahrhunderts mag dabei für das neue Repräsentationsbewußtsein in Deutschland ebenso Pate gestanden haben wie die jesuitischen Monumentalbauten in Genua oder Salamanca. Zwar herrschte bei den neuerbauten Jesuitenuniversitäten (Dillingen u. a.) zunächst noch der Bautypus des Kollegs vor, doch adaptierte man auch hier später verstärkt den barocken Schloßbau, um die Bedeutung von Universität und Wissenschaft für den absolutistischen Staat augenfällig zu machen. Derartige »Prachtbauten« entstanden als Aula- und Lehrsaalgebäude u. a. in Wien (später die »Alte Universität« genannt), in Heidelberg (Zentralgebäude 1712–1728) sowie – nicht ganz vollendet – in Breslau.[10]

Prachtbauten

NÜTZLICHE WISSENSCHAFT

Die zweite Hälfte des 17. Jahrhunderts war gekennzeichnet von der Ablösung humanistischer Ideen durch rationalistische sowie den Aufstieg der empirischen Wissenschaften.[11] Die Fächer der Eloquenz und Poesie wurden zurückgedrängt zugunsten eines breiteren philosophischen Unterrichts (Logik/Metaphysik) sowie zugunsten von Mathematik, Physik und Geographie. Die mathematisch-naturwissenschaftliche Methode der Induktion trat verstärkt an die Stelle der deduktiven Ableitung von Prinzipien aus Prinzipien, der Aristotelismus wich dem Cartesianismus. Repräsentant dieser »neuen Philosophie« des

Rationalismus

Rationalismus wurde Christian Wolf (1679–1754), der mit seinem Œuvre weit über seine Universität Halle hinaus wirkte. Observatorien wurden errichtet, die naturkundlichen und physikalischen Kabinette verbessert, die botanischen Gärten vergrößert, klinische Ambulatorien und anatomische Institute gegründet. Im späteren 18. Jahrhundert entstanden »Seminare« für die Fächer der Altphilologie (Philologisches Seminar von Gesner 1738 in Göttingen gegründet) und Theologie.

Mangelnde Flexibilität, ja eine schon damals empfundene allzu starre traditionalistische Haltung des insbesondere auf die Lehre verpflichteten Universitätswesens bewirkte allerdings, daß ein wesentlicher Teil des wissenschaftlichen Fortschritts außerhalb der Hochschulen stattfand. Die Studierenden verfaßten ihre Dissertationen zwar nun verstärkt selbst, doch beließen es die Professoren meist dabei, ihre Ambitionen auf die Lehrbucherstellung zu beschränken. Auch war es nicht einfach, Lehrkanzeln für neue Fächer wie die

Kameralistik

Kameral- und Wirtschaftswissenschaften zu schaffen, auch wenn dies im Interesse des merkantilistischen Staates gestanden hätte. Die ersten ordentlichen Professuren für *Cameralia und Oeconomia* wurden 1727 an den Universitäten Halle und Frankfurt/Oder eingerichtet, andere Hochschulen folgten sukzessive. 1774 kam es zur Einrichtung der Hohen Kameral-Schule in Kaiserslautern; im letzten Jahrhundertdrittel entstand eine Vielzahl an kameralistischen Instituten (1784 Mainz, 1789 Marburg) und Professuren, so daß 1798 insgesamt 23 Lehrstühle der Kameralistik existierten.[12]

Es waren vor allem die *Gelehrten Gesellschaften*, die den Hort des wissenschaftlichen Fortschritts bildeten und die sich dann zu Akademien fortbildeten. Ausgehend und motiviert

Akademien

von den Beispielen der *Académie de France* (1635), der *Royal Society* (1663) und der *Académie des Sciences* (1666), kam es auch in Deutschland zu einer »Akademiebewegung«. Die in Schweinfurt (1652) gegründete *Leopoldina* (später nach Halle übergesiedelt), die preußische Akademie der Wissenschaften in Berlin (1700) und die bayerische Akademie der Wissenschaften in München (1759) haben als Musteranstalten zu gelten. Ihnen war gemeinsam, daß sie mit ihren Sektionen und Abteilungen Fachgebiete der philosophischen Fakultät besetzten, um dort Forschungen zu leisten, die im Universitätsbetrieb nicht möglich waren.[13]

Die Wertschätzung, der sich die rational-höfische »Kultur-Idee« allenthalben erfreute, die Dominanz der *utilia* (Nützlichen Fächer) gegenüber den *curiosa* (Kuriositäten), der Gedanke der Nützlichkeit, der alle Diskussionen beherrschte, führten geradezu zwangsläufig zu kritischen Vorwürfen gegen die bestehenden Universitäten, die diesen Idealen nur in beschränktem Umfang huldigten. Einer der berühmtesten deutschen »Aufklärer« und

Gottfried Wilhelm Leibniz

großer Protagonist der Akademien – Gottfried Wilhelm Leibniz (1646–1716) –, der selbst nie Professor war, sparte nicht mit Spott an den *mönchischen Anstalten*, an welchen man sich seiner Ansicht nach mit leeren Grillen beschäftige. Er behauptete, man lerne aus einer 10jährigen Zeitungssammlung mehr als aus den Schriften von 100 klassischen Autoren. Sein Erziehungsideal war rigoros dem Nutzen verpflichtet, bar jeglicher humanistischer Reminiszenz. Er schrieb: *»Wenn es bloß eine Sprache in der Welt gäbe, so wäre das für das Menschengeschlecht der Gewinn von einem Drittel des Lebens, welches jetzt auf die Sprachen verwendet wird. Dazu gibt es viele andere Dinge, welche nicht um ihres wirklichen, sondern um des in der Meinung bestehenden Nutzens willen gelernt werden müssen, als da sind die positiven Gesetze und Zeremonien, der Stil der Höfe und ein großer Teil der philologischen Gelehrsamkeit, von deren Folianten kaum der hundertste Teil etwas für das Leben Brauchbares enthält… Dagegen ist die allergenaueste Kenntnis der Regeln der richtigen Logik oder der Räsonnierkunst und ebenso die allergenaueste Kenntnis der Regeln des Gerechten und Nützlichen, ferner eine wirksame Beredsamkeit erforderlich. Doch das sind kleine Vorbedingungen. Hingegen ist es nun notwen-*

dig, die ganze Mathematik und Mechanik, ferner die ganze praktische Physik, soweit sie dem Gebrauche dient, auf das Allergenaueste zu verstehen. Dazu auch die Geographie. Von der Geometrie genügt weniges, denn zum Gebrauch des Lebens hilft es nicht viel, den Zirkel quadrieren zu können.«[14]

EPILOG DES LATEINS

Nützlichkeitsüberlegungen und didaktische Reformen im Zeitalter der Aufklärung brachten das weitgehende Ende des Lateins als akademischer Sprache. Der große Reformpädagoge Johannes Amos Comenius (1592–1670) vertrat die Ansicht: *»Ein Küchenjunge und Troßbube lernt in der Kneipe oder im Lager eine, ja zwei und drei ihm völlig fremde Sprachen, eher als ein Schüler unserer Gelehrtenschulen in voller Muße und mit größter Anstrengung das einzige Latein. Jene schwatzen nach ein Paar Monaten munter ihre Sachen, dieser kann kaum nach 15 oder 20 Jahren mit Hilfe von Grammatik und Wörterbuch ein wenig Latein stottern.«*[15] Diese Kritik war nicht nur auf die universitären »Sprachmeister« gemünzt, die außerhalb des Universitätsbetriebes privat Französisch, Italienisch und auch Englisch unterrichteten, nicht nur auf die gymnasialen und universitären Altphilologen, sondern auf das Lateinische schlechthin.[16] Leibniz plädierte dafür, in der Wissenschaft die Muttersprache zu benutzen, wie es die Engländer und Franzosen täten, die in ihren Landessprachen philosophierten und dabei äußerst erfolgreich seien.

Einen nahezu revolutionären Akt vollzog der berühmte Jurist Christian Thomasius (1655–1728), als er an der Universität seiner Heimatstadt Leipzig im Studienjahr 1687/88 Vorlesungen über die Aphorismen des spanischen Jesuiten Baltasar Gracián in deutscher Sprache ankündigte. Auch seine anderweitigen Lektionen in Philosophie und Jurisprudenz hielt er in deutscher Sprache und setzte damit ein akademisches Dogma außer Kraft. Thomasius, später Symbolfigur für die »Modernität« der Universität Halle, wo er als Professor der Jurisprudenz lehrte und neben Leibniz der profilierteste Wegbereiter der Aufklärung in Deutschland war, machte seine Abneigung gegenüber dem Latein verschiedentlich drastisch deutlich. *»Ich getraue mir darzutun«*, schrieb er einmal, *»daß es viel leichter sei und mehr Sukzeß zu hoffen, ein Frauenzimmer von einem guten Verstande, welche kein Lateinisch verstehet, auch nichts oder wenig von der Gelehrsamkeit weiß, als eine auch mit gutem Verstande begabte Mannsperson, die aber daneben von Jugend auf sich mit dem Latein geplackt, zu unterrichten, weil durch die gewöhnliche Lehrart viel ungegründet und ohnnötig Zeug nebst dem Latein in die Gemüter der Lehrlinge eingepräget wird, welches hernachmals so fest klebet und merkliche Verhinderungen bringet, daß das Tüchtige und Gescheidte nicht haften will.«*[17]

Im Verlauf des 18. Jahrhunderts entschlossen sich die meisten Universitäten, allerdings in recht unterschiedlicher Zeitfolge, die deutsche Sprache im Unterricht zu verwenden. Mit diesem Ersatz der lateinischen Sprache durch die deutsche ging ein guter Teil der Distanz zwischen Universität und bürgerlicher Umwelt verloren.

Christian Thomasens/
JCti und Chur-Brandenburgischen Raths/
Einleitung
Zu der
Vernunfft-Lehre/
Worinnen durch eine leichte/ und allen vernünfftigen Menschen/ waserley Standes oder Geschlechts sie seyn/ verständliche Manier der Weg gezeiget wird/ ohne die Syllogisticâ das wahre/ wahrscheinliche und falsche von einander zu entscheiden/ und neue Warheiten zu erfinden.
Nebst einer Vorrede/
In welcher der Autor sein Vorhaben deutlicher erkläret/ und die Ursachen anzeiget/ warum er dem Autori Speciminis Logicæ Claubergianæ nicht antworten werde.
Andere und correctere Auflage.
HALLE/
Zu finden/ im Rengerischen Buchladen. 1699.

Fig. 36
Christian Thomasius (†1728) und Titelblatt seiner 1699 publizierten Schrift »Einleitung Zu der Vernunfft-Lehre«.

LIBERTAS PHILOSOPHANDI

»Aufklärung ist der Ausgang des Menschen aus seiner selbstverschuldeten Unmündigkeit. Unmündigkeit ist das Unvermögen, sich seines Verstandes ohne Leitung eines anderen zu bedienen«, philosophierte Immanuel Kant 1784 und stellte sein Zeitalter unter den von Horaz entlehnten kategorischen Imperativ des *sapere aude* (habe den Mut, weise zu sein). Nicht minder wichtig wurde für den Wissenschafts- und Universitätsbetrieb das erstmals von Baruch Spinoza in seinem *Tractatus theologico-politicus* (1670) formulierte Postulat der *libertas philosophandi* (Freiheit des Philosophierens bzw. Denkens). Eine »Zitadelle« dieser »Wissenschaftsfreiheit« sollte die Universität Halle werden, an der Nicolaus Gundling (1671–1729) 1711 seine berühmte Rede mit der Thematik *De libertate Fridericianae* hielt. Die Friedrichsuniversität sollte nach Meinung des Naturrechtlers ein *Atrium libertatis* (Haus der Freiheit) sein, wo konträr zum überkommenen Autoritätsprinzip die Freiheit von Lehre und Schrift garantiert war. Nichts wäre nützlicher und effizienter als die »Freiheit der Wissenschaft«.[18]

An der zweiten »Aufklärungsuniversität« – Göttingen –, der ersten allein aus Staatsmitteln ohne Stiftungsvermögen finanzierten Hochschule in Deutschland, garantierte man den neu zu berufenden Dozenten »Lehr- und Zensurfreiheit« (Memorandum Münchhausens), und die 1737 erlassenen Statuten der Philosophischen Fakultät definierten: *»Alle Professoren sollen sich einer verantwortungsbewußten Freiheit der Lehre (docendi sentiendique libertate) und der Überzeugung erfreuen, sofern sie Abstand halten von Lehren, die die Religion, den Staat und die guten Sitten verletzen; es soll ihnen freistehen, die Lehrbücher und Schriftsteller auszuwählen, die sie in den Vorlesungen erläutern wollen.«*[19] Dieses Statut bedeutete einen Markstein in der deutschen Universitätsgeschichte.

Fig. 37
Das »Auditorium Welserianum im Collegio zu Altdorf« um 1700.

ADELSSTUDIUM UND ORDEN

War das Ideal des 16. und frühen 17. Jahrhunderts noch der Gelehrte, so kürte das späte 17. und das 18. Jahrhundert den Hofmann, den *galant homme*, zum Vorbild. Von diesem wurde erwartet, daß er sich darauf verstand, französisch und italienisch zu parlieren, daß er als Zivilbeamter oder Militär über Kenntnisse in der Jurisprudenz und den Staatswissenschaften verfügte, daß er in Geschichte und Geographie, aber auch in Architektur und Mechanik beschlagen war. Fähigkeiten und Fertigkeiten in den traditionsreichen »Kavaliersfächern« wie Jagen, Tanzen, Reiten und Fechten setzte man geradezu voraus. Aus diesen Kavaliersfächern, die eigene Fecht-, Tanz- und Sprachmeister lehrten – die man neben den Buchdruckern als »Universitätsverwandte« titulierte –, entwickelten sich später die universitär betriebenen Neuphilologien.

Kavaliersfächer

Charakteristische institutionelle Ausformung dieses Bildungs- und Erziehungsideals waren die Ritterakademien[20], die jene Fächer im Internatsrahmen anboten. Die als *collegia illustra, collegia nobilia* und auch als *Ritterschulen* bezeichneten Anstalten entstanden gegen Ende des 16. Jahrhunderts, hatten dann aber im 17. Jahrhundert ihre eigentliche Blütezeit. Die erste Ritterakademie wurde 1589 in Tübingen (*collegium illustre*) gegründet, gefolgt vom *collegium Mauretianum* (1599) in Kassel. Weitere derartige Ausbildungsstätten für den Adel entstanden u. a. 1655 in Lüneburg, 1680 in Halle, 1687 in Wolfenbüttel, 1711 in Ettal und 1746 in Wien. Als Ersatz für Gymnasium und Universität konnten sie die Epoche des Absolutismus freilich nicht überdauern. Einige wurden in Universitäten integriert (Halle, Erlangen), andere in Kadettenanstalten umgewandelt, nicht wenige gingen ein.

Ritterakademie

LANDSMANNSCHAFTEN UND ORDEN

Nach dem Zerfall des mittelalterlichen Burserwesens sowie dem Auslaufen der Nationen als studentische Gemeinschaften, die allerdings an den deutschen Universitäten der Frühmoderne – im Unterschied zu Italien und Frankreich, wo insbesondere im 17. Jahrhundert die deutschen Nationen florierten – kaum noch eine Rolle spielten, hatten sich studentische Gruppierungen in Form von Landsmannschaften gebildet, die sich eigene Ämter und Statuten gaben und durch Symbole (Farben/Zirkel) ihre Gemeinsamkeit zum Ausdruck brachten.[21] Diese Verbindungen waren zumeist staatlicherseits verboten, existierten dennoch im geheimen. In der zweiten Hälfte des 18. Jahrhunderts kamen die Landsmannschaften erneut in Flor, man unterschied ihre Mitglieder entsprechend ihres Alters und der Dauer ihrer Zugehörigkeit in Fuchs und Bursche. »Kränzchen«, Trinkgelage mit Bier, Tabak und Kaffee und des öfteren Ausflüge in Dorfwirtshäuser der Umgebung (später als »Exkneipe« bezeichnet) gehörten zu den gängigen Belustigungen.

Diese nach regionaler Herkunft sich zusammensetzenden Verbindungen mußten sich im letzten Drittel des 18. Jahrhunderts nahezu vollständig den »Orden« integrieren, die sich eine sittliche und akademische Zielsetzung gegeben hatten und aus der Freimaurerbewegung kamen. Sie huldigten dem Prinzip der lebenslangen Freundschaft; ihre Wahlsprüche lauteten: *Aeterna sit nostra conjunctio* (Ewig währe unsere Verbindung), *Vivat amicitia, fructus honoris* (Es lebe die Freundschaft, die Frucht der Ehre) oder *Vivat unus, vivant omnes* (Es lebe der Eine [Gott], so leben alle). Ordenskreuze, farbige Kokarden, eigene Wappen und Buchstabensymbole zählten zu ihren Attributen. Als Ordensnamen waren besonders beliebt: Kreuzorden, Lilienorden, Unitisten, Constantisten, Concordisten, Amitisten oder auch Harmonisten. Auch diese studentische Korporationsform wurde von den Regierungen verboten und ging gegen Ende des 18. Jahrhunderts schließlich ein.

Zeremonien

Ebenfalls gegen Ende des Jahrhunderts kam erstmals die Bezeichnung »Kommers« *(Commerce)* für ein feierliches studentisches Zechgelage auf, das einem eigenen Zeremoniell *(Comment, Burschenraison)* unterworfen war. Aus der zwanglosen Kneiperei bei einem »Hospiz« oder einem »Kränzchen« wurde die feierliche Kneipe mit studentischem Liedgut. Ein eigener Biercomment regelte das Zutrinken; der älteste und verbreitetste dieser Trinkcomments ist das *Jus potandi* (Trinkrecht) aus dem Jahre 1616, zum Druck gebracht unter dem Namen *Blasius Multibibus* (Blasius Vieltrinker). Auf vielen dieser Kommerse und Kneipen kam es zum sogenannten »Landesvater«, d.h. dem Durchbohren der Hüte als Zeichen der Bereitschaft, für das Vaterland zu sterben und als Vivat auf den Landesherrn.

Mensur

Die »Rencontres«, Duelle ohne Regeln, eigentlich immer verboten und mit Relegation bedroht, wurden in dieser Zeit gleichfalls abgewandelt und lebten nun als »Mensur« (*mensura* = lat. Maß, Abstand zweier Fechter), als geregelter Zweikampf, fort.

Aus dem 17. und 18. Jahrhundert stammen auch viele bekannte Studentenlieder bzw. Neuintonierungen. Neben einer Vielzahl an Vaterlandsliedern wurden berühmt das *Gaudeamus igitur* (ca. 1770), *Meum est propositum ad tabernam ire*, das *Krambambuli* oder auch die Hymne Schillers *Freude, schöner Götterfunken*. Der damaligen Studentensprache entstammen Wörter, die noch heute in Gebrauch sind, so die Bezeichnung *Kneipe* (kneip = schlecht, knapp) für eine enge Wirtsstube oder *Wichs* (studentische Uniform).

AUFKLÄRUNGSUNIVERSITÄTEN

Neben Halle, dessen Universität noch im letzten Jahrzehnt (1694) des 17. Jahrhunderts gegründet werden konnte, entstanden im 18. Jahrhundert als Anstalten von besonderem Renommee 1734 Göttingen und Erlangen 1743, wohingegen die Gründungen in Fulda (1734), in Münster (1780), Stuttgart (1781) und Bonn (1784/86) es zu weniger Ansehen brachten. In Österreich, wo Kaiserin Maria Theresia durch Reformen und Schaffung der Studienhofkommission (1760) die Universitäten pragmatisiert hatte, stufte ihr Sohn Joseph II. die Universitäten Graz, Innsbruck und Olmütz 1782 zu Lyzeen zurück. Die deutsche »Hochschullandschaft« hatte gegen Ende der Aufklärungsepoche folgendes Aussehen:[22]

Deutsche Hochschulen
17.–18. Jahrhundert

IX. Einsamkeit und Freiheit – Die Humboldt-Universität

KRISE UND MASSEN-STERBEN

Gegen Ende des 18. Jahrhunderts besaß Deutschland etwa 45 Universitäten, wobei die Anzahl der protestantischen Hochschulen die der katholischen leicht überwog. Diese Übersättigung wirkte sich nachteilig vor allem auf die Frequenz aus; bei einer Gesamtstudentenzahl von etwa 6000 entfielen durchschnittlich nur 120–150 Hochschüler auf eine Universität. Halle, Jena, Göttingen und Leipzig, die vier größten Anstalten, hatten zeitweise weniger als 1000 Studenten, »Provinzuniversitäten« verschiedentlich weniger als 100. Geht man von einer Einwohnerzahl des Reiches von etwa 19 Millionen aus, so kamen 3,2 Studenten auf 10000 Bürger. Dieser Frequenzkrise ging eine Finanzkrise einher, da einzelne Territorialstaaten den Etat ihrer Landesuniversität nicht mehr garantieren konnten. Nicht zuletzt sahen sich die Universitäten dem Vorwurf der »akademischen Überproduktion« ausgesetzt, wie auch ihr Konservativismus in der Lehre und ihre mangelhafte Beteiligung an der Forschung oftmalig Mißbilligung erfuhren.[1]

Dieser Insuffizienz des Hochschulwesens konnte nach einer Periode der »Übergründungen« nur eine Radikalkur abhelfen, die sich in einer Phase des »Massensterbens« niederschlug und etwa eine Generation lang grassierte. In den dreieinhalb Dezennien nach Ausbruch der Französischen Revolution ging etwa die Hälfte der deutschen Universitäten ein oder wurde zu zweitrangigen Hochschultypen degradiert. Betroffen waren:

1792 Straßburg, 1794 Stuttgart, 1797 Bonn, 1798 Köln/Mainz/Trier, 1800 Ingolstadt, 1803–06 Bamberg/Dillingen/Fulda, 1809 Helmstedt, Rinteln, Paderborn, Altdorf, 1810 Innsbruck/Salzburg, 1811 Frankfurt/Oder, 1817 Erfurt/Wittenberg/Herborn, 1818 Duisburg/Münster.

Es waren allerdings keineswegs etatistische Gründe allein, die einzelne Länder zu Aufhebungen und Degradierungen schreiten ließen, obwohl diese überwogen. Einerseits fielen die ehemaligen Hochstifte als Hochschulträger aus, andererseits liquidierten das napoleonische Frankreich und seine Satellitenländer (u. a. Westfalen) die Anstalten selber bzw. lösten sie in Spezialschulen auf. Die Kriegs- und Krisensituation sowie die Neugliederung Deutschlands aufgrund der Säkularisation 1803 bewirkten ein übriges.[2]

PREUSSEN

Das Königreich Preußen besaß um 1800 fünf Universitäten, neben der Renommierhochschule in Halle die kleinen Anstalten in Frankfurt/Oder, Königsberg, Duisburg und Breslau. Den Verlust Halles 1807 (Tilsiter Vertrag) sollte 1810 die Gründung der Universität Berlin kompensieren. 1811 zog die der Berlin-Konkurrenz ausgegliederte Hochschule von Frankfurt nach Breslau um, wurde der dortigen Hochschule eingegliedert und jene zur Volluniversität erhoben, indem Leopoldina und Viadrina zur Friedrich-Wilhelms-Universität vereinigt wurden. 1815 kamen Halle und Duisburg an Preußen zurück, darüber hinaus erhielt das Königreich die Hochschulen Münster, Paderborn, Erfurt und Wittenberg aufgrund seiner territorialen Zugewinne beim Wiener Kongreß. Die nicht mehr funktionsfähige »Lutheruniversität« wurde nach Halle überführt, Erfurt aufgehoben und Münster und Duisburg zugunsten der Neugründung 1818 in Bonn ausrangiert. Hier im katholischen Westen des Königreiches war durch die Aufhebung der Universitäten Köln, Mainz und Trier ein Hochschulvakuum entstanden, das es von Berlin aus nun zu kompensieren galt, 1866 erhielt Preußen, abermals aufgrund territorialer Zugewinne, die Universitäten Göttingen, Marburg und Kiel.[3]

BAYERN

Am Ende des 18. Jahrhunderts besaß das Kurfürstentum nur eine einzige Landesuniversität, die es 1800 von Ingolstadt nach Landshut transferierte. Mit der Säkularisation, der Übernahme der geistlichen Hochstifte (u. a. Würzburg, Bamberg, Passau) und zeitweise Salzburgs und Tirols sowie Teilen Frankens waren dem 1806 zum Königreich erhobenen Land weitere sieben Universitäten zugefallen (Würzburg, Bamberg, Dillingen, Salzburg, Innsbruck, Altdorf, Erlangen). Hinzu kamen etwa 10 Lyzeen, Philosophisch-Theologische Hochschulen ohne Promotionsrecht, aber mit den entsprechenden Studiengängen in Philosophie und Theologie (u. a. in München, Passau, Regensburg, Amberg). Dieses Überangebot an akademischen Institutionen reduzierte das Münchner Ministerium zwischen 1803 und 1810, indem es Hochschulen entweder aufhob oder aber degradierte. Nach 1815 besaß Bayern nur noch drei Volluniversitäten in Landshut, Würzburg und Erlangen (Innsbruck und Salzburg wurden zu Lyzeen zurückgestuft und von Österreich erst 1826 bzw. 1962 wieder restituiert).[4]

Mit dieser »Flurbereinigung«, wie sie in Preußen und Bayern, aber auch in einigen anderen Ländern durchgeführt wurde, war die Problematik geistiger und finanzieller »Armut« weitgehend gelöst, die Konkurrenzlage entzerrt und das studentische Rekrutierungspotential durch großräumige Einzugsgebiete ausgeweitet. Die französische »Spezialschulidee«, obwohl in den Rheinbundstaaten teil- und zeitweise vertreten, hatte sich nicht durchsetzen können, die traditionsreiche Universitätsidee blieb lebendig und erhielt in der Folgezeit neue und gravierende Impulse.

DIE »KLASSISCHE« UNIVERSITÄTSIDEE

Die Überwindung der »Universitätskrise« gelang dem »Kulturstaat« Preußen[5], nicht dem »Militärstaat«, der bekanntermaßen vor Napoleon kapitulierte. In Berlin waren allerdings auch Stimmen laut geworden, die Spezialschulen und eigenständige Fakultäten nach französischem Muster forderten, um die »altmönchische« Verfassungs- und »scholastische« Fakultäts-Struktur aufzuheben und anstelle des traditionellen Kathedervortrags den gelehrten Disput, den »sokratischen Unterricht«, einzuführen. Nicht französische Spezialschulideen setzten sich aber durch, sondern Reformgedanken aus dem Umkreis der Aufklärungsuniversitäten Halle und Göttingen, die ihre Wurzeln im Rationalismus, in der idealistischen Philosophie und einer neuhumanistischen Bildungsideologie hatten. Diese neue »Universitätsideologie« machte die Hochschule zur »Gelehrtenrepublik«, die als pädagogischen Auftrag die Vermittlung der »Idee der Wissenschaft« zugeschrieben bekam. Prinzipiell trat neben die akademische Lehre nun die eigenverantwortliche Forschung. Die neuen Universitätsreformer distanzierten sich keineswegs von den althergebrachten institutionellen Formen (Fakultäts- und Rektoratsverfassung), suchten mit Begriffen wie *libertas philosophandi*, Toleranz, Utilität und Wissenschaftlichkeit jedoch neue Prioritäten zu setzen. Universitätsgeschichtliche Arbeiten neuerer Zeit[6] sprechen von der Geburt der »klassischen Universität«, die auf einem neuen Verständnis von Wissenschaftlichkeit basiere, dabei institutionellen Traditionalismus mit wissenschaftlichem Modernismus kombiniere und die Einheit von Lehre und Forschung propagiere. Dieser neue Universitätstypus, wie er im ersten Drittel des 19. Jahrhunderts entstand, war gewissermaßen das Substrat der Ideen und Pläne von fünf großen »Reformgeistern«, das dann Wilhelm von Humboldt an der Universität Berlin Realität werden ließ.

Immanuel Kant

Fig. 38
Immanuel Kant († 1804).

Der große Königsberger Philosoph Immanuel Kant (1724–1804) äußerte sich in einem seiner letzten Werke, dem 1798 in Berlin erschienenen Traktat »Der Streit der Fakultäten«[7], ausführlicher über seine Vorstellungen zum Universitätswesen. Er forderte dabei vor allem eine seiner Ansicht nach existentiell notwendige Freiheitsgarantie für die untere, die Philosophische Fakultät, ein, während er an staatlicher Kontrolle bzw. kirchlichen Normen für die oberen Fakultäten keinen Anstoß nahm: *»Es muß zum gelehrten gemeinen Wesen durchaus auf der Universität noch eine Fakultät geben, die, in Ansehung ihrer Lehren vom Befehl der Regierung unabhängig, keine Befehle zu geben, aber doch alles zu beurteilen die Freiheit habe, die mit dem wissenschaftlichen Interesse, d. i. mit dem der Wahrheit, zu tun hat.«* Selbst wenn diese zum Schaden der Regierung aktiv werde, da die Vernunft von Natur aus frei sei und nur so zur Wahrheit gelange, müsse diese Freiheit toleriert werden. Kant betonte, daß dieser Fakultät kein *»crede, sondern nur ein freies credo«* vorgegeben sein dürfe. Ihr kategorischer Imperativ sei das »freie Urteil«, das ihr zuzubilligende Privileg die weitestgehende Autonomie. *»Also wird die Philosophische Fakultät darum, weil sie für die Wahrheit der Lehren, die sie aufnehmen oder auch nur einräumen soll, stehen muß, insofern als frei und nur unter der Gesetzgebung der Vernunft, nicht der Regierung stehend gedacht werden müssen.«*

Friedrich Wilhelm Schelling

Der auf Goethes Empfehlung nach Jena berufene Philosoph Friedrich Wilhelm Schelling (1775–1854) nahm in seinen 1802 gehaltenen »Vorlesungen über die Methode des akademischen Studiums«[8] direkten Bezug auf Kants Schrift, knüpfte an die dort geäußerten Gedanken aber doch weitergehende Forderungen: *»Insofern die Wissenschaften durch den Staat und in ihm eine wirklich objektive Existenz erlangen, eine Macht werden, heißen die Verbindungen für jede derselben insbesondere, Fakultäten. Um von den Verhältnissen derselben untereinander das Nötige zu bemerken, besonders da Kant in der Schrift ›Streit der Fakultäten‹, diese Frage nach sehr einsichtigen Gesichtspunkten betrachtet zu haben scheint, so ist offenbar, daß die Theologie, als diejenige, in welcher das Innerste der Philosophie objektiviert ist, die erste und oberste sein müsse: insofern das Ideale die höchste Potenz des Realen ist, folgt, daß die juridische Fakultät der medizinischen vorangehe. Was aber die philosophische betrifft, so ist meine Behauptung, daß es überhaupt keine solche gebe, noch geben könne, und der ganz einfache Beweis dafür ist: daß das, was Alles ist, eben deswegen nichts besonderes sein kann.«*

Das Studium der Philosophie hatte für Schelling höchsten Stellenwert, denn *»die Philosophie, welche den ganzen Menschen ergreift und alle Seiten seiner Natur berührt, ist noch mehr geeignet, den Geist von den Beschränktheiten einer einseitigen Bildung zu befreien und in das Reich des Allgemeinen und Absoluten zu erheben.«* Die Teilhabe am »Urwissen« via Philosophie sollte an der Universität als *universitas litterarum* erreicht werden. Erst der philosophisch ausgebildete Jungakademiker hatte nach Schelling das Recht, sich den Fachstudien zuzuwenden. Die Hochschulen könnten nicht mehr bloß funktionale und allgemeine Bildungsanstalten sein, sondern müßten sich der Wissenschaft öffnen und diese forcieren. *»Dieses Reich der Wissenschaften ist keine Demokratie, noch weniger Ochlokratie, sondern Aristokratie im edelsten Sinne. Die Besten sollen herrschen …«*

Fig. 39
Friedrich Engels († 1895) verläßt die Vorlesung Friedrich Wilhelm Schellings († 1854) an der Berliner Universität (wohl 1841).

Schelling sprach sich vehement für eine Tilgung des »Ekelnamens der Brotwissenschaften« aus, ebenso prangerte er das passive und rezeptive Verhalten der Studenten an. Seine Devise lautete: *»Lerne nur, um selbst zu schaffen. Nur durch dieses göttliche Vermögen der Produktion ist man wahrer Mensch, ohne dasselbe nur eine leidlich klug, eingerichtete Maschine.«* Für den Vertreter des philosophischen Idealismus verkörperte die Universität als Organismus den idealen Kosmos der Wissenschaft.[9] Indem sie den organischen Zusammenhang der Disziplinen biete, rechtfertige sie ihre Existenz und entspreche damit den Wunschvorstellungen des Idealismus.

Johann Gottlieb Fichte

Der schon als junger Mann – wenn auch anonym – 1793 durch seine »Zurückforderung der Denkfreiheit von den Fürsten Europas, die sie bisher unterdrückten« berühmt gewordene Patriot und Philosoph Johann Gottlieb Fichte (1762–1814) forderte ebenfalls im Sinne der idealistischen Philosophie, daß die Universität, die er als »Schule der Kunst des wissenschaftlichen Verstandesgebrauches« bezeichnete, Lehren und Lernen als komplementäre, produktive Akte verstehe. Die Universität möge keine Lernschule mehr sein, sondern der Erforschung der Wahrheit – im

Fig. 40
Johann Gottlieb Fichte (†1814).

Sinne der Fichteschen Wissenschaftslehre – in Freiheit dienen. Seine Rektoratsrede 1811 an der neugegründeten Universität Berlin galt dem Thema »Über die einzig mögliche Störung der akademischen Freiheit«[10] und geriet zu einem Plädoyer für die Wissenschaftsfreiheit: »*... es darf ... dem Lehrer durchaus keine Grenze der Mitteilung gesetzt werden, noch irgend ein möglicher Gegenstand ihm bezeichnet und ausgenommen, über den er nicht frei denke, und das frei Gedachte nicht mit derselben Unbegrenztheit dem dazu gehörig vorbereiteten Lehrlinge der Universität mitteile.*«

Das Wissen vom Absoluten und die Erforschung der Wahrheit waren nach Fichte Bestimmung und Aufgabe der Hochschule. Die Fichtesche »Idealuniversität« steht ganz unter dem Signum der Philosophie, aus der sich sämtliche andere Disziplinen ableiten lassen, auch wenn diese wie die Medizin, die Jurisprudenz und bedingt die Theologie »praktische Künste« waren und auch an Spezialschulen unterrichtet werden konnten. An der »wissenschaftlichen Kunstschule« Universität befinden sich seiner Ansicht nach »Meister« und »Lehrlinge« in einem sokratischen Dialog. Dieser solle nicht allein die Philosophie umfassen, sondern auch die neuhumanistisch ausgerichtete Philologie. »*Nächste der Philosophie macht die Philologie, als das allgemeine Kunstmittel aller Verständigung, mit Recht den meisten Anspruch auf Universalität.*«

Friedrich Schleiermacher

Drei Jahre zuvor – 1808 – hatte der in Berlin lehrende Theologe und Philosoph Friedrich Schleiermacher (1768–1834) seine »Gelegentlichen Gedanken über Universitäten im deutschen Sinne«[11] publiziert, in denen er wie Fichte die Hochschulen vor allem als Forschungsinstitutionen charakterisierte. Auch bei ihm nahm die Philosophie, die reine, nicht dem puren Nutzen dienende Wissenschaft eine vorrangige Position ein. Für Schleiermacher war und blieb die Universität »Staatsanstalt«, deren überkommene Strukturen keiner Abschaffung, sondern nur einer Revision bedürften. Insbesondere sollten ihr als »wissenschaftlicher Verein« größtmögliche Freiräume zugesichert werden. Er plädierte für freie Rektorwahl, Selbstergänzungsrecht der Fakultäten (Dreierliste) und für Lehr- und Lernfreiheit. »*Der Staat kann sich dabei keine Leitung anmaßen, sondern nur Mitwissenschaft fordern.*« Eine politische »Umarmung« käme für ihn einem Sündenfall gegenüber den Universitäten gleich.

Fig. 41
Friedrich Schleiermacher (†1834).

Schleiermacher verglich die Hochschule mit einer Zunft: »*Die Schule (ist) das Zusammensein der Meister mit den Lehrburschen, die Universitäten mit den Gesellen und die Akademie (die) Versammlung der Meister unter sich.*« Die Erhaltung der Voll-Universität in ihrer traditionellen Form müsse ein Uranliegen des Staates sein, »*und wenn sie (die Regierungen) gar wünschen der Form der Universität ganz überhoben zu sein, und an die allgemeinen gelehrten Schulen gleich die Spezialschulen für die verschiedenen Fächer des Staatswesens anknüpfen zu können: so ist dies ein trauriges Zeichen davon, daß man den Wert der höchsten Bildung für den Staat verkennt und daß man den bloßen Mechanismus dem Leben vorzieht. Ja, wo der Staat die Universitäten, den Mittelpunkt, die Pflanzschule aller Erkenntnis zerstörte, und alle dann nur noch gleichsam wissenschaftlichen Bestrebungen zu vereinzeln und aus ihrem lebendigen Zusammenhang herauszureißen suchte: da darf man nicht zweifeln, die Absicht oder wenigstens die unbewußte Wirkung eines solchen Verfahrens ist Unterdrückung der höchsten freiesten Bildung und allen wissenschaftlichen Geistes, und die unfehlbare Folge das Überhandnehmen eines handwerksmäßigen Wesens und einer kläglichen Beschränktheit in allen Fächern.*« Die Spezialschulpläne bezeichnete Schleiermacher als Auswüchse eines *undeutschen Geistes*, und wo diese doch verwirklicht würden, prognostizierte er den Rückgang der Wissenschaft und das Einschlafen des Geistes.

Dem Abgesang auf das französische Universitätssystem und der daraus resultierenden Hymne auf die deutsche »Reformuniversität« fügte der Philosoph weitere Empfehlungen an, die sich vor allem auf überlegtere Rekrutierung (Habilitation) von Hochschullehrern bezogen, auf die Beibehaltung des Kathedervortrages, allerdings in verbesserter, »dialektisch-dialoghafter« Form sowie auf die Errichtung von Seminaren. In ihnen solle der Student selbst produzierend auftreten, eigene Erkenntnisse erarbeiten, und zwar in der *Temperatur einer völligen Freiheit des Geistes*. Auch hier spielt wie bei Kant und Fichte die Philosophie die entscheidende Rolle: »*Der wissenschaftliche Geist, der durch den philosophischen Unterricht geweckt ist ... muß seiner Natur nach und gleich seine Kräfte versuchen und üben, indem er von dem Mittelpunkt aus sich tiefer in das einzelne hineinbegibt, um zu forschen, zu verbinden, eignes hervorzubringen und durch dessen Richtigkeit die erlangte Einsicht in die Natur und den Zusammenhang alles Wissens zu bewähren. Dies ist der Sinn der wissenschaftlichen Seminarien und der praktischen Anstalten auf der Universität, welche alle durchaus akademischer Natur sind.«*

Henrik Steffen

Aus der Sicht des deutschen Idealismus argumentierte auch der dänische, später in Breslau und Berlin dozierende Naturphilosoph Henrik Steffen (1773–1845): *»Was ... die Universität von allen anderen Unterrichtsanstalten unterscheidet, ist dieses, daß alles Bestreben auf das innere Wesen der Wissenschaft, auf die innere Organisation allen Wissens, also auf das Höchste der Spekulation gerichtet sei. Von diesem Mittelpunkt des Ganzen breitet sich das Licht erst über die einzelnen Teile aus...«* Diese Universität muß weitgehend vom Staat unabhängig sein. *»Er (der Staat) hat ein Dasein einzurichten, zu organisieren, zu erhalten, nicht ein erträumtes zu realisieren. Was dem Staate nicht untergeordnet ist, ist ihm fremd, und kann wohl von ihm geduldet und anerkannt, keineswegs aber als sein eigenes Produkt angesehen werden... Was der Staat einrichtet, muß er kontrollieren können. Eine Kontrolle der Geister aber wäre der Tode aller Wissenschaften...«*[12]

Wilhelm von Humboldt

Fig. 42
Wilhelm von Humboldt (†1835).

Die idealistischen und utopischen Pläne in die Realität umgesetzt zu haben, ist das große Verdienst des preußischen Staatsmannes Wilhelm von Humboldt (1767–1835). Auch er grenzte sich radikal von der Spezialschulenidee ab und wurde zum Treuhänder der »klassischen Universitätsidee«. Obwohl er an der traditionellen Universitätsstruktur kaum rührte, waren seine Neuerungen nachgerade revolutionär. Er war es, der den Vorrang von Wissenschaft und Forschung vor der Lehre herstellte und diesen Leitgedanken *»Allein der Hauptgesichtspunkt bleibt die Wissenschaft«* mit dem Postulat der Wissenschaftsfreiheit verband: *»So sind (in Wissenschaft und Universität) Einsamkeit und Freiheit die in ihrem Kreise vorwaltenden Prinzipien.«* Damit wird der eigentliche und fundamentale Unterschied zur Universität der früheren Jahrhunderte angesprochen, die »Lernuniversität« als überholt abgetan.

Humboldt legte seine Gedanken und Prinzipien in seiner berühmten Programmschrift »Über die innere und äußere Organisation der höheren wissenschaftlichen Anstalten in Berlin« (1809/10)[13] nieder, in der sich Kernsätze finden wie folgende: *»Der Begriff der höheren wissenschaftlichen Anstalten, als des Gipfels, in dem alles, was unmittelbar für die moralische Kultur der Nation geschieht, zusammenkommt, beruht darauf, daß dieselben bestimmt sind, die Wissenschaft im tiefsten und weitesten Sinne des Wortes zu bearbeiten, und als einen nicht absichtlich, aber von selbst zweckmäßig vorbereiteten Stoff der geistigen und sittlichen Bildung zu seiner Bedeutung hinzugeben. Ihr Wesen besteht daher darin, innerlich die objektive Wissenschaft mit der subjektiven Bildung, äußerlich den vollendeten Schulunterricht mit dem beginnenden Studium unter eigener Leitung zu verknüpfen, oder vielmehr den Übergang von dem einen zum andern zu bewirken... Da diese Anstalten ihren Zweck indes nur erreichen können, wenn jede, soviel als immer möglich, der reinen Idee der Wissenschaft gegenübersteht, so sind Einsamkeit und Freiheit die in ihrem Kreise vorwaltenden Prinzipien... Es ist ferner eine Eigentümlichkeit der höheren wissenschaftlichen Anstalten, daß sie die Wissenschaft immer als ein noch nicht ganz aufgelöstes Problem behandeln und daher immer im Forschen bleiben... Was man daher höhere wissenschaftliche Anstalten nennt, ist, von aller Form im Staate losgemacht, die äußere Muße oder inneres Streben zur Wissenschaft und Forschung... Der Staat muß seine Universitäten weder als Gymnasien noch als Spezialschulen behandeln ... und von ihnen nichts fordern, was sich unmittelbar und geradezu auf ihn bezieht, sondern die innere Überzeugung hegen, daß, wenn sie ihren Endzweck erreichen, sie auch seine Zwecke und zwar von einem viel höheren Gesichtspunkte aus erfüllen...«*

Einsamkeit und Freiheit

Humboldt strebte an der Universität eine lebendige Konkurrenz der Professoren an, deren Auswahl und Ernennung er allerdings dem Staate vorbehalten wollte. Die *»forschende Lehre und die lehrende Forschung«* sollten diesen neuen Universitätstypus ausmachen, die Einheit von Forschung und Lehre mußte sich im qualifizierten Fachprofessor personalisieren, wohingegen der »Universalgelehrte« alten Schlages als den Erfordernissen der Zeit nicht mehr gewachsen angesehen wurde. Die moderne – »klassische« – deutsche Universität, wie sie sich in der ersten Jahrhunderthälfte aus dem Programm Humboldts und der übrigen Reformer entwickelte, war eine »Forschungswerkstatt« mit didaktischem »Seminarbetrieb«, ein Kompromiß zwischen neuhumanistisch geprägter Bildungsinstitution zur Entfaltung des Individuums und spezifischem Fach- und Berufsstudiumsbetrieb. Dieser Kompromiß blieb bis zur Jahrhundertmitte bestehen, unterschiedlich intensiv genutzt in Preußen und Bayern, z. B. was das Pflichtstudium von Philosophie und Philologie anbetraf.[14]

KLASSISCHE UNIVERSITÄT: BERLIN

»Der Staat muß durch geistige Kräfte ersetzen, was er an physischen verloren hat.« Dieser Ausspruch des preußischen Königs nach der verlustreichen Schlacht bei Jena (1806), deren Resultat auch die Schließung der Universität Halle war, machte deutlich, daß man in Berlin[15] willens war, mittels reformerischer Bildungs- und Hochschulpolitik die Misere zu meistern. Zwar kursierten schon zu Beginn des Jahrhunderts (v. Massow) am französischen System orientierte Planungen, auch versuchte man 1807 die hallische Anstalt nach Berlin zu transferieren, doch alle Pläne zerschlugen sich, so daß König Friedrich Wilhelm III. 1807 einer Neugründung in der Hauptstadt durch Kabinettsordre zustimmte. Neben Minister Beyme, der auf das Vorbild Göttingen verwies, waren vor allem Fichte und Schleiermacher vehemente und wortgewaltige Befürworter dieses Projektes.

In Berlin existierten neben einem florierenden Gymnasialwesen zum einen die 1700 gegründete Akademie der Wissenschaften, zum anderen eine seit 1770 bestehende Bergakademie sowie seit 1710 die Charité (Krankenanstalten), so daß – nachdem Preußen vor dem machtpolitischen Ruin stand und nur mehr Frankfurt/Oder und Königsberg leidlich funktionierende Hochschulen besaßen – Handlungsbedarf bestand. Der Militärstaat Preußen besann sich auf seine Fähigkeiten als Kulturstaat und setzte durch seine tatkräftige Reformbürokratie (vom Stein, Hardenberg) der politischen Ohnmacht eine bildungspolitische Option entgegen. Humboldt brachte 1809 bei seinen Anträgen an den König diesen Bildungsoptimismus und die beanspruchte Leitfunktion Preußens für Deutschland zum Ausdruck, indem er betonte, *»daß das Vertrauen, welches ganz Deutschland ehemals zu dem Einflusse Preußens auf wahre Aufklärung und höhere Geistesbildung hegte, durch die letzten unglücklichen Ereignisse (keineswegs) gesunken sey, so ist es vielmehr gestiegen«*. Preußen habe die mittelbare Aufgabe, durch die neue Universität Berlin die geistige und sittliche Bildung wieder auf ein hohes Niveau zu führen, die deutsche Sprache und Literatur zu schützen und dem preußischen Staate von daher fortwährende Achtung zu erhalten.

National-Universität

Berlin sollte nach dem Willen und den Vorstellungen der Reformer keine Landesuniversität, sondern eine »National-Universität« werden, an der das Programm der »Bildung durch Wissenschaft« im »idealen Bund freier Geister« verwirklicht werden könne. Forschung und Lehre sollten hier in »Einsamkeit und Freiheit« ihr Domizil finden und auf Deutschland ausstrahlen. Im nationalen Pathos der Zeit beschwor Schleiermacher diese Universität, zu beweisen, *»daß Preußen den Beruf den es lange geübt hat, auf die höhere Geistesbildung vorzüglich zu wirken und in dieser seine Macht zu suchen, nicht aufgeben, sondern vielmehr von vorn anfangen will, daß Preußen, was wohl ebensoviel wert ist, sich nicht isolieren will, sondern auch in dieser Hinsicht dem gesamten natürlichen Deutschland in lebendiger Verbindung zu bleiben wünscht.«*

Für die Ankurbelung und Gründung der Berliner Universität standen Wilhelm von Humboldt nur etwa 15 Monate zur Verfügung, da er die für ihn eigens geschaffene Sektion »Kultur und öffentlicher Unterricht« im Innenministerium nur von Februar 1809 bis Juni 1810 leitete. Vom 16. August 1809 datiert die königliche Kabinettsordre aus Königsberg, in der es heißt, *»wegen Einrichtung einer allgemeinen und höhern Lehranstalt in Berlin, finde Ich für höhere Geistesbildung im Staat und auch über die Grenzen desselben hinaus, für die Erhaltung und Gewinnung der ersten Männer jeden Fachs und für die Verbindung der in Berlin vorhandenen Akademien, wissenschaftlichen Instituten und Sammlungen zu Einem organischen Ganzen so wichtig, daß ich die Errichtung einer solchen allgemeinen Lehranstalt mit dem alten hergebrachten Namen einer Universität, und mit dem Rechte zur Ertheilung akademischer Würden nicht verschieben will.«* Friedrich Wilhelm III. wies der Universität als Gebäude das Palais des Prinzen Heinrich zu und versprach einen jährlichen Etat von 150000 Talern. Obwohl die Finanzierung keineswegs gesichert war, wurde die neue Universität im Oktober 1810 eröffnet, nachdem bereits zuvor einige Vorlesungen stattgefunden hatten.

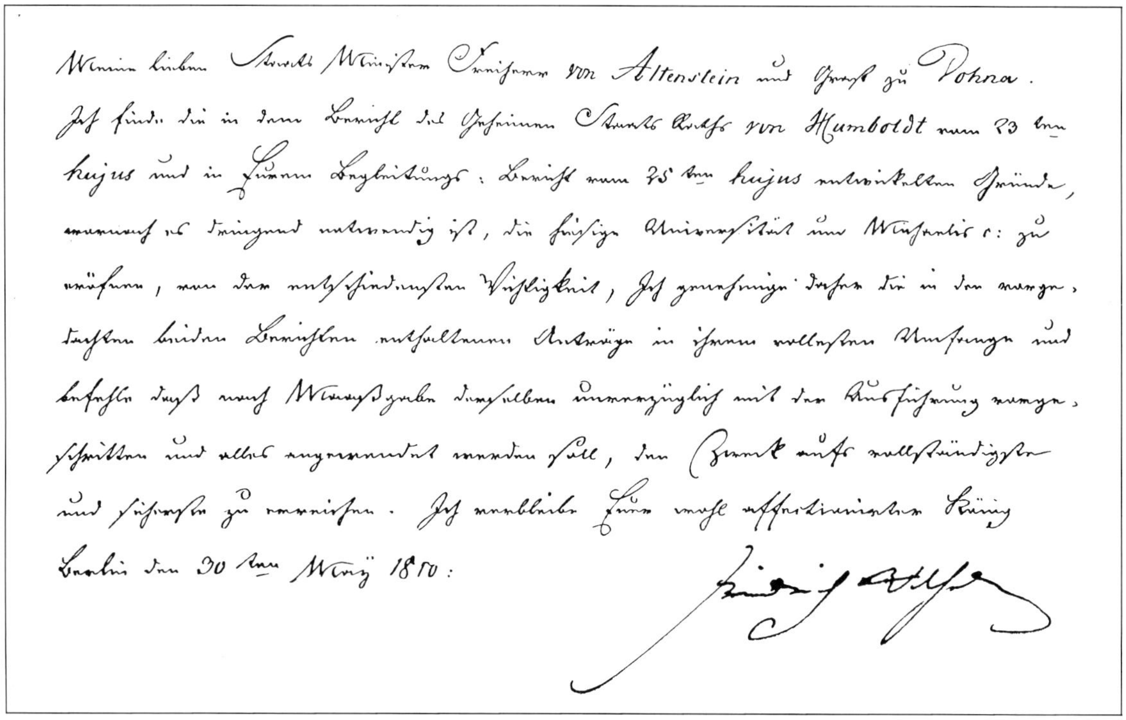

Meinen lieben Staats Ministern Freiherrn von Altenstein und Graf zu Dohna.
Ich finde die in dem Bericht des Geheimen Staats Raths von Humboldt vom 23ten hujus und in seinem Begleitungs Bericht vom 25ten hujus entwickelten Gründe, warum es dringend notwendig ist, die hiesige Universität im Michaelis c: zu eröffnen, von der entscheidensten Wichtigkeit, Ich genehmige daher die in den vorgedachten beiden Berichten enthaltenen Anträge in ihrem vollesten Umfange und befehle daß nach Maaßgabe derselben unverzüglich mit der Ausführung vorgeschritten und alles angewendet werden soll, den Zweck aufs vollständigste und sicherste zu erreichen. Ich verbleibe Ihnen wohl affectionirter König
Berlin den 30ten May 1810:
Friedrich Wilhelm

Fig. 43 Urkunde König Friedrich Wilhelms III. (†1840) zur Eröffnung der Universität Berlin 1810.

Bezeichnenderweise erfolgte die Universitätseröffnung ohne jeden größeren Festakt. Obwohl wegen der politischen Krisensituation nur wenige der von Humboldt ins Auge gefaßten Gelehrten berufen werden konnten, war das erste Professorenkollegium von stattlicher Qualität, gehörten ihm doch u. a. die prominenten Fachvertreter für Theologie Schleiermacher, für Philosophie Fichte, für Medizin Hufeland, für Jurisprudenz Savigny und für Philologie Boeckh an. Nicht zuletzt die vergleichbar hohen Saläre von 1200 bis 1500 Taler machten die Neugründung so attraktiv. 1816 erst erhielt die Universität ihre Statuten, jene für die Fakultäten folgten dann 1838. Die allgemeinen Universitätsstatuten brachten klar und deutlich die traditionelle Struktur zum Ausdruck, so u. a. das universitäre Recht der Rektorwahl, Siegelfähigkeit und das Promotionsrecht, ferner die akademische Gerichtsbarkeit. Auch wurde ein wesentliches Postulat der Mehrzahl der Reformer nicht erfüllt: das der Selbstergänzung der Professorenschaft. Das Berufungsrecht blieb eine Domäne des Ministeriums; erst sukzessive und nach längeren Konflikten konnte die Universität hier ein Mitbestimmungsrecht erkämpfen. Schon früh erhielt die Universität medizinische Institute, ein Poliklinikum wie auch Seminare der Theologie und Philologie; letztere dienten u. a. der praktischen Theologen- und Lehrerausbildung, der Forschung und dem wissenschaftlichen Arbeiten. Der Hochschule waren anfänglich nur wenige ruhige Jahre und ein steter Frequenzaufschwung geschenkt, zu sehr war die Hauptstadt in die politischen Wirren verstrickt, zu offensichtlich griff die Reaktion in den Freiraum der Universität ein. Zu Beginn der 30er Jahre lag die Schöpfung Humboldts aber bereits an 2. Stelle (hinter München, vor Halle und Leipzig) in der Frequenzskala der deutschen Universitäten. Nicht zuletzt war dieser Zustrom an Studenten dem Renommee der neuberufenen Kapazitäten zu verdanken, unter ihnen der Philosoph Hegel, der Philologe Lachmann und der Historiker Ranke. Später kamen die Mediziner Virchow und Müller, der Historiker Raumer und der Jurist Ihering hinzu.

Friedrich-Wilhelms-Universität

An der seit dem Jahre 1828 den Namen »Friedrich-Wilhelms-Universität« tragenden Anstalt gingen die Revolutionen der Jahre 1830 und 1848 weitgehend spurlos vorüber. Die Berliner Hochschule repräsentierte auf ihre Weise ihren kulturellen Bildungsauftrag der Charakterbildung durch Beschäftigung mit und in der Wissenschaft. Konflikte blieben der Universität jedoch auch weiterhin nicht erspart, zumal in den Bereichen nicht, die die Mitwirkung der Nichtordinarien und Privatdozenten an der Hochschulselbstverwaltung betrafen. Die Alma mater in der preußischen Hauptstadt blieb vorerst ein Bollwerk des Ordinariensenates und – von kürzeren liberalen Phasen abgesehen – ein Exerzierfeld der konservativen Hochschulpolitik.

BAYERISCHER »SONDERWEG«

Nach der Translokation der Landesuniversität von Ingolstadt nach Landshut – 1802 erhielt sie die Bezeichnung »Ludovico-Maximilianea« – führte die bayerische Universitätsreform, die sich anfänglich stark am französischen Vorbild orientierte, zum Zerbrechen der alten Strukturen und Privilegien.[16] 1803/04 wurde die Fakultätsgliederung zugunsten einer Klasseneinteilung aufgehoben, die akademische Gerichtsbarkeit sukzessive abgeschafft, das Kanzleramt des Eichstätter Bischofs sowie die Eidleistung auf das Tridentinum aufgehoben, ferner wurden die Siegel durch Staatsstempel und die Professorentalare durch Staatsdieneruniformen ersetzt. Das Promotionsrecht wie auch die Vermögensverwaltung unterlagen fortan staatlicher Kontrolle, kurzum: die Universität verlor weitgehend ihren korporativen Sonderstatus. Sie wurde dem modernen bayerischen Verwaltungsstaat, wie er unter der Ägide Montgelas' entstand, kompromißlos eingegliedert, die Universitätsangehörigen fanden sich als normale Staatsbürger wieder.

Die Auflösung der Universitäten (Landshut/Würzburg/Erlangen) zugunsten von Spezialschulen, wie sie verschiedentlich diskutiert wurde, erfolgte trotz sonstiger Bereinigung der bayerischen Hochschullandschaft nicht.

Ludwig-Maximilians-Universität München

Die Reformkrise der bayerischen Universitäten endete mit dem Regierungsantritt König Ludwigs I., der die traditionellen Formen wieder herstellte und seinen Reformwillen u. a. darin zum Ausdruck brachte, daß er die alte Landesuniversität 1826 in die Hauptstadt München verlegte und die Fakultätengliederung restituierte. Bei der »Neugründung« in München standen die Berliner Universität und diejenige Göttingens, an der der König selbst studiert hatte, unzweifelhaft Pate.

Während im protestantischen Deutschland zu jener Zeit im Prinzip generell Lernfreiheit eingeführt wurde, war der »Sonderweg«, den Bayern auch unter Ludwig I. fortsetzte, dadurch gekennzeichnet, daß hier wie im weiteren katholischen Deutschland bis zur Mitte des 19. Jahrhunderts am obligatorischen ein- bis zweijährigen Studium an der Philosophischen Fakultät festgehalten wurde, und die propädeutischen »Allgemeinen Wissenschaften« den »Brotwissenschaften« an den höheren Fakultäten vorgeschaltet blieben. Hinzu kamen eine straffere Disziplin als andernorts und eine Vielzahl an Semestralprüfungen. Der Aufwertung der Philosophischen Fakultät über deren bloße Funktion als Propädeutikum hinaus, wie sie Thiersch und Schelling mit Verve betrieben und zeitweilig durchaus erfolgreich in einer »Freistudienordnung« (1827) verankerten, folgte doch eine erneute Restauration des »biennium philosophicum«.

Lyzeen

Im Einklang mit der lyzealen Studienordnung, die 1833 in der »Magna Charta« der bayerischen Lyzeen festgeschrieben wurde und vornehmlich den Bildungsinteressen der katholischen Kirche entgegenkam (die eine verstärkte Förderung der christlich-positiven Gesinnung forderte), mußten die Allgemeinen Wissenschaften (u. a. Philosophie, Geschichte, Philologie, Naturwissenschaften) erneut in das obligatorische Studienprogramm aufgenommen werden. Didaktisches Hauptmotiv war, dem »protestantischen Prinzip der Verstandesbildung« das »katholische Prinzip der Herzensbildung« entgegenzusetzen und den jungen Akademiker in seiner »Ganzheit« zu bilden.

Erst in den Revolutionsjahren 1848/49 endete dieser »bayerische Sonderweg« mit der endgültigen Abschaffung des obligatorischen Philosophiestudiums an den Universitäten; die betont eigenständige bayerische Hochschulpolitik mündete in gesamtdeutsche Bahnen. Äußerlich kam dieser Wandlungsprozeß darin zum Ausdruck, daß die Ludovico-Maximilianea 1840 aus dem alten Akademiegebäude, dem ehemaligen Jesuitenkolleg, auszog und sich als »Vorstadt-Universität« mit klassizistischem Gebäudetrakt vor den Toren der Stadt konstituierte. Die Universität des »Isar-Athen« sollte der Berliner Hochschule in bezug auf Qualität und Quantität Paroli bieten können; König Maximilian II. (1848 bis 1864) berief aus diesem Grunde angesehene Gelehrte, »Nordlichter«, wie sie von der heimischen Intelligenz voller Mißtrauen und Unbehagen bezeichnet wurden (u. a. Schelling, Baader, Thiersch, Görres, Döllinger, Maurer), nach München, dessen Universität bald zur frequenzstärksten in Deutschland wurde.

X. Vormärz und Vorabend des Kaiserreiches

Die Auswirkungen der Französischen Revolution sowie diejenigen der napoleonischen Fremdherrschaft führten auch an den deutschen Universitäten zur Propagierung der Ideen von Freiheit und nationaler Identität, ja die Hochschulen wurden zu regelrechten Zentren der »nationalen Idee«.[1] Mit der Integration der Universitäten in den »Verfassungsstaat« des frühen 19. Jahrhunderts, mit der weitgehenden Abschaffung der akademischen Privilegien und der Gleichstellung der Akademiker mit den übrigen Staatsbürgern verloren jene nicht nur ihre Distanz zum politischen Geschehen, sondern wurden auch von den damals virulenten geistigen Strömungen des Idealismus, des Konstitutionalismus und des Liberalismus nachhaltig berührt. Vor allem Fichtes »Reden an die deutsche Nation« (1808), dann aber auch die Dichtungen Arndts, Körners und Kleists fanden in der Studenten- und Professorenschaft große Resonanz und führten zu emotionalem wie realem Engagement, das sich vornehmlich im nationalen Widerstand gegen die Heere Napoleons in den Freiheitskriegen (1813/14) manifestierte, als sich ein großer Teil der Studierenden den Frei- und Jägercorps anschloß. Allerdings hatte es auch schon früher in Studentenkreisen geheime Gesellschaften (Leipzig, Jena) gegen die französische Okkupation gegeben, verschiedentlich war es auch zu antinapoleonischen Demonstrationen gekommen. Ein Student – von der Salha – hatte sich in Paris sogar zu einem Attentat auf den Kaiser hinreißen lassen, war aber entlarvt und hingerichtet worden.

Fig. 44 Einsegnung des Lützowschen Freicorps, der »Schwarzen Schar«, in der Dorfkirche zu Rogau 1813. Holzstich um 1860.

Nach dem Aufruf des preußischen Königs »An mein Volk« eilten die Studenten in Scharen zu den Fahnen. Sie verzichteten auf die Bildung eigener Kampfverbände, aber sie schlossen sich, z. T. in ganzen Landsmannschaften, dem Heer an. Das berühmteste Freicorps war dasjenige des Majors von Lützow, welches zeitweise 2800 Mann umfaßte und einen großen Anteil an Studenten besaß. Lützows »Schwarze Schar« wurde von den Franzosen nahezu vollständig aufgerieben, doch blieb ihr Ruf nicht nur durch das Lied Theodor Körners (»Lützows wilde Jagd«) im deutschen Freiheitskampf legendär. Ihr gehörten neben Körner u. a. auch der spätere »Turnvater« Jahn an. Die Farben des Lützowschen Corps – schwarze Kleidung, rote Beschläge und goldene Knöpfe, die auch die alten Reichsfarben waren – sollen dann Urmuster der »deutschen Trikolore« geworden sein.

Lützowsches Freicorps

URBURSCHENSCHAFT

Unter dem Motto »Ehre, Freiheit, Vaterland« kam es noch während der Befreiungskriege zur Gründung deutsch-nationaler studentischer Gruppierungen[2], die sich nicht selten den Namen »Teutonia« gaben, eine Huldigung an Arndts »Teutonismus«. Der entscheidende Impuls zu einer weitgespannteren Organisationsform ging schließlich von Jena aus. Hier schlossen sich im Jahre 1815 die

Landsmannschaften, unter Auflösung ihrer jeweiligen Eigenständigkeit, zur »Jenaer Burschenschaft« zusammen. Unter den Begründern dieser Urburschenschaft befanden sich mehrere ehemalige Mitglieder des Lützowschen Freicorps, so daß man mit einigem Recht die Freicorps als Ursprung der Burschenschaftsbewegung bezeichnen kann. Vorreiter dieser Assoziation im landsmannschaftlich bunt gemischten Universitätsstädtchen war die Landsmannschaft »Vandalia«.

Die Urburschenschaft übernahm von den ehemaligen Landsmannschaften zwar den Komment sowie das Mensurwesen, auch diverse Ämter und Gremien, doch unterschied sie von ihren Wegbereitern der vaterländische Anspruch, das »nationale Prinzip«. In ihrem ersten Verfassungsdokument steht zu lesen, man habe sich verbunden, *»erhoben von dem Gedanken an ein gemeinsames Vaterland, durchdrungen von der heiligen Pflicht, die jedem Deutschen obliegt, auf Belebung deutscher Art und deutschen Sinnes hinzuwirken, hierdurch deutsche Kraft und deutsche Zucht zu erwecken, mithin die vorige Ehre und Herrlichkeit unseres Volkes wieder fest zu gründen und so es für immer gegen die schrecklichste aller Gefahren, gegen fremde Unterjochung und Despotenzwang zu schützen«.*[3]

Ähnliches hat auch Ernst Moritz Arndt in seiner christlich-romantischen Schrift »Über den deutschen Studentenstaat« 1815 formuliert.

WARTBURG-FEST

Die burschenschaftliche Bewegung griff alsbald von Jena auf andere Universitätsorte (Heidelberg, Gießen) über. Die Jenaer Burschenschaft tat sich aber weiterhin durch besonderen Aktivismus hervor. Sie war es auch, die einen der ersten Höhepunkte nationalfreiheitlicher Euphorie dazu benutzte, ein Erinnerungsfest an die Reformation und an die Leipziger Völkerschlacht auf der Wartburg[4] zu organisieren. Zu dem am 18. Oktober 1817 ausgerichteten Fest kamen an die 500 Studenten, vorwiegend von den Hochschulen Jena, Göttingen, Kiel, Berlin, Leipzig, Halle, Gießen, Heidelberg und Erlangen. Katholische und österreichische Universitäten waren zum Zug auf die »Lutherburg« nicht eingeladen worden. Man feierte im »altdeutschen Rock« im Minnesängersaal das »Wiedergeburtsfest des freien Gedankens und das Errettungsfest des Vaterlandes aus schmählichem Sklavenjoch«. Fahnenweihe, flammende Reden und Gesang bestimmten den Ablauf.

Gegen Ende des Festes verbrannten einige Teilnehmer, unter Anführung des Berliner Studenten Maßmann (des späteren berühmten Germanisten), in Anlehnung an Luthers Verbrennung der Bannandrohungsbulle, Schriften von Haller, Immermann und Kotzebue, die ihnen als restaurativ erschienen, ferner auch den Code Napoléon, einen Korporalstock, eine Schnürbrust und einen Haarzopf als Symbole von Militär und Absolutismus.

Die nachhaltige Wirkung des Wartburgfestes – hervorgerufen durch Presseberichte und Denunziationen – veranlaßte die Regierungen zu energischem Vorgehen gegen die (geheimen) Burschenschaften, ohne daß die Bewegung dadurch freilich noch zu stoppen gewesen wäre. Ein Jahr nach dem Fest – das als Markstein in der Geschichte der deutschen Einheitsbewegung anzusehen ist – traf sich, da die Regierung in Weimar eine Wiederholung nicht gestattete, in Jena ein erster allgemeiner deutscher Burschentag (10.-18. Oktober 1818), auf dem die »Allgemeine deutsche Burschenschaft«, ein Bund sämtlicher Ortsburschenschaften, gegründet wurde. Diese Föderation sollte Symbol sein für die »Gleichheit und Freiheit« des deutschen Volkes.

Zu einiger Berühmtheit brachte es das Lied eines Kieler Studenten:

»Stoßt an! Schwarz-Rot-Gold lebe! Hurra hoch!
Die Philister sind uns gewogen meist,
Sie ahnen im Burschen, was Freiheit heißt.
Frei ist der Bursch, frei der Bursch!«[5]

Schwarz – Rot – Gold

Erkennungszeichen der Urburschenschaft war die schwarz-rot-goldene Trikolore; sie symbolisierte fortan den nationalen Freiheits- und Einheitsgedanken, der religiös, germanisch und antijüdisch geprägt war. Nur wenige Katholiken waren beteiligt. Die Burschenschaft war sozial offen, sie schaffte das landsmannschaftliche Prinzip ab, sie war geprägt von Teutonismus und asketischem Purismus, pflegte aber ein intensives Kneip-Wesen. Vorsteher wie auch Gremien und Ausschüsse wurden demokratisch gewählt. In Absetzung zum Sprachgebrauch früherer Zeiten wurde das brüderliche »Du« verbindlich.

Die Ideen der Urburschenschaft konnten nicht lange öffentlich vertreten werden. Das Fanal, das die staatliche Reaktion unverzüglich in Gang setzte, war die Ermordung des Schriftstellers August von Kotzebue am 9. März 1819, eines vermeintlichen russischen Spions, durch den Jenaer Theologiestudenten Karl Ludwig Sand. Dieser, auch

Teilnehmer am Wartburgfest, wurde – nach einem Selbstmordversuch – 1820 mit dem Schwert hingerichtet. Der politische Meuchelmord provozierte einerseits einen »Sand-Kult«, andererseits verstärkte staatliche Maßnahmen gegen die Burschenschaft. Vor allem der österreichische Staatsmann Fürst Metternich (1773–1859), der in den studentischen

Fig. 45
Feierliches Gelöbnis der Studenten auf dem Wartburgfest 1817.

»Umtrieben« revolutionären Jakobinismus witterte, aber auch die Regierung Preußens, gingen gegen die studentische Bewegung allgemein, gegen die reformerischen Köpfe aber im besonderen (Arndt, Görres, Schleiermacher, Jahn) hart vor.
Jena wurde den Landeskindern als Studienort verboten, die Turnplätze als Vororte des Aufruhrs geschlossen, das Pressewesen einer intensiven Zensur unterworfen. Höhepunkt der restriktiven Maßnahmen bildeten die »Karlsbader Beschlüsse«, die im August 1819 auf der dortigen Ministerkonferenz verabredet und am 20. September des gleichen Jahres vom Bundestag angenommen wurden. Sie stellten die deutschen Universitäten unter Kuratel (die Kuratoren wurden von den Regierungen ernannt), legten Zensurmaßgaben für Schriften unter 20 Druckbogen fest und setzten eine Untersuchungskommission gegen »demagogische Umtriebe« ein. Die Burschenschaften und andere »geheime und nicht autorisierte Verbindungen auf (den) Universitäten« wurden prinzipiell verboten; wer weiterhin einer solchen Vereinigung zugehören wollte, sollte mit einem Berufsverbot für öffentliche Ämter belegt werden. Dies bedeutete das offizielle Ende der »Urburschenschaft« per Dekret.

Karlsbader Beschlüsse

Trotz dieses Verbotes als »demagogische Vereinigungen« bestanden die Burschenschaften weiter, sie hielten diverse Burschentage ab und konnten 1827 auf dem Bamberger Burschentag gar die Wiederbegründung der »Allgemeinen deutschen Burschenschaft« vornehmen. Allerdings war offene politische Betätigung so gefährlich geworden, daß einzelne, so der Gießener Rechtsstudent Karl Follen (1795–1840), Dichter und radikaler Führer der Gießener »Unbedingten«, sich durch Flucht ins Ausland einer Verfolgung entzogen. Follen emigrierte 1819 in die USA, wurde dort Germanistikprofessor und gründete die erste amerikanische Turnerschaft. Berühmt wurde sein optimistisches Lied »Brause, du Freiheitssang« mit der wirkmächtigen Strophe (siehe Marginalie):

»Freiheit, in uns erwacht
ist deine Geistermacht;
Heil dieser Stund'!
Glühend für Wissenschaft,
blühend in Jugendkraft,
sei Deutschlands Jüngerschaft,
ein Bruderbund!«[6]

Es gab allerdings auch andere Lieder – wie dasjenige von August Binzer –, die die Lage der Urburschenschaft weniger optimistisch sahen (siehe Marginalie):

»Das Band ist zerschnitten,
war schwarz, rot und gold,
Und Gott hat es gelitten,
Wer weiß, was er gewollt.

Das Haus mag zerfallen –
Was hat's denn für Not?
Der Geist lebt in uns allen
und unsere Burg ist Gott.«[7]

Die Burschenschaften entwickelten sich in den folgenden Jahren in zwei Richtungen, deren eine, die »Germanen«, sich als Aktivisten der nationalen Einigung hervortaten, und deren andere, die »Arminen«, mehr das burschenschaftliche Lebensbundprinzip betonten. Burschenschaften aus beiden Lagern wandelten sich, als die verschärfte »Demagogenverfolgung« der dreißiger Jahre überstanden war, vielfach in politisch radikalere und das studentische Leben einer Reform zuführende »Progreß-Verbindungen« um, denen auch Nichtkorporierte (sogenannte »Finken«) angehören konnten. Diese »Progreß-Bewegung«, die auch das Kneip-Wesen den Bürgern öffnen und das Duell abschaffen wollte, wäre vermutlich der Tod des Verbindungswesens gewesen, hätte sie länger als jenes Jahrzehnt gedauert, in dem der studentische »Progreß« tatsächlich anhielt.
Die Maßnahmen, die Deutscher Bund und Einzelstaaten aufgrund der »Karlsbader Beschlüsse« zur Eindämmung der starken Politisierung der Universitäten ergriffen hatten, waren in den dreißiger Jahren erheblich verstärkt worden. Die Juli-Revolution 1830, das Hambacher Fest 1832, auf dem insbesondere Studenten die Volkssouveränität und die deutsche Einigung forderten, sowie der

Frankfurter Wachensturm von 1833, ein versuchter Schlag gegen den Bundestag, bei dem radikale Burschenschafter und Corpsstudenten die Hauptwache stürmten, die »Meuterei« aber dann durch das Militär niedergeschlagen wurde, hatten eine staatliche Verfolgungs- und Verhaftungswelle ausgelöst (mit Todesurteilen und langjährigen Kerkerstrafen), die als besagte »Demagogenverfolgung« negative Schlagzeilen machte. Die Wiener Konferenzbeschlüsse des Jahres 1834 taten das ihrige, Maßnahmen gegen allzu demokratisch sich gerierende Ständeversammlungen, gegen eine unbotmäßige Presse und für eine lückenlose Kontrolle der Universitäten festzuschreiben.
Während Heinrich Heine und Ludwig Börne von Paris aus gegen diese Art politischer und kultureller Reaktion agitierten, publizierte Georg Büchner (1813–1837) als Gießener Medizinstudent seine sozialistische Schrift »Hessischer Landbote«. Er wurde ebenso gemaßregelt wie Fritz Reuter (1810–1874), der spätere bekannte niederdeutsche Dichter, und Heinrich Laube (1806–1884), der wichtige Publizist des »Jungen Deutschland«, die beide ebenfalls die deutschen Mißstände an den Pranger gestellt hatten.

DIE CORPS

Während der Blütezeit der Urburschenschaft hatten die Landsmannschaften wie auch andere studentische Vereinigungen, die sich z. T. dem Duellzwang verschlossen hatten, nur mühsam überdauern können. Ein wesentlicher Teil dieser Verbindungen war in der Burschenschaft aufgegangen oder hatte in bescheidenen Umständen überlebt. Nach dem Verbot der Burschenschaft konnten nun erneut die Landsmannschaften, die sich weitaus unpolitischer gaben, reüssieren. Die seit den späten 20er Jahren des 19. Jahrhunderts üblich gewordene Bezeichnung Corps[8] (franz. = Körperschaft) galt für sie weiterhin. Sie hielten – wie auch die Burschenschaften – am Satisfaktionsprinzip, am Duellwesen, fest. Aus letzterem entwickelte sich zur Jahrhundertmitte hin die Bestimmungsmensur, d. h. das geregelte Gefecht zweier Mitglieder unterschiedlicher Corps oder Burschenschaften, wobei die »Paukanten« sich durch eine Paukbekleidung, die lediglich den Kopf frei und damit »Schmißwunden« zuließ, weitgehend schützten. Die Corps waren national ausgerichtet, ohne sich weiter landsmannschaftlich zu rekrutieren. Geselligkeit und »Ritterlichkeit« standen hoch im Kurs. Seit etwa 1840 wurden die gewöhnlich unpolitischen Corps regierungsseits geduldet und ab 1848 – wie die anderen Verbindungen auch – anerkannt.

»PROTESTATION« DER GÖTTINGER SIEBEN

Nicht nur die Studentenschaft war zur Zeit des Vormärz hoch politisiert, auch Teile der Professorenschaft beteiligten sich aktiv an der deutschen Freiheitsbewegung und Verfassungsentwicklung. Namentlich hervor taten sich die Jenenser Professoren Oken, Fries und Kiefer, die lebhaften Anteil an der Burschenschaftsbewegung nahmen, auch die Freiburger Dozenten Rotteck und Welcker, die Herausgeber des berühmten liberalen »Staatslexikons« und Mitglieder des badischen Landtages, die, da sie energisch für Konstitutionalismus und Liberalismus eintraten, beide aufgrunddessen quiesziert wurden. Symbolfiguren des professoralen Widerstandes gegen Verletzungen der erworbenen Verfassungsrechte wurden jedoch sieben Göttinger Professoren[9]: der Jurist W. Albrecht, der Physiker W. Weber, der Literaturhistoriker G. Gervinus, der Orientalist H. Ewald, die Gebrüder J. und W. Grimm sowie der Historiker Fr. Chr. Dahlmann. Dahlmann war es auch, der den Text für die Protestresolution verfaßte, mit der die »Göttinger Sieben« gegen die Aufhebung der 1833 erlassenen Verfassung des Königreichs Hannover opponierten, wie sie der englische König Ernst August, der 1837 den britischen Thron bestiegen hatte und damit auch König von Hannover geworden war, durch Patent verfügt hatte. Der Protestakt spielte sich im Jahr der Säkularfeier der Georgia Augusta 1837 ab und hatte die Amtsentlassung sowie teilweise die Landesverweisung der »Göttinger Sieben« zur Folge.
Die »strafbare Handlung« der Sieben bestand im Grunde darin, daß sie sich an den Verfassungseid gebunden fühlten und eine auf einer anderen Rechtsbasis stehende Ständeversammlung nicht anerkennen wollten. Die Regierung fühlte sich durch die Publikation des Protestes decouvriert, und auch in der Universität wurden Stimmen laut, die die Aktion der Protestierenden mißbilligten. Der Philo-

Fig. 46
Die »Göttinger Sieben«.

loge Heeren etwa sorgte sich: »Wer kann in Ruhe zusehen, wenn die Söhne die eigene Mutter töten, und das Publikum ein Freudengeschrei erhebt.« Dennoch erzeugte das demonstrative Veto enorme Solidarität für die Konstitutionalisten. Das politische Renommee der Professorenschaft wurde im öffentlichen Bewußtsein deutlich gesteigert und wirkte sich bis über das Professorenparlament der Paulskirche hinaus aus. Dahlmann, einer der Hauptakteure, erklärte retrospektiv: »Das Ereignis goß wieder frisches Lebensblut einträchtig vaterländischer Überzeugung in die Adern Deutschlands.«[10]

REVOLUTION UND PROFESSOREN-PARLAMENT

An der »Deutschen Revolution« der Jahre 1848/49 waren Professoren und Studenten aktiv beteiligt, letztere bei den Auseinandersetzungen auf der Straße, erstere im Parlament der Paulskirche.[11]
Die republikanischen und revolutionären Aktionen hatten in Wien den Sturz Metternichs zur Folge, in München die Abdankung König Ludwigs I., in Berlin, Sachsen und anderen Ländern eine liberale Regierung oder Verfassung. In der bayerischen Landeshauptstadt mußte aufgrund studentischer Proteste gegen die königliche Mätresse Lola Montez die Universität zeitweise geschlossen werden, die eigentliche Revolution wurde durch die Erhöhung des Bierpreises ausgelöst. In Jena hißten Studenten die Fahne der Französischen Revolution; Burschenschafter intonierten das »Vive la république!«. In Preußens Metropole nahmen Verbindungsstudenten an den Straßenkämpfen teil (Märzgefallene), in Göttingen, Heidelberg, Halle und Marburg kam es ebenso zu Protestaktionen gegen die Restauration und für den Konstitutionalismus.

2. Wartburgfest und »Studentenparlament«

Der studentische Tatendrang fand seinen Höhepunkt auf dem zweiten Wartburgfest zu Pfingsten 1848. Die dort erhobenen Forderungen waren sowohl politisch wie hochschulpolitisch motiviert und wurden in sieben Punkte zusammengefaßt, die als Appell an die in Frankfurt tagende Nationalversammlung gerichtet waren:

»*1. Die Universitäten sollen Nationaleigentum werden. Das Vermögen der einzelnen Universitäten soll vom Gesamtstaat eingezogen werden. Dieser bestreitet ihre Bedürfnisse. Die Oberleitung übernimmt das Unterrichtsministerium. Im einzelnen wird das Prinzip der Selbstverwaltung anerkannt.*
2. Unbedingte Lehr- und Hörfreiheit.
3. Die Universitäten sollen die ganze Wissenschaft vertreten und nach diesem Prinzip die Lehrfächer vervollständigt werden. Jede Fakultätssonderung hört auf.
4. Die einzelnen Staaten sollen den Bundesbeschluß über Aufhebung der Ausnahmegesetze seit 1819 sofort in Wirksamkeit treten lassen.
5. Absolute Aufhebung aller Exemtionen in der Gerichtsbarkeit.
6. Beteiligung der Studierenden bei der Wahl der akademischen Behörde und bei der Besetzung der Lehrstühle.
7. Zur Erlangung eines Staatsamtes soll Universitätsbesuch nicht mehr erforderlich sein.«

Von all diesen Forderungen fand nur Punkt 4 volle Verwirklichung: ab 1848 konnten sich die Studenten zu erlaubten Vereinen und Verbindungen zusammenschließen.

Das sich bald formierende »Studentenparlament« in Eisenach ging in seinen Gesuchen in vielem über die Wartburgforderungen hinaus. Es pochte auf Öffentlichkeit und Unentgeltlichkeit sämtlicher Examina, auf Aussetzung der Prüfungen während der Studienzeit, Abschaffung des Lateinischen als offizieller Universitätssprache, auf ungehinderte Benutzungsmöglichkeit von Gerätschaften in den Instituten, auf freien Hochschulzugang. Die Studentenparlamentarier erließen einen flammenden Appell: *»Brudergruß und Handschlag unsern Kommilitonen! Durch die großen Stürme politischer Begebenheiten, die das deutsche Volk aufrüttelten aus seinem dreißigjährigen Schlaf, hat auch die deutsche Studentenschaft sich erhoben, ihren mittelalterlichen Romantizismus über Bord zu werfen ... Die Revolution ist die Mutter unserer studentischen Reform.«* Trotz des Eintretens für eigene studentische Belange blieb der Leitgedanke auch hier *»ein freies einiges Deutschland«.*[12]

Professorenparlament und Wissenschaftsfreiheit

In den Jahren des Vormärz waren die Rufe nach der *»Freiheit der Wissenschaft«* nicht verstummt.[13] Nachdem die Gründungssatzung der Universität Zürich (1832) erstmals bestimmt hatte, *»an der Hochschule gilt akademische Lehr- und Lernfreyheit«*, hatten sich neben anderen der Historiker Friedrich Chr. Dahlmann (1785–1860), einer der »Göttinger Sieben«, und der liberale württembergische Abgeordnete der Frankfurter Nationalversammlung, kurzzeitige Reichsjustizminister und Staatsrechtslehrer Robert von Mohl (1799–1875), zu Wortführern dieses Begehrens gemacht, dessen Impulse mit der Gründung der Universität Berlin zwar stärker geworden waren, das in der »Metternichära« aber kaum Chancen auf Realisierung hatte. Dahlmann, der im übrigen die »Modernität« des deutschen Hochschulwesens und dessen »Freiheiten« ausschließlich als Verdienste des Protestantismus sah, plädierte in seinem Werk »Die Politik, auf den Grund und das Maß der gegebenen Zustände zurückgeführt« (3. Aufl., 1847) für besagte Lehr- und Lernfreiheit mit folgender Formulierung: *»Die Lehrfreiheit begreift ein Zwiefaches; für den Lehrer das Recht innerhalb der Gränze seines Lehrberufs zu lehren, was ihm wahr und gut dünkt; denn die wissenschaftlichen Wahrheiten sind keine Gegenstände der Gesetzgebung; für die Studirenden die Freiheit der Auswahl der Vorlesungen nach eigener und entlehnter Ansicht und nicht minder die Auswahl der Lehrer.«* Ähnlich argumentierte von Mohl in seiner »Polizei-Wissenschaft« (2. Aufl. 1844), wobei er allerdings gewisse Grenzen der Lehrfreiheit, bedingt durch staatliche, religiöse und wissenschaftliche Normen, für akzeptabel hielt, auch dem Studenten die Lernfreiheit wohl bewilligte, jedoch eine gewisse Leitung durch Eltern und Erzieher in Betracht zog.

Die diversen, in den 40er Jahren in Akademikerkreisen artikulierten Anschauungen und Spekulationen gingen in die Themenbereiche ein, mit denen die erste Deutsche Nationalversammlung sich beschäftigte – einmal, weil sie als Hauptforderungen der politischen Bewegung jener Zeit galten, dann aber wohl auch, weil Dahlmann und v. Mohl Mitglieder des Verfassungsausschusses waren. Dieser fixierte im Verfassungsentwurf unter Artikel IV § 19: *»Die Wissenschaft und ihre Lehre ist frei.«* Der Antrag wurde im Ausschuß für Schulwe-

Fig. 47, 48
Karikatur, betreffend die politische Haltung eines Dozenten während und nach der Revolution.

sen und Volkserziehung diskutiert, dann an die Nationalversammlung mit der Begründung weitergeleitet, daß *»nur bei so unbeschränkt freier Mittheilung der Wissenschaften in der Jugend jene heilige Ehrfurcht vor den Werken des Geistes erwachen kann, welche die festeste Schutzmauer gegen jegliche Roheit und die sicherste Gewähr einer freien bürgerlichen Ordnung ist«*.

Paulskirchenparlament

Die Deutsche Nationalversammlung[14], die seit dem 18. März 1848 in der Frankfurter Paulskirche tagte, gewählt nach allgemeinem und gleichen Wahlrecht, bestand aus 585 Mitgliedern. Sie war im Grunde ein Honoratiorenparlament und umfaßte insgesamt 550 Akademiker, darunter 157 Richter und Staatsanwälte. 110 Vertretern wirtschaftlicher Berufe stand kein Arbeiter und nur ein Bauer gegenüber. Da die 49 Universitätsprofessoren und Dozenten durch besondere Aktivitäten auf sich aufmerksam machten, sprach man vielfach auch von einem »Professorenparlament«. Die Nationalversammlung, die in ihrem Versuch scheiterte, ein deutsches Kaisertum zu etablieren (Friedrich Wilhelm IV. von Preußen lehnte die Wahl ab), auch die Reichseinheit nicht zustande brachte, verabschiedete Ende März 1849 eine Verfassungsurkunde, in der sich als § 152 der Grundsatz befand: *»Die Wissenschaft und ihre Lehre ist frei.«*

Die »Paulskirchen-Verfassung« blieb politisches Programm, wurde aber nie Norm der Verfassungswirklichkeit. Die Verfassungswirklichkeit sah anders aus – vollends nachdem die Nationalversammlung aufgelöst und die deutsche »Nationalrevolution« gescheitert war. Allerdings übernahmen die preußische Verfassung von 1850 und auch das österreichische Staatsgrundgesetz von 1867 die Formulierung der Paulskirchenverfassung: *»Die Wissenschaft und ihre Lehre ist frei.«*

STUDENTENSCHAFT

Verbände

Neben den Corps, Burschen- und Landsmannschaften[15] und einigen wenigen »Kränzchen«, die das Duell freilich ablehnten, kam es noch in der ersten Hälfte des 19. Jahrhunderts zur Bildung christlich-religiöser Studentenvereine, so u.a. 1830 zur Gründung der »Uttenruthia« in Erlangen, die sich schrittweise zu einer farbentragenden Verbindung entwickelte. Aus dieser mit Einschränkungen als christliche Burschenschaft zu bezeichnenden Vereinigung ging 1844 der »Wingolfbund« hervor. Dieser führte das Motto »Durch Einen (Jesus Christus) Alles«, legte zwar Couleur an, schaffte aber das Duell alsbald ab. Parallel zu dieser protestantisch orientierten Richtung entstanden in den späten 40er Jahren auch katholische Studentenverbindungen (1844 »Bavaria« Bonn, sodann »Aenania« München, »Winfridia« Breslau), die ebenfalls farbentragend waren. 1865/66 teilten sich die dem Konfessionsprinzip verpflichteten katholischen Vereine in den farbentragenden Cartell-Verband (CV) der katholischen »Studentenverbindungen« und den nichtfarbentragenden Kartell-Verband (KV) der katholischen »Studentenvereine«, wobei letzterer aus einem Berliner Leseverein hervorging. 1847/55 bildete sich ein dritter katholischer Verband, die nichtfarbentragende Unitas (»Salia« Bonn).

Während sich die Burschenschaften in der zweiten Jahrhunderthälfte nur zeit- und teilweise zu größeren Verbänden zusammenschlossen, gründeten die Corps zwischen 1848 und 1865 den »Kösener-Senioren-Convents-Verband« (KSCV), der den Prinzipien des Farbentragens sowie der unbedingten Satisfaktion verpflichtet blieb. 1857 führte der KSCV die Bestimmungsmensur ein, blieb aber konfessionell und politisch bewußt neutral. 1868 wurde der »Allgemeine Landsmannschaften Convent« begründet (Vorläufer des »Coburger Conventes«), der sich ebenfalls zur Bestimmungsmensur und zur Couleur bekannte. Erst 1881 schloß sich die »Deutsche Burschenschaft« (Name seit 1902) zusammen und führte 1886 ebenfalls die Bestimmungsmensur ein. 1887 kam es zur Vereinigung des »Schwarzburgbundes«, 1919 zur Gründung der »Deutschen Sängerschaft«.

Vor 1800 war die Studentenfrequenz an den deutschen Universitäten mit etwa 5600 Studierenden auf einen Tiefstand gesunken. Trotz zahlreicher Hochschulschließungen, doch dank eines neugewonnenen Ansehens, dessen sich die Universitäten zu Beginn des 19. Jahrhunderts erfreuten, stieg die Zahl der Hörer 1830 wieder auf etwa 15 000 an. Restaurationspolitik und Wirtschaftskrise verursach-

Studenten (Frequenzen und Prozentanteil[16])					
Ort	Gründungsjahr	Staatliche Zugehörigkeit	1826–30	1846–51	1866–71
			Durchschnitt aus 5 Jahren		
Berlin	1810	Kgr. Preußen	1760 (11,6%)	1461 (12,5%)	1948 (14,8%)
Bonn	1818	Kgr. Preußen	1259 (8,3%)	806 (6,9%)	866 (6,6%)
Breslau	1702, 1811	Kgr. Preußen	1094 (7,2%)	766 (6,6%)	927 (7,0%)
Erlangen	1743	Kgr. Bayern (nach 1810)	435 (2,9%)	396 (3,4%)	361 (2,8%)
Freiburg	1460	Ghzt. Baden	616 (4,1%)	291 (2,9%)	277 (2,1%)
Gießen	1607	Ghzt. Hessen	425 (2,8%)	476 (4,1%)	294 (2,2%)
Göttingen	1737	Kgr. Hannover; nach 1866 Kgr. Preußen	1340 (8,8%)	676 (5,8%)	772 (5,9%)
Greifswald	1456	Kgr. Preußen (nach 1815)	185 (1,2%)	190 (1,6%)	420 (3,2%)
Halle	1694	Kgr. Preußen	1210 (8,0%)	671 (5,7%)	838 (6,4%)
Heidelberg	1386	Ghzt. Baden	726 (4,8%)	661 (5,7%)	632 (4,8%)
Jena	1558	Ghzt. Sachsen-Weimar-Eisenach	589 (3,9%)	402 (3,4%)	384 (2,9%)
Kiel	1665	Kgr. Dänemark; nach 1866 Kgr. Preußen	328 (2,2%)	151 (1,3%)	172 (1,3%)
Königsberg	1544	Kgr. Preußen	345 (2,3%)	323 (2,8%)	469 (3,6%)
Leipzig	1409	Kgr. Sachsen	1073 (7,1%)	970 (8,3%)	1433 (10,9%)
Marburg	1527	Kurhessen; nach 1866 Kgr. Preußen	347 (2,3%)	265 (2,3%)	332 (2,5%)
München	1472, 1800, 1826	Kgr. Bayern	1831 (12,1%)	1695 (14,5%)	1215 (9,3%)
Rostock	1419	Ghzt. Mecklenburg	159 (1,1%)	87 (0,7%)	152 (1,2%)
Tübingen	1477	Kgr. Württemberg	832 (5,5%)	832 (7,1%)	755 (5,8%)
Würzburg	1582	Kgr. Bayern	604 (4,0%)	582 (5,0%)	613 (4,7%)
Insgesamt			15158 (100%)	11701 (100%)	13128 (100%)

ten bis 1835 einen erneuten Rückgang auf ein Niveau von etwa 12000 Studenten, das anhielt, bis etwa um 1860 ein geringer Anstieg begann, der sich ab 1870 rasant fortentwikkelte. 1872 studierten wieder insgesamt 15000 Jungakademiker, bis 1900 kletterte die Zahl auf 34000, eine Steigerung, die weit über der Rate des Bevölkerungswachstums lag.[17]
Im Jahre 1840 lehrten an den deutschen Universitäten insgesamt etwas mehr als 830 Ordinarien, d.h. pro Universität durchschnittlich 32. Auf je einen ordentlichen Professor kamen in der Regel 18 Studenten. Darüber hinaus waren etwa 250 Nichtordinarien und circa 325 Privatdozenten in der Lehre tätig. 1860 waren es nur noch 605 Ordinarien, damit circa 30 pro Universität; das Verhältnis Professor zu Student hatte sich verschoben auf die Relation 1 zu 20. Zu den Universitätslehrern zählten in jenem Jahre noch annähernd 320 Nichtordinarien und 300 Privatdozenten. Beide Gruppen verhinderten einen Rückgang der realen Professorenzahlen.[18]

XI. Die Universität als »wissenschaftlicher Großbetrieb«

GROSS-WISSEN-SCHAFT

In Analogie zum Prozeß der Hochindustrialisierung in der zweiten Hälfte des 19. Jahrhunderts sahen die Zeitgenossen die Entwicklung des Hochschulwesens als einen Prozeß hin zur »Großwissenschaft« bzw. zum »Großbetrieb der Wissenschaft«.[1] Dieser Prozeß stellte die Hochschulstruktur der »Humboldt-Universität« ebenso in Frage wie deren Selbstverständnis als Vermittlerin akademisch-humanistischer »Bildung«, das ersetzt wurde durch das Postulat der wissenschaftlich-forscherlichen »Ausbildung«.

Die Einheit der Wissenschaft wich einem sich ausdifferenzierenden Spektrum an Disziplinen. Das Konglomerat von humanistischer Allgemeinbildung, berufsbezogener Fachausbildung und wissenschaftlicher Forschung, wie es an den Universitäten nun vermittelt wurde, erforderte als ideologisches Fundament eine andere Universitätsidee als die idealistische; außerdem als organisatorische Rahmenbedingung eine andere Hochschulstruktur als die traditionelle.

Der Wandel der Universität – auch die kleinen Hochschulen waren entsprechend betroffen – vom »akademischen Kleinbetrieb« zum »wissenschaftlichen Großbetrieb«[2] beruhte auf zwei wesentlichen Faktoren: einmal dem immensen Fortschreiten der wissenschaftlichen Spezialisierung im allgemeinen und der Verwissenschaftlichung der entstehenden Industriegesellschaft, zum anderen dem enormen Anstieg der Studentenfrequenz, da nun vermehrt Akademiker in Staat und Wirtschaft benötigt wurden. Die Reaktion auf beide Prozesse erzwang unter wirtschaftlichen Gesichtspunkten eine Aufstockung des Personals, eine Vergrößerung der universitären Gebäude sowie eine beträchtlich gesteigerte Finanzausstattung. Letztere wurde möglich, da die Zeit von der Mitte des 19. Jahrhunderts bis zum Beginn des Ersten Weltkrieges eine wirtschaftliche Aufschwungphase (»Gründerjahre«, »Entwicklungsrausch«) mit hohem Steueraufkommen war, nur kurzzeitig von »Depressionen« unterbrochen.

STRUKTUR-REFORMEN

Zu den gravierendsten Veränderungen im Hochschulbereich zählten die überproportionale Zunahme der außerordentlichen Professuren – zumeist für die neuen Fächer – und der Zahl der Privatdozenten, die, da sie nur in geringem Maße in Universitätsgremien mitwirken konnten, aber einen Großteil der Lehre übernommen hatten, als ständiges »Unruhepotential« wirkten. Der »offiziellen« Universität gesellte sich so eine »inoffizielle« zu, ja letztere war bald die personell weitaus größere. Zu Beginn des 20. Jahrhunderts waren von etwa 3850 deutschsprachigen Universitätslehrern nur gut zwei Fünftel (1430) Ordinarien, drei Fünftel aber Extraordinarien und Privatdozenten. Noch zu Beginn des 19. Jahrhunderts waren die Inhaber ordentlicher Lehrkanzeln die nahezu ausschließlichen Träger der Universität gewesen, nun waren sie eine Minderheit.[3] Reputation und Privilegien der ordentlichen Professoren blieben ungebrochen. Sie verteidigten ihre Vorrechte in der universitären Selbstverwaltung, in der Besoldung (Hörgelder), als Fachvertreter (Fach-Professor) und als Institutsleiter. Strukturveränderungen, die sich durch die Entstehung von Seminaren, Instituten, Kliniken und Laboratorien ergaben, bewirkten, daß die deutsche Hochschule eine »Ordinarien-Universität« blieb. Der ordentliche Professor besaß das Monopol der Seminar- bzw. Instituts- oder Klinikleitung, er amtete über Etat und Personal, Lehre und Forschung. Diese Aktivitäten mit ihrer daraus resultierenden Amtsfülle ließen ihn als »Mandarin« erscheinen.[4] Das patriarchalische System funktionierte so lange, wie der Ordinarius an der Spitze der Leistungshierarchie stand, Konflikte ergaben sich dann (später), als sich durch Spezialisierung und Arbeitsteilung die Kompetenz der Assistenten und Extraordinarien als gleichrangig erwies.

Ordinarien-Universität

Zur immensen Vermehrung des wissenschaftlichen Personals trat eine nicht minder wichtige im nichtwissenschaftlichen und Verwaltungs-Bereich. Kliniken, naturwissenschaftliche Institute und Bibliotheken bedurften eigener Mitarbeiter, die Verwaltung konnte nicht mehr von den Pedellen und wenigem Amtspersonal allein bewältigt werden. Die Selbstverwaltung beanspruchte einen immer größeren Apparat. Grundsätzlich verschoben sich auch die Aufwendungen für Personal und Etat zugunsten der Naturwissenschaften. Die »A(pparate)-Wissenschaften« (Medizin, Physik, Chemie, Technik) wurden etatmäßig umfangreicher ausgestattet als die »B(uch)-Wissenschaften« (Philologie, Jura, Theologie).

Zu den wichtigen Strukturreformen der zweiten Hälfte des 19. Jahrhunderts im Bereich des inneren Universitätssystems gehört die Verselbständigung der Naturwissenschaftlichen Fakultäten. Dieser vorausgegangen war an einigen Universitäten bereits die Teilung der Philosophischen Fakultät, die verschiedentlich die Hälfte aller Lehrstühle der jeweiligen Hochschule umfaßte, in zwei Sektionen (Bonn, Leipzig, München z. B.). Mit der Einrichtung Naturwissenschaftlicher Fakultäten – nach dem Straßburger Vorbild 1871 – wurde der Bedeutung der dort beheimateten Disziplinen und der neuen naturwissenschaftlich orientierten Forschungsideologie Rechnung getragen. Den »Staats- und Wirtschaftswissenschaften«, die von Hochschule zu Hochschule unterschiedlich den Rechts- oder Philosophischen Fakultäten eingegliedert waren, gelang die fakultäre Emanzipation erst wesentlich später.

Neue Fächer

Die zweite Hälfte des 19. Jahrhunderts brachte insgesamt eine immense Ausdehnung des universitären Fächerkanons[5], die sich zu Beginn des 20. Jahrhunderts fortsetzte. Während es innerhalb der Theologischen und Juristischen Fakultäten relativ selten zur Etablierung neuer Spezialfächer, häufiger hingegen zur »Aufspaltung« und Differenzierung von mehrere Fächer umfassenden Lehrstühlen kam, entstanden an der Philosophischen Fakultät gänzlich neue Lehrstühle, so für die Neuphilologien, für Pädagogik und andere Fächer, die der Lehrerbildung dienten. Frappant war auch die Vermehrung der naturwissenschaftlichen Professuren (Geologie, chemische Spezialfächer, während Mathematik und Physik durch Extraordinariate oder Doppelprofessuren erweitert wurden). In der Medizinischen Fakultät gestaltete sich der Prozeß der institutionell sichtbaren wissenschaftlichen Spezialisierung insofern schwierig, als eine Personalunion zwischen Ordinariat und direktoraler Leitung einer Klinik oder eines Institutes bestand. Die klassischen Lehrstühle für Anatomie, Pathologie, Gynäkologie und Chirurgie wurden aber auch hier ergänzt bzw. erweitert um Professuren für Physiologie, pathologische Anatomie, Ophthalmologie, Hygiene oder andere theoretische und klinische Fachprofessuren.

Seminar-entwicklung

Bereits in der Frühmoderne hatten Seminare[6] zur praktischen Unterweisung von Lehrern und Pfarrern außerhalb der Hochschulen bestanden. In der zweiten Hälfte des 18. Jahrhunderts gingen die Aufklärungsuniversitäten Göttingen (1761) und Halle (1787) mit Gründungen von Universitätsseminaren einen neuen Weg, indem sie selbständige »Philologische Seminare« zur wissenschaftlichen und pädagogisch-praktischen Ausbildung für

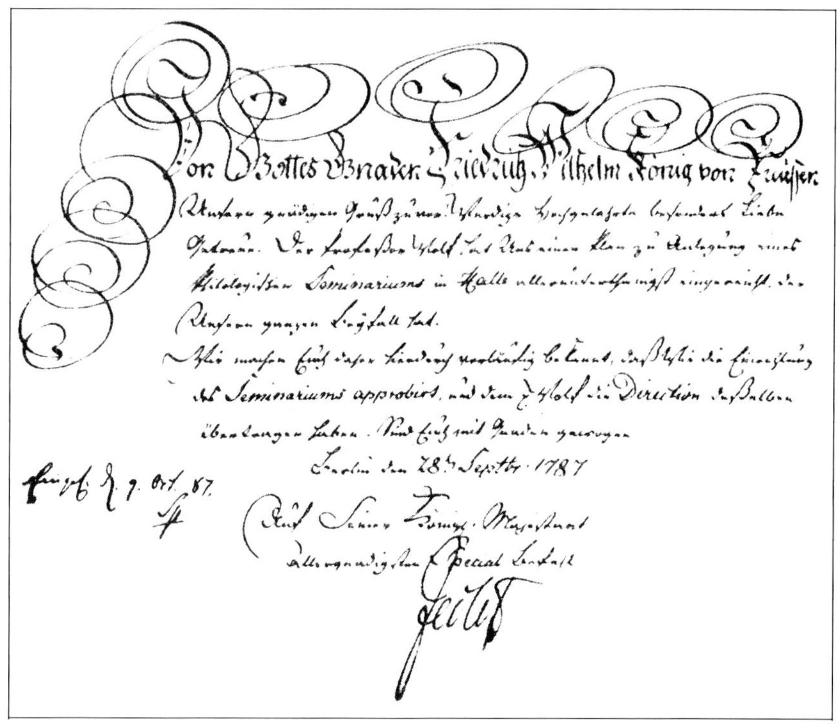
Von Gottes Gnaden Friedrich Wilhelm König von Preußen.

Fig. 49
Bestätigungsurkunde des Philologischen Seminars der Universität Halle 1787 und Ernennung Friedrich August Wolfs (†1824) zum Direktor.

Gymnasiallehrer, z. T. mit eigenen Haushaltsmitteln, Räumlichkeiten und kleinen Bibliotheken, einrichteten. In ähnlicher Form entstanden auch Theologische Seminare als Universitätsanstalten. Während Philologische Seminare in der ersten Hälfte des 19. Jahrhunderts somit bereits üblich waren, wurden Seminargründungen bei anderen Disziplinen erst später, auch in Kongruenz mit der Ausdifferenzierung des Lehramtsstudienganges, vollzogen: Historische Seminare entstanden 1832 in Königsberg, 1843 in Breslau, mathematische Seminare 1825 in Bonn, 1834 in Königsberg und 1839 in Halle.

Die Seminare wurden nach dem Direktorialprinzip geleitet; sie hatten einen eigenen Etat, ihnen zugeordnet waren gegebenenfalls Stipendien und Assistenten. Mit der Ausdifferenzierung des Lehramtes verbunden war in der zweiten Jahrhunderthälfte die Schaffung der »Mathematisch-Physikalischen Seminare«, wie auch die der »Deutschen Philologie«, der »Neuphilologischen« und »Historischen« sowie auch der »Pädagogischen« Seminare. Bald dienten die Seminare nicht mehr vorrangig der Lehrerausbildung, sondern setzten sich eigene Aufgaben in Lehre und Forschung. In verschiedenen Gruppen wurden Studenten mit selbständigem wissenschaftlichen Arbeiten vertraut gemacht und auf Staatsexamen oder Promotion vorbereitet. Auch in der Juristischen Fakultät wie in den Staats- und Wirtschaftswissenschaftlichen Fächern kam es in der Folgezeit zur Einrichtung von Seminaren, die vorrangig auf die Berufsausbildung hin orientiert blieben.

Galten die Theologischen und Juristischen Seminare anfänglich, da sie eine größere Zahl an Fächern umfaßten, als »Fakultätsseminare«, so teilten sie sich im weiteren Fortlauf vielfach auf. Dieser Differenzierungsprozeß zählt zu den markanten Eigentümlichkeiten des Universitätswesens an der Wende zum 20. Jahrhundert. Es entstand somit eine Vielzahl an Spezialseminaren – oftmals »Einmanninstitute« für jeden ordentlichen Fachvertreter, die gegenüber den »Departement-Seminaren« unter kollegialer Leitung alsbald dominierten. Neben der fachlichen Differenzierung kam es durchgängig auch zur didaktischen Durchgliederung; um den verschiedenen Stadien des Studiums gerecht zu werden, lehrte man in »Pro-, Haupt- und Oberseminaren«.

Naturwissenschaftliche Institute

Ähnlich wie die und nahezu synchron zur Seminarentwicklung verlief der Entstehungsprozeß der naturwissenschaftlichen Institute. Diese fußten nicht zuletzt auf den schon im 17. und 18. Jahrhundert eingerichteten »Kabinetten« und »Sammlungen«, die Demonstrationsmaterial für die Lehrveranstaltungen aufbewahrten. Vereinzelte mathematisch-physikalische Institute wie auch solche für Zoologie und Chemie entstanden bereits in der ersten Hälfte des 19. Jahrhunderts; als Musterinstitut galt Liebigs »Chemisches Laboratorium« (1828) in Gießen. Jedoch nicht nur für Chemie, deren Bedeutung für die Volkswirtschaft klar erkannt wurde, auch für Astronomie, Botanik (Vorläufer: Botanische Gärten), Geologie, Mineralogie (Vorläufer: Mineraliensammlung) und Radiologie wurden Institute eingerichtet.[7] Der Höhepunkt einer entsprechenden Gründungswelle lag zwischen 1885 und 1914.

Die naturwissenschaftlichen Institute dienten – wie die geisteswissenschaftlichen Seminare – insonderheit der praktischen Ausbildung, speziell dem Experimentieren. Hier wie dort teilten sich bald die Studiengänge von Studenten und Doktoranden. Die Vielzahl der Praktikanten und Doktoranden an den Großinstituten der Chemie und der Physik, die Max Weber einmal als »staatskapitalistische Unternehmungen« bezeichnete[8], da sie über enorme Sonderetats verfügten, machte eine verstärkte Einstellung von Assistenten und Extraordinarien notwendig.

Dies änderte jedoch nichts an der Direktorialfunktion der Ordinarien. Der Ordinarius und Institutsdirektor verlor angesichts immenser Doktoranden- und Praktikantenzahlen oftmals den direkten Kontakt zu den Studierenden und war mehr als Koordinator und »Wissenschaftsmanager« tätig. Weite Teile der praktischen Lehre gingen an die Extraordinarien und Privatdozenten wie auch an die Assistenten über, die in direkter Abhängigkeit zum Institutsleiter standen, deren Honorare und Mitverwaltungsrechte gleichwohl knapp bemessen blieben.

Kliniken und medizinische Institute

Der institutionelle Entwicklungs- und Differenzierungsprozeß erfaßte in ähnlichem Umfang auch die Medizinischen Fakultäten und ihre Fächer.[9] Die Anatomischen Institute entwickelten sich aus den alten »Anatomien« bereits im frühen 19. Jahrhundert, es folgten zumeist die Institute für Pathologie und Physiologie, später dann diejenigen für Gerichtsmedizin, Hygiene und Pharmakologie.

Die äußerlich auffallendste und finanziell aufwendigste Expansion fand im universitären Krankenhauswesen statt. Das akademische Krankenhaus, ehedem mit einer Doppelfunktion von allgemeiner Krankenanstalt und klinischer Ausbildungsstätte versehen, wurde an allen Hochschulen im Verlauf des 19. Jahrhunderts großzügig ausgebaut und personell umfassend aufgestockt. Das universitäre Klinikum, von Kommune und Universität in der Regel anteilig finanziert, bestand aus einer wachsenden Zahl von Spezialkliniken (für Psychiatrie, Chirurgie, Frauen, Kinder, Augen), an denen prinzipiell das Direk-

Fig. 50
Gebäude der Universität Halle um 1900:
v. l. o. n. r. u.
1. Neue Klinik und Physiologisches Institut
2. Quästur
3. Anatomie
4. Frauenklinik
5. Hauptgebäude
6. Landwirtschaftliches Institut
7. Medizinische Klinik
8. Universitätsbibliothek
9. Inspektor-Wohnung
10. Neue Kliniken und Pathologie
11. Physikalisches Institut
12. Augen- und Ohrenklinik

torialprinzip herrschte. Die klinischen Assistenten (sie waren die ersten und späterhin zahlenmäßig die stärkste Gruppe der Universitätsassistenten) unterstanden direkt dem Klinikleiter.
Schon gegen Ende des 19. und zu Beginn des 20. Jahrhunderts bildeten die Kliniken in der Universität einen Sonderbereich, und dies nicht nur wegen ihres verwaltungstechnischen Sonderstatus, sondern auch aufgrund ihres großen Etatanteils, der – trotz Mitfinanzierung durch Patientenhonorare – meist höher lag als die Summe sämtlicher Etats der sonstigen naturwissenschaftlichen Institute und der anderweitigen Seminare. Der Zahl der Patienten und Betten entsprechend stieg die Zahl des wissenschaftlichen wie des Hilfs- und Verwaltungspersonals ständig; auch die Anzahl der Medizinstudenten nahm kontinuierlich zu. Um 1900 stellten die Kliniken den weitaus größten Anteil der Universitätsangehörigen auf nichtprofessoralem Sektor.

Konsequenzen

Die Einrichtung von Instituten, Seminaren und Kliniken hatte weitreichende Konsequenzen, nicht nur im organisatorischen, wissenschaftlichen und finanziellen Bereich, sondern traf die alte Universität auch in ihrem traditionellen Selbstverständnis. Die nachgerade Dogma gewordene fachliche Gleichberechtigung und Arbeitsteilung hatte der Direktorialorganisation mit ihrer Abhängigkeitspyramide Platz machen müssen (man sprach von »Unternehmer-Professoren«), die korporative Fakultätsselbstverwaltung zerbrach, denn die Institute bildeten mit eigenem Etat und Personal, mit ihren gesonderten Räumlichkeiten, kaum zu integrierende Nebeninstitutionen, die prinzipiell nur der Universitätsverwaltung unterstanden, kaum aber Senat oder Fakultät. Nicht zuletzt wurde die »Lernfreiheit« der Studenten stark beschnitten. Die notwendige Folge von Vorlesungen, Seminaren und Praktika führte zu einer weitgehenden »Verschulung«.

Unternehmer-Professoren

Bauboom

Den Löwenanteil an Personal und Geld beanspruchten ab der Mitte des 19. Jahrhunderts eindeutig die Medizinischen Fakultäten und die Naturwissenschaftlichen Institute. Diese prägten fortan – auch baulich – das Erscheinungsbild der deutschen Universität[10] in entscheidendem Maße.
Im Verlauf des 19. Jahrhunderts entstanden zwar ebenfalls noch »Hauptgebäude« (München, Straßburg, Halle z. B.), neben ihnen und andernorts aber auch eine Vielzahl von Kliniken, Instituten, Laboratorien und Bibliotheken. Ein universitärer »Bauboom« – vielfach im neoklassischen Stil, vergleichbar der Architektur anderweitiger Staatsinstitutionen – brach aus; in einigen Städten entstanden ganze »Universitäts- und Klinikviertel«. Es wurden z. T. eigene Universitätsbauämter eingerichtet. Die Universität, die baulich zu konzentrieren man in der Frühmoderne immer wieder versucht hatte, griff erneut – wie auch im Mittelalter – in das Weichbild der Städte aus. Erst die »Campus-Universitäten« der Moderne nahmen von dieser baulichen Diversifizierung wieder Abschied.[11]

STUDENTENBOOM

Etwa zur Zeit der Reichsgründung 1871 war mit 15000 immatrikulierten Studenten wiederum der Stand von 1830/31 erreicht.[12] In den folgenden Jahrzehnten kam es zu einem säkularen Wachstumsschub der Frequenzzahlen an Universitäten und Technischen Hochschulen. Der Immatrikulationsindex zeigte steil nach oben: 1880/81 ca. 26000, 1890/91 ca. 35000, 1900/01 ca. 50000 und 1913/14 ca. 75000 Studenten.

Gegenüber 1870/71 war 1913/14 eine Verfünffachung der Studentenzahlen erreicht. Von diesem Anstieg profitierten überdurchschnittlich die naturwissenschaftlichen und technischen Fächer und auch die Lehramtsdisziplinen. Die Anzahl der Theologiekandidaten nahm in der Relation stark ab, Jura- und Medizin-Studenten konnten ihre Quoten von 25% und 20% in etwa halten. Zu den größten Universitäten zählten 1914 Berlin (8000), München (6600), Leipzig (5300) und Bonn (4500); in Freiburg, Breslau, Göttingen, Halle, Heidelberg, Kiel, Marburg, Tübingen und Jena studierten zwischen 3000 und 2000 Studenten, wohingegen die übrigen Universitäten »Kleinbetriebe« blieben (Straßburg, Würzburg, Königsberg, Gießen, Greifswald, Erlangen und Rostock). Als solche verstanden sich auch vorerst die meisten Technischen Hochschulen, die 1914 zusammen etwa 11500 Studenten hatten.

Lehrkörper

Analog zum Anstieg der Studentenzahlen und in Konsequenz der Fächerdifferenzierung kam es zu einer signifikanten Aufstokkung des Lehrkörpers. Von der Mitte des Jahrhunderts an vergrößerte sich die Zahl der Ordinarien bis zum Jahre 1880 um ein Drittel auf etwa 950; ebenso stieg die Zahl der Nichtordinarien und der Privatdozenten etwa jeweils um ein Drittel. Um 1900 zählte man circa 1125 ordentliche Professoren, 700 Nichtordinarien und 835 Privatdozenten – gegenüber der Jahrhundertmitte etwa eine Verdoppelung der Ordinariate und eine noch größere Vermehrung der Nichtordinariate und Privatdozenturen (circa 700 und etwa 835). Der Anteil der Professuren der Philosophischen Fakultät am Gesamtlehrkörper hatte sich aufgrund der Fächervermehrung von einem Viertel zu Beginn des 19. Jahrhunderts auf gut die Hälfte gesteigert; der Anteil der Nichtordinarien stieg im gleichen Zeitraum von 20% auf 60%.[13]

Dennoch blieb die Universität eine »Ordinarien-Universität« und die Teilhabe der Nichtordinarien an der Selbstverwaltung ein latentes und ungelöstes Problem. Außer der »Nichtordinarienproblematik« beherrschte die Frage der »Politisierung« der Professorenschaft des Kaiserreiches die universitäre Tagesordnung, konkret die Zulassung von Sozialisten bzw. Sozialdemokraten zum Lehramt. Berühmtheit erlangte der Fall Arons, der symptomatisch für die herrschende Praxis wurde, politisch Mißliebige zu disziplinieren. Den allgemeinen Tenor faßte Alfred Dippe 1895 in seinem Werk »Sozialismus und Philosophie auf den deutschen Universitäten« in die radikale Formulierung: *»Deutsche gründliche Wissenschaft und Sozialdemokratie schließen sich gegenseitig aus. Die Wissenschaft der Sozialdemokratie ist Afterwissenschaft, weil sie der logisch scharfen Kritik nirgends standhalten kann.«*[14] Hochschule und Bildungsbürgertum standen in einem harmonischen Verhältnis zueinander, beide akzeptierten den Obrigkeitsstaat und suchten soziale Harmonie in der Industriegesellschaft. Die akademische Elite stilisierte und offenbarte ihre »geistige Leitfunktion« und huldigte in der weitgehend autonomen »Gelehrtenrepublik« keineswegs dem demokratischen, sondern dem direktoralen Autoritätsprinzip.[15]

Fig. 51
Karikatur zum Fall Arons; der Historiker und ehemals freikonservative Abgeordnete Hans Delbrück († 1929) hält den defekten Regenschirm mit der Devise »Freiheit der Wissenschaft« über den sozialdemokratischen Privatdozenten Leo Arons († 1919).

BLÜTEZEIT

Zenit der klassischen Universität

Die Periode zwischen 1871 und 1914 (in Preußen 1897–1907 insbesondere durch den Namen des Leiters der Hochschulabteilung im Kultusministerium, Friedrich Althoff, geprägt) war die »Blütezeit« der deutschen Universitäten, in der diese weltweit Anerkennung fanden und vielfach kopiert wurden (Japan/China). Die neuorganisierte, inzwischen als »klassisch« titulierte Universität des späten 19. und frühen 20. Jahrhunderts, an der die

Fachausbildung dominierte und neuartige »moderne« Studiengänge vorherrschten, war den englischen und französischen Systemen weit überlegen. Dieses Faktum reflektieren nicht nur die Literaturnobelpreise für Gerhart Hauptmann 1912, Theodor Mommsen 1902 und R. Eucken 1908, sondern auch die für Physik (W. Röntgen, 1901; Ph. Lenard, 1905; W. Wien, 1911), für Medizin (E. v. Behring, 1901; R. Koch, 1905; P. Ehrlich, 1908) und vor allem für Chemie (E. Fischer, 1902; A. v. Baeyer, 1905; E. Buchner, 1907; W. Ostwald, 1909 und O. Wallach, 1910).

Technische Hochschulen

Im letzten Drittel des 19. Jahrhunderts erfaßte auch das Technische Hochschulwesen[16] eine starke Aufwärtsentwicklung. Pionierhafte Vorbereiter für dieselben waren die Polytechnischen Schulen und Bergakademien, die im letzten Drittel des 18. und im ersten Drittel des 19. Jahrhunderts zur Ausbildung von technisch versierten Architekten und Militärs gegründet worden waren und dem Modell der französischen École Polytechnique in Paris (1794) nacheiferten. Derartige Anstalten befanden sich u. a. in Prag (1806), Wien (1815), Karlsruhe (1825), Braunschweig (1814/35), Clausthal (1810) und München (1827).

Der Durchbruch für die wissenschaftliche Technik erfolgte durch die Industrialisierung. Mit ihr ging eine Professionalisierung der technischen Berufe in entsprechend qualifizierenden Fachstudiengängen einher. Mitte des Jahrhunderts mehrten sich die Stimmen, den Polytechnischen Anstalten Hochschulcharakter und Universitätsstrukturen zu geben. Eine wichtige Rolle spielte hierbei die Schweiz, die in Zürich 1855 die erste nationale und technische Hochschule – neben der 1833 gegründeten Universität – schuf. Vorbild der neuen Eidgenössischen Polytechnischen Schule war diejenige in Karlsruhe; im Gegensatz zu dieser erhielt die Zürcher jedoch die deutsche Universitätsstruktur mit Fakultätseinteilung, Senats- und Rektoratsverfassung. Das Exempel dieser seit 1911 den Hochschulnamen tragenden Anstalt führte in Deutschland zur Aufwertung der Polytechniken zu »Hochschulen«, auch wenn sich die Bezeichnung »Technische Hochschule« erst allmählich durchsetzte. Von 1865 bis zum Ersten Weltkrieg wurden elf Technische Hochschulen durch Umwandlung älterer Institutionen oder durch Neugründung errichtet:

1864	Graz	1877/95	Darmstadt
1865/85	Karlsruhe	1879	Berlin
1868/77	München	1880	Hannover
1870/79	Aachen	1890	Dresden
1872/79	Braunschweig	1904	Danzig
1876/90	Stuttgart	1910	Breslau

Der genannte Zeitraum war überschattet von Kontroversen zwischen den Universitäten und den Technischen Hochschulen, da erstere letzteren keinen Universitätscharakter zubilligen wollten. Es dauerte bis zur Jahrhundertwende, bis die Rektorats- bzw. Senatsverfassungen der jungen Hochschulen Anerkennung fanden, eine Rangangleichung der Professoren erfolgte und mit ihr das Promotionsrecht (in Preußen 1899 per kaiserlichem Dekret) erlangt war, bis die Studienabschlüsse (Diplome, Doktor-Ingenieur) allgemeine Anerkennung fanden. In der Nachgründungsphase zogen die Technischen Hochschulen in baulicher, personeller und finanzieller Hinsicht mit den Universitäten gleich und übernahmen auch deren Institutsgliederung.

Fachakademien

Neben den Technischen Hochschulen entstanden weitere Fachanstalten mit Hochschulstatus[17], die auf verschiedenen Vorläuferinstitutionen aufbauten und späterhin in Universitäten oder spezielle Fakultäten übergingen.

Handels- bzw. Wirtschaftshochschulen wurden gegründet in:
Leipzig (1898), Aachen (1898), Köln (1901), Frankfurt (1901), Berlin (1906), Mannheim (1907), München (1910), Nürnberg (1919), Königsberg (1915),
Landwirtschafts- und Forsthochschulen in:
Aschaffenburg (1899), Berlin (1820/1921), Bonn (1847/61), Hohenheim (1904),
Tierärztliche Hochschulen in:
Berlin (1887), Dresden (1889), Hannover (1887), München (1890)

Frauenstudium

Der Zugang von Frauen zur Universität war ein langer und schwieriger Weg der Emanzipation.[18] Zwar wird von den *mulieres Salernitanae* (Frauen Salernos) berichtet, die im 11. und 12. Jahrhundert in Salerno, der berühmten medizinischen Schule, Heilkunde betrieben und unterrichtet haben sollen, auch sind Zeugnisse des 13. und 14. Jahrhunderts aus italienischen Universitäten bekannt, die über die *ars medica* (Heilkunst) von Frauen Auskunft geben (Dorothea Bocci soll den Doktortitel geführt und einen medizinischen Lehrstuhl in Bologna innegehabt haben), doch

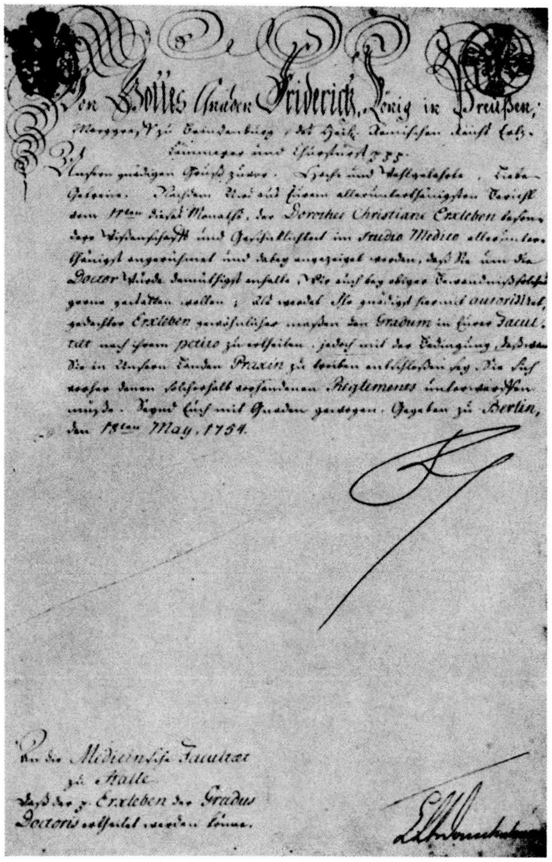

Fig. 52
Königliche Bestätigung der Promotion von Dorothea Erxleben aus dem Jahre 1754. D. Erxleben, geb. Leporin (†1762), promovierte als erste deutsche Frau zum Doktor der Medizin. Vor ihrer Promotion, zu der sie eine Dissertation verfaßte, hatte sie in einer Schrift mit dem Titel »Gründliche Untersuchung der Ursachen, die das weibliche Geschlecht vom Studiren abhalten, darin deren Unerheblichkeit gezeiget…« (1742) ein Plädoyer für das Frauenstudium publiziert.

sind diese Nachrichten zum guten Teil legendär. Ebenfalls in den Bereich der Legende gehört, daß in Deutschland Olympia Gundler, geb. Morata, 1554/55 einen Lehrstuhl für Griechisch bekleidet hat. Verbürgt ist allerdings die medizinische Promotion von Dorothea Erxleben 200 Jahre später in Halle.

Neue Maßstäbe in puncto Frauenförderung setzte 1733 die Universität Wittenberg, die als erste deutsche Universität eine Frau auszeichnete, indem sie der Dichterin Christina Mariane Ziegler die Würde eines *poeta laureatus* verlieh. Eher als Curiosum hingegen muß die ohne Dissertation, aber mit einer mündlichen Prüfung erfolgte Promotion der Professorentochter Dorothea v. Schlözer in Göttingen zum Dr. phil. bezeichnet werden, die zum 50. Gründungsjubiläum der Universität 1787 erfolgte. Zum Ehrendoktor der Geburtshilfe wurde schließlich 1815 Regina Josepha v. Siebold in Gießen promoviert, zwei Jahre später ihre ebenfalls als ausgezeichnete Gynäkologin wirkende Schwester Marianne Theodore mit einer Dissertation zum Dr. med. Prinzipiell jedoch waren Frauen gezwungen, ihre »Gelehrtheit« außerhalb der Universität zu erwerben und unter Beweis zu stellen; die *civitas academica* blieb Männern vorbehalten.

Frauenbewegung

Der eigentliche Kampf um die Frauenbildung – in Deutschland eng verbunden mit der Frauenbewegung des Vormärz – intensivierte sich im letzten Drittel des 19. Jahrhunderts, nachdem in der Schweiz (ab 1865 in Zürich), in den USA, in Großbritannien und den romanischen Ländern die Zulassung zum Studium erfolgt war. Zu einem Skandal reichte es aber noch 1872, als der Münchner Anatomieprofessor Theodor von Bischoff in seiner effektheischenden Schrift »Das Studium und die Ausübung der Medizin durch Frauen« ein Frauenstudium ablehnte und dies mit dem geringeren Gewicht des weiblichen Gehirnes begründete. 1891 überließ der Reichstag das Problem der Kompetenz der Länder, die 1899 Frauen generell als Gasthörer zuließen. Damit war der Bann gebrochen. Sukzessive öffneten die einzelnen Länder in der Folgezeit die Hochschultore für Frauen: Baden 1901, Bayern 1903/04, Württemberg 1904/05, Sachsen 1906/07 und Preußen 1908/09. Als erste deutsche Frau konnte Mathilde Wagner in Freiburg 1901 korrekt zum Doktor der Medizin promovieren. 1918 erfolgte auch die Freigabe der Dozentenlaufbahn.

Während zu Beginn des 20. Jahrhunderts etwa die Hälfte der Studentinnen Medizin studierte (1900 = 375 Studentinnen), änderte sich die Relation bis zum Studienjahr 1909/10 wie folgt: Von den insgesamt 1856 an deutschen Universitäten studierenden Frauen belegten 476, also etwa ein Viertel, das Fach Medizin, 975 aber Fächer der Philosophischen Fakultät. 1919/20 waren insgesamt 8122 Frauen inskribiert; davon studierten 55 Jurisprudenz, 1027 Medizin und 3089 philosophische Fächer. Der Anteil der Frauen an der Studentenschaft stieg bis 1933, als die Nationalsozialisten diese Zahl erheblich zurückschraubten, auf etwa 19%. Zwischen 1908 und 1933 promovierten etwa 10600 Frauen, von denen allerdings nur 55 zu Dozentinnen und davon wiederum allein 24 zu Professorinnen avancieren konnten.

XII. Krisen und Kriege des 20. Jahrhunderts

ERSTER WELTKRIEG

Die Blütezeit des deutschen Universitäts- und Hochschulwesens endete mit Beginn des Ersten Weltkrieges[1], auch wenn die deutsche Wissenschaft ihr weltführendes Renommee noch in die 20er Jahre hinein retten konnte. Obwohl der Lehr- und Wissenschaftsbetrieb bei relativ flexibler Anpassung an die Kriegssituation anfänglich eher »normal« weiterlief, machten sich die Kriegseinwirkungen doch bald enorm bemerkbar. Nicht nur, daß ca. 90000 Studenten zum Wehr- und Kriegsdienst eingezogen wurden (1914 »Allgemeine Wehrpflicht«), womit bei einzelnen Universitäten 50–75% der Hörer betroffen waren, auch etwa 10–25% der Professoren; ein noch höherer Anteil an Nichtordinarien und Privatdozenten mußte ins Feld ziehen. Im Sommersemester 1914 studierten insgesamt knapp 60000 Studenten, davon über 40% an der Philosophischen Fakultät, knapp 30% an der Medizinischen, 17% an der Juristischen und ca. 10% an der Theologischen. Die Auswirkungen des Krieges brachten eine Schrumpfung der Frequenzzahl auf etwa 17000 Universitätsstudenten 1916. Diesem absoluten Tiefstand folgte ein leichter Anstieg durch den Zugang entlassener und verwundeter Kriegsteilnehmer. Obwohl 16000 Studenten gefallen waren, stieg nach Beendigung des Krieges und der Heimkehr der Soldaten die Zahl sprunghaft auf mehr als 110000 an. 1914 betrug der Frauenanteil etwa 6,8% (4000). Etwa 11500 Studierende waren zu dieser Zeit an den Technischen Hochschulen inskribiert; diese hatten dann bei Kriegsende nur noch etwa 7000 Studenten. 1914 kamen 21 Studenten auf 10000 Einwohner, ein Anteil, der dann erst wieder 1921 erreicht wurde. Berlin hatte 1914 etwa 8000 Studenten, München 6600, Leipzig 5300, Bonn 4500 und Freiburg 3100.[2] Die Auswirkungen des Krieges brachten neben Frequenzeinbußen auch große wirtschaftliche Einschränkungen und Minderungen der Etats der Hochschulen mit sich, die nun zum Teil von ihrer Substanz leben mußten. Die zuvor so intensiv betriebenen Baumaßnahmen wurden stark eingeschränkt, die Forschungsmittel gravierend beschnitten. Besoldungen und Stipendien hielten dem Kaufkraftschwund (Preisverdoppelung von 1912 bis 1918) bei weitem nicht stand. In den letzten Kriegsjahren wurde der Lehrbetrieb nur noch notdürftig aufrechterhalten; die Verbindungen mußten ihr Vereinsleben weitgehend einstellen.

»Professoraler Militarismus«

Kurz nach dem Eintritt der USA 1917 in den Krieg brandmarkte der damalige amerikanische Präsident Woodrow Wilson (1913/21) die deutschen Professoren als die eigentlichen Urheber und Hauptträger des deutschen Imperialismus.[3] In der Tat hatten deutsche Hochschullehrer, zwar nicht in politisch verantwortlicher Funktion, so doch als Publizisten und Interpreten der Politik und als Exponenten öffentlicher Willensbildung am »geistigen Weltkrieg« partizipiert. Diejenigen, die nicht dem Ideal der Überparteilichkeit huldigten, gruppierten sich – verallgemeinernd gesprochen – in die sogenannten »Imperialisten« bzw. die der »nationalen Opposition« und die »Kathedersozialisten« (L. Brentano, G. Schmoller, Fr. Naumann, Gebrüder Weber, H. Delbrück, Fr. Meinecke, u. a.). Erstere traten für die äußere Expansion ein, letztere für den inneren Reichsausbau unter Einbeziehung der Arbeiterklasse.

Im Oktober 1914 unterzeichneten 3016 Hochschullehrer eine Resolution, in der sich u. a. der Satz fand: *»Unser Glaube ist, daß für die ganze Kultur Europas das Heil an dem Siege hängt, den der deutsche ›Militarismus‹ erkämpfen wird, die Manneszucht, die Treue, der Opfermut des einträchtigen freien deutschen Volkes.«*[4] Der »Aufruf der 93« bezeichnete den Krieg als »aufgezwungenen Daseinskampf« und fügte sich auch ansonsten nahtlos in die deutsche Kriegspropaganda ein. Nach Meinung der deutschen »Kulturträger« waren die Universitäten aufgerufen, dem Vaterland mit den »Waffen des Geistes« zu dienen – und dies um so mehr, als das Deut-

sche Reich gleich einem »friedlichen Wanderer« von einer »Räuberbande« überfallen worden sei. Die Resolution wurde nur von wenigen Dissidenten, darunter Delbrück und Einstein, mißbilligt.
Im »Krieg der Geister« mit ausländischen Kollegen war die Ansicht, keinerlei Verantwortung am Krieg zu tragen, ebenfalls vorherrschend. Allerdings wurde der Weltkrieg auch als sichtbarer Ausdruck des ideellen Gegensatzes von idealistisch-deutschem zu utilitaristisch-englischem Staatsdenken und russischem Despotismus interpretiert, als eine Art »Glaubenskrieg« zwischen deutscher Freiheit und materialistischer Willkür. Otto von Gierke gab 1917 die Parole aus: *»Wir wollen unsere geschichtlich erarbeitete hohe Staatsidee, unsere harmonische Verbindung einer starken Monarchie mit germanischer Volksfreiheit, unsere die Einheit in der Mannigfaltigkeit wahrende staatliche und gesellschaftliche Organisation, unsere sittlich verankerte und sozial gebundene Freiheit, unsere tief wurzelnde bodenständige Kultur nicht dem demokratischen Moloch opfern. Amerikanisieren lassen wir uns nicht!«* Nationale Phrasen hatten auch und gerade an den Universitäten Hochkonjunktur; es gab nur wenige »Gesinnungspazifisten« (u. a. Fr. W. Förster), die Mehrzahl der Professoren war gegen eine »geistige Demobilmachung«. Die Hochschullehrer waren auch nicht unerheblich an der Kriegsziel- und Friedensdiskussion beteiligt, plädierten je nach Ideologie für Offensive oder Defensive, Annexion oder Kompromiß. Die Pazifisten sahen 1918 die Gefahr: *»Ob nach dem vielen Traurigen, was wir erlebt haben, nicht auch das Tragische uns noch bevorsteht – jene entsetzlichen Konflikte, von denen der (Januar-)Streik (1918) vielleicht ein leises Vorspiel gewesen ... Alle Ereignisse des Weltkrieges trotz ihrer unerhörten Dimension und ihres millionenfachen Tötens sind doch seelisch klein, verglichen mit den Kämpfen der französischen Revolution oder der Religionskriege.«* Delbrück, der dies im Februar 1918 schrieb, meinte wenig später: *»Ehe wir ... das Alldeutschtum, seine Kriegsziele und die blasphemische Predigt vom ›deutschen Herrenvolk‹ nicht eingestampft haben, eher kann die Stunde für Friedensverhandlungen nicht schlagen.«*
Der heroische Patriotismus, der Professoren und Studenten erfaßt hatte, wandelte sich ab 1916 zunehmend in Pessimismus, da der »Sieg-Friede« ganz offensichtlich nicht zu erreichen war, das Reich stattdessen militärisch und innenpolitisch dem Ruin entgegentrieb. Die »Gelehrtenpolitik«, die zu keinem Konsens in der Kriegs- und Friedensfrage gefunden hatte, scheiterte ebenso wie diejenige der Jahre 1848/49. Die Resignation, die sich allenthalben breit machte, beschrieb Gustav Radbruch retrospektiv mit großem Sarkasmus: *»Nur zu oft war vor und während des Krieges der Professor die Trompete, die von selbst zu tönen meinte und nicht wußte, daß und von wem sie geblasen wurde ... Mit den Gesten der Führerschaft waren die Universitäten vielfach Geführte, wo nicht Angeführte des Zeitgeistes.«*[5]
Die politische und geistige Isolation Deutschlands nach dem Krieg war tiefgreifend. Der wissenschaftliche Dialog mit den führenden Ländern war verloren gegangen; die stimulierende Konkurrenz blieb aus. Die deutsche Universität wie auch die deutsche Wissenschaft waren als »imperialistisch« decouvriert und konnten sich von diesem Stigma erst nach und nach befreien. Der in den romanischen und angloamerikanischen Ländern bewunderte Vorsprung der deutschen Forschung, Wissenschaftsorganisation und Hochschulstruktur verlor rapide an Akzeptanz; eine Rehabilitation konnte in der kurzen Dauer der Weimarer Republik nur teilweise gelingen. Trotz dieser überaus kritischen Lage in den Kriegsjahren erhielten noch vier deutsche Wissenschaftler den Nobelpreis zugesprochen: 1914 M. v. Laue für Physik, 1915 R. Willstätter für Chemie, 1918 M. Planck für Physik und F. Haber für Chemie.

Fig. 53
Spottbild auf die Autoritätsgläubigkeit Berliner Professoren 1911, die zu Semesterbeginn »zum Handkuß auf das Polizeirevier beordert wurden«.

DIE WEIMARER REPUBLIK

Obwohl die Weimarer Verfassung dem Reich auf dem Sektor des Hochschulwesens eine Rahmenkompetenz zugesprochen hatte (§ 10.2), blieb die Hochschulpolitik Ländersache, da Reichsregierung, Ministerien und Parlament von ihrer Kompetenz keinen Gebrauch machten.[6] Neben dem Erhalt der Theologischen Fakultäten (trotz der Trennung von Staat und Kirche) garantierte die Verfassung ausdrücklich die Freiheit von Wissenschaft und Lehre (Artikel 142: *»Die Kunst, die Wissenschaft und ihre Lehre sind frei«*), eine Garantie, die nur wenige Länderverfassungen nochmals aufnahmen, da die (reichs-)verfassungsmäßige Definition für ausreichend erachtet wurde. Mit dieser Kodifizierung der »Wissenschaftsfreiheit« war ein Novum für das gesamtdeutsche Universitätsrecht geschaffen und auch der akademischen Selbstverwaltung der Rücken gestärkt. Insgesamt blieb im neuen demokratischen Parteienstaat als Spezifikum der deutschen Universität das *»Ineinander von autonomer Korporation und staatlicher Anstalt«* bestehen.[7]

Die gesellschaftliche Akzeptanz der Universitäten bewegte sich auf unverändert hohem Niveau, trotz des Sachverhaltes, daß in der jungen Republik kein »Kulturkompromiß« zustande kam, sondern fortwährende Konflikte zwischen sozialdemokratischem Reformismus, bürgerlichem Liberalismus, konfessionellem Konservativismus sowie radikalen Ideologien das geistige Klima bestimmten. Anhänger extremer politischer Gruppierungen konnten ihren Aktivismus erst in den letzten Jahren der neuen Demokratie, als das »Weimarer System« ins Wanken geraten war, radikaler ausleben. Zu dieser Zeit auch wurden die Universitäten das Exerzierfeld nationalsozialistischer und anderweitiger fanatisch bestimmter Umtriebe.

Orientierungsprobleme

Der Schock des Krieges, des Kapitulationsfriedens und der Revolution 1918/19 sowie das Ende des monarchischen Obrigkeitsstaates verursachten nicht zuletzt in Akademikerkreisen eine deprimierende Orientierungslosigkeit, die der Historiker Eduard Meyer durch ein bereits 1810 erprobtes Rezept zu therapieren suchte: *»Wenn wir dennoch das Vertrauen auf eine bessere Zukunft, auf eine Wiederbelebung unseres Volksgeistes und eine Erlösung aus dem Versinken in wüsten Materialismus und rohe Begehrlichkeit festhalten, so sind das Einzige, an das wir uns klammern können, die geistigen Kräfte, der letzte Besitz, der uns als keinem Feind erreichbares Eigentum geblieben ist. Ihn dem Volk und dem heranwachsenden Geschlecht zu erhalten und zu mehren, sind in erster Linie die deutschen* Universitäten *berufen. Denn nicht die materiellen Kräfte und Mittel und nicht die mechanische Arbeit sind es, die die Welt beherrschen, so unentbehrlich sie sind, sondern der Geist, der sie entwickelt und leitet, der ihnen die Ziele leitet.«*[8]

Die Leitfunktion der Universitäten im gesellschaftlichen Stabilisierungsprozeß betonte auch ein Aufruf 1919 zur Hochschulreform, der allerdings mit der Option auf einen deutschen »Kulturimperialismus« verbunden war: *»Trotz unseres materiellen Zusammenbruchs können wir Deutsche die geschichtliche Führung der Welt an uns reißen, wenn es uns gelingt, auf dem Grunde der wirtschaftlichen und in den Formen der politischen Demokratie unsere nationale Gemeinschaft zutiefst in einer alle Klassen unseres Volkes umschließenden Gemeinschaft der Bildung zu verankern. In den Dienst dieser Aufgabe sich zu stellen, ist die brennende nationale Pflicht der Universitäten.«*[9] Diese nationale Verpflichtung sahen die einen in einer möglichst weitreichenden »Demokratisierung des Hochschulwesens«, d. h. vornehmlich in einer Zugangsöffnung für die unteren Schichten, während andere mehr den elitären Charakter der Universitäten hervorhoben, ihr Dasein als »Gelehrtenrepublik« und ihre Funktion zur Schaffung einer »geistigen Aristokratie«. In Mode und Verhalten jedenfalls emanzipierten sich Professoren und Studenten von den Verhältnissen des Obrigkeitsstaates. Talare und Barette kamen immer mehr außer Gebrauch, die Zivilkleidung (Student mit Krawatte) dominierte an der Universität und im akademischen Alltag.[10]

Materielle Misere

Die Zeit zwischen 1919 und 1933 war von großer materieller Not – insbesondere in den Inflationsjahren 1922/23 – gekennzeichnet. Ständig neu erlassene Sparmaßnahmen und Etatkürzungen brachten die Universitäten nicht selten an den Rand ihrer Existenz. Die Mittelausstattung für Sachanschaffungen (Apparate) und Bibliotheksergänzungen war in der Regel so ungenügend, daß mit dem wissenschaftlichen Progreß in keiner Weise Schritt gehalten werden konnte. Die Raumkapazitäten genügten dem ständig wachsenden Bedarf in den seltensten Fällen. Ebenso mißlich entwickelte sich die wirtschaftliche Lage der Hochschullehrer. Gehaltseinbußen und Inflation leisteten einer akademischen »Verelendungstheorie« Vorschub, die besagte, daß das geringe Salär Arbeitsfähigkeit und -freude in Mitleidenschaft ziehe, der Professor sein schlechtes Gehalt durch einträgliche Nebentätigkeiten aufbessern müsse, beides Umstände, die auf Kosten von Forschung und Lehre gingen. Nicht zuletzt waren in der unzulänglichen Entlohnung auch die Ursachen für das Verhalten der Ordinarien zu suchen, Nichtordinarien und Privatdozenten – obgleich es diesen vielfach noch schlechter ging – von Kolleggeldern, Prüfungsgebühren und Gutachterhonoraren fernzuhalten.[11]

Soziale Einrichtungen

Die materielle Notlage, in der Studentinnen und Studenten sich befanden, war allerdings noch weit problematischer. Die große Zahl der mittellosen Kriegsteilnehmer, die von der Inflation geschädigten Studienanwärter des Bürgertums und insbesondere Arbeiter- und Bauernkinder standen ein Studium nur mit größter Sparsamkeit und Genügsamkeit durch. Vielfach finanzierten sie es durch Werk- und Ferienarbeit. Trotz erstrebter »sozialer Demokratisierung« blieb das Studium für Kinder der Mittel- und Unterschichten oft unerschwinglich, betraf diese die Notsituation doch extensiver als andere. Eine gewisse Linderung der erbärmlichen Verhältnisse erzielten z. T. Selbsthilfeorganisationen, wie die 1921 gegründete »Wirtschaftshilfe der deutschen Studentenschaft« (ab 1929 unter dem Namen »Studentenwerk«). Auch die Einrichtungen öffentlicher Mensen und der Bau von Studentenwohnheimen wirkten sich bei minderbemittelten Studenten finanziell entlastend aus. Durch ein verstärktes Stipendienaufkommen konnten Studienhilfen getätigt werden; 1925 wurde die »Studienstiftung des deutschen Volkes« ins Leben gerufen.

An vielen Universitäten entstanden am Ende des Krieges »Gesellschaften der Freunde und Förderer«, die sich das Ziel gesetzt hatten, die gravierendsten finanziellen Mängel zu beseitigen. Auch die deutsche Wirtschaft leitete – neben den staatlichen Organen – bedeutende Hilfsmaßnahmen ein. Carl Duisberg, Vorsitzender des Reichsverbandes der deutschen Industrie, schrieb 1923: *»Jeden Groschen, den wir übrig haben, müssen wir der Wissenschaft widmen. Es ist das bestangelegte Kapital, das wir besitzen.«*[12] Obwohl man annehmen kann, daß die Motive der Wirtschaft nicht ausschließlich altruistischer und caritativer Natur waren, ist das Zuschuß- und Spendenaufkommen der Industrie – neben dem des Reiches – in der 1920 gegründeten »Notgemeinschaft der Deutschen Wissenschaft« (seit 1929 »Deutsche Forschungsgemeinschaft«/DFG) hoch zu veranschlagen. Wenig später, ebenfalls noch 1920, wurde der »Stifterverband der Notgemeinschaft der deutschen Wissenschaft« gegründet, eine vornehmlich von Industriellen unterstützte Einrichtung, dem Carl Fr. v. Siemens vorstand. Spezielle Reichsmittel erhielten u. a. zentrale Anstalten wie die Physikalisch-Technischen und die Chemisch-Technischen Reichsanstalten, die Monumenta Germaniae Historica oder auch die Kaiser-Wilhelm-Gesellschaft zur Förderung der Wissenschaften (seit 1949 Max-Planck-Gesellschaft).

Trotz der materiellen Misere von Forschung und Universität, auch trotz des wissenschaftlichen Boykotts durch das Ausland (Ausschluß von wissenschaftlichen Gesellschaften und Tagungen, Boykott deutscher Zeitschriften und Publikationen) hatte die Wissenschaft in Deutschland enorme Erfolge zu verzeichnen, und zwar nahezu auf allen Sektoren. Zeugnis davon geben weitere 14 Nobelpreise, neben dem Friedenspreis für Gustav Stresemann (1926) und dem Literaturpreis für Thomas Mann (1920) fünf für Physiker (Stark, Einstein, Hertz/Franck, Heisenberg), sieben für Chemiker (Nernst, Wieland, Windaus, v. Euler-Chelpin, Fischer, Bosch/Vergius) und zudem zwei für Mediziner (Meyerhof, Warburg).

Reformen

Die knapp anderthalb Jahrzehnte der Weimarer Republik brachten einige nicht unwesentliche Reformen[13] für das Universitätswesen. Der Bestand an 23 Universitäten wurde erreicht durch das Ausscheiden Straßburgs sowie die Gründungen von Frankfurt (1914 errichtet, doch erst 1919 voll funktionsfähig), Köln und Hamburg (1919). Die Frankfurter Universität baute auf verschiedenen Vorläuferinstitutionen auf (Senckenbergische Stiftungen, Deutsches Hochstift, Akademie für Sozial- und Handelswissenschaften) und konnte sich dank exzellenter Fundierung rasch entwickeln. Köln knüpfte an die älteste deutsche Handelshochschule, die Akademie für Praktische Medizin und die Hochschule für Kommunale Verwaltung an. Hamburg fußte auf dem Kolonialinstitut sowie den Physikalischen und Chemischen Staatslaboratorien.

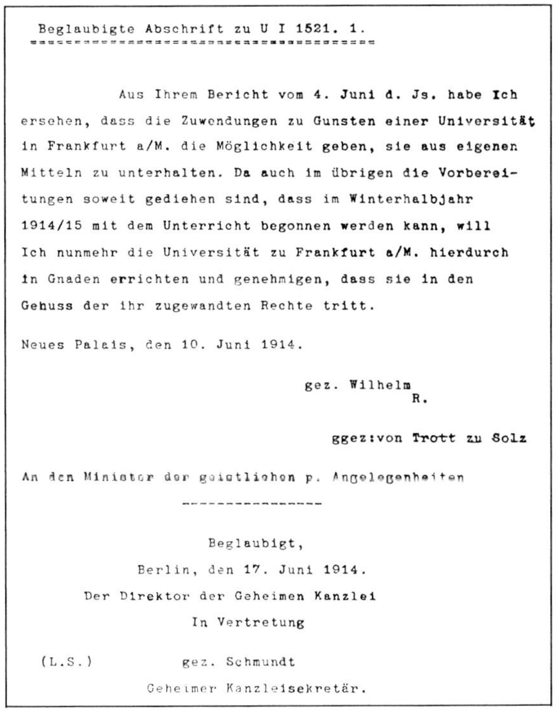
Beglaubigte Abschrift zu U I 1521. 1.

Aus Ihrem Bericht vom 4. Juni d. Js. habe Ich ersehen, dass die Zuwendungen zu Gunsten einer Universität in Frankfurt a/M. die Möglichkeit geben, sie aus eigenen Mitteln zu unterhalten. Da auch im übrigen die Vorbereitungen soweit gediehen sind, dass im Winterhalbjahr 1914/15 mit dem Unterricht begonnen werden kann, will Ich nunmehr die Universität zu Frankfurt a/M. hierdurch in Gnaden errichten und genehmigen, dass sie in den Genuss der ihr zugewandten Rechte tritt.

Neues Palais, den 10. Juni 1914.

gez. Wilhelm R.

gez: von Trott zu Solz

An den Minister der geistlichen p. Angelegenheiten

Beglaubigt,
Berlin, den 17. Juni 1914.
Der Direktor der Geheimen Kanzlei
In Vertretung

(L.S.) gez. Schmundt
Geheimer Kanzleisekretär.

Fig. 54
Abschrift der Königlichen Genehmigung zur Errichtung der Universität Frankfurt/M. 1914.

In einem gewissen Unterschied zur Zeit des Kaiserreiches, in der Reformansätze verschiedentlich dem Universitätsbereich selbst entsprangen, blieben die nunmehrigen Neuregelungen Maßnahmen der staatlichen Unterrichtsverwaltungen. Einer ihrer prominentesten Treuhänder war der damalige Staatssekretär im preußischen Kultusministerium und spätere Kultusminister C. H. Becker (1876–1933). Seine Vorstellungen gingen z. T. auch in die »Grundsätze einer Neuordnung der preußischen Universitätsverfassung« von 1923 ein.[14] In Preußen erhielten alle Universitäten in den Jahren 1928/31 neue Satzungen. Bayern hatte bereits zuvor seine drei Landesuniversitäten Reformmaßnahmen unterzogen. Trotz der in der Verfassung verankerten Freiheit von Wissenschaft und Lehre kam es jedoch nirgendwo zu einer radikalen Reform etwa im Sinne einer Selbstverwaltungsautonomie, vielmehr blieb es bei dem mittlerweile traditionellen Kompromiß zwischen autonomer Körperschaft und staatlicher Anstalt.

Zu den wichtigsten Reformpunkten gehörte die Pädagogisierung des Hochschulunterrichtes, womit das Studium berufsbezogener gestaltet werden konnte und die Berufsausbildung gegenüber der bisher dominierenden Persönlichkeitsbildung eine deutliche Aufwertung erfuhr. In den Kontext dieser Bemühungen fielen auch die Gründungen der Akademien als Volksschullehrerbildungsstätten. Lehrpläne wurden gestrafft, das Examenswesen reorganisiert. Die den professoralen Vorstellungen zuwiderlaufende stärkere Berufsbezogenheit ging klar auf Kosten der »Lernfreiheit«, bewirkte aber eine ungleich größere Effizienz des Studiums. Innerhalb der universitären Selbstverwaltung erhielten die Nichtordinarien mehr Mitspracherechte in den Gremien, wenngleich erst das NS-Regime eine Lösung des viele Jahre diskutierten »Nichtordinarienproblems« erzwang. Von Bedeutung wurde ferner, daß seit 1919 an sämtlichen deutschen Universitäten offizielle Studentenorgane (Studentenparlament, Fachschaften, allgemeiner Studentenausschuß) zugelassen waren und die Studentenschaft damit voll in die Universität integriert war. Bereits 1919 schlossen sich demokratische Interessensvertretungen der Studenten zur »Deutschen Studentenschaft« zusammen. Auch die Ordinarien, die Extraordinarien und die Privatdozenten schufen sich eigene Interessenverbände auf Reichsebene.

Studenten

1919/20 studierten an den deutschen Universitäten und Technischen Hochschulen etwa 110000 Studenten. Bei einer Bevölkerung von ca. 60 Millionen Einwohnern entfielen damit 18 Studenten auf 10000 Bürger. Bis 1933 reduzierte sich die Gesamtstudentenzahl auf ca. 80000 – ein negativer Trend, der in der Periode des Nationalsozialismus gewollt seine Fortsetzung finden sollte –, was bei einer damaligen Bevölkerung von etwa 66 Millionen 12 Studierende auf 10000 Einwohner ausmachte. Die Zahl der Ordinarien stieg in diesem Zeitraum von ca. 1630 auf 1770.[15] Die Zahl der Studentinnen stagnierte zwischen 1919 und 1933 zwischen 8000 und 9000, der Anteil belief sich also auf etwa 10%. Maßgeblich für die Verteilung der Studenten auf die einzelnen Fakultäten und Disziplinen waren der Sozialstatus der Eltern sowie die bestehenden Berufschancen. Schätzungen gehen davon aus, daß ca. 35% der Studentinnen und Studenten den höheren Schichten und 60% dem Mittelstand entstammten. Studiengänge für Juristen, Ingenieure und Lehrer hatten in jener Zeit Konjunktur, die Anteile der Mediziner und Naturwissenschaftler an der Gesamtstudentenschaft nahmen dagegen nicht wesentlich zu.

Die Korporationen, die wesentlich an der Entwicklung der offiziellen »Studentenschaft« beteiligt waren, florierten. 1930 waren von 100000 Studenten ca. 30000 in Verbindungen aktiv. 1933 bestanden 49 studentische Verbände mit knapp über 1300 Korporationen. Doch auch die nichtkorporierten Studentinnen und Studenten bildeten politische oder kulturelle Vereinigungen. Unter dem Einfluß der Jugendbewegung entstanden Vereine wie Quickborn, Heliand, Neudeutschland und Hochland, wobei letzterer als erster Verband Studentinnen als Vollmitglieder aufnahm und sich gegen den Genuß von Alkohol und Nikotin aussprach. Die radikalen Studentenorganisationen wie der NS-Studentenbund oder der Reichsverband Freisozialistischer Studenten konnten erst in den späten zwanziger Jahren durch radikale Aktivitäten größere Resonanz erreichen und bei Hochschulwahlen Erfolge erzielen.[16]

Gefährdungen

Auch die Universitäten sahen sich Ende der 20er und zu Beginn der 30er Jahre verstärkt dem politischen Druck ausgesetzt, den die Krise des »Weimarer Systems« verursachte. Bekanntermaßen waren Hochschulen und Professorenschaft gegen nationalistische und auch nationalsozialistische Einwirkungen nicht immun, wiewohl ein aktives Engagement in der NSDAP äußerst selten blieb. Ein Großteil der Hochschullehrer stand andererseits der Weimarer Republik skeptisch gegenüber und mied es, sich allzu laut zu politischen Abläufen zu äußern. Nicht zuletzt aufgrund der Erfahrungen aus dem Ersten Weltkrieg war der Kreis jener, die sich in den »Elfenbeinturm« der Wissenschaft zurückzogen, ungleich größer als derjenige, der politisch aktiv pro oder contra zur Weimarer Republik stand (Weimarer Kreis u. a.).[17] Mehrheitlich war die Professorenschaft sicherlich konservativ-liberal eingestellt, nur ein geringer Teil dachte sozialdemokratisch. Dem Unbehagen, mit dem das politische Geschehen begleitet wurde, gesellte sich eine ausgeprägte Furcht vor Statusverlusten zu, die angesichts der »Popularisierung« von Universität und Wissenschaft nicht ganz unbegründet waren. Die Turbulenzen innerhalb und außerhalb der Universitäten bewirkten schließlich, daß sich das konservative Ordnungsdenken der Professorenschaft eher festigte als lockerte.

Entſcheide Dich!

Die Universität den Arbeitern! verkünden die **Marxisten** bei jeder Gelegenheit.

Soll die rote Fahne über den deutſchen Hochschnlen wehen wie am 1. Mai in Berlin?

Soll die in der ganzen Welt geachtete deutſche Hochſchule zur Brutstätte einseitiger Partei„wissenschaft" und zum Reservat einer Klasse werden?

Nein! Der Marxismus hat Deutschlands Wirtschaftskraft gebrochen, hat an Stelle wissenschaftlicher Tüchtigkeit das Parteibuch gesetzt.

Iſt der **Nationalſozialismus,** dieſe „auchſozialiſtiſche **Arbeiterpartei**", ein Schutz gegen die rote Welle?

Nein! Denn ihre Katastrophenpolitik führt nur mit Hurra in den Abgrund. Mit ungeklärten Gefühlen und Ideen ist Deutschland nicht zu retten.

Steht nicht länger tatenlos beiseite!

Kämpft mit uns für

Verantwortungsbewußten Nationalismus,

für Freiheit der Wiſſenſchaft und Forſchung.

Die Hochschule allen Begabten!

Hochschulgruppe der

Deutschen Volkspartei

an der Universität Frankfurt a. M.

Hochstraße 59.

Konrad Morgen Gertrud Lattau Rudolf Glockemeier

Fig. 55
Flugblatt einer politischen Hochschulgruppe an der Universität Frankfurt 1931.

DIE ZEIT DES NATIONALSOZIALISMUS

Die Systemkrise der Weimarer Republik wollte der namhafte Soziologe Hans Freyer durch eine *»Revolution von rechts«*, durch eine neue Synthese von Macht und Geist, beendet sehen, der eine *»moralische Aufrüstung«* und Neubestimmung verbindlicher Normen einhergehen sollte. Das Empfinden des Volkes müsse Maßstab allen Handelns sein, so Freyer, und auch die Wissenschaft sei aufgerufen, sich aktiv zur nationalsozialistischen Revolution zu bekennen. Selbst der weltbekannte Philosoph Martin Heidegger stellte die Autonomie des Universitätswesens in Frage, als er bei seiner Antrittsrede 1933 zu seinem Rektorat an der Universität Freiburg formulierte: *»Die vielbesungene akademische Freiheit wird aus der deutschen Universität verstoßen, denn diese Freiheit war unecht, weil nur verneinend.«* Und weiter: *»Nicht Lehrsätze und Ideen seien die Regeln eures Seins! Der Führer selbst und allein ist die heutige und künftige deutsche Wirklichkeit und ihr Gesetz.«* Der bayerische Kultusminister ging noch weiter, als er von Münchner Professoren forderte: *»Von jetzt an kommt es für Sie nicht nur darauf an festzustellen, ob etwas wahr ist, sondern ob es im Sinne der nationalsozialistischen Revolution ist.«*[18]

Der Nationalsozialismus hatte für die Hochschulen – wie im übrigen auch für das sonstige gesamte Schulwesen – kein eigenes konkretes und sachbezogenes Programm. Die nationalsozialistische Hochschulpolitik bestand während der Zeit des Dritten Reiches nur aus temporär und punktuell geltenden Einzelhandlungen und Aktionen. Eine systematische Durchdringung des Hochschulwesens fand nicht statt: die Nationalsozialisten nutzten und benutzten das Beamtenrecht, die Studentenschaft, die Verwaltungen der betroffenen Behörden und Institutionen, um in das Strukturgefüge des Universitätswesens einzugreifen.[19] Eine radikale Umgestaltung ereignete sich in anderer Hinsicht: die Universitäten wurden an die Kandare genommen, die Prinzipien der Freiheit der Wissenschaft ebenso mit Füßen getreten wie die Rechte der Selbstergänzung und der Selbstverwaltung. Der vormals demokratisch gewählte Rektor wurde nach dem »Führerprinzip« ernannt, die Entscheidungsbefugnisse der Gremien durch von außen kommende Vorschriften unterlaufen bzw. ersetzt. Sämtliche Eingriffe in das Schul- und Hochschulwesen dienten dem Ziel der *»Formung des nationalsozialistischen Menschens«*.

Hochschulpolitik

Auf politischer Ebene ging der Konzentration der politischen Macht und der Zentralisierung der Verwaltung eine Aufhebung des Föderalismus einher. Die Gleichschaltung der Länder (1933/34), die Einsetzung von Reichsstatthaltern und die Auflösung der Landtage hatte eine Verlagerung der kultur- und bildungspolitischen Kompetenzen an Partei und Reichsregierung zur Folge. Durch Erlaß vom 1. Mai 1934 wurde das »Reichsministerium für Wissenschaft, Erziehung und Volksbildung« geschaffen, mit umfassenden Kompetenzen ausgestattet, und dessen Leitung dem preußischen Kultusminister Bernhard Rust in Personalunion mit dem preußischen Ministeramt übertragen. Obwohl zwischen Partei und Ministerialbürokratie eine enge Verknüpfung bestand, zeigte sich die nationalsozialistische Hochschulpolitik nicht einheitlich stringent. Wie in anderen politischen und kulturellen Bereichen auch, wirkten verschiedene Mechanismen, die sich allerdings z. T. Konkurrenz machten. Oberste Anordnungsbehörde war das in verschiedene Ämter untergliederte »Reichs- und Preußische Ministerium für Wissenschaft, Erziehung und Volksbildung«, dem die Kultus- und Unterrichtsministerien der Länder unterstanden, deren Kompetenzen generell auf finanzielle und bauliche Angelegenheiten begrenzt waren. Sämtliche inhaltlichen, forschungspolitischen und organisatorischen Angelegenheiten wurden von Berlin aus geregelt und über die Reichsstatthalter durchgesetzt. Die NSDAP bediente sich vielfach und freimütig ihrer Parteiorganisationen – des NS-Dozentenbundes und des NS-Studentenbundes[20] –, um Einfluß nehmen und parallel zu den staatlichen Institutionen agieren zu können. Neben der Disziplinierung von Professoren und Studenten sowie deren Schulung im Sinne der Partei oblag diesen die Propagierung der nationalsozialistischen Weltanschauung und die Kontrolle, *»daß sich das gesamte Hochschulwesen im Einklang mit den Bestrebungen der Partei befindet«*.[21] Die weitreichenden Kompetenzen dieser Parteigliederungen bei Ernennungen und Verwaltungsvorgängen brachten es mit sich, daß nicht selten die eigentlich zuständigen staatlichen Verwaltungsorgane parteilich dominiert wurden.

Der Abbau des Föderalismus und die Ausmerzung demokratischer Elemente in der Bildungs- und Universitätspolitik, die strikte Zentralisierung des Behördenapparates und des Verwaltungsablaufes, die weitgehende Liquidierung der korporativen und kollegialen Entscheidungsinstanzen vollzogen sich jeweils unter dem Primat des totalen Führerprinzips, erzwangen andererseits aber auch auf allen Ebenen eine totale Verpflichtung der Person. Dieses System griff auch im Bereich des Universitätswesens. Bereits 1935 wurden die entscheidenden Gesetze über die Vereinheitlichung der Hochschulverwaltung erlassen sowie das Berufungsrecht und die gesamte Wissenschaftsverwaltung für das Berliner Ministerium reklamiert. Es folgten vielerlei Einzelerlasse (Reichshabilitationsordnung, Assistentenordnung, etc.) und Verordnungen, die diesen Prozeß der administrativen Vereinheitlichung und personalen Gleichschaltung vorantrieben. Die Habilitation wurde zum Instrument, den Lehrkörper politisch konform zu gestalten, *»willige«* Nichtordinarien stiegen zu entscheidenden Universitätsämtern auf.[22]

Struktur und Führerprinzip

Die nationalsozialistische Universitätsideologie[23] verfolgte eine hierarchische Dreigliederung der Hochschule, bestehend aus Rektor, Dozenten- und Studentenschaft. Als *»Führer der Hochschule«* unterstand der Rektor unmittelbar dem Reichswissenschaftsminister, der

„Göttinger Tageblatt" Mittwoch, den 26. April 1933.

6 Göttinger Professoren beurlaubt

Weitere werden folgen

Kultusminister Rust hat, wie uns aus Berlin gedrahtet wird, bis zur endgültigen Entscheidung auf Grund des Beamtengesetzes an der Universität Göttingen nachstehende Dozenten beurlaubt: die Professoren Honig, Courant, Born, Emmy Noether, Bernstein und Bondi. Weitere Beurlaubungen werden folgen.

Außer den Beurlaubungen behält sich das Kultusministerium vor, in der nächsten Zeit zur Umgestaltung der Hochschulen und zur Wiederherstellung ihres bodenständigen Charakters auf Grund des § 5 des Gesetzes zur Wiederherstellung des Berufsbeamtentums vom 7. April 1933 eine Reihe von Versetzungen vorzunehmen.

*

Richard Honig wurde 1890 in Gnesen geboren. Nach seinem Studium in München und Breslau habilitierte er sich 1919 in Göttingen und wurde hier am 1. Juli 1931 zum ordentlichen Professor des Strafrechts ernannt.

Richard Courant, der 1888 zu Lublinitz geboren wurde, studierte an den Universitäten Breslau und Göttingen und am Züricher Polytechnikum und habilitierte sich später in Göttingen für Mathematik.

Auch Max Born ist gebürtiger Schlesier. Nach dem Besuch der Universitäten Breslau, Heidelberg, Zürich und Göttingen und einem Studienaufenthalt in England übernahm er 1909 in Göttingen nach dem Tode Minkowskis die Fortführung seiner Arbeiten auf dem Gebiete der Elektrodynamik.

Fräulein Emmy Noethor, die in Erlangen geboren ist, studierte in ihrer Heimatstadt und in Göttingen und habilitierte sich 1919 in Göttingen, wo sie vor etwa einem Jahr zum Professor der Matthematik ernannt wurde.

Felix Bernstein wurde 1878 zu Halle geboren. Nach dem Studium in München, Halle, Berlin und Göttingen habilitierte er sich 1903 in Halle für Mathematik und kam im Herbst 1909 nach Göttingen.

Curt Werner Bondy ist Hamburger und studierte in Göttingen und Kiel, sowie nach Kriegsende in Hamburg. Hier habilitierte er sich 1925 für Sozialpsychologie und Sozialpädagogik und erhielt 1930 in Göttingen einen Lehrauftrag für Sozialpädagogik.

*

Weitere Beurlaubungen erfolgten:

an der Universität Frankfurt a. M.: Salomon, Mennicke, M. Wertheimer, Strupp, Weil, Pribram, Richard Koch, Glatzer, Pleßner, Sommerfeld, Walter Fränkel, Fritz Mayer, Ernst Kahn, Neumark, Ernst Cohn, Braun, Ludwig Wertheimer und Altschul;

an der Universität Marburg (Lahn): Röpke, Jacobsohn;

an der Universität Königsberg i. Pr.: Professor Hensel; eine Wiederverwendung von Professor Hensel ist in Aussicht genommen,

an der Handelshochschule Königsberg i. Pr.: die Professoren Rogowsky, Hänsler und Kürbs;

an der Universität Kiel: die Professoren Colm, Neisser, Adolf Fraenkel, Hussiert, Stenzel, Liepe, Rauch, Schücking, Opet. Ueber Professor Harms (Kiel) und Professor v. Hentig (Kiel) bleibt Verfügung vorbehalten.

Weitere Beurlaubungen werden folgen. Außer den Beurlaubungen behält sich das Kultusministerium vor, in der nächsten Zeit zur Umgestaltung der Hochschulen und zur Wiederherstellung ihres bodenständigen Charakters vor allem an den Grenzuniversitäten Breslau, Kiel und Königsberg auf Grund des § 5 des Gesetzes zur Wiederherstellung des Berufsbeamtentums vom 7. April 1933 eine Reihe von Versetzungen vorzunehmen.

Professor Kahrstedt über die Judenfrage

in der „Morningpost".

Die konservative „Morningpost" veröffentlicht einen ausführlichen Bericht des Göttinger Geschichtsprofessors Ulrich Kahrstedt, in dem die antisemitische Politik der Nationalsozialisten historisch begründet und verteidigt wird. Kahrstedt weist besonders auf die kommunistische Seite der Judenfrage hin.

Fig. 56 Zeitungsbericht über die Beurlaubung jüdischer Professoren der Universität Göttingen 1933.

jenen auch aus der Reihe der beamteten Hochschullehrer berief. Der Rektor hatte mit den Dekanen der Fakultäten die wissenschaftlichen Belange der Universität zu beraten und zu regeln und die Hochschule in Absprache mit den entsprechenden Parteigliederungen zu führen, deren maßgebliche Funktionäre ebenfalls vom Reichswissenschaftsminister ernannt wurden (Gauführer der NS-Dozentenschaft bzw. NS-Studentenschaft). Auch der Prorektor sowie die Dekane wurden, auf Vorschlag des Rektors, aus Berlin ernannt; der Senat übte nur noch eine unverbindliche Beratungsfunktion aus. Die Hierarchie setzte sich vom Rektor über die Dekane bis in die Fakultäten hinein fort. Letztere behielten zwar das Recht zu Berufungsvorschlägen, doch mußten sie nicht selten die Meinung des NS-Studentenführers übernehmen oder sich den Vorschlägen des Ministeriums anschließen. Ziel der stets planvoll gesteuerten Aktionen war die durchgängige »Nazifizierung« der Hochschulen via Personalpolitik. Von der Berliner Zentrale im Reichswissenschaftsministerium wurden die Berufungen, Beamtungen, Versetzungen und Entpflichtungen vorgenommen, Dozenturen und Lekturen gebilligt oder eingezogen. Die Reichshabilitationsordnung vom Dezember 1934 trennte die Lehrbefähigung *(Dr. habil.)* von der Lehrerlaubnis *(venia legendi)*, die zu genehmigen dem Minister vorbehalten blieb. Allerdings gelang dem NS-Regime nicht, das *»Führerprinzip«* an den Universitäten ausnahmslos durchzusetzen. Dank der unterschiedlich agierenden und sich verschiedentlich gegenseitig blockierenden lokalen und regionalen Parteiinstanzen kam es gelegentlich zu Machtvakuen, die den Hochschulen eine bedingte Autonomie erlaubten, zumal wenn sich Rektoren und Dekane in einem gewissen Einvernehmen mit den Gaudozentenführern befanden. Die traditionsreiche Rektoratsverfassung wurde so nicht durch ein absolutes, sondern lediglich ein *»modifiziertes Führerprinzip«* abgelöst. Das Ende der alten Selbstverwaltung war dennoch gekommen. Die *»Hitler-Universität«* hatte nicht mehr viel mit der *»Humboldt-Universität«* gemein.

Exodus

Als entscheidendes Instrument, um die Universitäten auf den »Nazi«-Kurs des Regimes zu zwingen, erwies sich das »Gesetz zur Wiederherstellung des Berufsbeamtentums« vom 7. April 1933. Dieses gegen den Artikel 30 der Weimarer Reichsverfassung erlassene Gesetz ermöglichte nun nicht nur die Gesinnungskontrolle der Beamten, sondern legitimierte auch die Entlassung derjenigen, die keine Gewähr boten, *»jederzeit rückhaltlos für den nationalsozialistischen Staat«* einzutreten, sowie die Entlassung sämtlicher Nichtarier. Aufgrund dieses Gesetzes und angesichts der generellen Bedrohung durch das Regime verließen in den Jahren von 1933 bis 1945 etwa 2500 Wissenschaftler Deutschland, ein Exodus[24], der der deutschen Wissenschaft und den deutschen Universitäten immensen Schaden zufügte. Bis zum Jahre 1938 wurden etwa 1500 Professoren amtsenthoben, das bedeutete bei etwa 5800 aktiven Universitätslehrern ungefähr ein Drittel. Bis 1939 wurden schätzungsweise 45% des gesamten Lehrkörpers entlassen bzw. pensioniert und durch neue, parteikonforme Lehrkräfte ersetzt.

Die große Auswanderungswelle sowie der Terror, der einzelne Gelehrte in den Tod trieb (man sprach auch von der *»geistigen Enthauptung Deutschlands«*), betraf allerdings nicht alle Disziplinen. Diejenigen Wissenschaften, die nicht im Zentrum nationalsozialistischen Interesses standen, waren weniger tangiert, wohingegen die Geisteswissenschaften, aber auch die Naturwissenschaften, besonders betroffen waren. Insgesamt emigrierten 24 Nobelpreisträger, darunter Albert Einstein, Max Born, Otto Stern und Fritz Haber – eine unersetzliche wissenschaftliche Elite. Von den Geisteswissenschaftlern verließen ihre Heimat u. a. Ernst Bloch, Ernst Cassirer, Karl Löwith, Herbert Marcuse, Theodor Adorno, Max Horkheimer, Helmut Kuhn, Hannah Arendt, Rudolf Carnap und Karl Popper. Die Theologie war weniger betroffen, wenn auch protestantische Professoren wie Karl Barth und Paul Tillich und katholische Fachvertreter wie Karl Rahner und Hubert Jedin hier zu nennen sind.

Aus dem Bereich der für die nationalistische Ideologie besonders anfälligen Germanischen Philologie emigrierten vergleichsweise wenige Gelehrte (etwa 50), aus dem Fach der Politologie sowie der Geschichte, beides Disziplinen von besonderer Politiknähe, u. a. Ernst Fränkel, Richard Löwenthal, Arnold Bergsträsser, Alfred Grosser (Politologen), Veit Valentin, Hans Rothfels, Hajo Holborn, Hans Rosenberg, Ernst Kantorowicz, Golo Mann, Jürgen Kuczynski und Alfred Weber (Historiker). Die Disziplinen der Medizin und der Jurisprudenz wie auch der Wirtschaftswissenschaften waren weniger dem Exodus unterworfen, stärker allerdings die Spezialfächer der Psychologie und der Psychiatrie.[25]

NS-Wissenschafts-ideologie

Adolf Hitler hatte bereits in *»Mein Kampf«* sein Erziehungskonzept sowie Ziel und Aufgaben der Wissenschaft programmatisch formuliert: *»Der völkische Staat hat … seine gesamte Erziehungsarbeit in erster Linie nicht auf das Einpumpen bloßen Wissens einzustellen, sondern auf das Heranzüchten kerngesunder Körper. Erst in zweiter Linie kommt dann die Ausbildung der geistigen Fähigkeiten. Hier aber wieder an der Spitze die Entwicklung des Charakters, besonders die Förderung der Willens- und Entschlußkraft, verbunden mit der Erziehung zur Verantwortungsfreudigkeit, und erst als Letztes die wissenschaftliche Schulung.«*[26] Rassismus und völkische Ausrichtung der Wissenschaft waren und blieben seine Grundprinzipien, Forschung und Lehre sollten nationalsozialistisch instrumentalisiert werden.

Während der nationalsozialistischen Herrschaft bemühten sich nicht nur die Verantwortlichen und Zuständigen in Regierung und Verwaltung, sondern auch beflissene Gelehrte ohne politischen Auftrag, aber mit messianischem Sendungsbewußtsein, diese Maximen buchstabengetreu umzusetzen.[27] Die Rede Minister Rusts am 6. Mai 1933 in der Aula der Berliner Universität stellte die Nazi-Konzeption eindringlich vor Augen:

»… *In diesem Augenblick sei zwischen uns Wahrheit. Als der Staat und seine Hilfstruppen sich dem Weg der akademischen Jugend, der ja der Weg des deutschen Volkes war, entgegenstellte, meine Herren Professoren, da waren Sie zum großen Teil vollständig eingekapselt in Ihre Aufgaben der freien Forschung. Sie haben sie erfüllt und hervorragend erfüllt; aber die deutsche Hochschule hat zwei Aufgaben, das muß ganz klar gesehen werden. Es ist die Hochschule nicht nur eine Stätte der Forschung, sondern auch eine Stätte der Erziehung. Wir können den Wert einer deutschen Hochschule nicht nur messen an der Zahl der wissenschaftlichen Publikationen, sondern wir müssen sie auch noch von einer anderen Seite aus betrachten. Meine Herren Professoren, in diesen Jahren, wo dieser undeutsche Staat und seine undeutsche Führung der deutschen Jugend den Weg verlegten, da haben Sie in professoraler Einsamkeit und in Hingebung an Ihre große Forschungsarbeit übersehen, daß die Jugend in Ihnen den Führer der Zukunft der deutschen Nation suchte. Die Jugend marschierte, aber, meine Herren, Sie waren nicht vorn. So ist jene Verbindung abgerissen …*

Seien wir in diesen Tagen nicht unangebracht sentimental. Ich muß einen Teil der deutschen Hochschullehrer ausschalten, auf daß die deutsche Hochschule wieder in der Synthese von Forschung und Führung der Jugend ihre Aufgaben erfüllen kann. Die deutsche Jugend … läßt sich nun einmal heute von fremdrassigen Professoren nicht führen, so wenig sie sich führen läßt von jenem, der geistig abgekehrt ist von Deutschland und seinem Wesen. Denken Sie nicht immer an den Einzelnen, denken Sie an die Nation. Wir sind nur gerecht, wenn wir den

Fig. 57
Reichswissenschaftsminister Bernhard Rust (†1945; Mitte, in Uniform) und der Rektor der Universität Göttingen mit SS- und SA-Führern im Dozentenlager Rittmarshausen.

Anteil nichtarischer Hochschullehrer einigermaßen der Zusammensetzung unseres Volkes angleichen. Sagen Sie nicht, es sei ungerecht, die Fähigkeit nichtarischer Professoren abzuweisen und damit den freien Wettbewerb zu unterbinden. Der freie Wettbewerb ist nicht von uns unterbunden worden, sondern von jener Weltanschauung, von jener marxistisch-politischen Gewaltherrschaft, die sich in den letzten 14 Jahren nun einmal von der jüdischen Führung überhaupt niemals hat loslösen können. Ich muß es hier aussprechen: ohne Karl Marx keine Sozialdemokratie und kein verlorener Weltkrieg... Wir müssen in Zukunft einen arischen Nachwuchs auf den Universitäten haben, sonst werden wir den Anschluß verlieren.«[28]

Aus dem Munde von Goebbels stammt der Aufruf 1933 an die Studentenschaft: *»Ein Revolutionär muß alles können. Er muß ebenso groß sein im Niederreißen der Unwerte, wie im Aufbauen der Werte. Wenn Ihr Studenten Euch das Recht nehmt, den geistigen Unflat in die Flamme hineinzuwerfen, dann müßt Ihr auch die Pflicht auf Euch nehmen, an der Stelle dieses Unrates einem wirklichen deutschen Geist die Gasse frei zu machen. Der Geist lernt sich im Leben und in den Hörsälen, und der kommende deutsche Mensch wird nicht nur ein Mensch des Buches, sondern auch ein Mensch des Charakters sein...«*

Deutsche Wissenschaft

Der Nobelpreisträger Philipp Lenard vertrat 1936 die geradezu makabre Theorie von einer »deutschen Physik«: *»›Deutsche Physik?‹ wird man fragen. – Ich hätte auch arische Physik der nordisch gearteten Menschen sagen können, Physik der Wirklichkeitsergründer, der Wahrheit-Suchenden, Physik derjenigen, die Naturforschung begründet haben. – ›Die Wissenschaft ist und bleibt international!‹ wird man mir einwenden wollen. Dem liegt aber ein Irrtum zugrunde. In Wirklichkeit ist die Wissenschaft, wie alles, was Menschen hervorbringen, rassisch, blutmäßig bedingt. Ein Anschein an Internationalität kann entstehen, wenn aus der Allgemeingültigkeit der Ergebnisse der Naturwissenschaft zu Unrecht auf allgemeinen Ursprung geschlossen wird oder wenn übersehen wird, daß die Völker verschiedener Länder, die Wissenschaft gleicher oder verwandter Art geliefert haben wie das deutsche Volk, dies nur deshalb und insofern konnten, weil sie ebenfalls vorwiegend nordischer Rassenmischung sind oder waren. Völker anderer Rassenmischung haben eine andere Art, Wissenschaft zu treiben.«*

Das Ideal der »Freiheit der Wissenschaft«, der Unabhängigkeit von Forschung und Lehre, wie es der »Humboldt-Universität« als Grundprinzip zugehörte, war inzwischen passé. Der bekannte Jurist Ernst Rudolf Huber nannte in seinem »Verfassungsrecht des Großdeutschen Reiches« auch die Gründe für dessen Unzeitgemäßheit: *»Die Weimarer Verfassung proklamierte, wie alle liberale Verfassungen, die Freiheit von Wissenschaft und Kunst, also die Freiheit des kulturellen Lebens. Dieser Grundsatz von der Freiheit der Kultur war entstanden in der berechtigten und gesunden Abwehr einer engstirnigen bürokratischen Bevormundung des kulturellen Lebens und Schaffens im absoluten Staat... Doch die Freiheit der Kultur, die der Liberalismus heraufführte, wurde im Laufe der Entwicklung etwas anderes als ein Losungswort im berechtigten Kampf gegen den engen bürokratischen Geist des Absolutismus. Sie wurde das Signal für die vollständige Ablösung des geistigen und kulturellen Lebens von der völkischen und politischen Ordnung. Die Freiheit des Geistes wurde zur Selbstherrlichkeit des freischwebenden, voraussetzungslosen Intellekts; die sachliche Objektivität und Nüchternheit der Wissenschaft wurde zur bindungslosen und sachentleerten Neutralität eines engen Fachgelehrtentums. Mit der Erneuerung des völkischen Lebens soll diese Abgeschiedenheit der Kultur überwunden werden und eine wirkliche Volkskultur entstehen, die aus dem Volke wächst und mit dem Volke lebt und sich entfaltet.*

Für eine solche Volkskultur kann es das Postulat der Freiheit im Sinne der liberalen Verfassungen nicht mehr geben... Doch bedeutet die Abkehr von der liberalen Selbstherrlichkeit des freischwebenden Intellekts nicht, daß im kulturellen Leben die bürokratischen Bindungen eines polizeistaatlichen Systems wieder einzuführen wären. Wissenschaft und Kunst gedeihen nur auf dem Boden der Freiheit – einer Freiheit allerdings, der die innere Verbundenheit mit der völkischen Gemeinschaft selbstverständlich ist. Deshalb schließt die Freiheit der kulturellen Arbeit auch nicht aus, daß Ziele, Formen und Einrichtungen der Wissenschaft und Kunst unter politischer Führung gestaltet werden. Die wissenschaftliche und künstlerische Leistung selbst wird vom einzelnen Glied der Gemeinschaft ausgehen. Die grundsätzliche Ausrichtung und Ordnung des kulturellen Lebens aber muß in der Hand der politischen Führung liegen. Ein tragendes Glied der völki-

Völkische Freiheit versus Wissenschaftsfreiheit

schen Kulturordnung ist die deutsche Universität... In ihr hatte der Humanismus der Humboldt-Zeit ein festes Bollwerk erhalten, das seine Überlieferung auch in der Zeit der Zersetzung noch hatte bewahren können. Aber gerade diese Überlieferung hinderte die Universität daran, gleichen Schritt mit der inneren Entwicklung des Volkes zu halten und an der Spitze der völkischen Wiedergeburt zu stehen. Im neuen Reiche sind die Universitäten unter straffe politische Führung gestellt worden, um sie aus der Verstrickung in alten Traditionen zu lösen und auf den Weg zu neuen Aufgaben zu lenken. Diese Aufgaben selbst, die der neuen Universität gestellt sind, können nicht durch bürokratische Verordnungen und Eingriffe, sondern nur durch die freie schöpferische Arbeit der volksgebundenen Wissenschaft gelöst werden. Wissenschaft ist sinnvoll nur möglich, wenn sie aus der selbstverständlichen politischen Grundhaltung heraus selbstverantwortlich geleistet werden kann.
Deshalb ist es für die deutsche Wissenschaft eine Lebensfrage, daß die Selbstverwaltung der Universität erhalten bleibt, nicht im Sinne einer selbstherrlichen Autonomie, sondern im Sinne einer organischen Gemeinschaft, die unter politischer Führung, nicht unter bürokratischer Kontrolle steht. Mit vollem Recht hat Alfred Bäumler betont, daß die Selbständigkeit der Wissenschaft eine Schöpfung des germanischen Unabhängigkeitssinnes ist, der das verantwortungslose Gerede des freischwebenden Intellekts ebenso ablehnt wie die von der Bürokratie verordnete Gesinnung.[29]

Nazifizierung

Ein Großteil der Wissenschaften war während des Dritten Reiches nicht nur an völkisch-rassischen Kriterien orientiert (Medizin, Rassenhygiene, Euthanasie), sondern auch militärischen Zwecken dienstbar gemacht (Atomphysik). Politiknahe Fächer wie Geschichte, Politologie, Soziologie und Germanistik zeigten sich ideologisch stark affiziert, viele der Fachvertreter forschten und lehrten »systemstabilisierend«. Besaßen die Wissenschaften in den Friedensjahren noch einen gewissen Eigenwert, so verschlechterte sich ihre Situation und diejenige der Universitäten in den Kriegsjahren in bestürzendem Ausmaß. Staat und Partei griffen nun rigider in den Hochschulbetrieb ein, die finanzielle Situation war durchwegs katastrophal, die Zerstörungen der Universitätsgebäude und -einrichtungen durch Kriegseinwirkungen, die zahllosen Einberufungen und der Soldatentod vieler Professoren und Studenten verwehren es, von einem auch nur halbwegs geregelten Studienbetrieb zu sprechen.

Studenten

Die nationalsozialistische Hochschulpolitik ließ durch Steuerung des Hochschulzugangs[30] (u. a. Arbeitsdienst, SA, Wehrpflicht) die Studentenzahlen von 100000 im Jahr 1933 auf 58000 im Jahr 1939 sinken. Dem Regime war daran gelegen, die Anzahl der Absolventen generell, wie auch den Anteil der Studentinnen, der 1933 etwa 19% erreicht hatte, im besonderen zu reduzieren. Nach der Machtübernahme wurde unverzüglich ein *numerus clausus* für Studentinnen erlassen, deren Anteil an der Studentenschaft 10% nicht übersteigen sollte. Studium und akademische Berufe hatten zu Kriegsbeginn ohne-

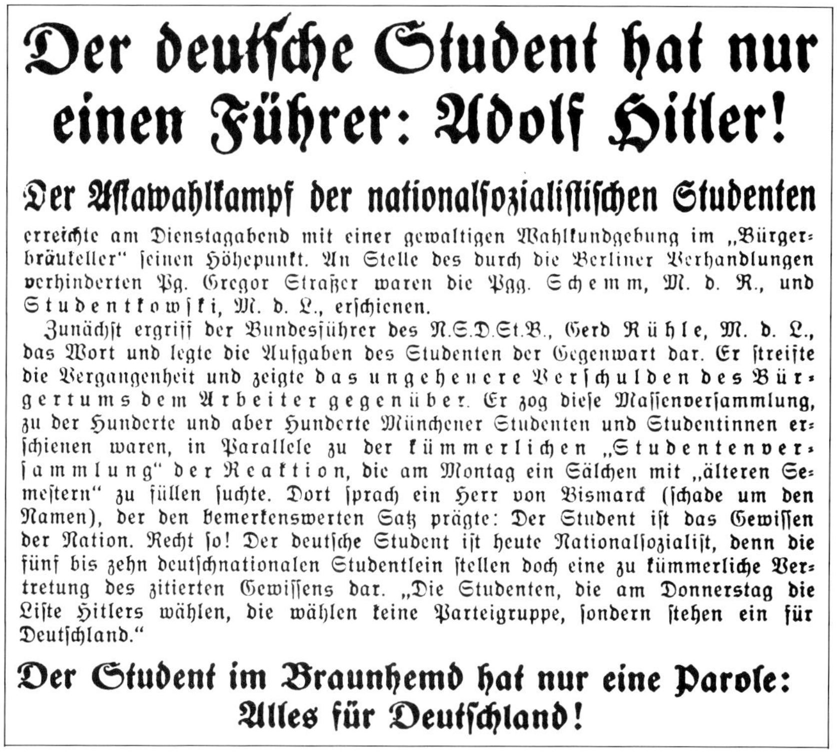

Der deutsche Student hat nur einen Führer: Adolf Hitler!

Der Astawahlkampf der nationalsozialistischen Studenten

erreichte am Dienstagabend mit einer gewaltigen Wahlkundgebung im „Bürgerbräukeller" seinen Höhepunkt. An Stelle des durch die Berliner Verhandlungen verhinderten Pg. Gregor Straßer waren die Pgg. Schemm, M. d. R., und Studentkowski, M. d. L., erschienen.

Zunächst ergriff der Bundesführer des N.S.D.St.B., Gerd Rühle, M. d. L., das Wort und legte die Aufgaben des Studenten der Gegenwart dar. Er streifte die Vergangenheit und zeigte das ungeheuere Verschulden des Bürgertums dem Arbeiter gegenüber. Er zog diese Massenversammlung, zu der Hunderte und aber Hunderte Münchener Studenten und Studentinnen erschienen waren, in Parallele zu der kümmerlichen „Studentenversammlung" der Reaktion, die am Montag ein Sälchen mit „älteren Semestern" zu füllen suchte. Dort sprach ein Herr von Bismarck (schade um den Namen), der den bemerkenswerten Satz prägte: Der Student ist das Gewissen der Nation. Recht so! Der deutsche Student ist heute Nationalsozialist, denn die fünf bis zehn deutschnationalen Studentlein stellen doch eine zu kümmerliche Vertretung des zitierten Gewissens dar. „Die Studenten, die am Donnerstag die Liste Hitlers wählen, die wählen keine Parteigruppe, sondern stehen ein für Deutschland."

Der Student im Braunhemd hat nur eine Parole: Alles für Deutschland!

Fig. 58
Artikel im »Völkischen Beobachter«, November 1932.

hin enorm an Attraktivität verloren. Bedingt durch die Übernahme der österreichischen Hochschulen stieg die Studentenzahl 1943/44 zwar auf etwa 85000 Immatrikulierte an, doch war die tatsächliche Frequenz infolge Kriegseinsatz wesentlich geringer; der Frauenanteil hatte überproportional abgenommen.

Unverzüglich nach 1933 erfolgte die Gleichschaltung der Studentenschaft, die sich das *»Führerprinzip«* ebenso zu eigen machen mußte wie die Korporationen und ihre Verbände. Als weitere Maßnahmen folgten die »Arisierung« sowie die Verpflichtung für die

Verbindungen, *»Wohnkameradschaften«* zur politischen Gesinnungsbildung einzurichten. Nach diversen Umstrukturierungen innerhalb der verschiedenen Korporationsverbände kam es 1935 zur Bildung der »Gemeinschaft studentischer Verbände« sowie zur Errichtung der »Reichsstudentenführung«, der Vereinigung sämtlicher Korporationsverbände. Das *»Heidelberger Spargelessen«* desselben Jahres, bei dem Corps-Studenten sich über den »Führer« lustig gemacht hatten, gab den Anlaß, den Angehörigen der Hitlerjugend die Mitgliedschaft in Korporationen zu untersagen; wenig später, nachdem die Burschenschaft den Versuch gemacht hatte, ihre Existenz durch die Eingliederung in Kameradschaften des NSDStB zu retten,

EINLADUNG

Die Studentenschaften der Universität und der Technischen Hochschule München und der Kreis VII (Bayern) der Deutschen Studentenschaft laden Sie zur

FEIER DER NATIONALEN REVOLUTION

am Mittwoch, den 10. Mai 1933 abends 7⁴⁵ Uhr im Lichthof der Universität München ein.

Die bayerische Staatsregierung ist vertreten.

Die Vortragsfolge finden Sie auf der Rückseite.

Diese Karte berechtigt zum Zutritt in den Lichthof

Anzug:
Dunkler Straßenanzug, Uniform.

DIE STUDENTENSCHAFT DER TECHNISCHEN HOCHSCHULE MÜNCHEN
Fr. Tiedt
Führer

KREIS VII (BAYERN) DER DEUTSCHEN STUDENTENSCHAFT
Karl Gengenbach
Führer

DIE STUDENTENSCHAFT DER UNIVERSITÄT MÜNCHEN
Karl Gengenbach
Führer
Dr. Ed. Friedel
Geschäftsführer

Um Antwort wird gebeten an die Studentenschaft der Universität München.

Widerstand

Fig. 60
Einladungskarte zur Feier der nationalsozialistischen Machtübernahme 1933 im Lichthof der Universität München.

Fig. 59
Feier zum 10. Jubiläum des NS-Studentenbundes 1936 mit dem »Stellvertreter des Führers« Rudolf Hess.

mußten sich die meisten Korporationsverbände auflösen oder wurden verboten. Nachdem den SA-Mitgliedern und 1936 auch den NSDAP-Angehörigen eine Verbindungsmitgliedschaft untersagt worden war, löste sich auch der verbliebene Rest der Korporationen auf. Diejenigen, die sich in Vereine umgewandelt hatten, erlitten 1938 das gleiche Schicksal, genauso die Altherrenschaften.[51]
Das Monopol, für die Studenten zu sprechen, besaß nunmehr der 1926 gegründete »Nationalsozialistische Deutsche Studentenbund« (NSDStB), der während der Weimarer Zeit in ständigem Konflikt mit den Korporationen gelegen hatte. Nicht selten übernahmen in der Folgezeit »Kameradschaften« altstudentische Traditionen (Mensur), doch büßten auch sie an Einfluß ein – der Hochschulangehörige war bald mehr Soldat als (NS-)Student.

Obwohl das Parteiprogramm der NSDAP hinreichend bekannt und dem in fast allen deutschen Haushalten vorhandenen *»Mein Kampf«* Hitlers beigegeben war, auch andernorts, so u. a. im Standardlehrbuch der Juristen, dem *»Schönfelder«*, einleitend abgedruckt war und der Nationalsozialismus seine »Universitätsideologie« im übrigen massiv vertrat, regte sich an den Hochschulen kaum Widerstand[52] gegen die Praktiken des Regimes. Trotz weitgehender Inpflichtnahme von Lehre und Forschung für die nationalsozialistische Ideologie blieb ein gewisser Grad an Lehrfreiheit erhalten, ein Ausweichen auf weniger ideologieanfällige Themen gelang in der Regel denjenigen, die bewußt und mutig danach suchten. Insgesamt überwog freilich die Anpassung, wenn auch wohl gepaart mit *»innerer Distanz«*. *»Um Schlimmeres zu verhüten«*, arrangierten sich viele Dozenten mit dem NS-System und nutzten die verbliebenen akademischen Freiräume. Widerstand, sofern er sich denn regte, hatte unweigerlich berufliche Nachteile, wenn nicht die sofortige Relegation aus allen akademischen Ämtern zur Folge. Mit Einweisungen in KZs, Todesurteilen und Morden zeigte das Regime, wie es gegen Opponenten vorzugehen gedachte.
Bedeutendster und bekanntester Widerstandszirkel war die *»Weiße Rose«* um die Geschwister Sophie und Hans Scholl sowie Professor Kurt Huber an der Universität München, dessen Mitglieder 1943 verhaftet und hingerichtet wurden.[53] Auf einem ihrer Flugblätter stand: *»Nichts ist eines Kulturvolkes unwürdiger, als sich ohne Widerstand von einer*

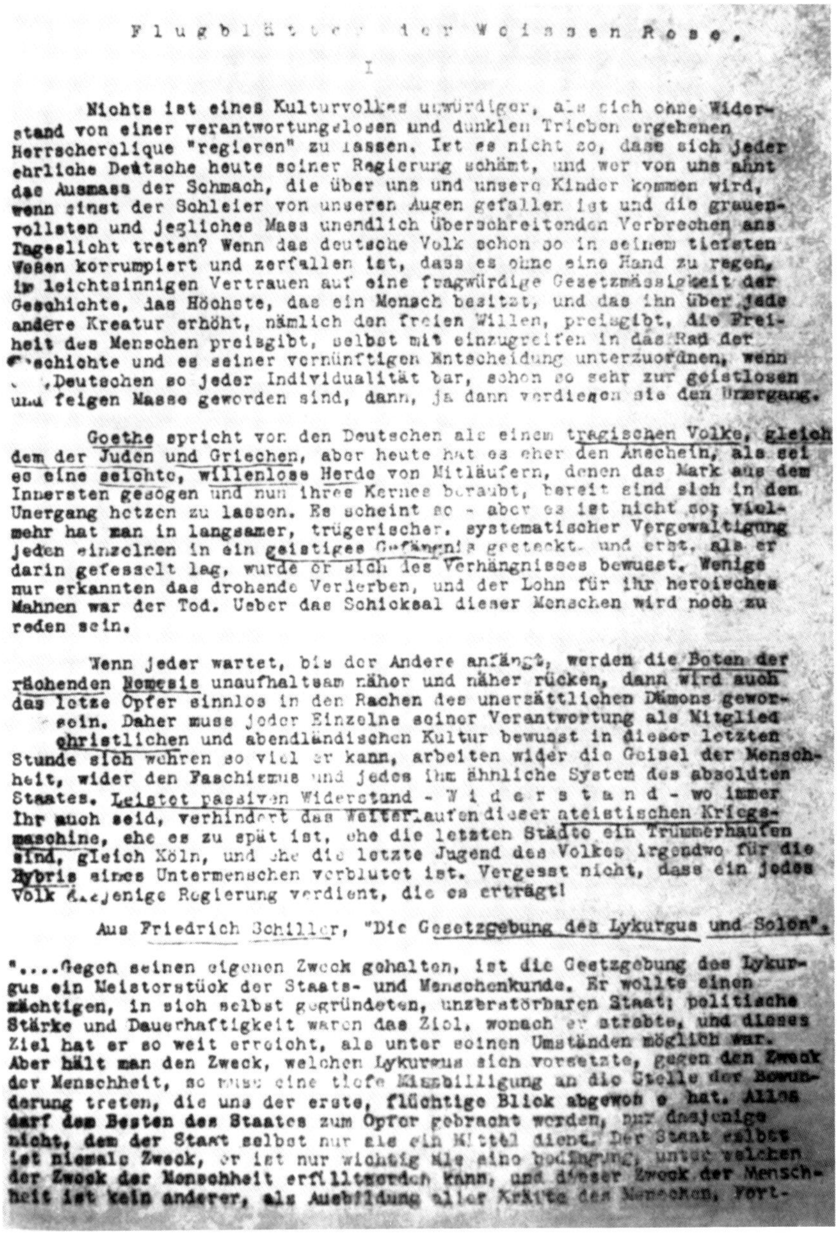

Flugblätter der Weissen Rose.

I

Nichts ist eines Kulturvolkes unwürdiger, als sich ohne Widerstand von einer verantwortungslosen und dunklen Trieben ergebenen Herrscherclique "regieren" zu lassen. Ist es nicht so, dass sich jeder ehrliche Deutsche heute seiner Regierung schämt, und wer von uns ahnt das Ausmass der Schmach, die über uns und unsere Kinder kommen wird, wenn einst der Schleier von unseren Augen gefallen ist und die grauenvollsten und jegliches Mass unendlich überschreitenden Verbrechen ans Tageslicht treten? Wenn das deutsche Volk schon so in seinem tiefsten Wesen korrumpiert und zerfallen ist, dass es ohne eine Hand zu regen, im leichtsinnigen Vertrauen auf eine fragwürdige Gesetzmässigkeit der Geschichte, das Höchste, das ein Mensch besitzt, und das ihn über jede andere Kreatur erhöht, nämlich den freien Willen, preisgibt, die Freiheit des Menschen preisgibt, selbst mit einzugreifen in das Rad der Geschichte und es seiner vernünftigen Entscheidung unterzuordnen, wenn die Deutschen so jeder Individualität bar, schon so sehr zur geistlosen und feigen Masse geworden sind, dann, ja dann verdienen sie den Untergang.

Goethe spricht von den Deutschen als einem tragischen Volke, gleich dem der Juden und Griechen, aber heute hat es eher den Anschein, als sei es eine seichte, willenlose Herde von Mitläufern, denen das Mark aus dem Innersten gesogen und nun ihres Kernes beraubt, bereit sind sich in den Unergang hetzen zu lassen. Es scheint so - aber es ist nicht so; vielmehr hat man in langsamer, trügerischer, systematischer Vergewaltigung jeden einzelnen in ein geistiges Gefängnis gesteckt, und erst, als er darin gefesselt lag, wurde er sich des Verhängnisses bewusst. Wenige nur erkannten das drohende Verderben, und der Lohn für ihr heroisches Mahnen war der Tod. Ueber das Schicksal dieser Menschen wird noch zu reden sein.

Wenn jeder wartet, bis der Andere anfängt, werden die Boten der rächenden Nemesis unaufhaltsam näher und näher rücken, dann wird auch das letze Opfer sinnlos in den Rachen des unersättlichen Dämons geworfen sein. Daher muss jeder Einzelne seiner Verantwortung als Mitglied der christlichen und abendländischen Kultur bewusst in dieser letzten Stunde sich wehren so viel er kann, arbeiten wider die Geisel der Menschheit, wider den Faschismus und jedes ihm ähnliche System des absoluten Staates. Leistet passiven Widerstand - W i d e r s t a n d - wo immer Ihr auch seid, verhindert das Weiterlaufen dieser ateistischen Kriegsmaschine, ehe es zu spät ist, ehe die letzten Städte ein Trümmerhaufen sind, gleich Köln, und ehe die letzte Jugend des Volkes irgendwo für die Hybris eines Untermenschen verblutet ist. Vergesst nicht, dass ein jedes Volk diejenige Regierung verdient, die es erträgt!

Aus Friedrich Schiller, "Die Gesetzgebung des Lykurgus und Solon".

"....Gegen seinen eigenen Zweck gehalten, ist die Geetzgebung des Lykurgus ein Meisterstück der Staats- und Menschenkunde. Er wollte einen mächtigen, in sich selbst gegründeten, unzerstörbaren Staat; politische Stärke und Dauerhaftigkeit waren das Ziel, wonach er strebte, und dieses Ziel hat er so weit erreicht, als unter seinen Umständen möglich war. Aber hält man den Zweck, welchen Lykurgus sich vorsetzte, gegen den Zweck der Menschheit, so muss eine tiefe Missbilligung an die Stelle der Bewunderung treten, die uns der erste, flüchtige Blick abgewonnen hat. Alles darf dem Besten des Staates zum Opfer gebracht werden, nur dasjenige nicht, dem der Staat selbst nur als ein Mittel dient. Der Staat selbst ist niemals Zweck, er ist nur wichtig als eine Bedingung, unter welchen der Zweck der Menschheit erfüllt werden kann, und dieser Zweck der Menschheit ist kein anderer, als Ausbildung aller Kräfte des Menschen, Fort-

Fig. 61
Vorderseite des ersten Flugblattes der »Weißen Rose« 1942.

verantwortungslosen und dunklen Trieben ergebenen Herrscherclique »regieren« zu lassen… Leistet passiven Widerstand – Widerstand – wo immer Ihr auch seid, verhindert das Weiterlaufen dieser atheistischen Kriegsmaschine, ehe es zu spät ist, ehe die letzten Städte ein Trümmerhaufen sind…« Durch ihre wie anderer Mitglieder des Widerstandes selbstlose Taten konnten die Räder des faschistischen Regimes wie auch die der Kriegsmaschinerie nicht aufgehalten werden. Der nur 12 Jahre währenden NS-Herrschaft war es zwar nicht gelungen, die deutsche *»Humboldt-Universität«* zu einer totalen *»Hitler«*- oder *»Führer-Universität«* umzuwandeln. Mit den Städten sanken aber auch die Universitäten in Schutt und Asche.

XIII. Moderne

Neubeginn und Aufbauphase in der Bundesrepublik Deutschland

In den drei westlichen Besatzungszonen begann das akademische Leben an den Universitäten, die für einige Zeit geschlossen worden waren, in der Regel bereits wieder im Wintersemester 1945/46.[1] Die alliierten Militärregierungen hatten sich bemüht, durch Entnazifizierungsverfahren und *»Reeducation«* die *»braunen Universitäten«* ideologisch zu säubern und auf demokratischen Kurs zu bringen. Unter großen materiellen Nöten (Hunger, Wohnungsnot) und bei schlechten wirtschaftlichen Verhältnissen mußte von der Studentenschaft aktive Aufbauarbeit geleistet und der Professorenschaft improvisiertes Lehren und wissenschaftliches Arbeiten abverlangt werden. Die große Vorlesung vor hungrigen Studentinnen und Studenten im ungeheizten, vielfach ramponierten Hörsaal, das gut besuchte Seminar in halbzerstörten Gebäuden oder ruinierten Instituten war der Regelfall.

Revitalisierung der Humboldt-Universität

Bis zum Beginn der 50er Jahre, noch ehe das »Wirtschaftswunder« auch die Hochschullandschaft erfaßte, blieben die Universitäten und Technischen Hochschulen mehr oder minder *»Rangierbahnhöfe wissenschaftlicher Trümmer«*.[2] Prinzipiell waren Hochschulangelegenheiten Ländersache, das Grundgesetz garantierte in Artikel V Absatz 3 die Freiheit von Wissenschaft und Lehre. Ideell und strukturell hatte die *»Humboldt-Universität«* überlebt. Das *»Führerprinzip«* wurde aufgegeben, Selbstverwaltung und weitgehende Autonomie von Staat und Ministerien (obwohl die Hochschulen in genere Staatsanstalten blieben) standen als unverrückbare und handlungsweisende Prinzipien allen Bildungsplanern als Ziel vor Augen. Rektor- und Senatsverfassung wurden nach den alten Usancen reetabliert, Fakultäten und Konzil restituiert, die Institutsgliederung beibehalten. Die Universitäten und Technischen Hochschulen blieben unter umfassender Leitung der Ordinarien; die Verwaltung unterstand einem Kanzler oder einem Kurator. Durch die Einrichtung von *»Allgemeinen Studentenausschüssen«* (AST-en) erhielt die Studentenschaft in Fachschaften Mitwirkungsrecht in studentischen Angelegenheiten. Die örtlichen Studentenwerke nahmen unverzüglich ihre schwierige Arbeit (Mensa, Wohnheime) wieder auf und schlossen sich 1950 zu einem Verband zusammen.

Strukturdaten

1949–1967

Mit Beginn der Bundesrepublik Deutschland[3] 1949 bestanden im Bundesgebiet und in Westberlin folgende 19 Universitäten: Kiel, Hamburg, Göttingen, Münster, Köln, Bonn, Marburg, Gießen (reduziert auf eine Hochschule für Bodenkultur und Veterinärmedizin sowie Medizinische Akademie), Frankfurt, Heidelberg, Mainz, Saarbrücken, Freiburg, Tübingen, Würzburg, Erlangen, München sowie die Medizinische Akademie Düsseldorf und die »Freie Universität« Berlin (seit 1948). Ferner existierten sieben Technische Hochschulen: Hannover, Braunschweig, Aachen, Darmstadt, Karlsruhe, Stuttgart und München. An beiden Hochschultypen zusammen immatrikulierten sich 1950 etwa (ohne Saarland und Berlin) 110000 Studierende, davon 20000 Studentinnen. 1960 gab es im Bundesgebiet und Westberlin 215000 Studierende, davon etwa 45000 Frauen; etwa 40000 Studenten davon besuchten die Technischen Hochschulen. Geht man von einer Bevölkerungszahl von 55 Millionen aus, so kommen auf 10000 Einwohner 33 Studenten, dies bedeutet nahezu eine Verdreifachung gegenüber der Relation, wie sie gegen Ende der Weimarer Republik bestand. 1961 studierten bei einem Bevölkerungsanteil von 52% Protestanten und 44% Katholiken 62% evangelische und 35% katholische Jungakademiker. 10000 Protestanten stellten also 43 Studierende, 10000 Katholiken nur 28. 1967 war die Zahl der Studierenden bereits auf rund 257000 angewachsen, unter ihnen rund 56000 Frauen, ein Prozentanteil von etwa 22%. Es gab nun zehn Hochschulen, die mehr als 10000 Studenten aufwiesen: Berlin, Bonn, Frankfurt, Freiburg, Hamburg, Heidelberg, Köln, München, Münster und Tü-

bingen. Keine der Technischen Hochschulen erreichte diese Zahl; drei Universitäten aber hatten bereits mehr als 15000 Studenten (München, Köln, Münster).
Die Studierenden des Studienjahres 1966/67 verteilten sich auf Hochschulen und Studienfächer nach folgendem Schlüssel: von 100 Studierenden befanden sich 81 an Universitäten und Technischen Hochschulen, 16 an Pädagogischen Hochschulen und drei an Kunsthochschulen. Von den 81 Studierenden an den Universitäten und Technischen Hochschulen waren drei Theologen, 18 Kulturwissenschaftler, acht Juristen, 13 Ökonomen, 13 Naturwissenschaftler, zwölf Humanmediziner und einer Land- oder Forstwirt. Technische Wissenschaften und Architektur studierten zwölf.[4]
Nordrhein-Westfalen stellte zu diesem Zeitpunkt über 57000 Studienplätze, gefolgt von Bayern und Baden-Württemberg mit je rund 44000, Hessen mit etwa 26000, Berlin mit 21600 und Niedersachsen mit etwa 19000 Studienplätzen.
Das Durchschnittsalter der Studierenden betrug 1966/67 etwa 23,6 Jahre, der Anteil der Städter überwog den der Landbewohner um das Doppelte. Im Bundesdurchschnitt studierten von 10000 Einwohnern 35–40. Der Anteil der Akademikerkinder betrug etwa ein Drittel, fast das Fünffache des Anteils der Akademiker an der berufstätigen Bevölkerung. Der Anteil der Kinder von Angestellten bewegte sich über 20%, der der Arbeiter- und Bauernkinder unter 10%. Die Studienkosten, die zu dieser Zeit rund 20000 DM jährlich ausmachten, finanzierten fast zwei Drittel durch Zuwendungen der Eltern, rund ein Siebtel erhielt Studienförderung durch das *»Honneffer-Modell«* (seit 1957). Ein Siebentel der Studierenden finanzierte das Studium durch »Werkarbeit«. Die Zahl der Staats- und Diplomexamina stieg von rund 18400 im Studienjahr 1953 auf etwa 30500 im Studienjahr 1966. Etwa 7000 Promotionen erfolgten 1966, der Großteil davon natürlich in Medizin. Die Studiendauer betrug im Durchschnitt aller Disziplinen zwischen fünf und sechs Jahren.

Expansion

Die Expansion des Hochschulwesens kam insbesondere auch durch die Vermehrung des wissenschaftlichen Personals zum Ausdruck, das sich von etwa 15500 im Jahre 1960 auf knapp 32000 im Jahre 1966 mehr als verdoppelte:

	1960	1966	
Ordinarien	3100	5000	= Steigerung um ca. 60%.
Nichtordinarien	1800	5600	= etwa Verdreifachung
Assistenten	9800	19000	= etwa Verdoppelung

Von 1960 bis 1966 z.B. stieg die Zahl der Medizinischen Lehrstühle von 435 auf 710, derjenigen der Mathematik und Naturwissenschaften von 690 auf 1130, der Evangelischen Theologie von 106 auf 147, der Katholischen Theologie von 86 auf 117, der Lehrstühle in der Philosophischen Fakultät von 633 auf 951 (Germanistik 88/133; Geschichte 103/161; Anglistik 48/73), derjenigen in der Jurisprudenz von 242 auf 337, in der Volkswirtschaftslehre von 92 auf 135, in der Betriebswirtschaftslehre von 72 auf 113 und in Politik und Soziologie von 49 auf 95. Die Universität München verfügte 1966 z.B. über annähernd 2000 Stellen, davon 282 Ordinariate. Überproportional waren Mathematik, Betriebswirtschaftslehre und Soziologie prosperiert, unterproportional die Medizin. Erfolgten 1959 etwa 330 Habilitationen in der Bundesrepublik, so waren es 1966 mehr als 600. Das technische Personal stieg von etwa 25000 Personen 1960 auf knapp 40000 im Jahr 1966, das übrige Personal von 5000 auf 10000 (ohne Bibliothek und Verwaltung).
Die Entwicklung der Ausgaben für das Hochschulwesen war atemberaubend. Nach der Währungsreform und in den Jahren des »Wirtschaftswunders« hatte sich das durchschnittliche Steueraufkommen pro Bürger von 392 DM 1950 auf 1863 DM 1966 erhöht. Dieser reichlichen Vervierfachung stand eine Verzehnfachung der Hochschulausgaben der Länder von etwa 340 Millionen DM auf 3520 Millionen DM gegenüber. 1966 schoß der Bund etwa 650 Millionen zu (knapp ein Sechstel), so daß sich das Gesamtvolumen des für die Hochschulen bereitgestellten Geldes auf 4,2 Milliarden DM belief.[5]

SCHWEIZ

Die Schweiz besitzt insgesamt zehn Universitäten bzw. Hochschulen, deren Großteil im 19. Jahrhundert gegründet wurde (Bern, Fribourg, Genf, Lausanne, Zürich Univ., ETH). Neugründungen bzw. Rangerhöhungen des

20. Jahrhunderts stellen die Theologische Fakultät (Kath.) Luzern (1938) dar, die 1909 aus der dortigen Akademie hervorgegangene Université de Neuchâtel sowie die seit 1938 bestehende Handelshochschule St. Gallen, die seit 1962 die Bezeichnung Hochschule für Wirtschafts- und Sozialwissenschaften trägt. Bis auf die Eidgenössische Technische Hochschule Zürich sind alle Anstalten Einrichtungen der jeweiligen Kantone. 1982 zählte die Universität Zürich, an der in eben diesem Studienjahr erstmals in der Schweiz eine Frau das Rektoramt bekleidete, 15 000 Studenten und 1370 Personen, die dem wissenschaftlichen Personal zugerechnet werden. Die ETH hatte 7600 Studierende, Basel 6000 (260 Hochschullehrer), Bern 7600 (171 Professoren), Genf etwa 10 000.[6]

ÖSTERREICH

Im heutigen Österreich[7] bestehen zwölf Universitäten, davon fünf in der Hauptstadt Wien: neben der altehrwürdigen Universität, die zugleich die größte und frequenzstärkste akademische Institution des Landes darstellt (1979: 36 000 Studenten und 356 Hochschullehrer), die Technische Universität (hervorgegangen aus der Technischen Hochschule; 1981 circa 11 700 Studierende und 172 Hochschullehrer), die Universität für Bodenkultur (seit 1872 Hochschule, 1975 Universität), die Wirtschaftsuniversität (seit 1873 Handelshochschule, 1919 Hochschule für Welthandel, 1975 Universität) sowie die Veterinärmedizinische Universität (seit 1897 Militär-Tierarznei-Institut und tierärztliche Hochschule, seit 1975 Universität). Zwei Hochschulen befinden sich in Graz, nämlich die auf der Tradition der 1586 gegründeten Jesuitenhochschule beruhende Karl-Franzens-Universität (1981: 20 000 Studenten/617 Hochschullehrer) sowie die Erzherzog-Johann-Universität, die als Technische Universität auf der seit 1864 so genannten Technischen Hochschule basiert (1981: 6300 Studenten/99 Hochschullehrer). Auf älteren Hochschuleinrichtungen fußen auch die Universitäten Innsbruck und Salzburg, die ehedem schon Universitätsrang besaßen, temporär aber degradiert worden waren. Während Innsbruck auf eine seit 1826 nicht mehr unterbrochene Universitätstradition zurückschauen kann, erhielten Salzburg (1962), Klagenfurt (1970), Linz und Leoben (1975) erst in jüngerer Zeit diesen Status. In Salzburg bestanden ehemals ein Lyzeum sowie eine medizinisch-chirurgische Lehranstalt, in Linz eine Philosophisch-Theologische Diözesanlehranstalt sowie eine Handelsakademie, in Leoben die Montanistische Hochschule.

DEUTSCHE DEMOKRATISCHE REPUBLIK

An den Universitäten der Sowjetischen Besatzungszone[8] wurde nach 1945 die Entnazifizierung radikaler als in der westlichen Trizone durchgeführt. Die Beseitigung der Kriegsschäden und der Neuaufbau erwiesen sich mindestens als ebenso schwierig wie in Westdeutschland. Die DDR-Verfassung von 1949 garantierte die Freiheit von Wissenschaft und Lehre, doch blieb dies leeres Versprechen. In der Realität wurde von Anfang an auf eine radikale Durchsetzung der sozialistisch-kommunistischen Ideologie geachtet. In der Neufassung der Verfassung der DDR 1974 findet sich der Artikel 34 von 1949 nicht mehr; Artikel 17 Absatz 1 formulierte jetzt: *»Die Deutsche Demokratische Republik fördert Wissenschaft, Forschung und Bildung mit dem Ziel, die Gesellschaft und das Leben der Bürger zu bereichern und zu schützen. Dem dient die Vereinigung der wissenschaftlich-technischen Revolution mit den Vorzügen des Sozialismus.«* Die hergebrachten Universitätsstrukturen (Rektorat/Senat/Fakultäten) einschließlich der Gremien blieben zwar weitgehend erhalten, die Staatskontrolle (Sekretariat/Ministerium für Hochschulfragen) war, nicht zuletzt durch die Präsenz von SED und FDJ an den Hochschulen, so gut wie allumfassend. Forschung und Lehre unterstanden zentraler Planung; das *»Studium des Marxismus-Leninismus wurde Herzstück der Herausbildung sozialistischer Persönlichkeiten«*.[9] Die Vergabe von Studienplätzen war an politische Loyalität (Wehrdienst, Betriebszugehörigkeit) gebunden. Die Aufgaben der Universitäten und Hochschulen als *»Festungen der Arbeiter- und Bauern-Macht«*[10] umschreibt eine *»Willenserklärung«* von Nationalpreisträgern 1976 wie folgt: *»Die Universität verbindet Forschung, Lehre und Praxis. Sie erbringt gerade durch eine derartige Verbindung einen unersetzlichen Beitrag zur Gestaltung der entwickelten sozialistischen Gesellschaft. Die Verbindung mit der Lehre vermittelt der Forschung immer neue*

Festungen der Arbeiter- und Bauern-Macht

Anregungen. Eine den spezifischen Bedingungen der Universität entsprechende Forschung vertieft umgekehrt die Lehre, bringt sie in Einklang mit gegenwärtigen und künftigen Anforderungen der Praxis und regt die Lehrenden und Lernenden zu schöpferischer Tätigkeit an. Die Praxis unserer Gesellschaft braucht diese Wechselbeziehungen und fördert die Arbeitskollektive aus Hochschullehrern, Mitarbeitern, Studenten und Arbeitern.«[11]

Die Hochschulpolitik der DDR, das Fortführen klassischer Strukturen auf der einen, die Ideologisierung auf der anderen Seite, fand in den Namen der beiden größten und bedeutendsten Hochschulen des Landes, der »Humboldt«-Universität (seit 1949) in Berlin und der »Karl-Marx«-Universität (seit 1953) in Leipzig, symbolhaften Ausdruck.

Bis 1951 bestanden auf dem Territorium der DDR u. a. folgende Hochschulen bzw. Universitäten:

Universitäten: (Ost-)Berlin, Greifswald, Halle-Wittenberg, Jena, Leipzig, Rostock.

Technische Hochschulen: Dresden, Chemnitz (Karl-Marx-Stadt), Freiberg (Bergakademie).

In der Zeitspanne von 1951 bis 1955 erfolgten etwa 25 Hochschulneugründungen, davon sieben Technische Hochschulen, vier Landwirtschaftliche Hochschulen, zwei Ökonomie- und drei Kunst-Hochschulen, sieben Pädagogische Institute und drei Medizinische Akademien. Die Zahl der Hochschullehrer stieg von 1395 im Jahre 1951 auf 4152 im Jahr 1960 und auf 5276 im Jahr 1975. Die Zahl der Studierenden wird für die Zeit von 1951 bis 1955 mit rund 55000 (incl. Fernstudierende) und für das Jahrfünft 1955/60 mit etwa 85000 angegeben. Genaueres statistisches Material wird staatlicherseits nicht publiziert; auch drucken die Universitäten keine Personal- und Vorlesungsverzeichnisse.

Der erklärten Absicht der DDR, mehr Arbeiter- und Bauernkindern das Studium zu ermöglichen, entsprach seit 1951 (Verordnung über die Neuorganisation des Hochschulwesens) die Einrichtung von »Arbeiter- und Bauernfakultäten«, wobei der Anteil von Kindern aus eben diesen Schichten bereits 1949 etwa ein Drittel der Studentenschaft ausmachte. 1946 bestanden in der SBZ elf Hochschulen mit etwa 11900 Studenten. 1951 war die Zahl der Studierenden auf rund 32000 gestiegen, 1955 auf gut 60000. Von letzteren entstammte über die Hälfte (33000) der Arbeiterschaft und dem werktätigen Bauernstand. Hiermit, so die amtliche Darstellung, glaube man, *»die Brechung des bürgerlichen Bildungsprivilegs durch die Arbeiterklasse«* und das *»demokratische Menschenrecht auf Bildung«* bewerkstelligt zu haben.[12]

MODERNE

»Einsamkeit und Freiheit«, dieses Leitmotiv der Humboldt-Universität ist an der modernen *»Massen-Universität«* obsolet geworden. Die Schlagworte seit Ende der 60er Jahre – *»Bürokratisierung«*, *»Verschulung«*, *»Differenzierung«*, *»Massenausbildung«*, *»Studentenberg«* – beleuchten Problemfelder, die sich vielfach zwangsläufig aus der rapiden Expansion des Hochschulwesens ergaben. Die »Studentenrevolte« 1968/72 konnte die »Kernstruktur« der Universität zwar nicht prinzipiell aufbrechen, hat zu wesentlichen Veränderungen aber doch Anlaß gegeben. Die Postulate des studentischen Protestes basierten (abgesehen von den vielfach sehr im Vordergrund stehenden politischen Forderungen der »außerparlamentarischen Opposition«) auf der These vom »Bildungsnotstand« einerseits, sowie auf der Forderung nach »Demokratisierung« der »Ordinarien-Universität« andererseits. Der Bildungsnotstand sollte nach Meinung der Protestbewegung durch eine durchgreifende »soziale Öffnung« der Hochschulen für Unterschichten behoben werden, verbunden mit einer Schulreform. Eine Demokratisierung erhoffte man sich durch strukturelle Reformen und »Studienreformen« mit dem Ziel des Ersatzes der *»Ordinarien-Universität«* durch die *»Gruppen-Universität.«*[13]

Hochschulreform und Gruppen-Universität

Die neue *»Gruppen-Universität«*, wie sie sich nach schmerzlichen Erfahrungen für alle am kämpferisch und aggressiv geführten Diskussionsprozeß Beteiligten herauskristallisierte, zeichnete sich gegenüber der »klassischen« Universität vornehmlich durch das Mitwirkungsrecht von Assistenten, nichtwissenschaftlichem Personal und Studenten aus. In den Gremien der Hochschulen (Versammlung/Senat/Fakultäts- bzw. Fachbereichsrat) bestimmt ein Verteilerschlüssel (etwa 7:2:2:1), mit Dominanz der Professoren, die Stimmrechte. Die Hochschulgesetzgebung des Bundes (HRG 1975) und der Länder sowie einige Urteile des Bundesverfassungsgerichtes (1973/77) begrenzten allerdings die Mitwirkungsrechte der Nichtordinarien ebenso, wie sie die Vorrechte der Professoren bei wissenschaftlichen Angelegenheiten (Habilitation, Berufungswesen) festschrieben. Die ehedem minderberechtigten Nichtordinarien erhielten allerdings im Rahmen der Hochschulreform Mitspracherechte auch in Instituten und Kliniken.

Die Hochschulreform der 70er Jahre brachte darüber hinaus eine Verkleinerung der Universitätsgremien, die nunmehr an den meisten Universitäten auf den Rang von Repräsentativorganen absanken. Die Versammlung, der Senat und auch die Fakultätsräte wurden gewählte Gremien, an denen nicht mehr wie vordem die Mehrzahl der Professoren teilnahm. Als besonders augenfällige Abkehr von überlieferten Universitätsstrukturen erwies sich die Aufspaltung bzw. Abschaffung der Fakultäten. Aus den traditionellen vier oder fünf Fakultäten wurden an den kleineren Hochschulen bis zu zehn, an den großen Universitäten über 20 Fachbereiche bzw. Fakultäten. Zumeist blieben die Theologischen, Juristischen und Medizinischen Fakultäten ungeteilt, differenzierten sich die Wirtschaftswissenschaften nur gering (Volkswirtschaft/Betriebswirtschaft), während sich die Philosophischen und Naturwissenschaftlichen Fakultäten und die Technischen Disziplinen stark auffächerten.

Fig. 62
»Sit-in« an der FU Berlin im Jahre 1967.

Die Hochschulreform brachte andererseits für die meisten Fächer neue Studien- und Prüfungsordnungen (Grad des Magister Artium, obligatorische Zwischenprüfungen, etc.), in vielen Fällen eine gewisse Reglementierung, die von Kritikern auch als *»Verschulung«* bezeichnet wurde. In einer bestimmten Regelstudienzeit sollte ein festgelegtes Quantum an Vorlesungen, Seminaren und Praktika absolviert werden. Die traditionellen akademischen Grade wie auch die Diplom- und Staatsexamina wurden in diese Reform nur bis zu einem gewissen Grade einbezogen. Der Hochschuldidaktik wurde vermehrte Aufmerksamkeit geschenkt und die Volksschullehrerbildung (z. T. durch Aufhebung der meisten Pädagogischen Hochschulen) in die Universität integriert.[14]

Um die prognostizierte Bildungskatastrophe zu meistern, wurden neben diversen schulischen Vorausmaßnahmen und der Errichtung von Fachhochschulen auf dem Hochschulsektor eine Reihe von neuen Universitäten und Gesamthochschulen – zumeist als *»Campus-Hochschulen«* in modernster funktionaler Architektur – mit Universitätsrang errichtet:[15]

Neugründungen

1965 Bochum; Hannover (Med. H.); Düsseldorf (Univ.)
1966 Konstanz
1967 Regensburg; Ulm
1969 Dortmund; Bielefeld
1970 Bremen; Augsburg; Kaiserslautern/Trier (1975 verselbständigt)
1971 Kassel (GH)
1972 Essen (GH); Bamberg (1979 Univ.); Duisburg (1980 Univ.); Paderborn (GH); Siegen (GH); Wuppertal (GH); München und Hamburg (Bundeswehrhochschulen)
1973 Lübeck (Med. H.)
1974 Oldenburg; Osnabrück; Hagen (Fernuniversität)
1975 Bayreuth
1978 Passau
1980 Eichstätt (Kirchl. GH 1972); Hamburg (TU)
1983 Herdecke (Freie Trägerschaft)

An Pädagogischen Hochschulen blieben u. a. bestehen: Flensburg, Heidelberg, Hildesheim, Kiel, Ludwigsburg, Lüneburg, Erziehungswiss. Hochschule Rheinland-Pfalz (Koblenz/Landau/Mainz), Reutlingen, Schwäbisch Gmünd, Weingarten. Als Wissenschaftliche Hochschulen mit Sonderstatus verstehen sich die Katholisch-Theologischen Fakultäten in Paderborn, Fulda und Trier, die Evangelischen Kirchlichen Hochschulen in Bethel, Wuppertal und Neuendettelsau, die Jesuitische Hochschule für Philosophie in München, die Hochschule für Verwaltungswissenschaften in Speyer sowie die Sporthochschule in Köln.

Die Mehrzahl der Universitätsneugründungen beruhte auf ehemaligen Pädagogischen oder Philosophisch-Theologischen Hochschulen, die in eine neue Institution, die selten sämtliche Fakultäten umfaßte, integriert wurden. Zu Beginn der 70er Jahre erhielten auch die Technischen Hochschulen den Universitätstitel (Technische Universität) bzw. wurden in Universitäten umgewandelt. Die einzigen Privatuniversitäten sind die Katholische Universität Eichstätt sowie die Universität Witten-Herdecke; sämtliche anderen Hochschulen sind staatlich, auch die Universitäten der Bundeswehr in Hamburg und München.

1981 bestanden in der Bundesrepublik 55 Universitäten: zwei in Schleswig-Holstein, drei in Hamburg, zehn in Niedersachsen, eine in Bremen, neun in Nordrhein-Westfalen, vier in Hessen, vier in Rheinland-Pfalz, neun in Baden-Württemberg, eine im Saarland, zwei in Westberlin und zehn in Bayern. Ferner bestanden etwa zehn Gesamthochschulen (noch ohne offiziellen Universitätsrang sowie Pädagogische und Kunst-Hochschulen).[16]

Die Studentenzahlen an den Universitäten stiegen von circa 410000 1970 auf etwa 680000 im Jahre 1975. 1980/81 gab es rund 855000 Studierende. Bei einer Gesamtbevölkerungszahl von circa 62 Millionen kamen demnach auf 10000 Einwohner etwa 140 Studierende. 1984 wurde die Millionengrenze knapp überschritten. Für das Studienjahr 1988/89 lautet die Statistik:

Statistik

1470000 Studierende, davon
990000 an den Universitäten (= 67,3%)
101000 an den Gesamthochschulen (= 6%)
13000 an Philos.-Theologischen oder Pädagogischen Hochschulen (= 0,9%)
344000 an Fachhochschulen (= 23,4%)
22000 an Kunsthochschulen (= 1,5%)

Die Zahl der Studentinnen stieg von 126000 1970 auf 315000 im Jahr 1980 und auf 429000 im Jahr 1987. An der Gesamtstudentenzahl (inklusive Fachhochschulen) stieg der Anteil der Frauen von etwa 30% 1970 auf knapp 40% 1988. Etwa 20% der Studierenden erhielten ein Stipendium nach dem *»Bundesausbildungsförderungsgesetz«* (BAFÖG). Die ehedem mögliche *»Studierfreiheit«* mußte aufgrund der riesigen Studentenzahlen seit 1972/73 (Einrichtung der ZVS in Dortmund) in *numerus clausus*-Fächern (u. a. Medizin) beschnitten werden.

Die frequenzstärksten Hochschulen waren 1987 folgende:[17]

62000	München	23000	Mainz
56000	FU Berlin	23000	Freiburg
47000	Köln	19000	Karlsruhe
43500	Münster	19000	Stuttgart
41500	Hamburg	19000	TU München
39000	Bonn	18000	Dortmund
35000	Aachen	18000	Saarbrücken
31500	Bochum	17000	Gießen
30000	Hannover	17000	Würzburg
29000	Göttingen	17000	Essen
29500	Frankfurt	15000	Düsseldorf
29000	TU Berlin	14000	Darmstadt
26500	Heidelberg	14000	Marburg
25000	Erlangen/ Nürnberg	12000	Regensburg

Die *»Wissenschaftlichen Großbetriebe«* hatten 1986 an hauptamtlichem Personal:

Aachen	wiss.	3030	nichtwiss.	7000
Berlin FU		4120		11100
Frankfurt		2245		5135
Göttingen		2800		7900
Hamburg		3150		9300
Heidelberg		2340		6400
Köln		2120		5400
München		3700		9200

Die öffentlichen, von den Ländern geleisteten Gesamtausgaben stiegen von etwa 6,9 Milliarden DM (Bund etwa 1 Milliarde) 1970 über circa 17 Milliarden im Jahr 1980 (Bund 870 Millionen) auf knapp 25 Milliarden 1987 (Bund gut 1 Milliarde). Die Personalausgaben beliefen sich bei den Hochschulen 1970 auf etwa 3,2 Milliarden DM, 1987 auf 15,5 Milliarden.[18]

Deutsche, schweizerische und österreichische Hochschulen

Hoheitszeichen
und Attribute

Die Universitäten besaßen als Korporationen seit ihren Anfängen verschiedene Hoheitsrechte, so vor allem die akademische Gerichtsbarkeit und das Graduierungsrecht. Dieser Sonderstatus wurde durch Hoheitszeichen wie Szepter und Siegel dokumentiert, welche der Gesamtuniversität oder den einzelnen Fakultäten zugehörten. Die Szepter wurden dem Rektor oder den Dekanen bei feierlichen akademischen Akten (Amtsübergaben/Prozessionen) vorausgetragen; die Siegel dienten vornehmlich dazu, Rechtsakte der Universität oder der Fakultäten zu bestätigen (Gutachten, Doktorurkunden).

◁ *1*
Bekrönung des Katharinenszepters der Philosophischen Fakultät der Universität Tübingen, Silber, teilweise vergoldet, 1482/1600, Universität Tübingen.

2
Bekrönung des »Ivoszepters« der Universität Tübingen, Silber, teilweise vergoldet, um 1477 / um 1600, Universität Tübingen.
Die bekrönende Figur stellt wohl nicht den Universitätsgründer – Graf Eberhard im Barte von Württemberg – dar, dieser hätte kein Szepter führen dürfen, sondern den Patron der Universitäten und insbesondere der Juristen, den hl. Ivo. Die Kopfbedeckung (ein Barett) ist abgebrochen.

3
Kopfstück des Szepters der Universität Basel, Silber, teilweise vergoldet, 1460/61, Universität Basel, Depositum im Historischen Museum Basel.
Das vom Basler Meister Anders geschaffene schlichte Szepter trägt als Bekrönung zwei Blätterringe und einen Granatapfel. Letzterer war in der Antike ein Götterzeichen und symbolisierte Liebe und Fruchtbarkeit.

Abb. 6–9 zu Seite 112

6
Bildnis des Kölner Universitätsrektors Dr. theol. Johannes Theod. Pontinus, anonym, um 1700, Rheinisches Museum Köln.

7
Bekrönungen des Szepterpaares der Universität Königsberg von 1544, Silber, teilweise vergoldet, Wappen emailliert. Die 1945 verlorengegangenen Szepter – vgl. Abb. 106 – tragen polnische und preußische Wappen.

8
Bekrönung des ältesten Freiburger Universitätsszepters, Silber, teilweise vergoldet, 1466, Augustinermuseum Freiburg.

9
Bekrönung des Szepters der Universität Leipzig, Silber, teilweise vergoldet, 15. Jh., Kunstsammlungen Universität Leipzig.

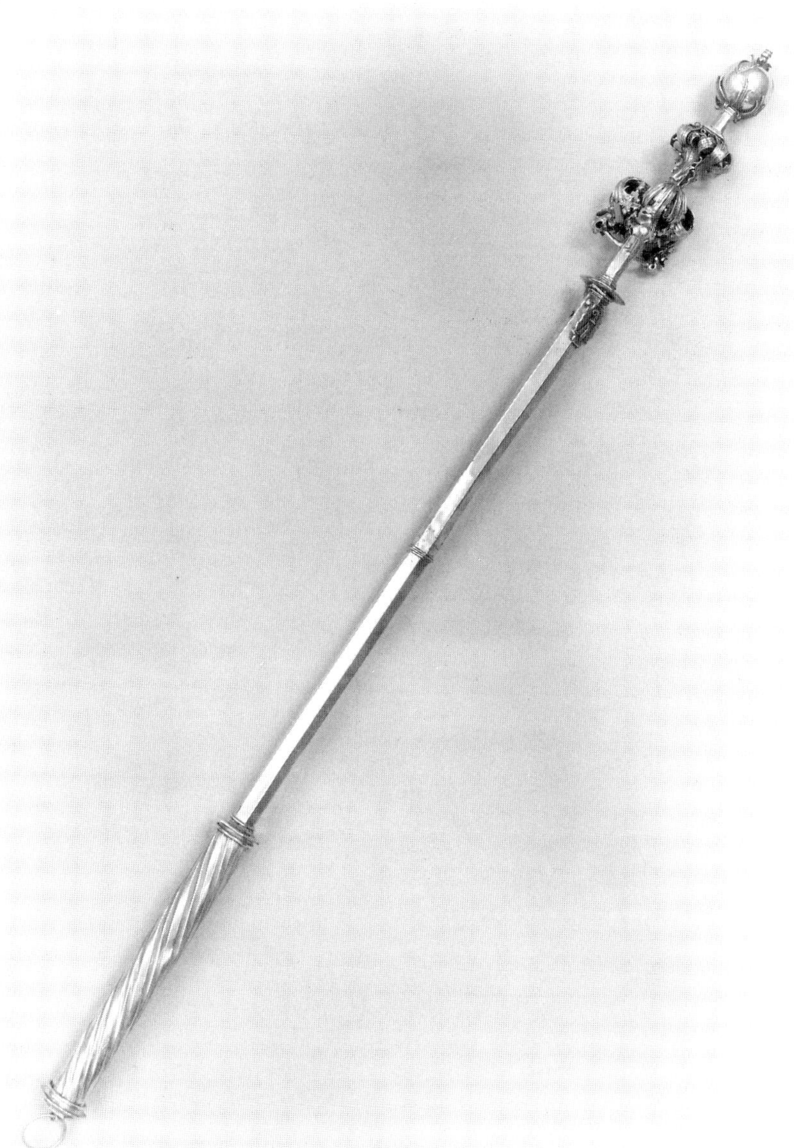

4
Szepter der Universität Basel (siehe Abb. 3), Länge 93 cm.

5
Bekrönung des Szepters der Artistenfakultät der Universität Heidelberg, Silber vergoldet, wohl um 1403, Universität Heidelberg. Das Katharinenszepter zählt zu den ältesten akademischen Stäben Europas.

6 △

7 ▽

8 ▽

9 ▷

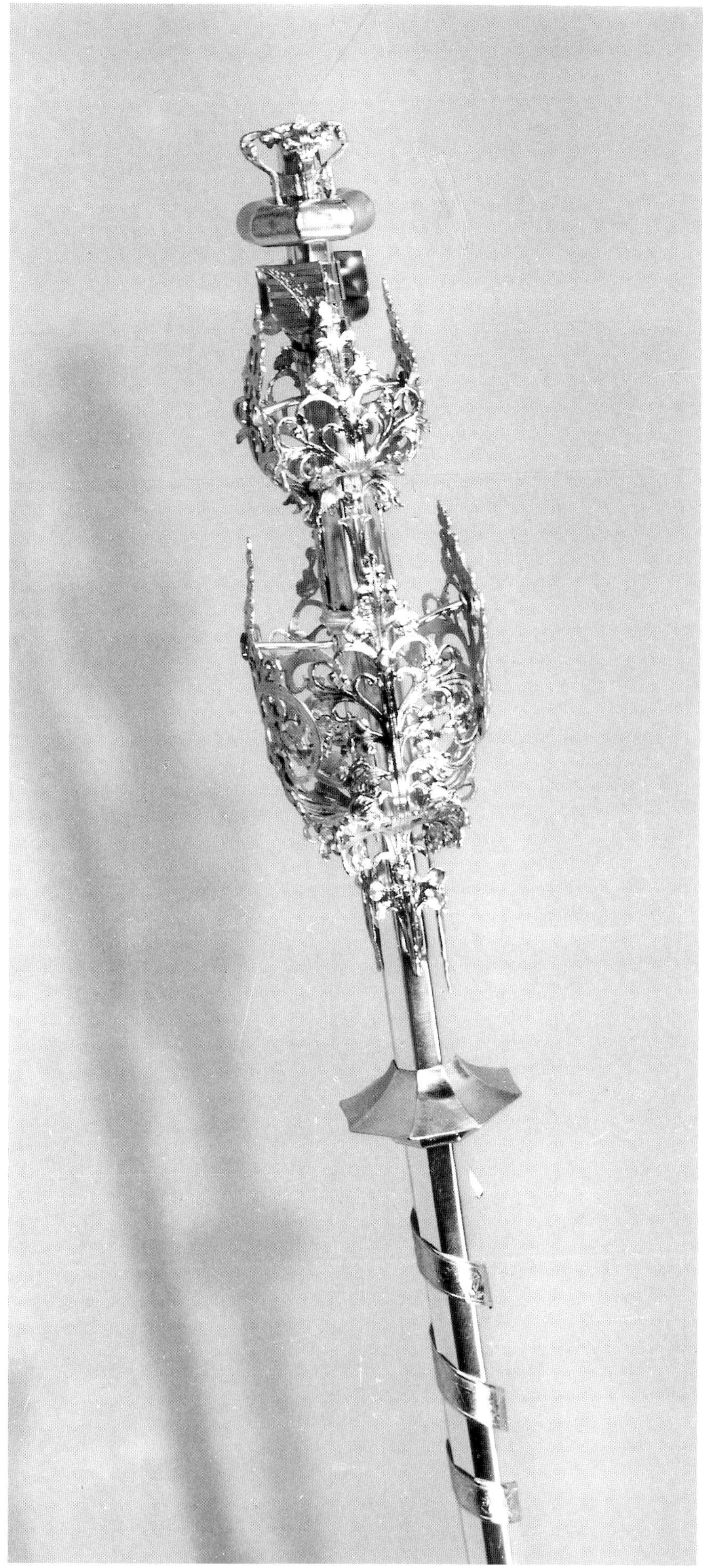

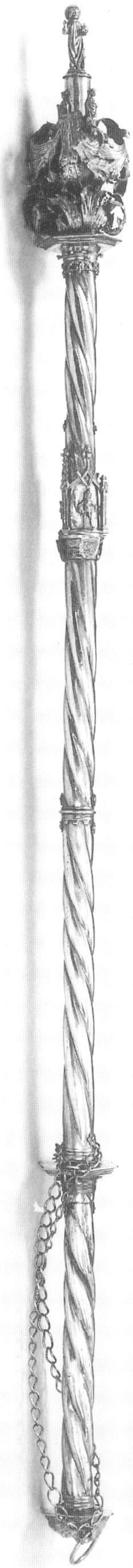

◁ 10 11 △ 12 ▽

10, 11, 12
Jüngeres Szepter der Universität Freiburg, Silber, teilweise vergoldet, 1512, Augustinermuseum Freiburg.
Das als »sceptrum universitatis« die Gesamtuniversität repräsentierende Insigne trägt im oberen Drittel eine Baldachinarchitektur, in deren Nischen drei vergoldete Figuren – ein (nicht bestimmbarer) Kaiser und zwei Herzöge aus dem Hause Habsburg, der Gründerdynastie – stehen; die Bekrönung trägt oberhalb des üppigen vergoldeten Blattwerkes drei Fakultätspatrone (hl. Katharina, hl. Paulus, hl. Ivo), der Patron der Medizinischen Fakultät, der hl. Lukas, war vermutlich hier ebenfalls angebracht; über dem Rundstab erhebt sich der Salvator Mundi Christus, die Welt und die Universität segnend (Abb. 11).

13
Pedell der Universität Basel, Radierung, 1624, Hans Heinrich Glaser, »Habitus solennes Basiliensibus«.

14 △

14
Bekrönung des Ingolstädter Artistenszepters (Detail aus Abb. 15). Der viervolutige Baldachin wölbt sich über die Gottesmutter und die vor ihr kniende hl. Katharina sowie über einen Professor, vermutlich den damaligen Rektor Benz.

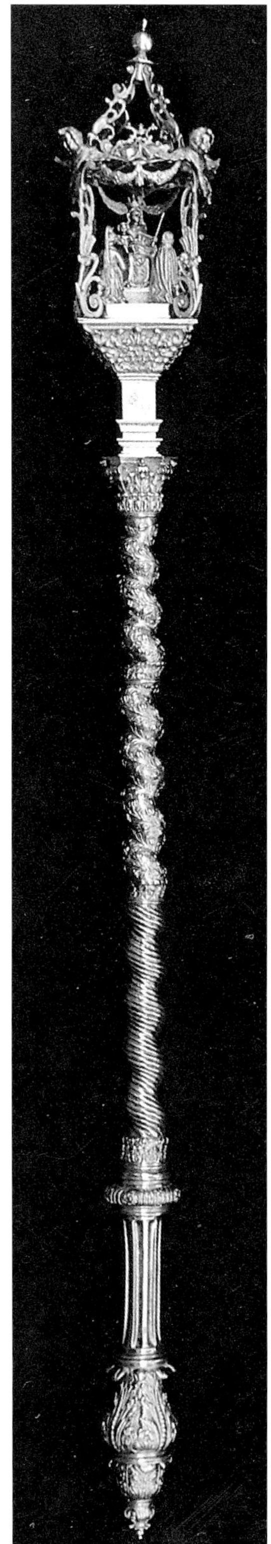

15 △

15
Szepter der Artistenfakultät der Universität Ingolstadt, Silber, teilweise vergoldet, 1642, Universität München.

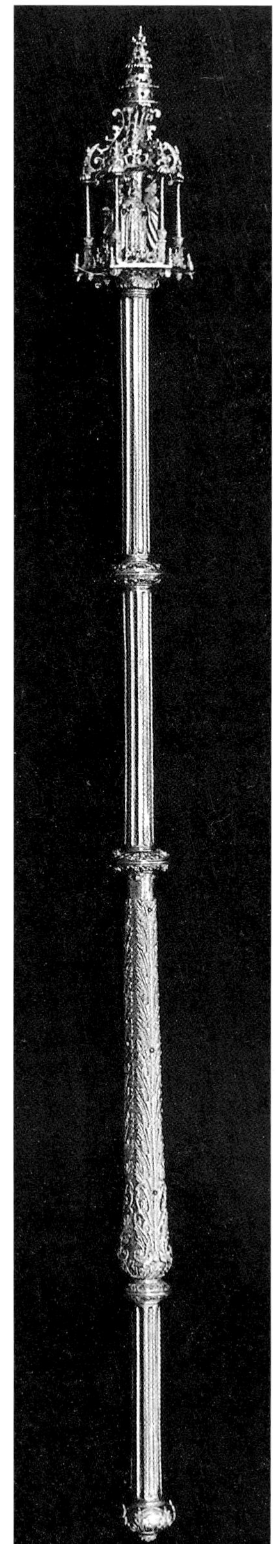

16 △

16
Szepter der drei höheren Fakultäten der Universität Ingolstadt, Silber, teilweise vergoldet, 1642, Universität München. Unter dem sechseckigen Baldachin befinden sich die Patrone der Theologischen, der Medizinischen und der Juristischen Fakultät, die Evangelisten Johannes und Lukas sowie der hl. Ivo.

17
Der Pedell, Kupferstich im Stile Dendronos, um 1725, Institut für Hochschulkunde Würzburg. Zu den Amtsaufgaben des »Universitätsdieners« gehörte die Organisation der Promotionsfeiern, das Kassieren der Hörgelder sowie die Kontrolle der Einhaltung der Statuten durch die Studenten.

18
Szepterpaar und Einzelszepter (Mitte) der Universität Gießen, 1607 und 1556, Silber, teilweise vergoldet. Das älteste Szepter stammt aus dem Szepterpaar der Universität Marburg und wurde aufgrund des Teilungsvertrages von 1627 nach Gießen überführt. Die Bekrönung trägt den Reichsadler sowie vermutlich die Figur Kaiser Karls V. Die Blattkelche des nahezu identischen Szepterpaares umfassen kleine Mars (?)-Figuren.

19
Beim Jubiläumszug zum 600. Gründungstag der Universität Wien 1965 wurden die beiden Rektoratsszepter sowie die fünf Fakultätsszepter dem Senat vorausgetragen.

20
Szepter der Katholisch-Theologischen Fakultät der Universität Tübingen von 1812, Universität Tübingen. Das Schild unter der Königskrone weist auf die Lokation der Fakultät bis 1817 in Ellwangen hin. Das (nicht abgebildete) Vorderschild trägt die Initialen des Stifters, FR (Fridericus Rex).

21
Doktorurkunde der Universität Dillingen aus dem Jahre 1727. Hauptstaatsarchiv München. Ausgestellt unter dem Rektorat des Jesuitenrektors Franziskus Mossu († 1760).

FRANCISCUS MOSSU
SS. Theologiæ Doctor Universitatis Episcopalis et Collegii S.J. Dilingæ Rector
Universis et Singulis Litteras hasce Lecturis Salutem in Domino.

23
Das große Erfurter Universitätssiegel, Ende 14. Jh. Der die Umschrift »sigillum-universitatis-studii-erfordensis« tragende Abdruck zeigt einen dozierenden Professor und vier Studenten in einem Rundbogenfünfpaß.

22
Verzierte Rückseite des großen Siegelstempels der Universität Heidelberg, Silber, um 1386/87, Germanisches Nationalmuseum Nürnberg. Mit zwei Spiralen geschmückte und zwecks besserer Benutzung mit einem Scharnier befestigte Handhabe.

24
Großer Siegelstempel der Universität Heidelberg (wie Abb. 22). Das Typar zeigt in der dreitürmigen gotischen Architektur den hl. Petrus, den Patron der Universitätskirche, sowie zu beiden Seiten kniende Knaben mit dem bayerischen Rautenschild und dem pfälzischen Löwenwappen.

No. 50.
INS. FAC. THEOLOGICAE.

No. 51.
INS. FAC. IURIDICAE.

No. 48.
INS.
FUNDATORIS. FRID. BELLIC.

No. 49.

INS. ACADEMIAE
LIPSIENSIS.

No. 52.
INS. FAC. MEDICAE.

No. 53.
INS. FAC. PHILOSOPHICAE.

◁ 25
Die »Insignien« der Universität Leipzig, kolorierter Kupferstich, 1809, Institut für Hochschulkunde Würzburg. Die beiden Insignien (Nr. 48/49) sind die des Universitätsgründers – Friedrichs des Streitbaren – und des Rektors; letzteres trägt die Gottesmutter, zu deren Ehre die Hochschule gegründet wurde. Das Signum der Theologischen Fakultät (Nr. 50) zeigt einen kirchlichen Würdenträger, das Signum der Juristenfakultät (Nr. 51) den Papst und den Kaiser, dasjenige der Medizinischen Fakultät (Nr. 52) bringt die Patrone Cosmas und Damian zur Darstellung, während die Philosophische Fakultät (Nr. 53) durch eine erst im 18. Jahrhundert entstandene Darstellung symbolisiert wird, die unter dem Schutz der Gottesmutter Salomon die Theologie und die Jurisprudenz belehren läßt.

26 a–d
Fakultätssiegel der Universität Köln aus dem späten 14. Jh. Auf dem Siegel der Theologischen Fakultät treten die Madonna und Moses aufeinander zu, das Juristensiegel (unten) präsentiert eine Lehrszene, umsäumt von einem kaiserlichen und einem päpstlichen Wappen, das Medizinersiegel zeigt wohl den hl. Pantaleon, während das Artistensiegel die Gestalt der »Philosophia« trägt.

27
Abdruck des Siegels der Artistenfakultät der Universität Basel, 1460. In einem gotischen Gebäude diskutiert die hl. Katharina mit drei heidnischen Gelehrten.

28, 29
Siegel der Universität Basel, Ende 15. Jh. Das Basler Universitätssiegel trägt die Gottesmutter, das kleinere Rektorsiegel zeigt ein aufgeschlagenes Buch, während das Siegel der Theologischen Fakultät eine Stelle aus dem 1. Korintherbrief abdruckt. Das Juristensiegel zeigt Papst und Kaiser, das Medizinersiegel den Ochsen als Symbol des Evangelisten Lukas, und das Dekanssiegel der Philosophischen Fakultät bildet einen Gelehrten – vermutlich Aristoteles – ab.

30
Siegel der Mainzer Juristenfakultät, Abdruck 1511, Stadtarchiv Mainz. Papst und Kaiser versinnbildlichen das Kirchen- und das Staatsrecht; darunter das »Mainzer Rad« sowie das Wappen des Domkapitels.

32
Kanzlersiegel der Universität Mainz, Bischöfliches Ordinariat Mainz. Das Siegelbild zeigt den hl. Martin (Dompatron) im Bischofsornat, der einem Bettler sein Gewand reicht.

31
Rektoratssiegel der Universität Mainz, Abdruck 1772, Stadtarchiv Mainz.
Die Patronin der Universität, die Gottesmutter im Strahlenkranz steht auf dem Wappen des Hochschulgründers Erzbischof Diether von Isenburg.

34
Siegel der Medizinischen Fakultät der Universität Mainz, 1677, Münzkabinett Mainz. Der Abdruck zeigt den Fakultätspatron, den Evangelisten Lukas bei der Abfassung seines Evangeliums.

33
Siegel der Universität Göttingen, 18. Jh. Das barocke Bildnis zeigt den thronenden Universitätsgründer Georg II. von Großbritannien.

35
Siegeltypar der Medizinischen Fakultät Mainz (siehe Abb. 34).

36
Rektoratssiegel der Universität Basel, spätes 15. Jh., Staatsarchiv Basel (vgl. Abb. 28/29).

37
Das Basler Rektoratssiegel, Ende 19. Jh. Das aufgeschlagene Buch trägt den Text: pie / iuste / sordie / sapienter. Neuzeitliche Umsetzung eines alten Motivs.

38
Siegel der 1863 gegründeten Naturwissenschaftlichen Fakultät der Universität Tübingen, Universitätsarchiv Tübingen.

Der Abdruck zeigt Johannes Kepler, der am Ende des 16. Jh.s in Tübingen studierte. Der Gelehrte stützt sich auf einen Globus und trägt in den Händen Blatt und Zirkel.

39
Siegel der Philosophisch-Naturwissenschaftlichen Fakultät der Universität Basel, 1938. Das Siegelbild zeigt einen Basilisk mit einem Schild, auf dem sich eine logarithmische Spirale sowie der Text: »EADEM. MUTATA. RESURGO« befinden.

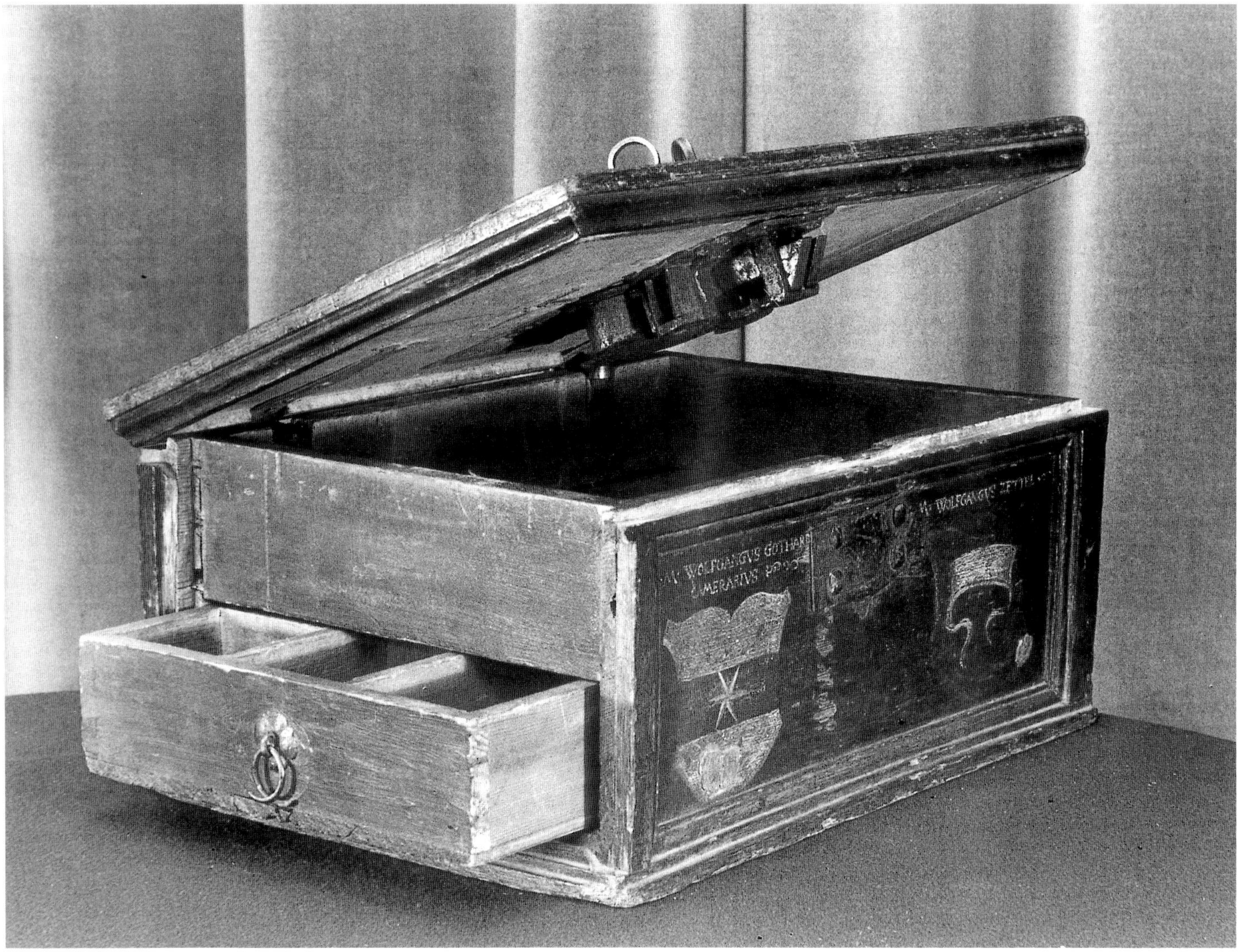

40
Kassette der Philosophischen Fakultät der Universität Ingolstadt, 1561, Archiv der Universität München.
Die mit Professorenwappen verzierte Kassette bewahrte wohl neben den wichtigsten Dokumenten (Statuten) auch die Siegel der Fakultät.

41 ▷
Ermordung des Würzburger Universitätsrektors 1413, Miniatur, Fries'sche Bischofschronik, um 1575, Universitätsbibliothek Würzburg.
Die Tötung des Rektors Johannes Zantfurt, organisatorische Probleme sowie die finanzielle Misere führten zur Aufhebung der 1402 gegründeten Universität.

Rektoramt und Repräsentation

42
Wahl des Ingolstädter Universitätsrektors 1589, Miniatur in der Matrikel, Archiv der Universität München. Wahlzeremoniell für den jungen Prinzen Philipp von Bayern; zur Linken des Katheders die immatrikulierten Herzöge Maximilian und Ferdinand von Bayern, auf den Wandbänken die Professoren.

Von frühester Zeit an leitete der Rektor die Universität als Selbstverwaltungskorporation, vertrat die Institution vor der höheren Staatsverwaltung und repräsentierte die Hochschule in der Öffentlichkeit. Zumeist wurde der »rector universitatis« im Fakultätsturnus aus dem Professorenkreis gewählt und amtete halb- oder einjährig. In Spätmittelalter und Frühmoderne bekleideten vielfach Adelsstudenten, ja nicht selten auch Landesherren selber dieses höchste Universitätsamt, wobei sie in den akademischen Amtsgeschäften aber generell von Prorektoren aus dem Professorenstand vertreten wurden. In neuerer Zeit schufen einige Hochschulen das Amt des Präsidenten, dessen Amtsperiode vier bis sechs Jahre dauert.

44
Prorektorats- und Promotionsfeier in der Göttinger Universitätskirche, Kupferstich von G. D. Heumann, 1748, Institut für Hochschulkunde Würzburg. König Georg II. stattete 1748 der Universität Göttingen einen Besuch ab, der mit einem Festzug und dem Abhalten von Reiterspielen gefeiert wurde. In Anwesenheit des Königs (A) sowie sämtlicher Professoren (E) wurden die neuen Prorektoren (B) bestallt und die examinierten Kandidaten zu Doktoren und Magistern (F) ernannt.

◁ 43
Schmuckblatt zur Wahl des Ingolstädter Rektors Fürst Gebhardt Truchsess von Waldburg, 1594. Universitätsarchiv München. Der Gewählte – begleitet von zwei Pedellen – verehrt die hl. Katharina. Vgl. auch Abb. 115–117.

45
Amtskette des Rektors und Szepter der Universität Jena, 1853 und Mitte 16. Jh.
Die goldene Kette versinnbildlicht wie die Szepter die akademische Amtsgewalt des Rektors.

46
Amtswechsel der Prorektoren der Universität Halle im 18. Jh., Lithographie nach einem Stich des 18. Jh.s, in: König, Aus zwei Jahrhunderten, Halle 1894, Institut für Hochschulkunde Würzburg. Übergabe des Universitätsszepters durch den alten an den neuen Prorektor im »Grossen Auditorium«. In diesem »Auditorium maximum« im Wagegebäude am Marktplatz, das die Stadt der Universität zur Verfügung gestellt hatte, hielt auch Thomasius seine Vorlesungen in deutscher Sprache. Auf den Wandbänken die Professoren, rechts Musiker, im Vordergrund die Studenten.

47
Fackelzug aus Anlaß des Prorektoratswechsels an der Universität Marburg, um 1770, Aquarell.
Die Studenten bringen dem neuen Prorektor ein »Vivat« dar.

48
Rektorkette der Universität Tübingen von 1841, Universität Tübingen.
Das Kettenmittelstück trägt das Wappen der Universität (zwei gekreuzte Szepter sowie die Buchstaben U(niversitas) T(ubingensis)). Das Medaillon zeigt ein Reliefbild König Wilhelms I. von Württemberg, zu dessen 25. Regierungsjubiläum die Amtskette angefertigt wurde.

49/50
Anhänger (Vorder- und Rückseite) der Würdenkette des Rektors der Universität Heidelberg aus dem Jubiläumsjahr 1886.

51
Rektorkette der Universität Gießen von 1907. Auf dem Anhänger ist Athena als Symbol der Wissenschaften dargestellt, darüber folgt als Verbindungsstück zur Kette das Wappen der Stadt Gießen. Die Medaillons zeigen dynastische Wappen sowie die Symbole der Fakultäten.

52
Bismarckehrung vor dem Mausoleum in Friedrichsruh durch die Rektoren der deutschen Universitäten 1915, Institut für Hochschulkunde Würzburg.

53
Rektoratsübergabe an der Universität Münster 1960, Dollinger, Münster 1980.

54
Der Rektor (1926/27) Prof. Dr. Wilhelm Busch der Universität Marburg in seiner Amtskleidung, Festzeitung Universität Marburg, 1927.

Forschung und Lehre – Die Professoren

Die mittelalterliche und auch die frühmoderne Universität war prinzipiell eine Lehranstalt. Die Lehre bestand aus Vorlesungen, Disputationen und Repetitionen. Nur ein geringer Teil der akademischen Lehrer war forscherisch tätig und verfaßte eigene wissenschaftliche Werke, der größere Teil beschränkte sich auf das Kommentieren der Standardlehrbücher. Auch die erbrachten Leistungen der Studenten zu den verschiedenen akademischen Graden (Dissertationen u. a.) beruhten in den seltensten Fällen auf selbständigen Arbeiten. Erst ab dem Zeitalter der Aufklärung, hier provoziert durch die Konkurrenz der Akademien, wurde verstärkt eine »Verwissenschaftlichung« der Universitäten gefordert, mit der im 19. Jahrhundert die »Humboldt-Universität« mit ihrem Postulat von Lehre und Forschung Ernst machte. Aus dem »lehrhaften Diktierbetrieb« entwickelte sich allmählich der »wissenschaftliche Großbetrieb«.

◁ 55
Die Grammatik nimmt Lernende an die Hand und führt sie zu den Wissenschaften, um 1330, Schwäbische Schnitzerei, Bayerisches Nationalmuseum München.

◁ 56
Eine mittelalterliche Lehrszene, frühes 14. Jh., Miniatur, Manessische Liederhandschrift Heidelberg. Die »Scholaren« stellen vermutlich die jungen Mönche der »inneren« sowie die Schüler der »äußeren« Klosterschule dar.

57
Theologievorlesung im Spätmittelalter, Miniatur, Detail aus Abb. 58.

58
Titelblatt der Statuten der Theologischen Fakultät der Universität Köln, 1393, Staatsbibliothek Berlin.

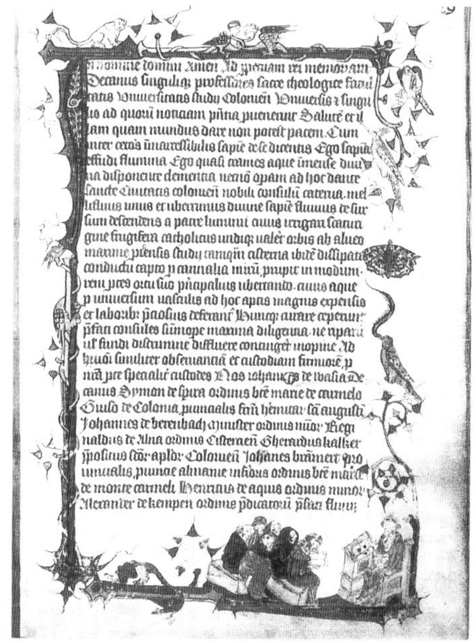

57 △

58 △

59 ▽

60 ▽

59
Erste Textseite der Statuten des Freiburger Sapienz-Kollegs, um 1500, Universitätsarchiv Freiburg.
Das »Collegium Sapientiae« wurde im Jahre 1497 von Johannes Kerer von Wertheim (Münsterpfarrer, Professor, Weihbischof von Augsburg) gegründet und reich bestiftet. Die vom Stifter erlassenen Statuten weisen das Kolleg als eine nahezu klösterliche Anstalt aus.

60
Der bischöfliche Kolleg-Stifter Johannes Kerer und einige Kollegiaten, Initialenminiatur, Detail aus Abb. 59.

De legatis primo Rica.

PER OMNIA EXEQVATA Dicit tex. fideicom missis. s. singularib9 & pecuniariis seu particularib9. Dy. Vel dic. fideicom miss in qb9 circuitus erat inutilis fm Pe. Tu dic legata singularia sũt exequata fideicomiss singularib9 & uniuersalia uniuersalib9 per oia. nõ autẽ pticularia uniuersalib9. Op. q nõ p oia sint exeqta imo differũt in qtuor solue & uide glo. Preteã si hec lectũa esset vͣa Iustinianus fuisset nobis de uento in. l. ij. C. cõia. de le. ubi exequat legata & fideicõmissa. Propter q̃ dĩc Ia. de are. q p hãc legẽ uires legatorũ sunt attribute fideicõmissis non econ nisi hodie p Iustinianũ in. d. l. ij. C. cõia de le. & insti. e. §. nr̃a aũt. hec nõ placet q cõn hũc tex. magis. n. sonat q uires fideicõmissorũ sint attribute legatis. Pro cui9 declaratõne sciẽdũ ẽ q q̃nq plura adequant seu exequãt ad iuicẽ & tũc hoc ĩportat q illd qd una res habet pl9 q̃ altera attribuat alteri & ecõ. ut. l. ij. C. coĩa. de le. & dicto. §. nr̃a autẽ. & §. si quis ob. causa tes. l. q autẽ. §. si vͦo nõ inciderit. & C. de suis. & le. auc. i successione. & qd ibi nõ. in glo. et in auc. de here. ab inte. §. si vͦo neq; frẽs & qd ibi nõ. Quãdoq; una res adeqt ad aliã. & tẽ illi rei ad quã fit equatio nil adiicit sed rei adequate attribuit quicqd est plus iuri. in ea ad quã fit adequatio ex. princeps adequat sibi augustã hoc ẽ puilegia sua dat Auguste ut. l. pnceps. ã. de legi. Itẽ oditio mulieꝝ equipatur masculis. ut. l. maxime. C. de lib. pre. hoc est iura masculorũ hñt locũ in femis. Nunc ad ppositũ cũ hic legata adequãt fideicõmissis nõ põt ĩtelligi q iura legatoꝝ fideicõmissis dent si magis econ sonat vñ hec expositio nõ ẽ bona. Et faciũt predcã ad. q. In ciuitate qdã fuit factũ statutũ q exequata sit oditio nobiliũ & populariũ quid importent ista uerba certe inspiciẽda sũt uerba. aut adequantur

a z

61
Juristische Vorlesung im 16. Jh., Titelminiatur einer Abhandlung des italienischen Juristen Bartolus, Universitätsbibliothek Basel.

62
Der »Lehrstuhl« des Ingolstädter Theologen Johannes Eck, 16. Jh.

63
Vorlesung des Ingolstädter Theologen Johann Permetter v. Adorf († 1475), Grabstein, Ingolstadt, Liebfrauenmünster.

64, 65
Lehrpult und Lehrstuhl des Kölner Rektors Caspar Ulenberg, ca. 1612.

66
Frühe Tübinger Professoren, Glasfenster, um 1480, Stiftskirche Tübingen.
Vorne rechts der erste Kanzler, Johannes Tegen, daneben der erste Rektor, Johannes Vergenhans.

67
Die ehemalige Tübinger Stifts- und Universitätskirche, heute evangelische, spätgotische Stadtpfarrkirche (1470–83), wurde 1965 restauriert. Im Chor befindet sich die Grablege der württembergischen Herzogsfamilie.
Der Chor der Stiftskirche diente der Universität bis zur Reformation als Festsaal, Raum für Promotionen, Amtseinsetzungen und Disputationen.

68
Die sieben »freien Künste«, Miniatur in: Thomasin von Zerclaere, Der Welsche Gast, 14. Jh., Universitätsbibliothek Erlangen. Links das philologische »Trivium«, rechts das naturwissenschaftliche »Quadrivium«. Der »Welsche Gast«, eine ritterliche Tugendlehre in Form eines Lehrgedichtes in etwa 15 000 Versen, entstammt dem frühen 13. Jh.

Hoheschul zu Wirtzburg.

Die Universitet zu Wirtzburg, hat erstlich Bischoff Gerhard von Schwartzburg, mit bewilligung Babst Bonifatii des Neundten, angefangen, und darzu, zu Collegium und Kirchen, verordnet und geben, die höve zu Katzenwickert, grossen Löwen, und Johanns zum Neuen münster, darnach hat Bischoff Johannes dieselben durch den Babst Confirmiren lassen, das datum solcher mitgebrachten Bäbstlichen Confirmation stehet den 10. Decembris. Anno 1402.

69
Vorlesung an der Würzburger Universität im Jahre 1402, Miniatur um 1570, Fries'sche Chronik, Würzburg, Universitätsbibliothek Würzburg.

70, 71
Bibliothek und Hörsaal des Collegium illustre in Tübingen, Kupferstiche aus: Neyffer/Ditzinger, Illustrissimi Wirttembergici Novi Collegii…, Tübingen 1607. Institut für Hochschulkunde Würzburg.
Die Tübinger »Adelsakademie« besaß darüber hinaus ein Ballhaus, in dem auch Fechtübungen abgehalten wurden, sowie eine Reitbahn.

72
Diskussion der hl. Katharina mit den Professoren der Universität Ingolstadt, 1572, Gemälde von H. Wisreuter und H. Mülich, Rückseite des Hochaltars im Liebfrauenmünster Ingolstadt.

Die allegorische Darstellung entstand zum einhundertjährigen Stiftungsjubiläum der Ingolstädter Hochschule.

73, 74, 75
Rektor, Professor und Student im frühen 17. Jh.; 1624, Radierungen aus: H.H. Glaser, Basler Trachten (Habitus solennes Basiliensibus…, 1624). Die Trachten der Basler Akademiker zeigen den Prunk der Kleidung am Übergang von der Renaissance- zur Barockzeit.

IN NOMINE S.S. ET INDIVIDUÆ TRINITATIS AMEN.

NOS FERDINANDUS CAROLUS WEINHARDT IN THIERBURG ET VOLANTSEGG, PHILOSOPHIÆ, AC MEDICINÆ DOCTOR, EIUSDEMQUE IN ALMA CATHOLICA Cæsareo-Archiducali Universitate Oenipontana Professor ordinarius, & pro temp. Facultatis Medicæ Decanus; Cæteriq; dictæ Facultatis Doctores & Professores, Omnibus has patentes Doctoratus Litteras lecturis, inspecturis, aut audituris Salutem precamur, & pacem in Domino.

Tametsi Sublimium artium strenui Cultores singularem promereantur laudis encomium, præcipuè tamen hoc publicè gloriæ bravio excellendi sunt Illi, qui Saluberrimæ Medicinæ studio in … IOANNES MICHAEL STÖBLE … MEDICINÆ DOCTOR …

76
Doktorurkunde der Universität Innsbruck für den Mediziner Johannes Michael Stöble vom Juli 1694, Museum Ferdinandeum Innsbruck. Das Diplom trägt das anhängende Universitätssiegel.

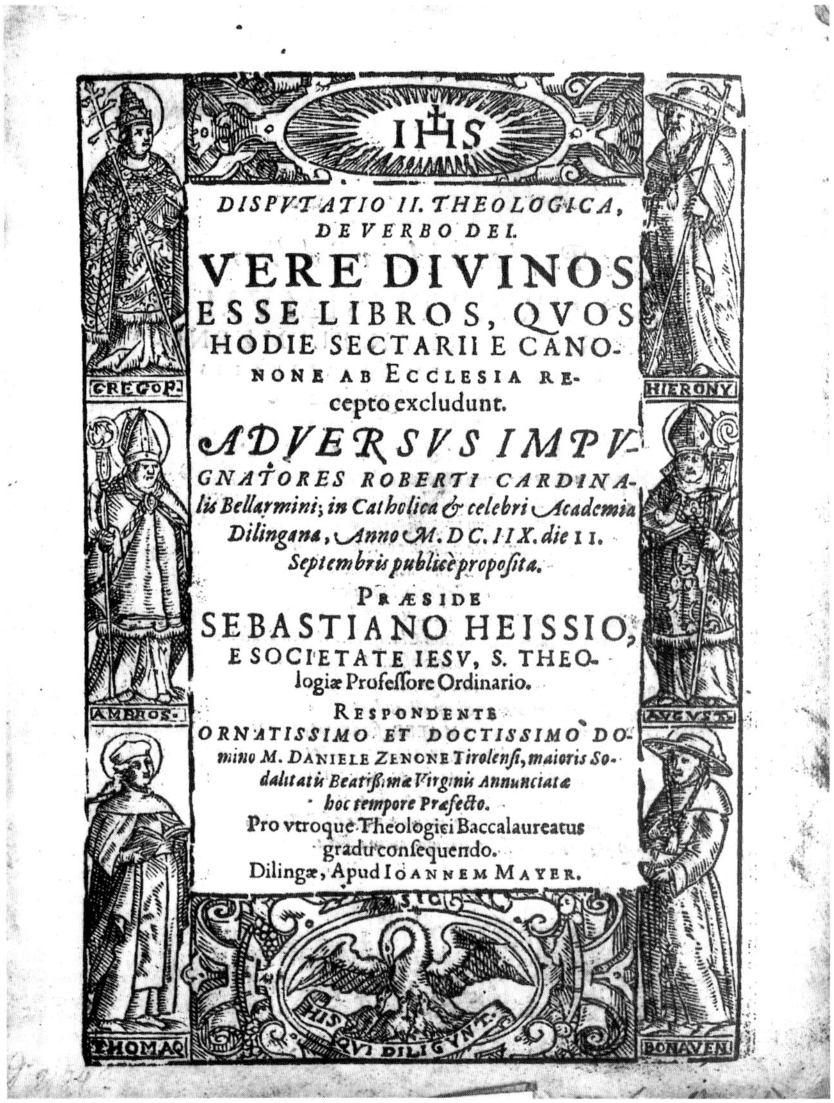

IHS

DISPVTATIO II. THEOLOGICA,
DE VERBO DEI.

VERE DIVINOS
ESSE LIBROS, QVOS
HODIE SECTARII E CANO-
NONE AB ECCLESIA RE-
cepto excludunt.

ADVERSVS IMPV-
GNATORES ROBERTI CARDINA-
lis Bellarmini; in Catholica & celebri Academia
Dilingana, Anno M. DC. IIX. die 11.
Septembris publicè proposita.

PRÆSIDE
SEBASTIANO HEISSIO,
E SOCIETATE IESV, S. THEO-
logiæ Professore Ordinario.

RESPONDENTE
ORNATISSIMO ET DOCTISSIMO DO-
mino M. DANIELE ZENONE Tirolensi, maioris So-
dalitatis Beatissimæ Virginis Annunciatæ
hoc tempore Præfecto.
Pro vtroque Theologiei Baccalaureatus
gradu consequendo.
Dilingæ, Apud IOANNEM MAYER.

77
Thesenblatt einer theologischen Bakkalarsprüfung der Universität Dillingen 1608. Das reich illuminierte Blatt publiziert das Thema der Disputation, die der Theologiestudent Daniel Zeno unter Leitung Professor Sebastian Heiss' zu bestehen hatte.

DISPUTATIO MEDICA
INAUGURALIS
DE
PLEURITIDE VERA & EXQUISITA.
QUAM
ANNUENTE DEO OPT: MAX:,
Ex Auctoritate Magnifici Rectoris,
D. ANTONII SCHULTINGII,
J. U. D. ET ANTECESSORIS ORDINARII.
NEC NON
Amplissimi SENATUS *Academici Consensu, & Nobilissimæ*
Facultatis MEDICAE *Decreto,*
PRO GRADU DOCTORATUS,
Summisquè in MEDICINA Honoribus & Privi-
legiis ritè ac legitimè consequendis,
Eruditorum Examini submittit
JOANNES FAGEL LE MORT, Hag. Bat.
Ad diem 26. Augusti 1717. horâ locoque solitis.

Apud. VID. C. BOUTESTEYN. & FIL. Lugduni Batav. Aº 1717.

78
Thesenblatt einer medizinischen Doktorprüfung an der Universität Leyden 1717.

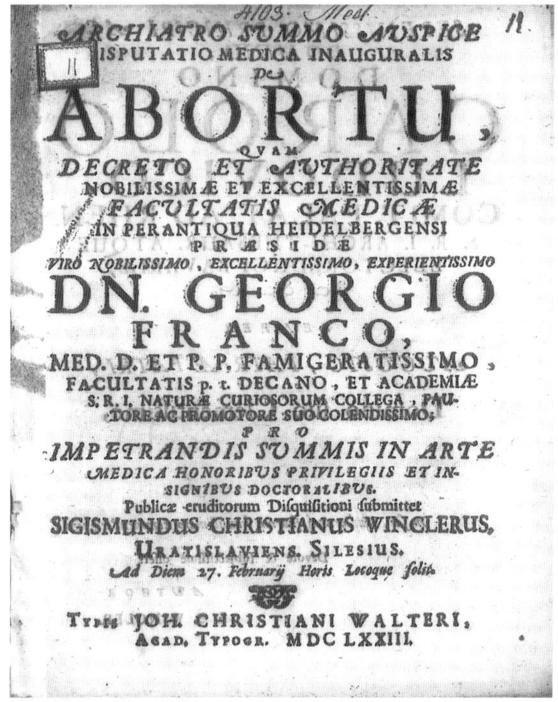

ARCHIATRO SUMMO AUSPICE
DISPUTATIO MEDICA INAUGURALIS
De
ABORTU,
QUAM
DECRETO ET AUTHORITATE
NOBILISSIMÆ ET EXCELLENTISSIMÆ
FACULTATIS MEDICÆ
IN PERANTIQUA HEIDELBERGENSI
PRÆSIDE
VIRO NOBILISSIMO, EXCELLENTISSIMO, EXPERIENTISSIMO
DN. GEORGIO
FRANCO,
MED. D. ET P. P. FAMIGERATISSIMO,
FACULTATIS p. t. DECANO, ET ACADEMIÆ
S. R. I. NATURÆ CURIOSORUM COLLEGA, FAUTORE AC PROMOTORE SUO COLENDISSIMO;
PRO
IMPETRANDIS SUMMIS IN ARTE
MEDICA HONORIBUS PRIVILEGIIS ET INSIGNIBUS DOCTORALIBUS.
Publicæ eruditorum Disquisitioni submittet
SIGISMUNDUS CHRISTIANUS WINCLERUS,
URATISLAVIENS. SILESIUS.
Ad Diem 27. Februarij Horis Locoque solit.

Typis JOH. CHRISTIANI WALTERI,
Acad. Typogr. MDC LXXIII.

79
Eine Promotion »sub auspiciis imperatoris« an der Universität Wien gg. Ende des 17. Jh.s, Kupferstich von G. C. Eimmart, aus: Calendarium academicum … Universitatis Viennensis, Wien 1693.
Im Vordergrund des akademischen Theatersaals thronend der Kaiser, links auf den Bänken Rektor, Kanzler und Pedell. Zu Füßen des Promotors und vor dem Fakultätsgremium sitzend die beiden Kandidaten.

80
Thesenblatt zu einer medizinischen Promotion der Universität Heidelberg 1673.
Das schlichte Blatt nennt die Thematik der Inauguraldisputation sowie die Namen des Doktoranden und des Präsidenten.

81
Professorenhäuser in Mainz um 1800, Photo vor 1927, Mittelrheinisches Landesmuseum Mainz. Die von der Universität genutzten barocken Miethäuser in der Neuen Universitätsstraße gehörten vormals zum aufgehobenen Altmünsterkloster. Die Gebäude wurden 1927 größtenteils abgebrochen.

83, 84, 85
Grundrisse des Erdgeschosses und der beiden oberen Stockwerke der Professorenhäuser in der Mainzer Neuen Universitätsstraße, 1784, von Rudolph Eikemeyer, aufgebessert von F. Arens, Staatsarchiv Darmstadt.

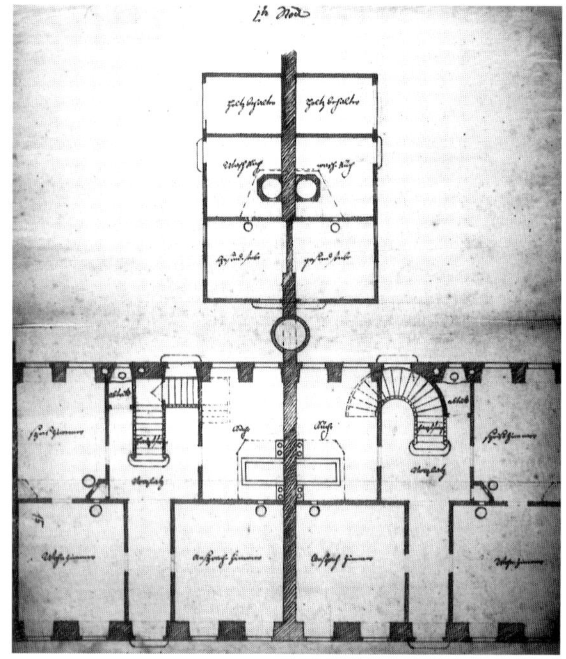

82
Stuckiertes Zimmer einer Mainzer Professorenwohnung um 1800, Photo vor 1927, Mittelrheinisches Landesmuseum Mainz.

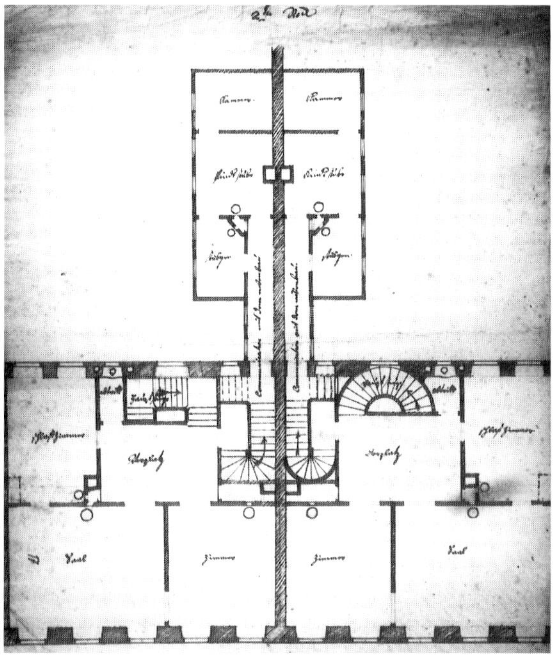

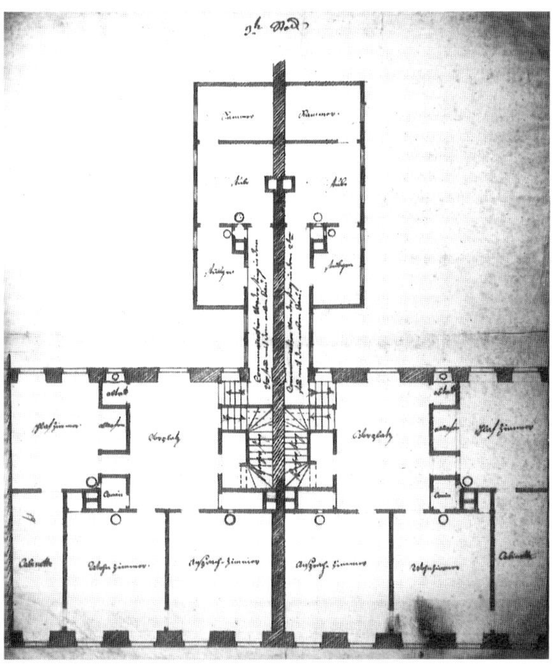

86
Von Professoren bewohnter Wohnblock, ehemals Mittelteil der »Altmünsternonnenhäuser« in Mainz, Photo vor 1927, Mittelrheinisches Landesmuseum Mainz.

Das repräsentative Gebäude (Schillerstraße 17/19; 1927 abgebrochen) besaß an seiner Giebelfront zwei Eingänge sowie eine Figurennische mit der hl. Bilhildis, der Gründerin des Altmünsterklosters.

87, 88, 89
Der Doctor Juris, der Professor Matheseos und der Sprachmeister, um 1725, drei Kupferstiche im Stile Dendronos, Institut für Hochschulkunde Würzburg. Während der Jurist zu den angesehenen, klassischen Fakultäten gehörte, gab es in der Universität der Frühmoderne – besonders in der Philosophischen Fakultät – Fächer, die ein kümmerliches Dasein fristeten, so etwa die Mathematik und die neueren Sprachen. Letztere, u.a. Französisch, Italienisch und später Englisch, wurden von Sprachmeistern als Lektoren unterrichtet, die oftmals noch einer anderen Tätigkeit (Fechtmeister, Tanzmeister) nachgehen mußten.

90
Kolleg in der Privatwohnung des Professors, Stammbuchminiatur um 1764. Der Stammbuchbesitzer J. F. Hoepfner hatte in Gießen studiert und wurde dortselbst 1771 Professor.

91
Theologieexamen gg. Ende des 18. Jh.s, um 1770, Gouache auf Papier, Städtische Sammlungen Tübingen. Die vermutlich satirisch gemeinte Zeichnung zeigt vor dem Prüfergremium einen jungen Kandidaten, wie ihn ein Engel mit dem Lorbeerkranz krönt.

92
Promotionsblatt an der Philosophischen Fakultät der Universität Innsbruck aus dem Jahre 1721, Kupferstich von E. Ch. Heiss / B. Vogel, Tiroler Landesmuseum Innsbruck.

93
Dissertationsblatt an der Theologischen Fakultät Innsbruck aus dem Jahre 1760, Kupferstich von J. Klauber, Tiroler Landesmuseum Innsbruck.

94
Thesenblatt an der Philosophischen Fakultät der Universität Innsbruck, 1734, Kupferstich, Tiroler Landesmuseum Innsbruck.

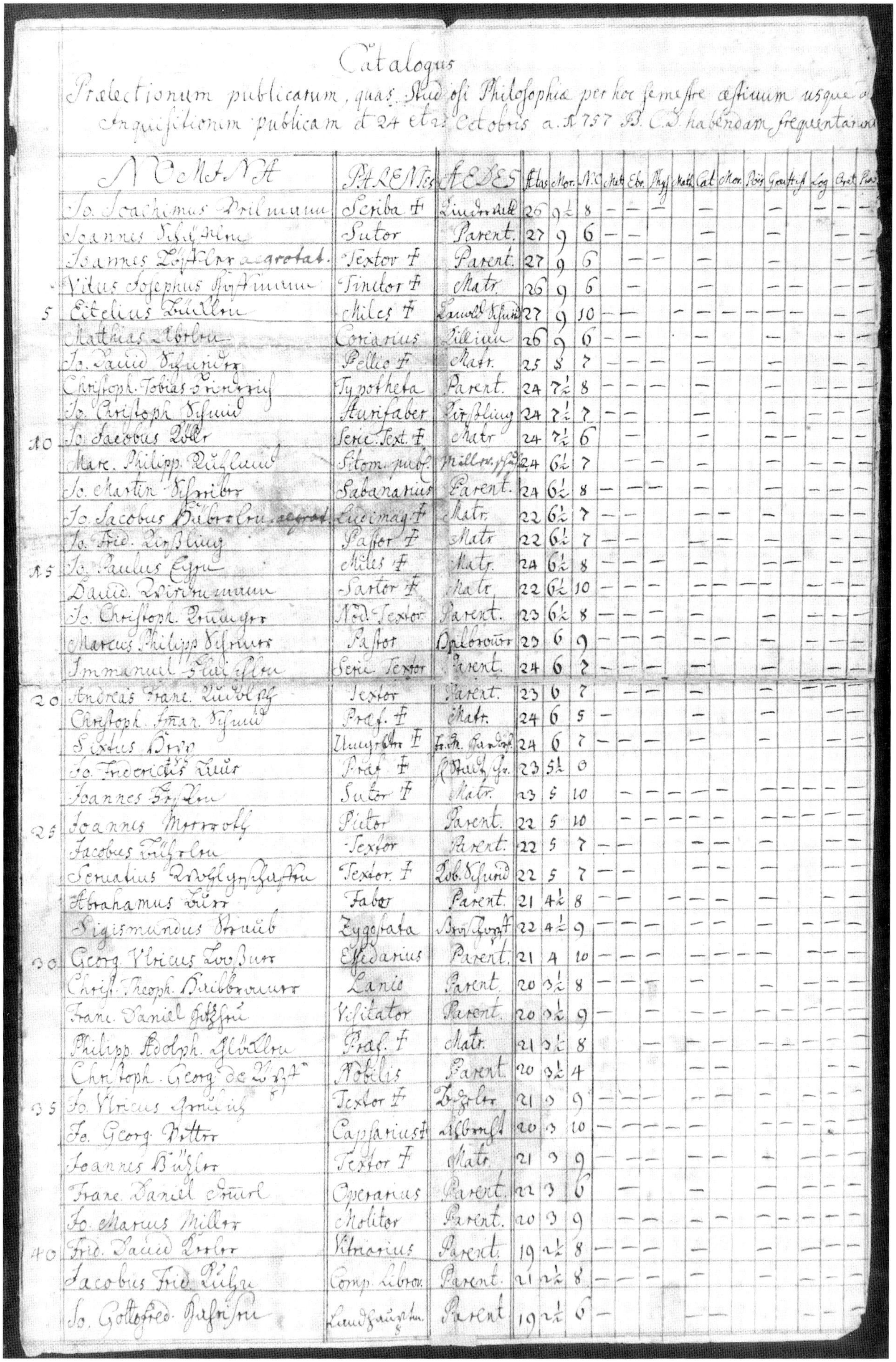

Catalogus
Praelectionum publicarum, quas Studiosi Philosophiae per hoc semestre aestivum usque ad Inquisitionem publicam d. 24 et 25 Octobris a. 1757 B. C. D. habendam frequentarunt

	Nomina	Patrones	Aedes	Aetas	Mor.	N.
	Jo. Joachimus [illegible]	Scriba F	[illegible]	26	9½	8
	Joannes [illegible]	Sutor	Parent.	27	9	6
	Joannes [illegible] aegrotat.	Textor F	Parent.	27	9	6
	Vitus Josephus [illegible]	Tinctor F	Matr.	26	9	6
5	Eitelius [illegible]	Miles F	[illegible]	27	9	10
	Matthias [illegible]	Coriarius	[illegible]	26	9	6
	Jo. David [illegible]	Pellio F	Matr.	25	8	7
	Christoph. Tobias [illegible]	Typotheta	Parent.	24	7½	8
	Jo. Christoph [illegible]	Aurifaber	[illegible]	24	7½	7
10	Jo. Jacobus [illegible]	Seric. Text. F	Matr.	24	7½	6
	Marc. Philipp. [illegible]	Sitom. publ.	[illegible]	24	6½	7
	Jo. Martin [illegible]	Sabanarius	Parent.	24	6½	8
	Jo. Jacobus [illegible] aegrot.	[illegible] F	Matr.	22	6½	7
	Jo. Frid. [illegible]	Pastor F	Matr.	22	6½	7
15	Jo. Paulus [illegible]	Miles F	Matr.	24	6½	8
	David [illegible]	Sartor F	Matr.	22	6½	10
	Jo. Christoph. [illegible]	Nod. Textor	Parent.	23	6½	8
	Marcus Philipp [illegible]	Pastor	[illegible]	23	6	9
	Immanuel [illegible]	Seric. Textor	Parent.	24	6	7
20	Andreas Franc. [illegible]	Textor	Parent.	23	6	7
	Christoph. Eman. [illegible]	Praef. F	Matr.	24	6	5
	Sixtus [illegible]	[illegible] F	[illegible]	24	6	7
	Jo. Fridericus [illegible]	Praef. F	[illegible]	23	5½	0
	Joannes [illegible]	Sutor F	Matr.	23	5	10
25	Joannes [illegible]	Pictor	Parent.	22	5	10
	Jacobus [illegible]	Textor	Parent.	22	5	7
	Servatius [illegible]	Textor F	[illegible]	22	5	7
	Abrahamus [illegible]	Faber	Parent.	21	4½	8
	Sigismundus [illegible]	Zygostata	[illegible]	22	4½	9
30	Georg. Ulricus [illegible]	Essedarius	Parent.	21	4	10
	Christ. Theoph. [illegible]	Lanio	Parent.	20	3½	8
	Franc. Daniel [illegible]	Visitator	Parent.	20	3½	9
	Philipp. Adolph. [illegible]	Praef. F	Matr.	21	3½	8
	Christoph. Georg. de [illegible]	Nobilis	Parent.	20	3½	4
35	Jo. Ulricus [illegible]	Textor F	[illegible]	21	3	9
	Jo. Georg [illegible]	Capsarius F	[illegible]	20	3	10
	Joannes [illegible]	Textor F	Matr.	21	3	9
	Franc. Daniel [illegible]	Operarius	Parent.	22	3	6
	Jo. Marcus [illegible]	Molitor	Parent.	20	3	9
40	Frid. David [illegible]	Vitriarius	Parent.	19	2½	8
	Jacobus Frid. [illegible]	Comp. Librar.	Parent.	21	2½	8
	Jo. Gottofred. [illegible]	[illegible]	Parent.	19	2½	6

95
Liste der Philosophiestudenten an der Universität Tübingen 1757, Institut für Hochschulkunde Würzburg. Die Namensliste hielt die Berufsbezeichnung des Vaters und den Wohnsitz fest.

96
Ein Tübinger »Akademiker«, um 1700, Kupferstich von Philipp Jacob Leidenhoffer. Institut für Hochschulkunde Würzburg. Die modische Tracht wird sich wohl nur ein wohlhabender Student haben leisten können.

98
Rückseite des Tübinger Katalogs der Philosophiestudenten von 1757, (siehe Abb. 95).

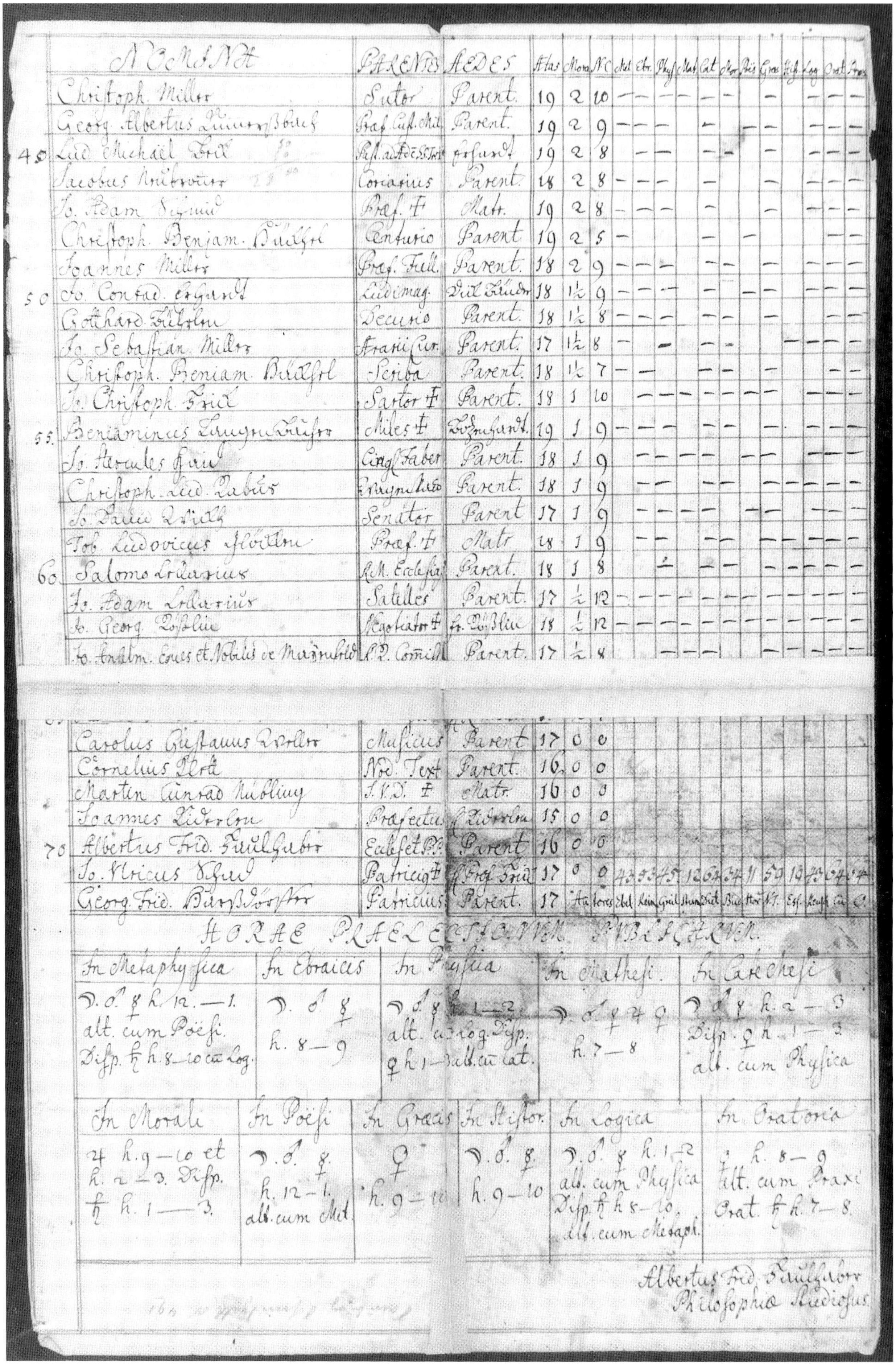

Nomina	Parentes	Aedes	Aetas	Mora	NC	Met	Ebr.	Phys	Mat	Cat	Mor	Poës	Grae	Hist	Log	Orat	Prax
Christoph. Müller	Sutor	Parent.	19	2	10	–	–	–	–	–	–		–		–	–	–
Georg. Albertus [illegible]	Praef. Cust. Mil.	Parent.	19	2	9	–	–	–		–		–	–		–	–	–
40 Lud. Michael [illegible]	Past. ad Aed. SS. Trin.	[illegible]	19	2	8		–	–		–	–		–		–	–	–
Jacobus [illegible]	Coriarius	Parent.	18	2	8	–	–	–		–			–		–	–	–
Jo. Adam Schmid	Praef. †	Matr.	19	2	8	–	–	–		–			–		–	–	–
Christoph. Benjam. [illegible]	Centurio	Parent	19	2	5	–				–		–				–	–
Joannes Müller	Praef. [illegible]	Parent.	18	2	9	–	–	–		–	–		–		–	–	–
50 Jo. Conrad. [illegible]	Ludimag.	[illegible]	18	1½	9	–	–	–		–		–	–		–	–	–
Gotthard [illegible]	Decurio	Parent.	18	1½	8	–	–	–		–	–		–			–	–
Jo. Sebastian Müller	Aerarii Cur.	Parent.	17	1½	8	–		–		–	–			–	–	–	–
Christoph. Beniam. [illegible]	Scriba	Parent.	18	1½	7	–	–			–	–		–			–	–
Jo. Christoph. [illegible]	Sartor †	Parent.	18	1	10		–	–	–	–	–	–	–		–	–	–
55 Beniaminus [illegible]	Miles †	[illegible]	19	1	9	–	–	–		–	–		–		–	–	–
Jo. Hercules [illegible]	[illegible] Faber	Parent.	18	1	9		–	–	–	–		–	–		–	–	–
Christoph. Lud. [illegible]	[illegible]	Parent.	18	1	9		–	–		–	–		–	–	–	–	–
Jo. [illegible]	Senator	Parent	17	1	9		–	–	–	–		–	–		–	–	–
Jos. Ludovicus [illegible]	Praef. †	Matr	18	1	9		–	–		–	–		–	–	–	–	–
60 Salomo [illegible]	R.M. Ecclesiae	Parent.	18	1	8			2		–	–		–	–	–	–	–
Jo. Adam [illegible]	Satelles	Parent.	17	½	12	–	–	–	–	–	–	–	–	–	–	–	–
Jo. Georg. [illegible]	Negotiator †	[illegible]	18	½	12	–	–	–	–	–	–	–	–	–	–	–	–
Jo. Anselm. Eques et Nobilis de [illegible]	[illegible] Comiss.	Parent.	17	½	8			–	–	–			–	–	–	–	–
Carolus Gustavus [illegible]	Musicus	Parent	17	0	0												
Cornelius [illegible]	Not. Text	Parent.	16	0	0												
Martin Conrad [illegible]	J.V.D. †	Matr.	16	0	0												
Joannes [illegible]	Praefectus	[illegible]	15	0	0												
70 Albertus Frid. [illegible]	[illegible]	Parent	16	0	0												
Jo. Ulricus [illegible]	Patricius †	[illegible]	17	0	0	43	53	45	12	63	34	11	59	19	43	64	4
Georg. Frid. [illegible]	Patricius	Parent.	17	Au	fores	Ebel	Lein	Gail	Stum	Diet	Bie	Hor	N.T.	Ess.	Leuch	Cu	C.

HORAE PRAELECTIONUM PUBLICARUM.

In Metaphysica	In Ebraicis	In Physica	In Mathesi	In Catechesi
☽. ♂. ☿ h. 12.—1. alt. cum Poësi. Disp. ♄ h. 8.—10 cu Log.	☽. ♂. ☿ h. 8—9	☽ ♂ ☿ h. 1—2 alt. cu Log. Disp. ♀ h 1— alt. cu Cat.	☽. ♂. ♃ ♀ h. 7—8	☽ ♂ ☿ h. 2—3 Disp. ♀ h. 1—3 alt. cum Physica

In Morali	In Poësi	In Graecis	In Histor.	In Logica	In Oratoria
♃ h. 9—10 et h. 2—3. Disp. ♄ h. 1—3.	☽. ♂. ☿. h. 12—1. alt. cum Met.	♀ h. 9—10	☽. ♂. ☿ h. 9—10	☽. ♂. ☿ h. 1—2 alt. cum Physica Disp. ♄ h 8—10 alt. cum Metaph.	♃ h. 8—9 alt. cum Praxi Orat. ♄ h. 7—8.

Albertus Frid. [illegible]
Philosophiae Studiosus.

97
Ein Rostocker »Akademiker«, um 1700, Kupferstich von Philipp Jacob Leidenhoffer, Institut für Hochschulkunde Würzburg.

99
Rektor und Dekane der Universität Leipzig, 1809, Kolorierter Kupferstich aus: »Beschreibung der Feierlichkeiten am Jubelfeste der Universität Leipzig«, Institut für Hochschulkunde Würzburg. Die Farbgebung der hermelinbesetzten Talare war für die Fakultäten im allgemeinen: Theologie – violett; Jurisprudenz – purpurrot; Medizin – scharlachrot; Philosophie – dunkelblau.

100
Ein Student besucht anatomische Vorlesungen. Kupferstich von Wilhelm Lindenschmidt, um 1826. Institut für Hochschulkunde Würzburg.

Eine Darstellung aus einer Serie von sechs Blättern, betitelt »Humoristische Szenen aus dem Leben der Akademiker«. Vermutlich stammt die Folge aus dem süddeutschen Raum.

101
Juraprofessoren der Münchner Universität in ihren Talaren, um 1830, kolorierte Lithographie von Josef Wagner, Archiv der Universität München. König Ludwig I. ersetzte bei der von ihm verordneten Rückkehr zu tradierten akademischen Strukturen die Staatsdieneruniformen wieder durch Talare. Die vermutlich von Peter Cornelius entworfenen Talare weisen Ähnlichkeiten mit Togen auf, die im barocken Ingolstadt als besondere Auszeichnung verliehen wurden.

102, 103
Die Talarfarbe für die Theologen (links) war schwarz, für die Philosophen (rechts) blau (siehe Abb. 101).

104
Zwei Münchner Medizinprofessoren in ihren Talaren; im Hintergrund die Türme der Frauenkirche (siehe Abb. 101).

105
Erste Promotion einer Frau – Else Neumann – an der Universität Berlin im Jahre 1899, Stich nach einer Originalzeichnung von E. Thiel. Nachdem die 27jährige Doktorandin der Physik eine Disputation bestanden hatte, wurde sie in der akademischen Aula zum M.A. und zum Dr. phil. promoviert.

106 ▷
Vereidigung eines neuen Doktors an der Universität Königsberg, um 1900, Ausschnitt, nach einem Ölbild von Karl Storch, Institut für Hochschulkunde Würzburg. Der Kandidat legt den Schwur ab auf die von zwei Pedellen (in rotem Talar) gekreuzten Szepter in der Aula der Universität in Anwesenheit von Dekan und Doktorvater.

107
Sonderkurs für weibliche Medizinstudierende von Professor Hans Virchow an der Universität Berlin 1903/04.
Da der Ordinarius für Anatomie Frauen zum ordentlichen Sezierkurs nicht zuließ, hielt der Sohn des berühmten Pathologen Rudolf Virchow einen speziellen Kurs für Medizinstudentinnen ab.

108
Demonstration in der chirurgischen Universitätsklinik Leipzig, um 1926, nach einem Ölbild von Rudolf Lipus, Institut für Hochschulkunde Würzburg. Der Demonstrator ist der berühmte Gefäßchirurg Prof. Dr. Erwin Payr.

109
Ansprache zur Immatrikulation an der Universität Berlin am 20. April 1937. Redner Generalstabsführer Dr. Decker, links der kommissarische Direktor der Universität Prof. Dr. Hoppe.

110
Jahrestagung des »Reichsinstituts« für Geschichte in der Universität München, Foto 1935/36, Universitätsarchiv München.

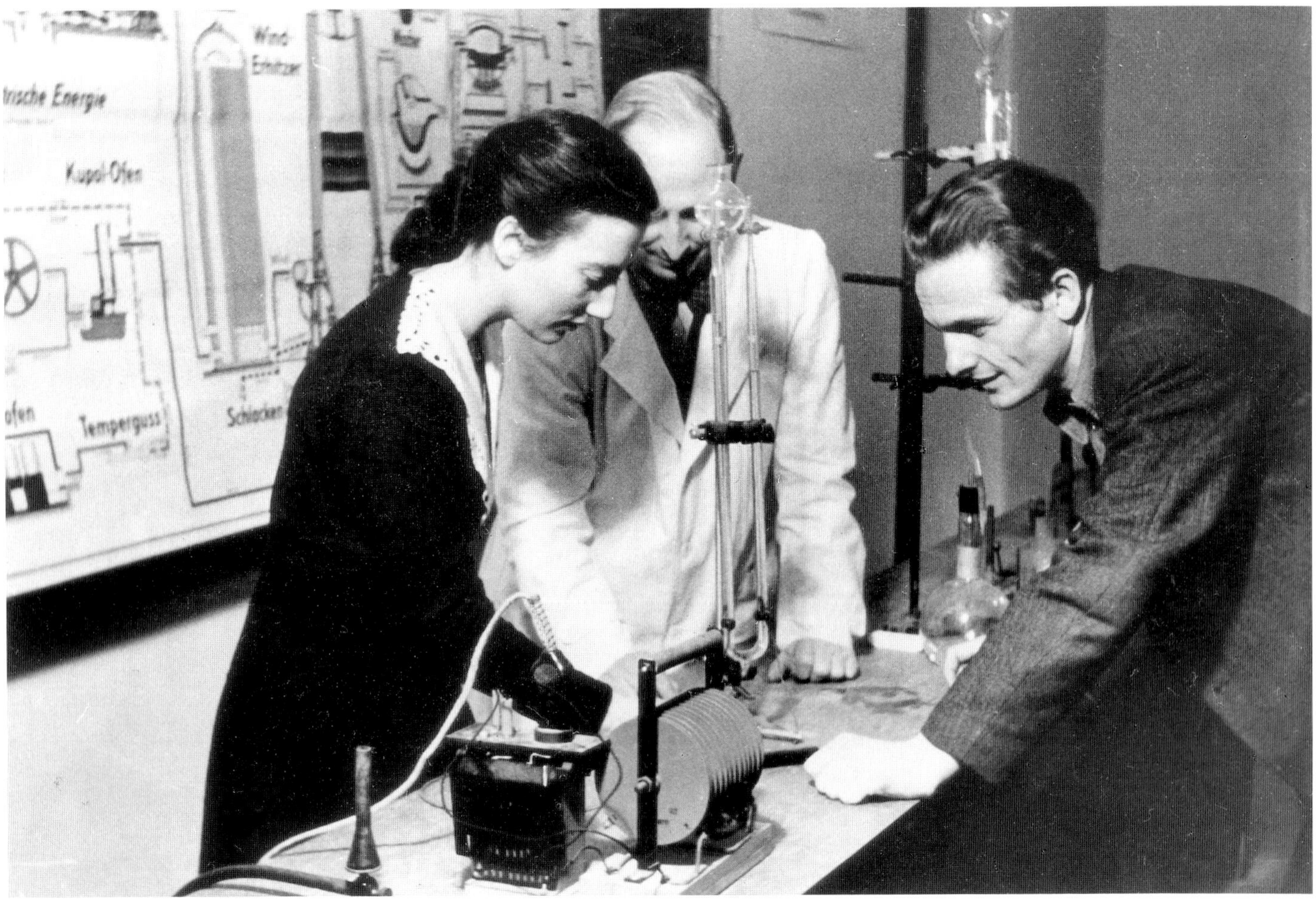

111
Professor der Berliner Humboldt-Universität mit Studenten bei physikalischen Experimenten, 1947.

Album Universitatis – Die Matrikel

◁ 112
*Stifterblatt der Universität Ingolstadt von 1472, Miniatur, Matrikel, Universitätsarchiv München.
Zu Füßen der Universitätspatronin, der Madonna, knien der Stifter der Hochschule, Ludwig der Reiche, Herzog von Bayern, und der erste Rektor, Christoph Mendel. Den Rest der Seite füllen die Namen der ersten Immatrikulierten.*

113
Wappen des Rektors Ludwig Odertzheim zum Jahr 1486 in der Basler Universitätsmatrikel, Deckfarbenminiatur, Matrikel Basel. Odertzheim studierte an der Universität Basel von 1471 bis 1485 und promovierte zum Lizentiaten der Rechte. Das Wappenbild, der silberne Ring, dürfte eine Anspielung auf die Initiale »O« sein.

Alle »akademischen Bürger«, neben Professoren, Studenten und Universitätsbediensteten auch »Universitätsverwandte«, die die korporativen Rechte in Anspruch nehmen wollten, mußten sich in das chronologisch geführte Personalverzeichnis einschreiben. Dieser Rechtsakt der »Immatrikulation« wurde unter der Amtsaufsicht des Rektors vollzogen, durch Autograph oder Eintrag des Notars oder Pedells. Die in älteren Zeiten häufig schmuckvoll illuminierte Matrikel wurde in der Moderne durch die gedruckten Personalverzeichnisse und in jüngster Zeit durch EDV-Dateien ersetzt.

114
Wappen des Rektors Wilhelm Grieb zum Jahr 1493, Deckfarbenminiatur, Matrikel Basel.
Die Schildhalterin gehört zum damals beliebten Typus des »Wildmenschen«, das Kleinod zeigt einen Hirschen.

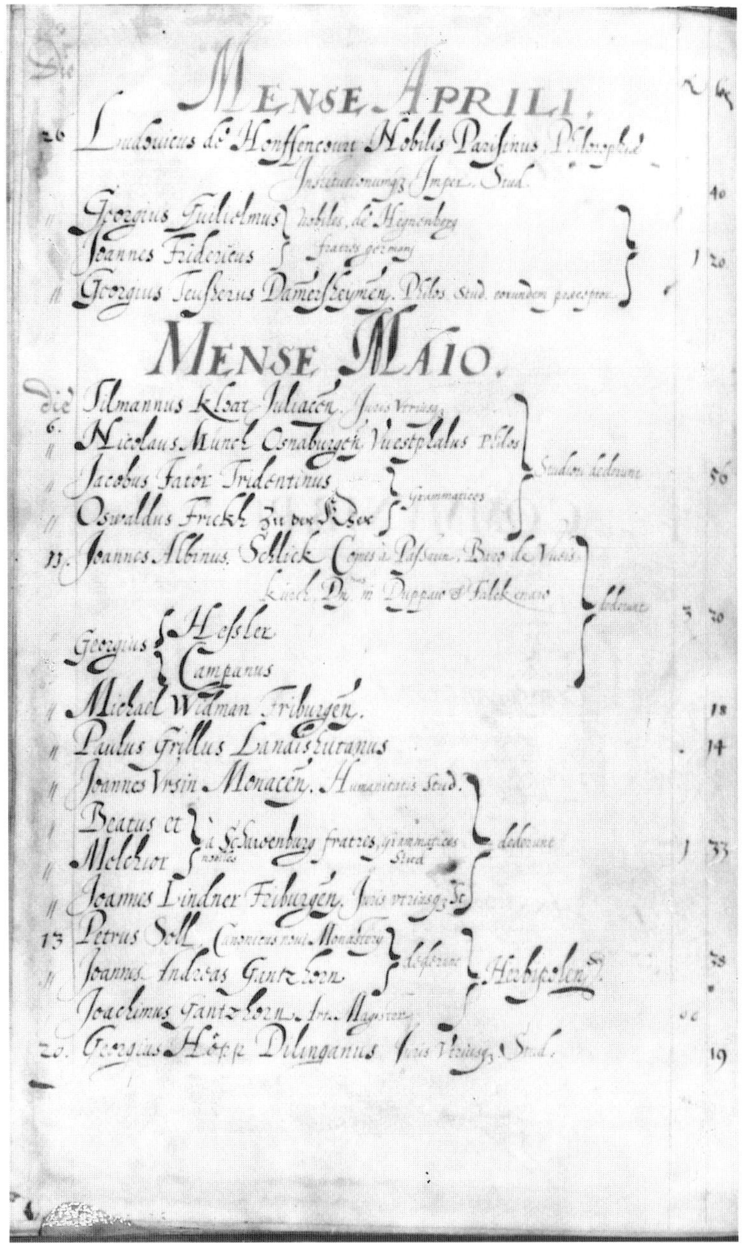

116
Faksimile der Ingolstädter Matrikel für die Monate April und Mai 1594, DV45v, Universitätsarchiv München.

115
Der dritte, reich bebilderte Matrikelband der Ingolstädter Universität, die Inskriptionen der Jahre 1589 bis 1613, Universitätsarchiv München.

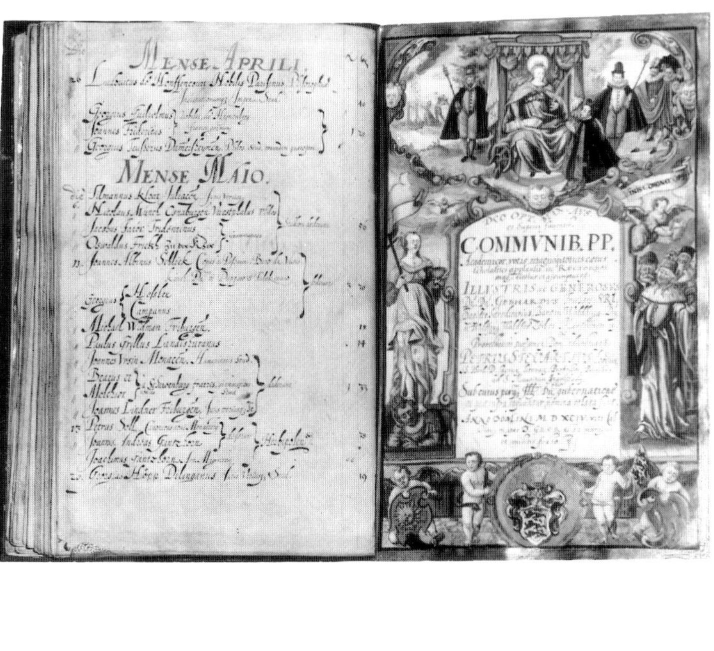

117
Die Folioseite 45 des dritten Matrikelbandes der Universität Ingolstadt, (siehe Abb. 43, 115, 116). Die illuminierte Seite zeigt das beginnende Adels-Rektorat des Fürsten Gebhardt Truchsess von Waldburg an.

118
Immatrikulationsblatt des späteren Kaisers Leopold II. von 1765, Miniatur, Matrikel Bd. II, Archiv der Universität Wien.

119
Immatrikulation des Deutschen Kronprinzen an der Universität Bonn im Jahre 1901, Stadtarchiv Bonn.

120
Dekorierte Inschrifttafel mit Wappenkartusche zum Rektorat des Sebastian Beck 1617/18, Deckfarbenmalerei, Matrikel Basel. Beck war Theologieprofessor und mehrfach Rektor der Basler Universität.

121
Das Wappenblatt des Jakob von Gottesheim zum Rektorat im Jahre 1510 zeigt in der Ahnentafel auch Kaiser Heinrich II., den Patron Basels, Deckfarbenminiatur, Matrikel Basel.

122
Wappenblatt zum Rektorat des Heinrich Vogt im Jahre 1490, Deckfarbenminiatur, Matrikel Basel.
Das Spruchband des ritterlichen Wappenhalters lautet: DA GLORIAM DEO, SOLI DEO HONOR ET GLORIA.

123
Wappenblatt des Würzburger Universitätsrektors Carl Fr. W. von Erthal, um 1764, Gouachemalerei von A. J. Högler, Matrikel Universität Würzburg II.

124
Festzug zur Eröffnung der Universität Erlangen, Kupferstich von Georg Paul Nusbiegel 1743/44 nach einer Zeichnung von Gottfried Eichler d. J., aus: Johann Wilhelm Gadendam, Historia Academiae Fridericianae Erlangensis, Erlangen 1744.
Nach einer kurzfristigen Gründung in Bayreuth 1743 erfolgte noch im selben Jahr die Verlegung der Universität durch Markgraf Friedrich von Brandenburg-Bayreuth nach Erlangen. Der zu diesem Anlaß abgehaltene prächtige Festzug konnte nicht darüber hinwegtäuschen, daß die Universität mit 64 Studenten einer ungewissen Zukunft entgegenging. Die Frequenz blieb gering, mehrfach war die Friderico-Alexandria von der Schließung bedroht, erst nach 1880 gelang ein rascher Aufschwung; innerhalb eines Jahrzehnts stieg die Zahl der Studenten von 400 auf 1000.

Universitätsfeste

Neben feierlichen Promotionen und öffentlichen Disputationen gehörten und gehören die Rektorwahl, Gründungsfeste, Jubiläen sowie Festzüge zu verschiedenen Anlässen als weitere akademische Feierlichkeiten zum Wesen der Universität. Art und Stil der Festlichkeiten brachten und bringen nicht nur den kulturellen Status und das historische Selbstverständnis der jeweiligen Alma mater symbolhaft zum Ausdruck, sondern dienten und dienen auch der gesellschaftlichen Kommunikation. Dokumentierten in älteren Zeiten der zeremonielle Charakter der universitären Feste, die Benutzung spezieller akademischer Kleider (Talare), die Verwendung von Attributen (Szepter) sowie eigenem Trinkgeschirr den Sonderstatus der Korporation, so wurden diese »Selbstdarstellungsformen« in der Moderne verstärkter Kritik unterworfen und zur Seltenheit.

126
Festzug mit Universitätsangehörigen vor dem Altdorfer Rathaus, Stich, 18. Jh.

127
Festzug anläßlich der 3. Säkularfeier der Universität Würzburg 1882, Tuschzeichnung von Franz Stuck, um 1882, Institut für Hochschulkunde Würzburg. Festzug mit dem in die Welt hinaussegelnden Schiff der Wissenschaft, gesteuert von der »Alma Julia«.

◁ *125*
Feierlicher Einzug des Stifters der Universität Erlangen am 3. November 1743 durch die eigens erbaute Ehrenpforte.

128
*Prunkgeschirr der Universität Gießen.
Zu den Universitätskleinodien zählten Prunkpokale und Prunkbecher, die die Alma mater zu verschiedenen Anlässen – meist Jubiläen – als Geschenk erhielt. Diese dienten bei akademischen Feiern als Trinkgefäße.*

130
*Prunkpokal der Universität Tübingen, 1886, Silber, vergoldet, Universität Tübingen.
Einer der beiden Doppelbecher, die die ehemaligen Rektoren 1886 ihrer Universität verehrten. Das Medaillon zeigt das Wappen der Universität, die gekreuzten Szepter; auf dem Deckel die Statuette des Universitätsstifters, Eberhard im Bart, mit Palme und Schwert.*

131
*Prunkpokal der Universität München von 1858, Silber, Universität München.
Der von König Maximilian II. gestiftete Pokal trägt die Widmungsinschrift: »In der Wissenschaft erkenne Ich eine Leuchte der Menschheit und eine kräftige Säule der Wohlfahrt der Staaten.« Die Figuren sind als »Meister der altehrwürdigen Fakultäten« tituliert.*

129
*Trinkbecher zum Tübinger Universitätsjubiläum 1677, Universitätsarchiv Tübingen.
Herzog Eberhard Ludwig von Württemberg verehrte der Universität zur 2. Säkularfeier 24 Becher, die jene ihrem Silberschatz zuführte. Alle Becher tragen das herzoglich-württembergische Wappen.*

132
*Universitätsmonstranz aus dem Basler Münsterschatz, um 1460, Kunstgewerbemuseum Berlin.
Die auch als »Agnus Dei« bezeichnete Monstranz zeigt im Medaillon der Rückseite den knienden Papst Pius II., der die Universität mit dem Gründungsprivileg ausgestattet hatte.*

133
Fahne der Universität Tübingen von 1841, Universitätsarchiv Tübingen. Die zum 25jährigen Regierungsjubiläum König Wilhelms I. von Württemberg angefertigte Fahne zeigt in der Mitte, in Anlehnung an das große Universitätssiegel, Christus mit der Umschrift »Ego sum via, veritas et vita«. Darunter das Wappen der Universität (zwei gekreuzte Szepter); links und rechts die Patrone der sechs zu jener Zeit bestehenden Fakultäten.

Abb. 134–137 zu Seite 180:

134
Spitze des Tübinger Festzuges zum 450jährigen Jubiläum 1927 vor der Stiftskirche.

135
Pedelle beim Festzug der Universität Münster zu ihrem 150jährigen Jubiläum 1930.

136
Begrüßung der Kaiserfamilie zum Festakt der Berliner Universität 1910.

137
Kriegsgedenkfeier für die gefallenen Angehörigen der studentischen Verbindungen im Ersten Weltkrieg, Berlin 1919, Institut für Hochschulkunde Würzburg. Der Trauerzug zum Dom wurde angeführt von den Pedellen, dem Rektor und den Dekanen. Allein die Universität Berlin hatte etwa 1000 gefallene Studenten zu beklagen.

134 △

135 ▽

136 △

137 ▽

Studium und Freizeit –
Die Studenten

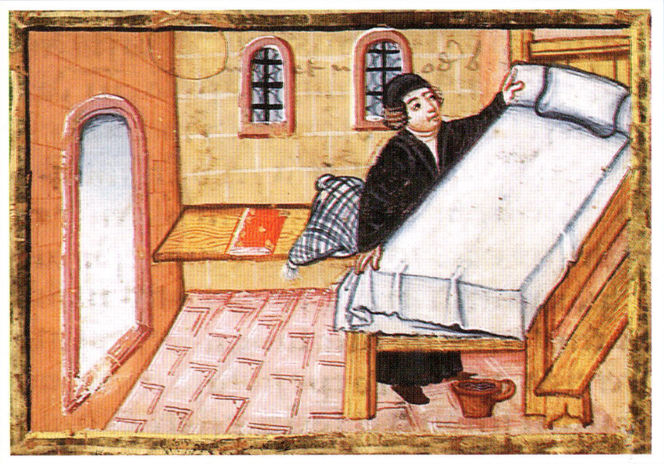

Der Alltag der Studenten orientierte sich an einem vorgegebenen Studienprogramm, dessen Einhaltung in früheren Zeiten strenge Disziplinvorschriften regelten. Erst ab dem 19. Jahrhundert setzte sich verstärkt die »Lernfreiheit« durch. Das 20. Jahrhundert brachte das »Frauenstudium«, das Ende allzu enger Reglementierung sowie die weitgehende Aufgabe studentischer sozialer Exklusivität, die den Studenten nun auch zum »normalen« Bürger werden ließ. Die Freizeitgestaltung bestand in früheren Jahrhunderten aus Spaziergängen sowie Reiten und Fechten, ferner aber auch aus Vergnügungen der verschiedensten Art (Wirtshausbesuch, Ballspiel) und ritualisierten Gebräuchen wie Deposition und Pennalismus, die nicht selten in Exzessen endeten. Während im 19. Jahrhundert die Korporationen die studienfreie Zeit des »Burschen« in Anspruch nahmen, setzte sich im 20. Jahrhundert verstärkt eine individuelle Freizeitgestaltung durch, konterkariert von einer »Verschulung« der Universitäten.

Zu Seite 181:

138–141
Studentischer Alltag an der Wende vom Mittelalter zur Frühmoderne, vier Miniaturen aus den Statuten des Sapienz-Kollegs, Freiburg, wie Abb. 59.
Die Bebilderung der Kolleg-Statuten zeigt: Die Beschwerlichkeit des frühen Aufstehens, das Bettenmachen, das Tischgebet sowie das Verlesen der Verbote.

142
Die Erfurter Bursa pauperum und ein ursprünglich gleichen Zwecken dienendes Nebengebäude des Collegium-Amplonianum, Foto um 1967.
Die beiden Häuser sind die letzten authentischen Gebäude in Erfurt, die neben dem »Auditorium coelicum« im Dom noch den Bezug zur 1816 aufgehobenen Universität dokumentieren.

143
Die Tübinger »bursa«, das älteste – bis heute – zur Universität gehörige Gebäude.
Wie die anderen Bursen beherbergte das große Gebäude, das etwa 1482 fertiggestellt wurde, Wohn- und Studierräume für Studienanfänger. Später auch als »contubernium« bezeichnet, diente es außerdem zeitweise als »Clinicum«.

144
Fechtboden des Tübinger »Collegium illustre«, Kupferstich aus: Neyffer/Ditzinger, Illustrissimi Wirttembergici Novi Collegii . . ., Tübingen um 1607, Institut für Hochschulkunde Würzburg. Neben den modernen Fremdsprachen gehörte das Fechten zum obligatorischen Ausbildungsprogramm des Adels.

145
»Mensa academica« des Tübinger Adelskollegs, wie Abb. 144. Im Hintergrund des Speisesaales die erhöhte Fürstentafel, daneben der Platz des Kellermeisters.

146
Leipziger Depositions-instrumente aus dem 18. Jh.

147, 148
Depositionsinstrumente und Depositionsszene, Kupferstiche, Straßburg um 1666, Institut für Hochschulkunde Würzburg.

149 ▷
Auszug der Erlanger Studenten nach Altdorf, Lithographie von N. Chr. Hohe, 1822, Institut für Hochschulkunde Würzburg. Nach Zwistigkeiten mit Handwerkern zogen etwa 400 Erlanger Studenten in die ehemalige Universitätsstadt Altdorf aus; der Protest hatte Erfolg, die städtischen Behörden erfüllten weitgehend die Forderungen der Studiker.

150 ▷
Einzug der Studenten in Göttingen, Kupferstich von E. Riepenhausen, Ausschnitt um 1790, Institut für Hochschulkunde Würzburg. Rückkehr der Studentenschaft in die Stadt durch das Albaner Tor nach einem Auszug.

Zimmer del

151
Vivat auf den Landesherrn durch die Heidelberger Studenten, Kupferstich von Fr. Rottmann, 1804, Institut für Hochschulkunde Würzburg.
Nach Rückkehr in die Stadt, die die Studenten aus Protest gegen Übergriffe von Soldaten verlassen hatten, dankten sie dem Landesherrn auf dem Universitätsplatz für seine Unterstützung.

152
Studenten bringen einem angebeteten Mädchen ein Ständchen, Miniatur 1601, Württembergische Landesbibliothek Stuttgart.
Aus dem fröhlichen Spektakel in Tübingen entwickelte sich – im Hintergrund dargestellt – ein blutiger Raufhandel.

153
Theateraufführung Tübinger Studenten Ende des 17. Jahrhunderts, Miniatur in einem Studentenstammbuch, British Museum London. Zur Aufführung kam die musikalische Komödie »Florinde« des Giovanni B. Andreini (1578–1654).

154
Tübinger Studenten beim bürgerlichen Amusement des Billardspiels, frühes 19. Jh., Städtische Sammlungen Tübingen.

155
Wohnung eines wohlhabenden Tübinger Studenten um 1770, Städtische Sammlungen Tübingen. Wohnungsgröße und Ausstattung sowie die an der Wand hängenden Waffen weisen auf die gute finanzielle Situation des Studierenden hin.

156
Studentenbude der Biedermeierzeit, Tuschzeichnung von E. W. A. Ziehnert, 1833, Institut für Hochschulkunde Würzburg.
Die aus Leipzig stammende Abbildung will Studenten bei der Arbeit, der »Repetition der Anatomie«, darstellen.

157
Bonner Studentenbude im Vormärz, kolorierter Kupferstich, vermutlich von Junker, um 1826, Institut für Hochschulkunde Würzburg.
Der »Herr Studiosus« wird von einem Stiefelknecht und der »filia hospitalis« bedient. Die Studentenutensilien sowie der »Renommierhund« belegen die standesgemäße Ausrüstung.

158
Karzer der Universität Gießen. Der Eckbau neben dem Mittelrisaliten des Zeughauses entstammt dem frühen 17. Jh. und ist das einzige, die Gründungssituation der Hochschule repräsentierende Gebäude.

160
Uniform der Landshuter Universitätspolizei, um 1818, Aquarell, Archiv der Universität München.

◁ *159*
Der Erlanger Karzer Ende des 18. Jh.s, Foto eines um 1798 zu datierenden Stammbuchblattes (St. B. Rössing), Institut für Hochschulkunde Würzburg.

162
»Es ist Feyerabend meine Herren«, Jenaer Stammbuchblatt um 1798, Institut für Hochschulkunde Würzburg. Die Überwachung der Polizeistunde, die im allgemeinen im Sommer um 23 Uhr, im Winter schon um 22 Uhr lag, durch Pedelle, Universitätspolizei und Nachtwächter führte oftmals zu Auseinandersetzungen und Skandalen, an die sich verschiedentlich Kompetenzauseinandersetzungen zwischen universitärer und studentischer Gerichtsbarkeit anschlossen.

163
Karzer der Universität Jena, um 1908.

164
Karzermalerei mit Verspottung Jenaer Professoren, um 1822.

◁ *161*
Tübinger Karzerraum um 1736.
Um den studentischen – oftmals ironischen und derben – Wandmalereien entgegenzuwirken, ließ die Hochschule durch den Stadtmaler G. Schreiber den Karzer mit moralträchtigen Bildnissen versehen.

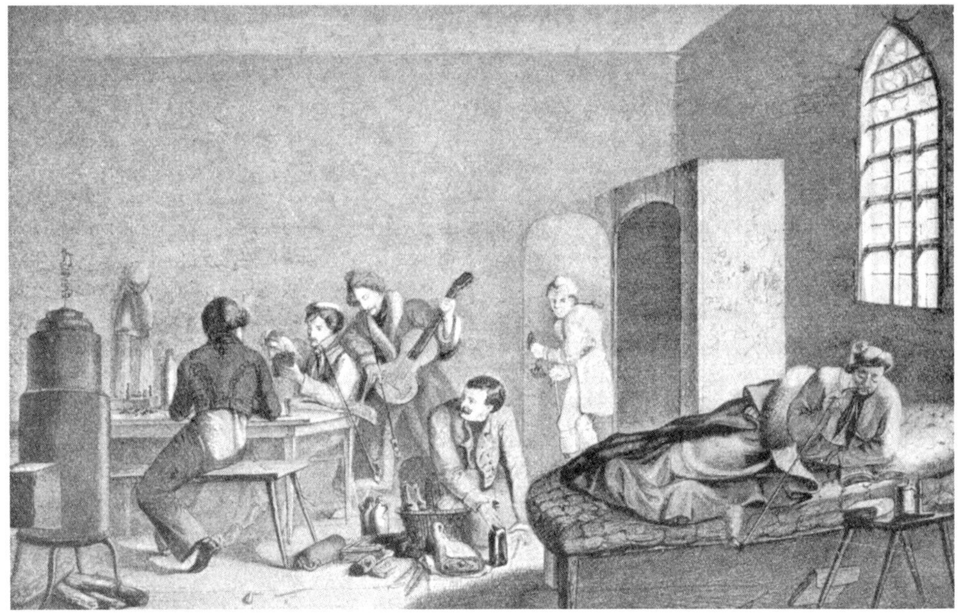

167
Freiburger Universitätskarzer, erbaut um 1830, Institut für Hochschulkunde Würzburg.
Der 1944 zerstörte Karzer zeigt typische Wand- und Deckenbemalungen der in diesem karg eingerichteten Raum arrestierten Studenten.

◁ *165*
Karzer der Universität Heidelberg mit »Liegestatt«, Ende des 19. Jh.s.

◁ *166*
Universitätskarzer zu Beginn des 19. Jh.s, Bleistiftzeichnung von H. A. Eckert (?), um 1828.

168
Konzert des Basler Studentenvereins Zofingia, Aquarell, um 1867, Staatsarchiv Basel. Das von einem Kommilitonen gefertigte Blatt ironisiert die musikalischen Bemühungen einiger Vereinsmitglieder.

169
Königsberger »Fuchstaufe«, nach einem Ölbild von M.A. Pietrowski, um 1841, Institut für Hochschulkunde Würzburg.
Die Fuchstaufe geht wie das »Fuchsbrennen« wohl auf Depositionssitten zurück. Bei diesem Aufnahmebrauch wurde der Fuchs – der junge Student – durch Wassergüsse von seinem Sündenschmutz gereinigt und schließlich mit Bier getauft.

170, 171
»Gänsemarsch« und »Ausfahrt«, Lithographien, erschienen bei A. Matz in Bonn, 1855/57, Institut für Hochschulkunde Würzburg. Das Leben in den Universitätsstädten war in starkem Maße geprägt von den Sitten und auch Unsitten der Studenten, die mit Vorliebe die Philister (Bürger) schockierten und erschreckten. Aufwendige Ausfahrten und pompöser Lebensstil führten nicht selten zu großem Schuldenmachen.

Zum 150jährigen Jubiläum der Universität Göttingen: Studententrachten aus verschiedenen Perioden. Originalzeichnung von Robert Geißler.

172
Göttinger Studententrachten zwischen 1737 und 1887, Xylographie nach einer Zeichnung von R. Geißler, 1887, Institut für Hochschulkunde Würzburg. Die kavaliersmäßige Tracht, später das Renommistentum mit großen Hüten, nachlässigem, oft ungepflegtem Kleid und Kanonenstiefeln bestimmten die studentische Mode des 18. Jh.s. Im folgenden Saeculum ist der altdeutsche, einfache schwarze Rock der Burschenschafter und die Entwicklung der Couleur (Band und Mütze) besonders typisch. Der Wichs als Kleidung für feierliche Anlässe mit der Pekesche als Jacke erhielt wesentliche Impulse aus der polnischen Mode.

173
Landesvater, Stahlstich von Storck/Payne, um 1846, Institut für Hochschulkunde Würzburg. Vor dem Hintergrund der Burgen Saaleck und Rudelsburg führen Studenten den »Landesvater« aus. Mit diesem feierlichen Hutdurchstechen brachte man das Treuegelöbnis gegenüber Landesherrn und Vaterland zum Ausdruck. Die bei feierlichen Anlässen ausgeübte Zeremonie ist heute vor allem als Bekräftigung der bundesbrüderlichen Freundschaft, auch als Zeichen der Verbundenheit mit Universität und Heimat zu sehen.

◁ *174*
Landesvater in Göttingen, Kupferstich von E. L. Riepenhausen, um 1816, Institut für Hochschulkunde Würzburg.
Das Szenarium des »Landesvaters« wurde oftmals in Kupferstichen festgehalten und zierte als Einlageblatt manches studentische Stammbuch.

◁ *175*
Duell auf Schläger, Farblithographie von L. Blum, um 1850, Institut für Hochschulkunde Würzburg.
Eine Schlägermensur zwischen den Corps Vandalia und Saxoborussia Heidelberg auf der Hirschgasse, dem berühmten Pauklokal, in der bis zur Jahrhundertmitte üblichen beweglichen Fechtweise.

176
Der Paukboden, kolorierter Kupferstich, vermutlich von Junker, um 1826, Institut für Hochschulkunde Würzburg.
Eine Darstellung aus dem Bonner Studentenleben. Die Paukanten werden bei der beweglichen Fechtweise mit drahtverstärkten Hüten im Fechtsaal des Pauklehrers Seger gezeigt.

Das Erlernen der Fechtkunst war bis ins 19. Jh. ein selbstverständlicher Teil der universitären Ausbildung.

178
Studentenlokal »Zum Roten Ochsen« in Heidelberg, erbaut 1703.

177
Das altehrwürdige Studentenlokal »Zum Seppl« in Heidelberg.

179
Das Studentenlokal »Zur Lindenwirtin Ännchen« in Bad Godesberg in den 60er Jahren.

180
Studentenfrühschoppen im Thüringer Hof zu Leipzig, nach einem Ölbild von W. Gause, um 1909, Institut für Hochschulkunde Würzburg. Der Thüringer Hof in Leipzig gehört zu den ältesten und berühmtesten Studentenlokalen; er wird bereits 1466 in einer Chronik als Studentenburse genannt. Etwa 30 Verbindungen hatten hier ihren traditionellen Treffpunkt und ließen sich im »Burgverlies«, »Korpsstübchen« oder – wie hier dargestellt – in der »Wolfsschlucht« das Würzburger Hofbräu schmecken.

181
Versammlung Heidelberger Studenten im Gesellschaftslokal der Allemannia, Holzstich von A. Jacob, um 1869, Institut für Hochschulkunde Würzburg. Die Heidelberger Burschenschaft Allemannia, 1856 gegründet, tagte bis zum Erwerb eines eigenen Hauses 1889 in verschiedenen Lokalen. Auf dieser Darstellung ist die Kneipe im »Faulen Pelz« dargestellt.

182
Göttinger Burschenschafter in ihrem Stammlokal, um 1900.

183
Titelbild des »Neuen deutschen allgemeinen Commers- und Liederbuches«, kolorierter Kupferstich, Tübingen 1815, Institut für Hochschulkunde Würzburg. Dieses von Gustav Schwab herausgegebene, zum erstenmal 1815 erschienene Commersbuch erlebte zahlreiche Auflagen und wurde besonders durch die darin enthaltenen Vaterlands- und Freiheitslieder populär.

184
Erinnerungsblatt zum Allgemeinen Corps-Commers in Bonn 1862.

185
*Studentenhaus der Universität Münster am Aasee.
In den Jahren nach dem Ersten Weltkrieg wurden an nahezu sämtlichen deutschen Universitäten »Studentenhäuser« errichtet, die vornehmlich sozialen Aufgaben dienten.*

187
Mensa der Universität Heidelberg im Marstallhof nach dem Umbau 1958.

186
Aufenthaltsraum des Hamburger Studentenhauses.

188
Mensa des Studentenhauses in der Münchner Luisenstraße, Foto um 1925, Archiv der Universität München.

189
Hamburger Wohnquartier auf dem Dulsberg, um 1930, in dem auch das Studentenhaus mit Mensa untergebracht war.

190
Mensaraum der Universität Königsberg, um 1920.

191
Studentenwohnheim in Stuttgart-Vaihingen, 1976.

193 ▷
Gebäulichkeiten der Universität Ingolstadt im 16. Jh., Aquarell von H. Hetzner, 1855/56. Die nach dem Sandtnerschen Stadtmodell (1573) gefertigte Zeichnung zeigt unter: a. das Collegium vetus, das Hauptgebäude der Hohen Schule; b. die Substitutenwohnung; c. das chemische Laboratorium; d. das Collegium Georgianum; e. die Peter-Paulskirche; f. den Neubau des Georgianums.

192
Gemeinschaftsküche im Studentenwohnheim in Stuttgart-Vaihingen, 1976.

Gebäude – Institute – Kliniken

Die mittelalterlichen Universitäten besaßen keine eigens für sie errichteten Zentralgebäude, sondern waren auf überlassene Bürgerhäuser, säkularisierte Klosterbauten oder Mieträume angewiesen, wenn der Unterricht nicht überhaupt in den Kollegien oder Bursen stattfand. Zentralbauten deutscher Universitäten entstanden erst im 17. Jahrhundert. Ein eigentlicher Bauboom setzte im 19. Jahrhundert ein: er brachte nicht nur repräsentative Hauptgebäude, sondern auch eine Vielzahl an Instituts-, Labor- und Klinikbauten, die zu ganzen Universitätsvierteln zusammenwuchsen. Die Neugründungen der Moderne ließen weitgehend nur noch »Campus«-Universitäten zu.

194
Erker des Carolinums; ältester Teil der Universität Prag, um 1370. Das Collegium Carolinum, an dessen Kapelle der gotische Erker angebracht wurde, war von Kaiser Karl IV. 1366 für zwölf Magister gestiftet worden; 1388 erwarb König Wenzel den geräumigen Gebäudekomplex, der bis heute das repräsentative Zentrum der Universität darstellt.

195
Älteste Bilddarstellung der Universität Wien, Miniatur, 14. Jh., Bildarchiv der Österreichischen Nationalbibliothek.
Das Collegium ducale bildete das Zentrum der Rudolphina; im Gebäude rechts befand sich die alte Aula. Die Figur stellt wohl Herzog Albrecht III. dar, der 1384 die Universität auf ein sicheres statutarisches Fundament stellte.

196
Das »Collegium Jenense« im 17. Jh., Kupferstich des Titelblattes aus: E. Weigel, Speculum Uranicum …, Jena 1661.
Das Gebäude der 1558 gegründeten Universität Jena, die zu Beginn des 18. Jh.s zur frequenzstärksten deutschen Hochschule avancierte.

197
Das Marburger Universitätsgebäude zu Ende des 19. Jh.s.

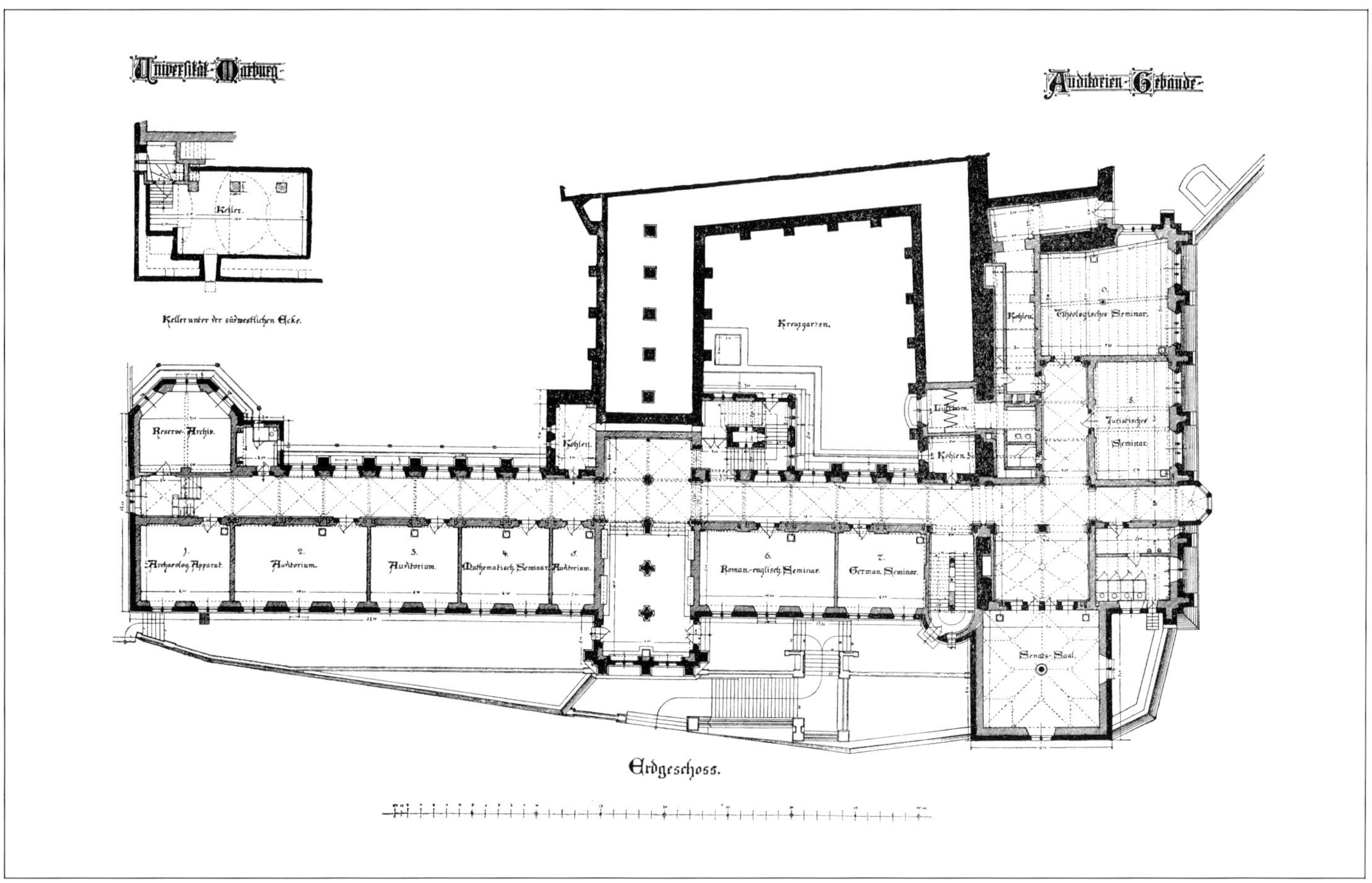

198
Aufriß vom Erdgeschoß der Universität Marburg 1891.

199
Das »Auditorium coelicum« im Erfurter Dom.

Das im 15. Jh. gestiftete Auditorium diente anfangs der Theologischen Fakultät als Hörsaal, wurde aber späterhin auch von der Gesamtuniversität bei feierlichen Anlässen, z. B. anläßlich der Rektorwahl, genutzt.

200
Das im frühen 16. Jh. erbaute »Collegium maius« der Universität Erfurt. Das Gebäude wurde 1945 durch einen Luftangriff zerstört.

199 △

201 △

200 ▽

202 ▽

◁ 201
Im »Kasimirbau« des Marstalles befindet sich seit 1919 die Mensa des Heidelberger Studentenwerkes; hier wohnte bis 1828 auch der Universitätsreitlehrer.

203
Das Tübinger »Collegium illustre«, Kupferstich aus: Neyffer/Ditzinger, Tübingen 1607. Institut für Hochschulkunde Würzburg. Der Bau repräsentiert den im späten 16. Jh. bevorzugten Typus eines universitären Gebäudekomplexes.
Die nach dem mittelalterlichen Schema um einen Innenhof gruppierte Anlage verband in idealer Weise Einrichtungen des Lehrens und Wohnens.

202
Spätgotisches Portal des Erfurter »Großen Kollegs«, Detail aus Abb. 200.

204
Alter Doktorsaal der Universität Basel, 15. Jh. Für die über mehrere Gebäude in der Stadt verteilte Hochschule, die im Zeitalter des Humanismus ein Knotenpunkt der europäischen Kultur war, bedeutete der Raum das »akademische Zentrum«.

206
Universitäts-Sommerfest im Hof der alten Universität Würzburg.

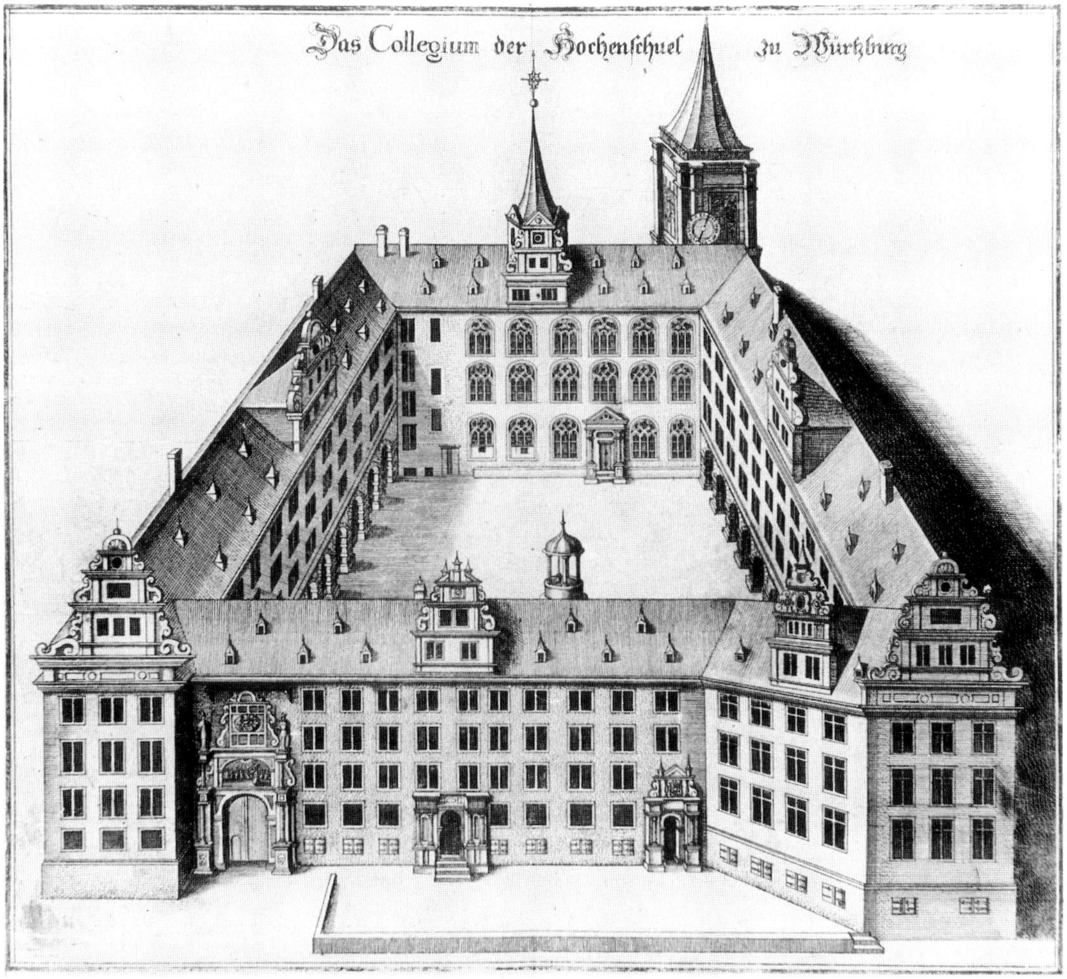

205, 207
Das »Collegium« der Hochschule zu Würzburg und das Hauptportal mit Hofeinfahrt, Kupferstich von M. Merian, um 1630, und neueres Foto, Institut für Hochschulkunde Würzburg.
Die »Alte Universität« in Würzburg stellt sich als eine Vierflügelanlage dar in beinahe quadratischer Form, bestechend in ihrer nüchternen und strengen Klarheit, die ihren besonderen Reiz durch die reich gestalteten Portale, die Giebel und den Turm der Kirche erhält. Bischof Julius Echter von Mespelbrunn ließ die Baulichkeiten 1582–1591 für die 1582 wiedergegründete Hochschule errichten, in einem Stil, der besonders typisch für die Jesuitenuniversitäten war.

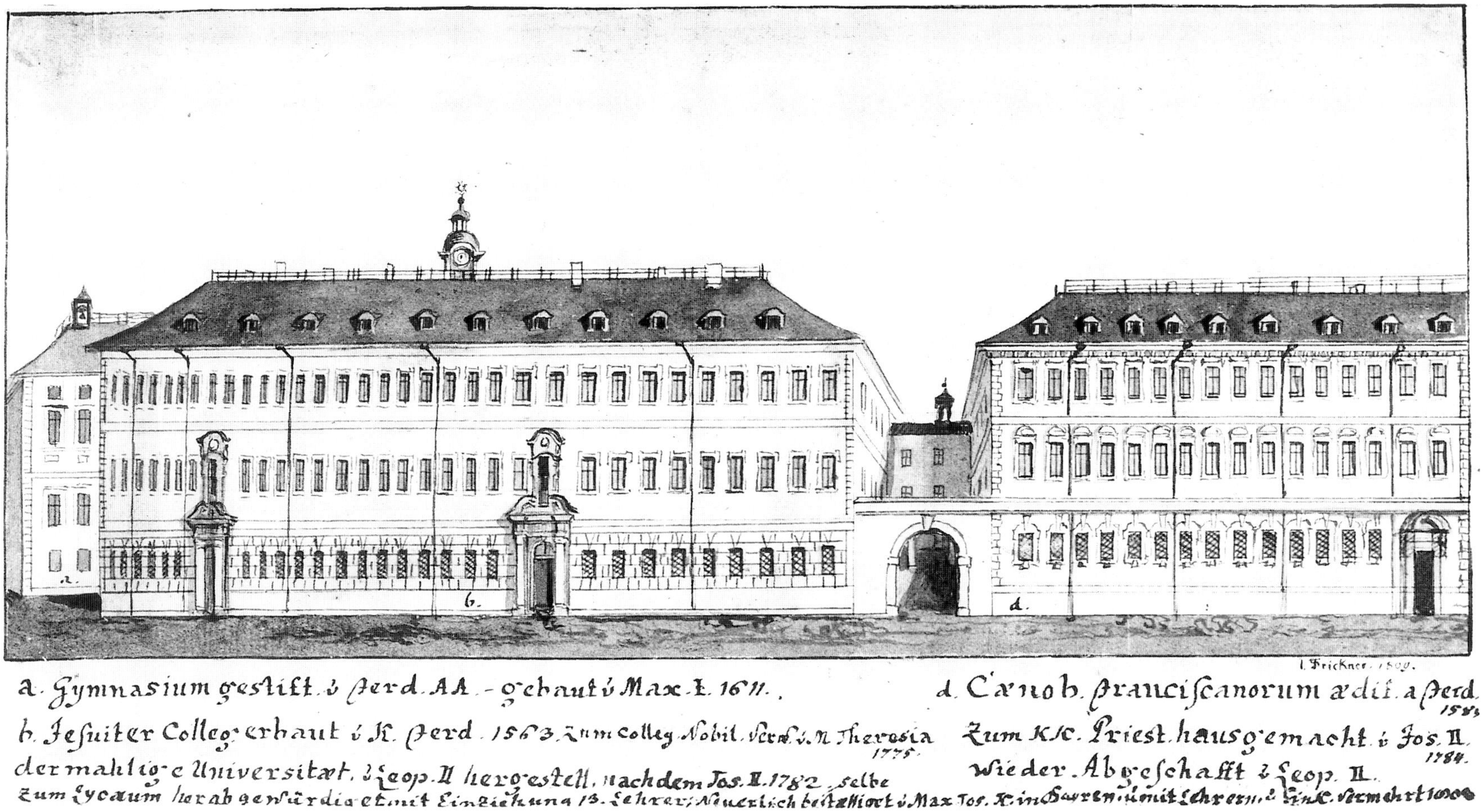
a. b. d.
I. Frickner. 1809.
a. Gymnasium gestift. v. Ferd. AA. - gebaut v. Max. I. 1611.
b. Jesuiter Colleg. erbaut v. K. Ferd. 1563. Zum Colleg. Nobil. verw. v. M. Theresia 1775.
dermahlige Universitæt. v. Leop. II hergestellt. nachdem Jos. II. 1782. selbe
d. Cœnob. Franciscanorum ædif. a Ferd.
Zum K.K. Priest. haus gemacht. v. Jos. II. 1784.
Wieder. Abgeschafft v. Leop. II.

208
Ansicht der alten Universität Innsbruck, kolorierte Federzeichnung von J. Strickner, 1809, Museum Ferdinandeum Innsbruck.
Im linken Gebäudetrakt war bis 1773 das Jesuitenkolleg untergebracht; von 1782 bis 1826 bestand in Innsbruck nur ein Lyzeum.

209
Die »Alte Universität« Heidelberg, errichtet in den Jahren 1712–1733.

210
Kollegiengebäude der Universität Mainz.
Die »Domus Universitatis« entstand in den Jahren 1615–1618 und dient heute als Institutsgebäude.

211
Hauptgebäude der Universität Bonn. Hofgartenfassade des kurfürstlichen Residenzschlosses (erbaut 1697–1723), das 1818 aufgrund der Säkularisation der wiedergegründeten Universität zur Verfügung gestellt werden konnte.

212
Das Bonner Universitätsgebäude um die Mitte des 19. Jh.s. Ansicht von der Franziskanerstraße aus.

213
Die »Alte Universität« in Wien, kolorierter Kupferstich, erschienen bei Artaria Wien, um 1830, Institut für Hochschulkunde Würzburg.
Die ältesten Universitätseinrichtungen Wiens lagen über die Stadt verstreut; erst durch den Neubau des Jesuitenkollegs wurde eine Konzentration erreicht. Kaiserin Maria Theresia ließ um 1756 ein Zentralgebäude errichten, in dem Aula, Hörsäle, Anatomie, Verwaltungs- und Wohnräume untergebracht waren. Seit dem Umzug der Universität im letzten Drittel des 19. Jh.s in den Neubau am Ring wurde die »Alte Universität« Sitz der Österr. Akademie der Wissenschaften.

214
Vestibül in der »Alten Universität« Wien.

215
Deckenfresko der »Alten Aula« der Universität Wien, um 1755. Das sich im nunmehrigen Akademiegebäude befindliche Fresko zeigt u. a. eine Darstellung der Wissenschaften; der Bildausschnitt betrifft die Theologie.

216
Portal der ehemaligen Boineburgischen Bibliothek in Erfurt, deren Bestände in die Universitätsbibliothek übergingen.

217
Die Boineburgische Bibliothek (2. Gebäude vorn rechts) in der Erfurter Mainzerhofstraße im frühen 19. Jh., nach einer Zeichnung von F. Kuchenbuch, 1837.

218
Das »Collegium academicum« in Göttingen, Kupferstich, Göttingen 1765. Institut für Hochschulkunde Würzburg. Das um 1733/34 errichtete Kollegiengebäude bzw. »Universitäts-Collegium« schloß sich mit einer vierflügeligen Anlage an die Universitätskirche an. Während dort zunächst auch einige Hörsäle eingerichtet waren, nahm die im gleichen Gebäude untergebrachte Bibliothek allmählich den ganzen Raum ein.

219
Barocker – von Balthasar Neumann eingerichteter – Saal der alten Universitätsbibliothek Würzburg, Foto um 1930.
Die seit Beginn des 17. Jh.s bestehende Bibliothek erfuhr durch die Aufhebung des Jesuitenordens sowie durch die Zuführung großer Bestände aus geistlichem Besitz aufgrund der Säkularisation eine beachtliche Ausstattung.

220
Universitätsbibliothek Göttingen, Stahlstich eines unbekannten Künstlers, um 1855, Institut für Hochschulkunde Würzburg.

Die zum Bibliotheksraum umgebaute Paulinerkirche beherbergte um die Mitte des 19. Jh.s die viertgrößte deutsche Bibliothek.

221, 223
Anatomiegebäude und vorgelagerter botanischer Garten der Universität Ingolstadt, heutiger Zustand und Kupferstich von Th. Sondermayer, nach 1723. Das Unterrichtsgebäude der Medizinischen Fakultät wurde in den Jahren 1723–35 errichtet, um eine bessere Ausbildung in den medizinisch-naturwissenschaftlichen Disziplinen zu gewährleisten.

222
Der alte Botanische Garten in Göttingen, Kupferstich von M. Tyroff, nach einer Zeichnung von Kaltenhofer, 1758, Institut für Hochschulkunde Würzburg. Der »Hortus academicus« wurde 1739 zwischen Weender- und Albaner Tor nach der Konzeption Albrecht von Hallers – direkt unter dem Wall – angelegt.

224
Die Erlanger »Anatomie«. Die »neue« Anatomie wurde in den Jahren 1895–1897 im Schloßgarten errichtet.

225
Die Tübinger »Alte Aula«, Aquarell, 1776, Universitätsbibliothek Tübingen.
Das ehedem als »Aula nova« bezeichnete, nahe der Stiftskirche befindliche Gebäude wurde 1547 fertiggestellt; zum Universitätsjubiläum 1777 erfolgte ein Umbau (vgl. Abb. 226).

226
Die »Neue Aula« der Universität Tübingen. Der 1777 getätigte Umbau des alten Fachwerkbaues der »Alten Aula« brachte einen Bau im klassizistischen Stil samt Walmdach. Dieser war ein Geschenk Herzog Karl Eugens zum 400. Jubiläum.

227
Aula-Gebäude der Universität Göttingen, errichtet in den Jahren 1835/36.

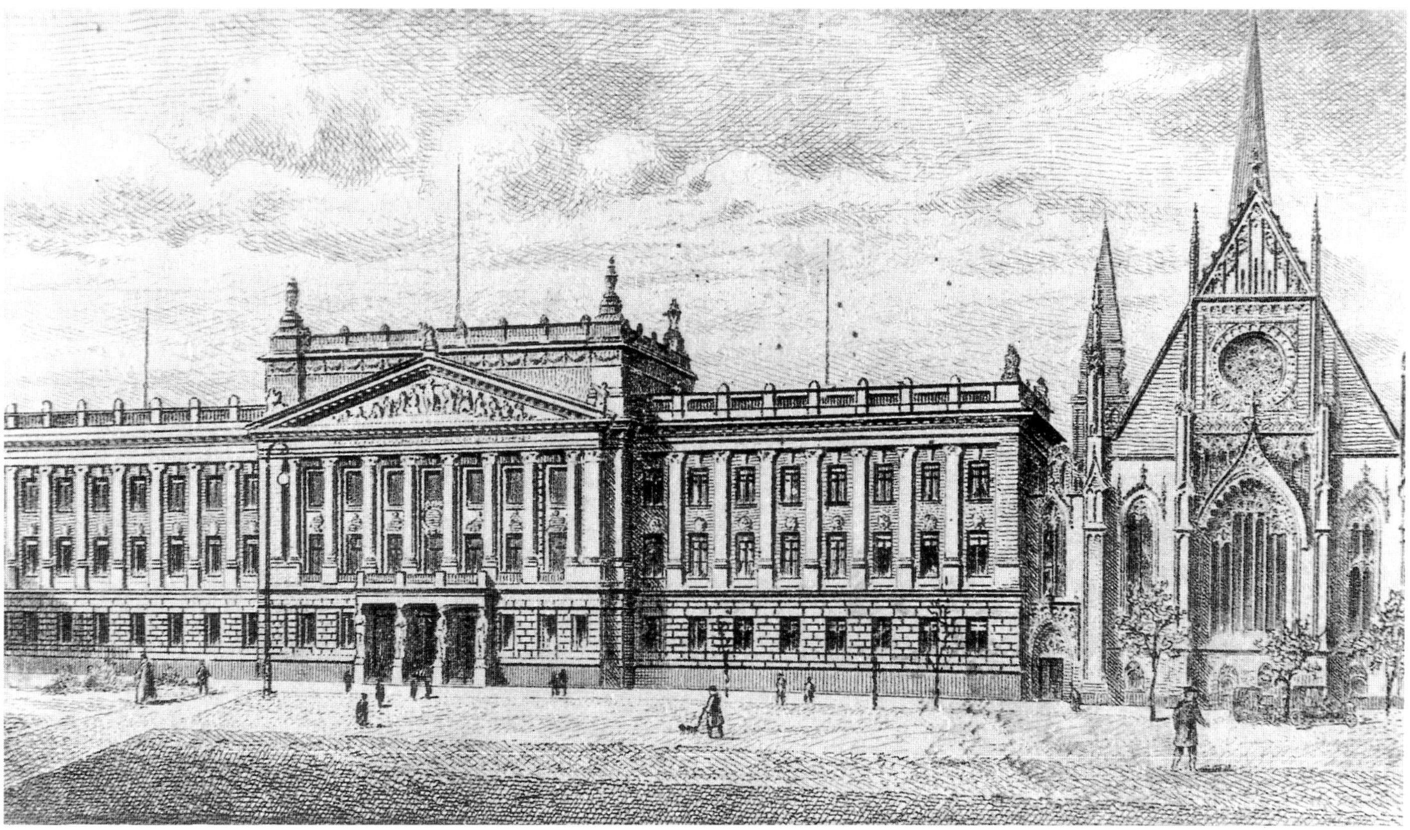

228
Universität Leipzig mit Thomaskirche, Radierung von C. Jander, um 1925, Institut für Hochschulkunde Würzburg. Das Universitätshauptgebäude – das Augusteum – wurde in den Jahren 1831–36 nach Plänen K. F. Schinkels im klassizistischen Stil erbaut; 1945 wurde es größtenteils zerstört und durch ein Hochhaus ersetzt.

229
Treppenhaus im Hauptgebäude der Universität Halle (s. Abb. 230).

230
Das Universitätshauptgebäude in Halle, Lithographie eines unbekannten Künstlers, um 1840, Institut für Hochschulkunde Würzburg.
Da die Universitätseinrichtungen in Halle auf verschiedene Häuser und Gebäude verstreut waren, wurde in den Jahren 1832–34 ein repräsentatives Hauptgebäude mit Aula errichtet, allerdings ohne die geplanten Seitenflügel. Schinkels Plan, das Bauwerk in der Ruine der Moritzburg zu errichten, wurde abgelehnt.

231
Aula der Universität Göttingen.
Eigens großen akademischen Festen und universitären Versammlungen dienende Räumlichkeiten entstanden an den deutschen Universitäten ab dem 19. Jh. (vgl. Abb. 227).

232
Die Polytechnische Schule in Hannover, Stahlstich von L. Thümling, nach einer Zeichnung von W. Kretschmer, um 1850, Institut für Hochschulkunde Würzburg.
Nach der frühen Gründung einer Höheren Gewerbeschule 1831, die dann den Titel »Polytechnische Schule« erhielt, wurde der Unterricht zunächst im Bornemannschen Haus am Markt abgehalten. Nachdem die Schülerzahlen rapide anwuchsen, bezog man bereits 1837 das Gebäude an der Georgstraße. 1879 wechselte die nunmehr zur »Technischen Hochschule« erhobene Anstalt in das Welfenschloß über (noch heute Universitätshauptgebäude).

233, 234
Hauptgebäude und Brunnen der Universität München um 1910 und heutiger Zustand. König Ludwig I. ließ in den Jahren 1835/40 das Hauptgebäude als harmonischen Abschluß der »Ludwigstraße« und als Pendant zu Bauten des »Odeonsplatzes« nach Plänen Friedrich von Gärtners errichten. Die beiden römischen Brunnen sollten mit dem Siegestor – 1852 als Kopie eines Konstantinbogens errichtet – den Universitätsplatz abrunden.

235
»Semperbau« der ETH Zürich.
Die »Eidgenössische Polytechnische Schule« wurde als erste nationale Hochschule der Schweiz 1855 gegründet. Der Architekt Gottfried Semper war dort als akademischer Lehrer von 1855 bis 1870 tätig.

236
Hauptgebäude der ETH Zürich, Foto um 1930.

237, 238, 239 »Auditorium Maximum«, Vestibül und Treppenhaus des Zürcher Universitätshauptgebäudes, Fotos um 1930.

240
Hauptgebäude und Chemisches Laboratorium der »Technischen Hochschule« Aachen 1879. Das Aachener »Polytechnikum« erhielt in den Jahren 1865/70 einen Neubau und wurde 1879 in »Technische Hochschule« umbenannt. 1880 gab sich die Anstalt, die 1899 das Promotionsrecht erhielt, eine Satzung, die bis 1960 in Kraft bleiben konnte. Nachdem die Ausbildung anfänglich nur in sechs Abteilungen (Architektur, Bauwesen, Maschinenbau, Chemie und Hüttenkunde, Bergbau sowie Allgemeine Wissenschaften) erfolgte, kam später auch die Lehrerbildung hinzu.

241
Das Universitätsgebäude in Berlin, Stahlstich von F. Hirchenheim, nach einer Zeichnung von C. Würbs, um 1850, Institut für Hochschulkunde Würzburg. Die auf Betreiben Wilhelm von Humboldts gegründete Berliner Universität erhielt als Hauptgebäude das Prinz-Heinrich-Palais. Die traditionsreiche »Friedrich-Wilhelms-Universität« wurde 1949 in »Humboldt-Universität« umbenannt. In »West-Berlin« entstand ab 1948 die »Freie Universität«.

242
Das ehemalige »Welfenschloß«, seit 1879 Sitz der »Technischen Hochschule« Hannover. 1978 erfolgte die Umbenennung in »Universität Hannover«.

243
Lichthof des Hauptgebäudes der Technischen Hochschule Berlin 1879. In Berlin bestanden seit 1774 eine »Bergakademie«, seit 1799 eine »Bauakademie« und seit 1821 eine »Gewerbeschule«. 1866 wurden die seit längerem kooperierende Bauakademie und das Gewerbeinstitut (seit 1826) zur »Gewerbeakademie« vereinigt; zusammen mit der Bergakademie bildete diese die Grundlage für die 1879 gegründete »Königlich-Technische Hochschule zu Berlin« in Charlottenburg. Die rasch expandierende Anstalt erhielt 1899 zum Diplomierungs- auch das Promotionsrecht und 1922 die Fakultätsverfassung.

244
Südfront des Hauptgebäudes der Technischen Hochschule Berlin. Die seit 1879 als »Königlich-Technische Hochschule« bezeichnete Anstalt konnte 1884 einen repräsentativen Neubau beziehen.

245
Staats- und Universitätsbibliothek Königsberg.

246
Universitätsbibliothek Marburg.

247
Eröffnung des Hauptgebäudes der Universität Wien durch Kaiser Franz Joseph I. im Jahre 1881. Zeitgenössische Xylographie.

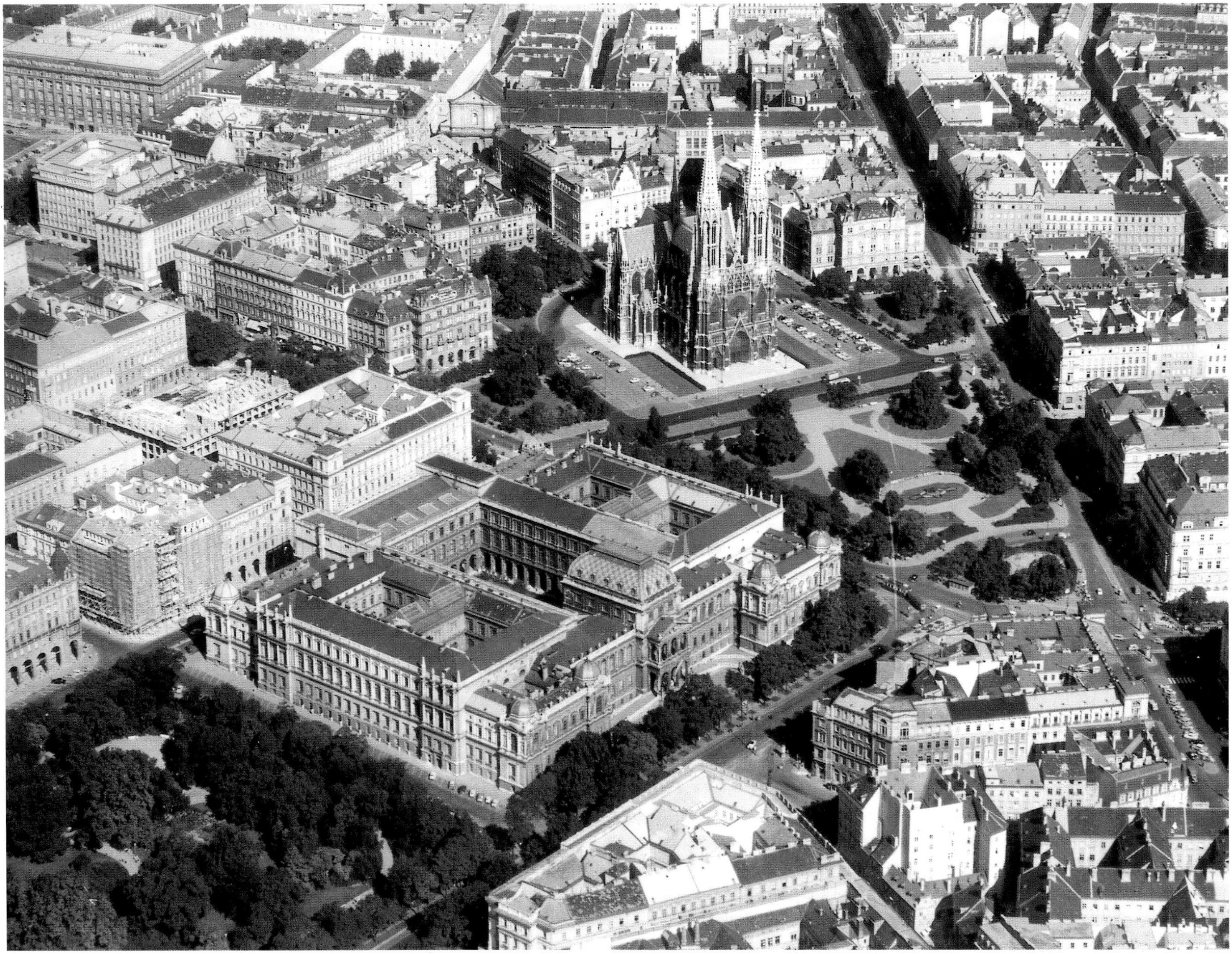

248
Das Hauptgebäude der Universität Wien, errichtet in den Jahren 1873 bis 1884 nach den Plänen von Heinrich Freiherr von Ferstel, Luftbildaufnahme. Im Hintergrund die Votivkirche.

249
»Feststiege« im Wiener Universitätshauptgebäude, Foto um 1930.

250
Die »Alte Aula« der Friedrich-Wilhelms-Universität Berlin.

251
Kaiser Wilhelm II. eröffnet die Aula der Berliner Universität, nach einer Ölskizze von W. Pape, um 1910, Institut für Hochschulkunde Würzburg.
Im Jahre 1910, anläßlich der Säkularfeier der Friedrich-Wilhelms-Universität, die mittlerweile zu einer »Weltuniversität« avanciert war, kündigte bei der Jubiläumsansprache Kaiser Wilhelm II. die Gründung der nach ihm benannten »Kaiser-Wilhelm-Gesellschaft« an. Diese vorwiegend von Mitteln der Industrie geförderte und vornehmlich naturwissenschaftlich orientierte Forschungsgesellschaft (ab 1949 Max-Planck-Gesellschaft) ging vom universitären Leitmotiv der Verbindung von Lehre und Forschung ab und ermöglichte Gelehrten, sich an speziellen Instituten nahezu ausschließlich der Wissenschaft zu widmen.

252
Der Löbdergraben in Jena, Lithographie von J. G. Bach, nach einer Zeichnung von C. Hirsch, um 1858, Institut für Hochschulkunde Würzburg. Das »Collegium Jenense« mit der Anatomie links, der sich anschließenden Medizinischen Fakultät, dem Karzer und der Bibliothek. Goethe, der als weimarischer Minister regen Anteil am Leben der Universität nahm, verhalf 1830 durch seinen energischen Einsatz der Bibliothek aus ihrer Raumnot, indem er ihr einen kaum genutzten Saal der benachbarten Medizinischen Fakultät zuwies.

253
Die Universitätssternwarte in Bonn, Stahlstich von H. Emden, nach einer Zeichnung von C. Hohe, um 1850, Institut für Hochschulkunde Würzburg. Die Sternwarte wurde 1845 unter Mitwirkung von K. F. Schinkel fertiggestellt; sie gehörte – neben der Alten Anatomie – zu den wenigen Instituten der Bonner Universität, die außerhalb des Schlosses untergebracht waren.

254
Fernrohr der Universitätssternwarte München, Aufnahme um 1900.

254 △

256
Das alte Jenaer Observatorium, Foto um 1888. Rekonstruktion durch Abbe, von Herzog Carl August initiiert und unter Goethes Aufsicht errichtet.

256 △

255 ▽

255
Sternwarte der Universität Jena, erbaut 1888/89.

257 ▽

257
Die 1879 errichtete Sternwarte der Universität Wien.

258
Älteste Frauenklinik der Universität Erlangen in der ersten Hälfte des 19. Jh.s.

259
Entbindungsanstalt, auch »Accouchierhaus« genannt, in Göttingen, Stammbuchkupfer von E. Riepenhauer, um 1800, Institut für Hochschulkunde Würzburg. Die Göttinger Entbindungsanstalt, die 1791 errichtet wurde und Verheiratete und Unverheiratete jedweder Konfession und Heimat aufnahm, galt an der Wende zum 19. Jh. als die »glänzendste« und modernste Einrichtung dieser Art in Deutschland.

260
Frauenklinik und Hebammenschule in Marburg, Holzstich aus: Marburg, seine Hauptgebäude, Institute und Sehenswürdigkeiten, Marburg 1895, Institut für Hochschulkunde Würzburg. Das Gebäude wurde 1867/68 unmittelbar neben dem Botanischen Garten errichtet.

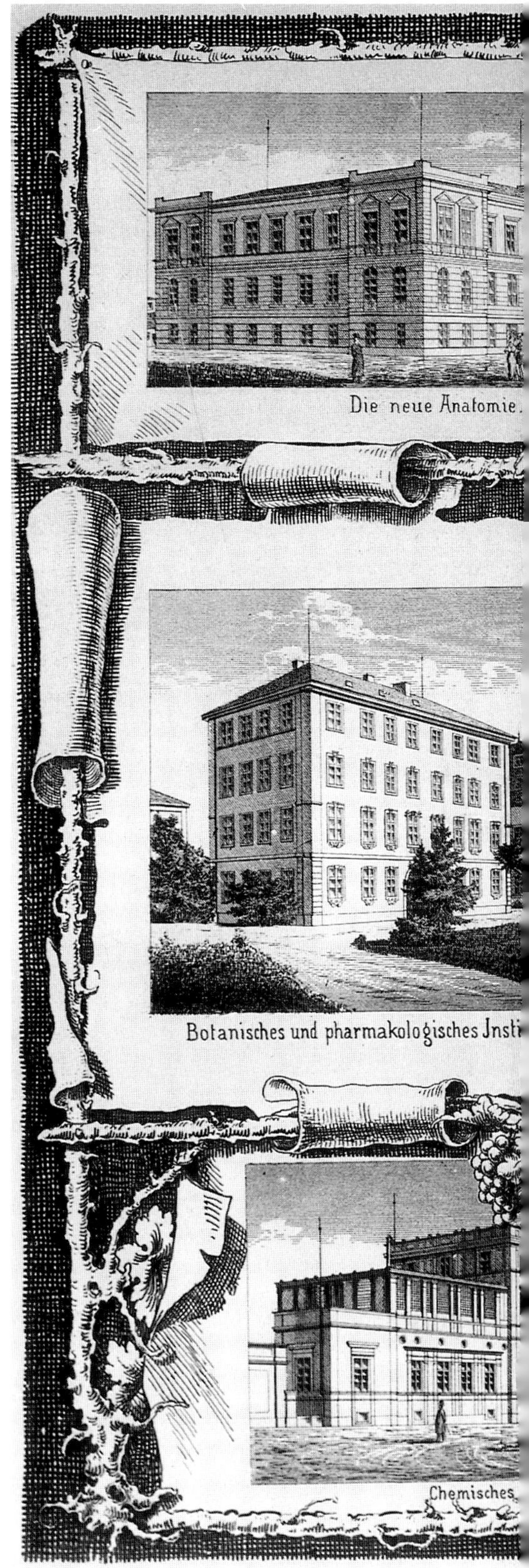

261
Hauptgebäude, Institute und Kliniken der Universität Würzburg am Ende des 19. Jh.s, Holzstich nach einer Zeichnung von C. Lutz, um 1882, Institut für Hochschulkunde Würzburg. Während die Universität Würzburg in den früheren Jahrhunderten auf das alte Gebäude des Jesuitenkollegs begrenzt war, dehnte sie sich im 19. Jh. auf das Gebiet nördlich von Pleich und Juliusspital aus, wo die naturwissenschaftlichen und medizinischen Institute entstanden. Zu Beginn des 20. Jh.s kam die »Neue Universität« am Sanderring hinzu. Die moderne Universität befindet sich außerhalb der Stadt.

263
Die in den Jahren 1910/12 erbaute Universitätszahnklinik in Würzburg.

262
Eingangsvestibül der »Neuen Anatomie« in Bonn, erbaut 1869/72.

265
Institut für Schiffs- und Tropenkrankheiten der Universität Hamburg.

266
Hörsaal im Tropenhygienischen Institut Hamburg.

267
Neue Anatomie der Universität München, erbaut in den Jahren 1905–1908.

268
In diesem heute nicht mehr existierenden Haus in Zürich wurde mit dem tierheilkundlichen Unterricht begonnen.

◁ *264*
Hörsaal der Wiener Universitätsfrauenklinik, um 1930.

269
Chirurgisches Hospital in Göttingen, Kupferstich in der Art von Riepenhausen, um 1810, Institut für Hochschulkunde Würzburg.
Das im Jahre 1807 erbaute Hospital erwies sich alsbald als zu klein; durch einen Mitteltrakt wurden daraufhin die beiden Gebäude verbunden. Das Hospital war zugleich chirurgische Klinik und Institut für Augenheilkunde. Im Apothekergarten wurden Heil- und Arzneipflanzen systematisch als Demonstrationsobjekt und zur Nutzung angebaut. Der Apothekergarten war eine der Wurzeln des Botanischen Gartens.

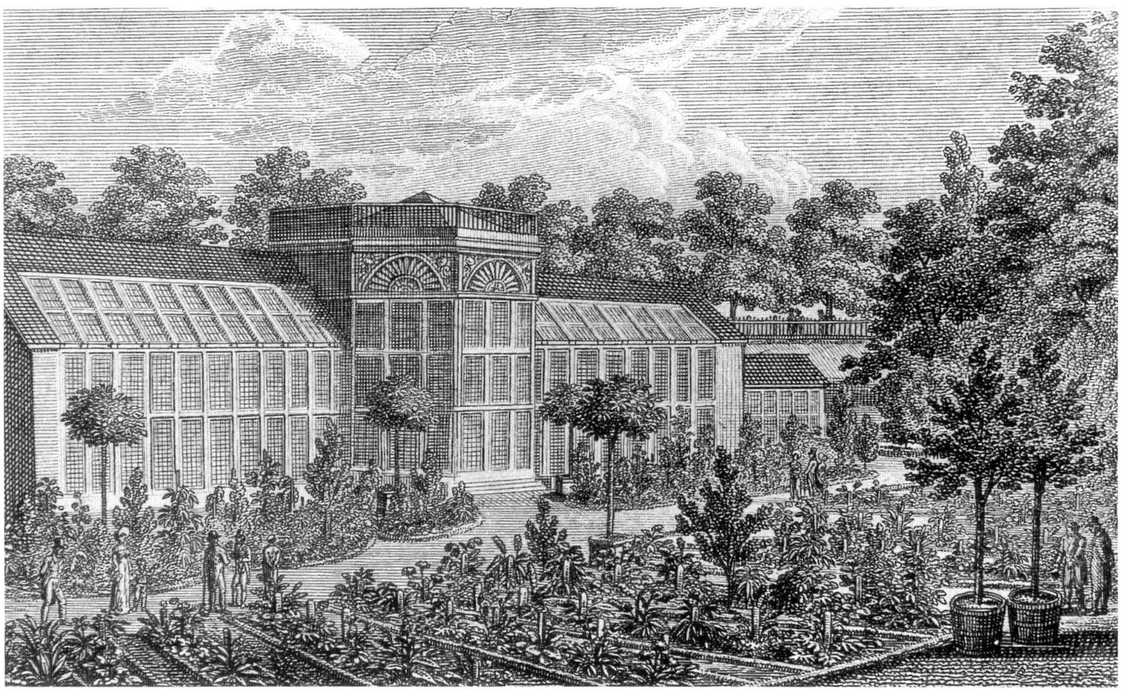

270
Gewächshaus im Göttinger Botanischen Garten, Kupferstich nach Art von Riepenhausen, um 1810.
Das Stammbuchkupfer zeigt das zweite, 1809 erbaute Gewächshaus, welches sich direkt neben dem Anatomiegebäude befand.

271▷
Palmenhaus im Botanischen Garten Tübingen, Foto 1969.

273
Land- und Forstwissenschaftliches Institut der ETH Zürich um 1930.

274
Seminarsaal des Paläontologisch-Paläobiologischen Instituts der Universität Wien, um 1930.

◁ 272
Neuer Botanischer Garten, München 1910–1914.

275
Die 1851 erbaute Landwirtschaftliche Lehranstalt in Poppelsdorf, Farblithographie um 1860, Institut für Hochschulkunde Würzburg. Die 1847 gegründete Landwirtschaftliche Lehranstalt wurde 1861 zur Akademie erhoben und erhielt 1919 die Bezeichnung »Landwirtschaftliche Hochschule«. Diese erlangte 1920 das Promotionsrecht, wurde aber schließlich 1934 der Bonner Universität eingegliedert.

276
Hörsaal des Chemischen Laboratoriums der Universität München. Das eigens 1851/52 für den Begründer der organischen Chemie, Justus von Liebig, errichtete Chemische Laboratorium enthielt einen besonders ausgestatteten Hörsaal.

277
Liebigs Chemisches Laboratorium in der Kaserne auf dem Gießener Seltersberg, aquarellierte Zeichnung von Wilhelm Trautschold, um 1840. Justus von Liebig (1803–1873), der Nestor der Agrikulturchemie, wurde mit 21 Jahren Chemieprofessor in Gießen und folgte 1852 einem Ruf nach München.

278
Chemisches Laboratorium der Universität Heidelberg, um 1910.

279
Bunsens Chemisches Laboratorium Ende des 19. Jh.s.
Robert Wilhelm Bunsen (1811–1899) wirkte seit 1852 als Professor der Chemie an der Universität Heidelberg.

280
Lichthofhalle des Naturwissenschaftlichen Instituts der Technischen Hochschule Zürich, Foto um 1930.

281
Hörsaal des Physikalischen Instituts der Universität Wien, um 1930.

282
Elektrophysikalische Vorlesung an der Technischen Hochschule Berlin, um 1930.

284
Hauptgebäude der Universität Frankfurt a. M., Baubeginn 1896, Foto 1928.

283
Hauptfront des neuen Universitätsgebäudes Jena. Das im Jugendstil errichtete Gebäude konnte im Jahre 1908 seiner Bestimmung übergeben werden.

285
Der große Hof der Universität Jena, 1908.

286
Die »Alte Aula« der Universität Gießen im Jahre 1907.

287
Lichthof der Universität München. Die notwendige Erweiterung des Hauptgebäudes an der Wende zum 20. Jh. mit dem Trakt in der Amalienstraße nutzte der Bauamtsassessor German Bestelmeyer zur Erbauung einer verbindenden Säulenhalle, die auch als »Treppenhaus« diente. Den Treppenaufgang flankieren Figuren von König Ludwig I. und Prinzregent Luitpold.

288
Lesesaal der Universitätsbibliothek Heidelberg, um 1905, abgebrochen in den 50er Jahren.

289
Ausleihzimmer der Universitätsbibliothek Heidelberg, um 1905.

290
Großer Lesesaal der Universitätsbibliothek Wien, um 1930.

291
Leseraum des Historischen Seminars der Universität München um 1930.

292
Campus der Ruhr-Universität Bochum, Luftaufnahme, freigeg. unter Nr. 12546/86 Reg.Präs., Münster.
An der »Reform-Universität« versuchte man, Instituts- und Hörsaalgebäude mit studentischen Wohnheimen und Wohnungen der Professoren architektonisch zu kombinieren.

293
Die zentralen Gebäudekomplexe der Universität Köln, Luftaufnahme, freigeg. unter Nr. 30 M 158 Reg.Präs., Düsseldorf.

294
Forum mit Speisesaaltrakt der Universität Konstanz um 1975. Die »Modelluniversität« wollte auch baulich eine »fächerübergreifende Organisationsform« – u.a. die Überwindung der partikularistischen Institutsgliederung – dokumentieren.

295–297
Mensa und Seminargebäude der Universität Konstanz, entstanden in den 70er Jahren nach dem Konzept für eine Ganztags-Universität als »offenes Haus« mit optischer Verbindung zur Bodenseelandschaft.

298
Hauptgebäude der Universität Regensburg, um 1976.

299
Die große Halle der Universität Bielefeld mit den Eingängen zu Bibliothek, Hörsälen und Geschäften, erbaut in den 70er Jahren.

300
Eingangshalle zur Mensa der Universität Göttingen.

301
Naturwissenschaftliche Institute der Universität Heidelberg auf dem »Neuenheimer Feld«.

302
Das Mensagebäude der Universität Bremen, 1977.

303
Hochspannungsinstitut der Technischen Hochschule München, um 1975.

304
Meßplätze in Halle II des Beschleunigungslaboratoriums der Universität München.

305
»Van de Graaf«-Beschleuniger der Universität München.

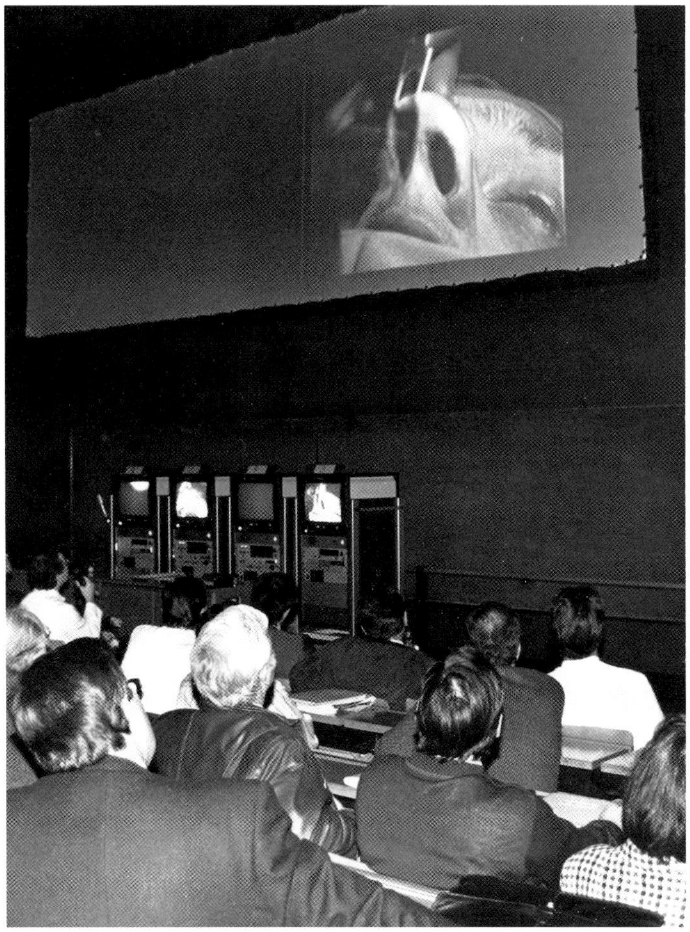

306
*Operationsdemonstration im Universitätsklinikum Großhadern/München.
Durch die Bildschirmwiedergabe können auch modernste Operationstechniken (wie u. a. die Laser-Technik) einem großen Studentenkreis vermittelt werden.*

307
Universität Bochum.
Foto von Andreas
Gursky, Düsseldorf,
1988.

308
Atomarer Versuchs-reaktor der Technischen Universität München in Garching.

Anhang

BIBLIOGRAPHIE

(Es wurde nur die wichtigste Literatur aufgenommen; verzichtet wurde auf die Nennung von lokalen Universitätsmonographien; vgl. dazu die Angaben in Boehm/Müller (Universitäten und Hochschulen)).

Aland, K.: Glanz und Niedergang der deutschen Universität, 1979

Albert, W. / Oehler, Ch.: Materialien zur Entwicklung der Hochschulen 1950 bis 1967, 1969

Andernach, N.: Der Einfluß der Parteien auf das Hochschulwesen in Preußen 1848–1918, 1972

Anrich, E. (Hg.): Die Idee der deutschen Universität. Die fünf Grundschriften aus der Zeit ihrer Neugründung, 1964 (2. Aufl.)

Bahnson, K.: Akademische Auszüge aus deutschen Universitäts- und Hochschulorten, 1973

Baldus, M.: Die philosophisch-theologischen Hochschulen in der Bundesrepublik Deutschland – Geschichte und gegenwärtiger Rechtsstatus, 1965

Bauer, M.: Sittengeschichte des deutschen Studententums, o. J.

Baum, H.: 20 Jahre Hochschulwesen in der Deutschen Demokratischen Republik 1949–1969, 1969

Baumert, J. (Hg. u. a.): Das Bildungswesen in der Bundesrepublik Deutschland, 1979

Baumgart, P. / Hammerstein N. (Hg.): Beiträge zu Problemen deutscher Universitätsgründungen der frühen Neuzeit, 1978

Becker, C. H.: Vom Wesen der deutschen Universität, 1925

Berding, H. (Hg.): Universität und Gesellschaft, in: Geschichte und Gesellschaft, 1984

Berg, D.: Armut und Wissenschaft. Beiträge zur Geschichte des Studienwesens der Bettelorden im 13. Jahrhundert, 1977

Bleek, W.: Von der Kameralausbildung zum Juristenprivileg. Studium, Prüfung und Ausbildung des höheren Beamten des allgemeinen Verwaltungsdienstes in Deutschland im 18. und 19. Jahrhundert, 1972

Bleuel, H. P. / Klinnert, E.: Deutsche Studenten auf dem Weg ins Dritte Reich, 1967

Bleuel, H. P.: Deutschlands Bekenner, Professoren zwischen Kaiserreich und Diktatur, 1968

Bock, K.: Strukturgeschichte der Assistentur. Personalgefüge, Wert- und Zielvorstellungen in der deutschen Universität des 19. und 20. Jahrhunderts, 1972

Boehm, L. / Müller, R. A. (Hg.): Universitäten und Hochschulen in Deutschland, Österreich und der Schweiz. Eine Universitätsgeschichte in Einzeldarstellungen, 1983

Boehm, L.: Das Hochschulwesen in seiner organisatorischen Entwicklung, in: Handbuch d. Bayer. Geschichte II, III und IV, ³1975.

Boehm, L.: Humanistische Bildungsbewegung und mittelalterliche Universitätsverfassung, in: J. Ijsewijn / J. Paquet (Hg.), The universities in the late middle ages, 1978

Boehm, L.: Libertas scholastica und negotium scholare. Entstehung und Sozialprestige des akademischen Standes im Mittelalter, in: H. Rössler / G. Franz (Hg.), Universität und Gelehrtenstand 1400–1800, 1970

Boehm, L.: Das mittelalterliche Erziehungs- und Bildungswesen, in: Propyläen Geschichte der Literatur, Bd. 2, 1982, S. 143ff.

Bohrmann, H.: Strukturwandel der deutschen Studentenpresse. Studentenpolitik und Studentenzeitschriften 1848–1974, 1975

Bollmus, R.: Handelshochschule und Nationalsozialismus, 1973

Bornhak, C.: Die Korporationsverfassung der deutschen Universitäten, 1910

Bornhak, C.: Geschichte der preußischen Universitätsverwaltung bis 1810, 1900

Brandt, H. J.: Eine katholische Universität in Deutschland? 1981

Brockliss, L. W. B.: French higher education in the seventeenth and eighteenth centuries, 1987

Bruch, R. vom: Wissenschaft, Politik und öffentliche Meinung. Gelehrtenpolitik im Wilhelminischen Deutschland (1890–1914), 1980

Burchardt, L.: Wissenschaftspolitik im Wilhelminischen Deutschland. Vorgeschichte, Gründung und Aufbau der Kaiser-Wilhelm-Gesellschaft zur Förderung der Wissenschaften, 1974

Busch, A.: Die Geschichte der Privatdozenten. Eine soziologische Studie zur großbetrieblichen Entwicklung der deutschen Universität, 1959

Buzas, L.: Deutsche Bibliotheksgeschichte, 3 Bde., 1975

Cahan, D.: An Institute for an Empire. The Physikalisch-Technische Reichsanstalt 1871–1918, 1989

Classen, P.: Studium und Gesellschaft im Mittelalter, (hg.) v. J. Fried, 1983

Cobb, J.: The forgotten Reforms: Non Prussian Universities 1797–1817, 1980

Cobban, A. B.: The Medieval English Universities: Oxford and Cambridge to c. 1500, 1988

Cobban, A. B.: The Medieval Universities: their Development and Organization, 1975

Conrads, N.: Ritterakademien der Frühen Neuzeit. Bildung als Standesprivileg im 16. und 17. Jahrhundert, 1982

D' Irsay, S.: Histoire des Universités françaises et étrangères, 1933

Dahrendorf, R.: Arbeiterkinder an deutschen Universitäten, 1965

Daly, L. J.: The Medieval University 1200–1400, 1961

Denifle, H.: Die Entstehung der Universitäten des Mittelalters, 1885 (Neudruck 1959)

Dickerhof, H.: Dokumente zur Studiengesetzgebung in Bayern in der ersten Hälfte des 19. Jahrhunderts, 1975

Doeberl, M. (Hg. u. a.): Das akademische Deutschland, 3 Bde., 1930

Dolch, J.: Lehrplan des Abendlandes, 1971 (3. Aufl.)

Döring, H.: Der »Weimarer Kreis«, 1975

Drechsler, H.: Die Universitäten des Mittelalters, ihre Entstehung und Entwicklung bis 1300, Diss. Jena 1952

Duhr, B.: Geschichte der Jesuiten in den Ländern deutscher Zunge, 6 Bde., 1906/1928

Düwell, K.: Staat und Wissenschaft in der Weimarer Epoche (Beiheft Historische Zeitschrift), 1971

Ellwein, Th.: Die deutsche Universität. Vom Mittelalter bis zur Gegenwart, 1985

Engelbrecht, H.: Geschichte des österreichischen Erziehungswesens, 3 Bde., 1982/84

Ermann, W. / Horn, E.: Bibliographie der deutschen Universitäten, 3 Bde., 1904/05

Esch, A.: Die Anfänge der Universität im Mittelalter, 1985

Eulenburg, F.: Die Frequenz der deutschen Universitäten von ihrer Gründung bis zur Gegenwart, 1904

Eulner, H. H.: Die Entwicklung der medizinischen Spezialfächer an den Universitäten des deutschen Sprachgebietes, 1970

Fabricius, W.: Die deutschen Corps bis zur Gegenwart, 1926

Fabricius, W.: Studentenorden des 18. Jh.s, 1891

Faust, A.: Der Nationalsozialistische Studentenbund, 1973

Ferber, C. v.: Die Entwicklung des Lehrkörpers der deutschen Universitäten und Hochschulen 1864–1954, 1956

Fick, R.: Auf Deutschlands Hohen Schulen, 1900

Fletcher, J. M.: The History of European Universities. Work in Progress and Publications, 1977ff. (laufende Bibliographie)

Flora, P.: Indikatoren der Modernisierung, 1975

Frank, I. W.: Die Bettelordensstudia im Gefüge des spätmittelalterlichen Universitätswesens, 1988

Franze, M.: Die Erlanger Studentenschaft 1918–1945, 1972

Gabriel, A. L.: Garlandia. Studies in the History of the Medieval University, 1969

Gerber, H.: Hochschule und Staat, 1953

Giles, G. J.: Students and National Socialism in Germany, 1985

Gladen, P. G.: Gaudeamus igitur. Die studentischen Verbindungen einst und jetzt, 1986

Golczewski, F.: Kölner Universitätslehrer und der Nationalsozialismus, 1988

Goldmann, K.: Verzeichnis der Hochschulen und hochschulartiger Gebilde ..., 1967

Golücke, F.: Das akademische Leben von A–Z, 1987

Grabmann, M.: Geschichte der scholastischen Methode, 2 Bde., 1909/1911

Grau, C.: Berühmte Wissenschaftsakademien. Von ihrem Entstehen und ihrem weltweiten Erfolg, 1988

Griewank, K.: Deutsche Studenten und Universitäten in der Revolution von 1848, 1949

Grundmann, H.: Litteratus-Illiteratus. Der Wandel der Bildungsnorm vom Altertum zum Mittelalter, in: Deutsches Archiv 34, 1978

Grundmann, H.: Vom Ursprung der Universität im Mittelalter, 1964

Habermas, J. (u. a.): Protestbewegung und Hochschulreform, 1969

Hammerstein, N. (Hg.): Handbuch der deutschen Bildungsgeschichte I, im Druck

Hammerstein, N.: Aufklärung und katholisches Reich. Untersuchungen zur Universitätsreform und Politik katholischer Territorien des Heiligen Römischen Reichs deutscher Nation im 18. Jahrhundert, 1977
Hammerstein, N.: Jus und Historie. Ein Beitrag zur Geschichte des historischen Denkens an den deutschen Universitäten im späten 17. und im 18. Jahrhundert, 1972
Hammerstein, N.: Zur Geschichte der Deutschen Universität im Zeitalter der Aufklärung, in: H. Rössler / G. Franz (Hg.), Universität und Gelehrtenstand 1400–1800, 1970
Hargreaves-Mawdsley, W. M.: A History of Academic Dress in Europe until the End of the Eighteenth Century, 1965
Hartmann, F. / Vierhaus, R. (Hg.): Der Akademiegedanke im 17. und 18. Jahrhundert, 1977
Haskins, Ch. H.: The renaissance of the 12th century, 1927
Hassinger, E.: Bibliographie zur Universitätsgeschichte 1945–1971, 1974
Heidegger, M.: Die Selbstbehauptung der deutschen Universität, 1933
Heinemann, M. (Hg.): Hochschulgeschichte der Nachkriegszeit, in: Bildung und Erziehung 36, 1983
Helfer, Chr. / Rassem, M. (Hg.): Student und Hochschule im 19. Jahrhundert, 1975
Hengst, K.: Jesuiten an Universitäten und Jesuitenuniversitäten, 1981
Herrlitz, H.-G.: Studienrecht als Standesprivileg. Die Entstehung des Maturitätsproblems im 18. Jahrhundert, 1973
Hess, G.: Die deutsche Universität 1930–1970, 1968
Hoeber, K.: Das deutsche Universitäts- und Hochschulwesen, 1912
Horn, E.: Kolleg und Honorar. Ein Beitrag zur Verfassungsgeschichte der deutschen Universitäten, 1897
Horn, E.: Disputationen und Promotionen, in: Beiheft 11 d. Zentralblattes f. Bibliothekswesen, 1893/94
Hufen, F.: Über das Verhältnis der deutschen Territorialstaaten zu ihren Landesuniversitäten im Alten Reich, 1955
Ijsewijn, J. / Paquet, J. (Hg.): The Universities in the Late Middle Ages, 1978
Jarausch, K.: Die neuhumanistische Universität und die bürgerliche Gesellschaft 1800–1870, in: Darstellungen und Quellen zur Geschichte der deutschen Einheitsbewegung im 19. und 20. Jahrhundert 11, 1981
Jarausch, K.: Students, Society and Politics in Imperial Germany, 1982
Jarausch, K.: Deutsche Studenten 1800–1970, 1984
Jeismann, K.-E. / Lundgreen, P. (Hg.): Handbuch der deutschen Bildungsgeschichte III, 1987
Jeserich, K. / Pohl, H. / Unruh, G. Ch. v. (Hg.): Deutsche Verwaltungsgeschichte, 6 Bde., 1983 u. f.
Jilek, L. (Hg.): Historical Compendium of European Universities, 1984
Jordak, K.: Die Universität Wien 1365–1965, 1965
Kaelble, H.: Chancenungleichheit und akademische Ausbildung in Deutschland 1910–1960, in: Geschichte und Gesellschaft 2, 1975
Kater, M. H.: Die nationalsozialistische Machtergreifung an den deutschen Hochschulen. Zum Verhalten akademischer Lehrer bis 1939, in: Die Freiheit des Anderen, Festschrift f. M. Hirsch, 1981
Kater, M. H.: Studentenschaft und Rechtsradikalismus in Deutschland 1918–1933, 1975
Kaufmann, G.: Geschichte der deutschen Universitäten, 2 Bde., 1888/1896 (Neudruck 1958)
Kibre, P.: The Nations in the Medieval Universities, 1948
Kibre, P.: Scholarly Privileges in the Middle Ages, 1962
Kirchberger, G.: Die »Weiße Rose«. Studentischer Widerstand gegen Hitler in München, 1980
Kisch, G.: Die Universitäten und die Juden, 1961
Kittel, H. (Hg.): Die pädagogischen Hochschulen. Dokumente ihrer Entwicklung, 1965
Kleinberger, A. F.: Gab es eine nationalsozialistische Hochschulpolitik? in: Heinemann M. (Hg.), Erziehung und Schulung im Dritten Reich, Bd. 2, 1980
Klose, W.: Freiheit schreibt auf eure Fahnen. 800 Jahre deutsche Studenten, 1968
Kluge, A.: Die Universitäts-Selbstverwaltung. Ihre Geschichte und gegenwärtige Rechtsform, 1958
Koch, J. (Hg.): Artes liberales. Von der antiken Bildung zur Wissenschaft des Mittelalters, 1959
Kölmel, W.: Aspekte des Humanismus, 1981
König, R.: Vom Wesen der deutschen Universität, 1935
König, W.: Universitätsreform in Bayern in den Revolutionsjahren 1848/49, 1977
Krause, C. / Lehnert, S.: Zwischen Revolution und Resignation? Alternativkultur, politische Grundströmungen und Hochschulaktivitäten in der Studentenschaft, 1980
Krause, P.: O alte Burschenherrlichkeit. Die Studenten und ihr Brauchtum, 1979
Krautkrämer, U.: Staat und Erziehung. Begründung öffentlicher Erziehung bei Humboldt, Kant, Fichte, Hegel und Schleiermacher, 1979
Kühlmann, W.: Gelehrtenrepublik und Fürstenstaat, 1982
Leisen, A.: Die Ausbreitung des völkischen Gedankens in der Studentenschaft der Weimarer Republik, 1964
Lengenfelder, H. (Hg.): Handbuch der Universitäten und Fachhochschulen. Bundesrepublik, Österreich, Schweiz 1985 (3. Aufl.)
Lersch, R.: Wissenschaft und Mündigkeit. Die didaktische Aufgabe der Hochschulreform in demokratischer Gesellschaft seit 1848, 1975
Lexis, W.: Das Unterrichtswesen im Deutschen Reich, Bd. 1: Die Universitäten, 1904
Lexis, W.: Die deutschen Universitäten, 2 Bde., 1904
Lexis, W.: Die Universitäten im Deutschen Reich, 1904
Losemann, V.: Nationalsozialismus und Antike. Studien zur Entwicklung des Fachs Alte Geschichte 1933 bis 1945, 1977
Lundgreen, P. (Hg.): Wissenschaft im Dritten Reich, 1985
Lundgreen, P. (Hg. u. a.): Staatliche Forschung in Deutschland 1870–1980, 1986
Lundgreen, P.: Bildung und Wirtschaftswachstum im Industrialisierungsprozeß des 19. Jahrhunderts, 1973
Maack, H.: Grundlagen des studentischen Disziplinarrechts, 1956
Machinek, A. (Hg.): Dann wird Gehorsam zum Verbrechen. Die Göttinger Sieben: Ein Konflikt um Obrigkeitswillkür und Zivilcourage, 1989
Manegold, K.-H.: Universität, Technische Hochschule und Industrie, 1970
Maschke, D. / Sydow, J. (Hg.): Stadt und Hochschule im 19. und 20. Jahrhundert, 1979
Maschke, E. / Sydow, J. (Hg.): Stadt und Universität im Mittelalter und in der frühen Neuzeit, 1977
McClelland, Ch.: State, Society and University in Germany, 1700–1914, 1980
Meiners, Ch.: Über die Verfassung und Verwaltung deutscher Universitäten, 1801/02 (Neudruck 1970)
Meiners, Chr.: Geschichte der Entstehung und Entwicklung der hohen Schulen unseres Erdteils, 4 Bde., 1802 (Neudruck 1973)
Meister, R.: Entwicklung und Reformen des österreichischen Studienwesens, 1963
Menze, C.: Die Bildungsreform Wilhelm von Humboldts, 1975
Merkle, S.: Das Konzil von Trient und die Universitäten, 1903
Meuthen, E.: Die alte Universität (Kölner Universitätsgeschichte I), 1988
Michaelis, J. D.: Räsonement über die protestantischen Universitäten in Deutschland, 4 Bde., 1770 (Neudruck 1973)
Mielescu, M.: Die spanische Universität in Geschichte und Gegenwart, 1985
Möller, H.: Exodus der Kultur. Schriftsteller, Wissenschaftler und Künstler in der Emigration nach 1933, 1984
Moraw, P.: Aspekte und Dimensionen älterer deutscher Universitätsgeschichte, in: Academia Gissensis, 1982
Moraw, P.: Zur Sozialgeschichte der deutschen Universität im späten Mittelalter, in: Gießener Universitätsblätter 8, 1975
Moraw, P.: Kleine Geschichte der Universität Gießen, 1982
Müller, R. A.: Akademische Ausbildung zwischen Staat und Kirche. Das bayerische Lyzealwesen 1773–1849, 2 Bde., 1986
Müller, R. A.: Das katholische Gymnasial- und Hochschulwesen, in: Handbuch der bayerischen Kirchengeschichte II (hg. v. W. Brandmüller), im Druck
Müller, R. A.: Die deutschen Universitäten als Freiheitsraum, in: B. Rill, Freiheitliche Tendenzen in der deutschen Geschichte, 1990
Müller, R. A.: Universität und Adel, 1974
Müller, R. A.: Kirche, Orden und Universität im Mittelalter, in: C. A. Lückerath (Hg.), Von den Generalstudien zur spezialisierten Universität, 1990
Mundt, H.: Bio-bibliographisches Verzeichnis von Universitäts- und Hochschuldrucken (Diss.) vom Ausgang des 16. bis Ende des 19. Jahrhunderts, 2 Bde., 1936/42
Murphy, J. J.: Rhetoric in the middle ages, 1974
Mussgnug, D.: Die vertriebenen Heidelberger Dozenten. Zur Geschichte der Ruprecht-Karls-Universität nach 1933, 1988
Neuhaus, R. (Hg.): Dokumente zur Hochschulreform 1945–1959, 1961
Oexle, G.: Alteuropäische Voraussetzungen des Bildungsbürgertums – Universitäten, Gelehrte und Studierte, in: Bildungsbürgertum im 19. Jahrhundert I, 1985
Ohne Autor: Die deutsche Universität im Dritten Reich. Eine Vortragsreihe der Universität München, 1966
Ohne Autor: Nationalsozialismus und die deutsche Universität (Berliner Universitätstage) 1966
Paulsen, F.: Die deutsche Universität und das Universitätsstudium, 1902
Paulsen, F.: Geschichte des gelehrten Unterrichts, 2 Bde., 1919/21 (3. Aufl.; Neudruck 1965)
Paulsen, F. R.: Die deutschen Universitäten und das Universitätsstudium, 1902
Pauwels, J. R.: Women, Nazis, and Universities, 1984
Peisert, H. / Framheim, G.: Das Hochschulsystem in der Bundesrepublik Deutschland, 1980
Petry, L.: Die Reformation als Epoche deutscher Universitätsgeschichte, in: Festgabe f. J. Lortz, 1957
Pfetsch, F. R.: Datenhandbuch zur Wissenschaftsentwicklung. Die staatliche Finanzierung der Wissenschaft in Deutschland 1850–1975, 1982
Pfetsch, F. R.: Zur Entwicklung der Wissenschaftspolitik in Deutschland 1750–1914, 1974
Piltz, A.: Die gelehrte Welt des Mittelalters, 1978
Pleyer, K.: Die Vermögens- und Personalverwaltung der deutschen Universitäten, 1955
Prahl, H. W. / Schmidt-Harzbach, I.: Die Universität. Eine Kultur- und Sozialgeschichte, 1981
Prahl, H. W.: Sozialgeschichte des Hochschulwesens, 1978
Rashdall, H.: The Universities of Europe in the Middle Ages, 1895 (Neubearb. von Powicke F. W. und Emden A. B., 3 Bde. 1936/1959)

Raumer, K. v.: Die deutschen Universitäten, 1882
Reicke, E.: Der Gelehrte in der deutschen Vergangenheit, 1924 (2. Aufl.)
Richert, E.: »Sozialistische Universität«. Die Hochschulpolitik der SED, 1967
Riese, R.: Die Hochschule auf dem Weg zum wissenschaftlichen Großbetrieb, 1977
Ringer, F. K.: The Decline of German Mandarins. The German Academic Community 1890–1933, 1969 (dt.: Die Gelehrten, 1983)
Ritter, G.: Via antiqua und via moderna auf den deutschen Universitäten des 15. Jahrhunderts, 1922
Rössler, W. / Franz, G. (Hg.): Universität und Gelehrtenstand 1400–1800, 1970
Rollett, G. (Hg.): Hochschulatlas Bundesrepublik Deutschland, 1976ff.
Rückbrod, K.: Universität und Kollegium. Baugeschichte und Bautyp, 1977
Rudolph, H. / Husemann, R.: Hochschulpolitik zwischen Expansion und Restriktion. Ein Vergleich der Entwicklung in der Bundesrepublik und der deutschen Demokratischen Republik, 1984
Rüegg, W. (Hg.): A History of the European University (Geschichte der europäischen Universitäten), 1990ff.
Ruehle, O.: Idee und Gestalt der deutschen Universität, 1966
Rühting, H. (Hg.): Die mittelalterliche Universität, 1973
Sanderson, M.: The Universities in the Nineteenth Century, 1975
Scharnagl, A.: Philosophisch-Theologische Hochschulen, in: Das akademische Deutschland I, 683ff.
Scheel, O.: Die deutschen Universitäten von ihren Anfängen bis zur Gegenwart, in: Das akademische Deutschland I, 1–66
Schelsky, H.: Einsamkeit und Freiheit. Idee und Gestalt der deutschen Universität und ihrer Reformen, 1971
Schlicht, U.: Vom Burschenschaftler bis zum Sponti. Studentische Opposition gestern und heute, 1980
Schmidt, G.: Hochschulen in der DDR, 1982
Schmidt, H.-U.: Institutsbauten. Hochschulgebäude in der Bundesrepublik Deutschland, 1980
Schnabel, F.: Die Anfänge des technischen Hochschulwesens, 1925
Schneppen, H.: Niederländische Universitäten und deutsches Geistesleben. Von der Gründung der Universität Leiden bis ins späte 18. Jahrhundert, 1960
Schulze, F. / Ssymank, F.: Das Deutsche Studententum von den ältesten Zeiten bis zur Gegenwart, 1910
Schwabe, K. (Hg.): Deutsche Hochschullehrer als Elite 1815–1945, 1988
Schwabe, K.: Wissenschaft und Kriegsmoral, 1969
Schwinges, R. Ch.: Deutsche Universitätsbesucher im 14. und 15. Jahrhundert, 1986
Sehlink, W.: Entstehung und Entwicklung der deutschen Technischen Hochschulen, in: Das akademische Deutschland I, 425ff.
Seifert, A.: Gymnasial- und Hochschulwesen ..., in: Handbuch der deutschen Bildungsgeschichte I, hg. v. N. Hammerstein (im Druck)
Spindler, F. (Hg.): Die deutschen Universitäten, 1939
Spranger, E.: Wandlungen im Wesen der Universität seit 100 Jahren, 1913
Ssymank, P.: Von Studenten, Magistern und Professoren, 1935
Stamm, Th.: Zwischen Staat und Selbstverwaltung. Die deutsche Forschung im Wiederaufbau 1945 bis 1965, 1981
Steiger, G. / Fläschendräger, W. (Hg.): Magister und Scholaren. Geschichte deutscher Universitäten und Hochschulen im Überblick, 1981
Steinmetz, M.: Geschichte der deutschen Universitäten und Hochschulen. Ein Überblick, 1971
Sternagel, P.: Die Artes mechanicae im Mittelalter, 1966
Stone, L.: The University in Society, 2 Bde., 1975
Thieme, W.: Deutsches Hochschulrecht, 1956
Titze, H.: Das Hochschulstudium in Preußen und Deutschland 1820–1944 (Datenhandbuch), 1987
Tröger, J. (Hg.): Hochschule und Wissenschaft im Dritten Reich, 1984
Trusen, W.: Anfänge des gelehrten Rechts in Deutschland, 1962
Turner, St.: Universitäten, in: Handbuch d. Dten. Bildungsgeschichte III (1800–1870), 1987
Verger, J.: Histoire des universités en France, 1986
Verger, J.: Les universités au Moyen Age, 1973
Vezina, B.: Die »Gleichschaltung« der Universität Heidelberg im Zuge der nationalsozialistischen Machtergreifung, 1982
Voss, J.: Universität, Geschichtswissenschaft und Diplomatie im Zeitalter der Aufklärung, 1979
Weijers, O.: Terminologie des Universités au XIIIe Siècle, 1987
Westphalen, Graf v. R.: Akademisches Privileg und demokratischer Staat, 1979
Wieruszowski, H.: The Medieval University, 1966
Willoweit, D.: Die Universitäten, in: Deutsche Verwaltungsgeschichte I (1983), 369ff.
Wippermann, K. W.: Die Hochschulpolitik in der Weimarer Zeit, 1969
Wühr, W.: Das abendländische Bildungswesen im Mittelalter, 1950
Wunder, B.: Privilegierung und Disziplinierung. Die Entstehung des Berufsbeamtentums in Bayern und Württemberg (1780–1825), 1978
Zorn, W.: Hochschule und höhere Schule in der deutschen Sozialgeschichte der Neuzeit, in: Spiegel der Geschichte, Festschrift f. M. Braubach, 1964

APPARAT

(Es wurden nur die wichtigsten Literaturtitel aufgenommen und die Belegstellen genannt)

I.

1 Siehe zum Folgenden u. a. Müller, R. A., Die Universität – eine »soziale Erfindung« der Scholastik, in: Mitteilungen d. Hochschulverbandes 5/1986, S. 272/273.
2 Vgl. grundsätzlich zur Gründungsgeschichte des Universitätswesens die Werke von Cobban (The Medieval Universities), Denifle, Esch, Gabriel, Daly, Drechsler, Grundmann (Vom Ursprung der Universität im Mittelalter), Kaufmann (Bd. I), Rashdall (Bd. 1), Verger (Les universités au Moyen Age), Wieruszowski, Willoweit.
3 Dazu Haskins; ferner Piltz S. 59ff., Verger (1973) S. 19ff.
4 Das Zitat Bernhards bei Johannes von Salisbury, Metalogicon III, 4; dazu siehe A. Zimmermann, »Antiqui« und »Moderni«. Traditions- und Fortschrittsbewußtsein im späten Mittelalter, 1974.
5 Vgl. grundsätzlich Grabmann, passim; ferner: Piltz S. 163ff.; G. Leff, Medieval Thought. St. Augustine to Ockham, 1958; F. C. Copelston, Geschichte der Philosophie im Mittelalter, 1976, S. 74ff.
6 Grundlegend zur universitären Baugeschichte Rückbrod.
7 Bd. 49, 1746.
8 Zur Terminologie vgl. insbesondere Weijers passim, sodann Meuthen S. 10ff., Denifle S. 1ff., Classen S. 1ff., Rashdall I S. 6ff., Kaufmann I S. 98ff.
9 Texte u. a. bei Thorndike S. 35ff.
10 Meuthen S. 12ff.; Classen S. 177f.; Denifle passim.
11 Dazu Rashdall II S. 211ff., Kaufmann I, 158f. Verger (1973) spricht von »Universités spontanées« und »Universités créées«, S. 41ff.
12 Rashdall III, hinter S. 558.

II.

1 Zum Folgenden vgl. Müller R. A., Kirche, Orden und Universität im Mittelalter.
2 Zitiert nach M. Luther, Ausgewählte Schriften I (hg. v. K. Bornkamm / G. Ebeling), 1983 (2. Aufl.) S. 224.
3 Dazu siehe grundsätzlich Meuthen S. 32ff.
4 Vgl. M. Meyhöfer, Die kaiserlichen Stiftungsprivilegien für Universitäten, in: Archiv für Urkundenforschung 4 (1912) mit den Regesten der kaiserlichen und päpstlichen Urkunden.
5 Zur Aristotelesrezeption siehe u. a. Grabmann; ferner Lexikon des Mittelalters Bd. I. (1980), Sp. 934ff.
6 Zitiert nach A. Budinszky, Die Universität Paris, 1876 (ND 1970).
7 Vgl. die Studie von Berg (dort Zitatnachweise).
8 Zu Abaelard siehe L. Grane, Petrus Abaelardus, 1969; E. Brost (Hg.), Die Leidensgeschichte und der Briefwechsel mit Heloisa, 1963 (3. Aufl.).
9 Vgl. zum Folgenden Berg.
10 Dazu Frank. Zitat des Hl. Franziskus bei Schulze-Ssymank S. 32.
11 Meuthen S. 36ff.; Kaufmann I S. 275ff.; Berg S. 85ff.; Rashdall I S. 370ff.
12 J. Verger, Artikel »Collegium«, in: Lexikon des Mittelalters III, Sp. 39ff.; Rashdall I S. 497ff.; Cobban (The Medieval Universities), S. 122ff.; G. Makdisi, The Rise of Colleges, 1981; A. Seifert, Die Universitätskollegien – eine historisch-typologische Übersicht, in: Stiftungen aus Vergangenheit und Gegenwart, 1974, S. 355ff.; Weijers S. 70ff.; Rückbrod passim.

III.

1 Dieses Kapitel weitgehend nach Meuthen S. 14ff.; ferner Rückbrod S. 12ff.; Kaufmann I S. 344ff.; Weijers S. 283ff.
2 Belege bei Kaufmann I. S. 98ff.; auch Weijers S. 15ff.
3 Dazu L. Boehm (Libertas scholastica) S. 43ff.
4 Zur mittelalterlichen Zahlensymbolik siehe H. Meyer, Die Zahlenallegorese im Mittelalter, 1975; an der Universität Paris verwies man auf die 4 Ströme des Paradieses, die 4 goldenen Armleuchter der Apokalypse sowie die 7 Mündungen des Nils.
5 J. Koch (Hg.), Artes liberales; Dolch S. 99ff.; J. Tezmen-Siegel, Die Darstellungen der septem artes liberales in der Bildenden Kunst als Rezeption der Lehrplangeschichte, 1985.
6 Die sieben mechanischen Künste umfaßten Weben, Schmieden, Ackerbau, Jagen, Barbieren, Handel und Schauspielen. Zu den »Adelsfächern« (Schwimmen, Reiten, Bogenschießen, Fechten, Jagen, Schachspielen, Dichten) siehe A. L. März, Die Entwicklung der Adelserziehung vom Rittertum bis zu den Ritterakademien, Diss. masch. Wien, 1950.
7 Vgl. Sternagel.
8 Siehe grundsätzlich Kibre (Nations).
9 Dazu vgl. O. Wimmer, Handbuch der Namen und Heiligen, 1959; ders., Die Attribute der Heiligen, 1964.
10 Dazu siehe J. Siebmacher's Großes Wappenbuch Bd. 7 (Die Siegel der deutschen Universitäten), 1893 (ND 1976).
11 Vgl. grundsätzlich W. Paatz, Sceptrum Universitatis.

Die europäischen Universitätsszepter, 1953; ferner ders. (Hg.), Sceptrum Universitatis, 2 Bde. 1971/79.
[12] Vgl. u. a. Willoweit S. 375f.; Weijers S. 187ff.
[13] Dazu Kaufmann I. S. 240ff.; L. Boehm, Cancellarius universitatis. Die Universität zwischen Korporation und Staatsanstalt, in: Chronik d. Univ. München, 1964/65, S. 186ff.
[14] Zu den Ratskollegien vgl. Willoweit S. 376ff.
[15] Grundsätzlich vgl. Pleyer S. 19ff. sowie Hufen, passim. Auch J. Miethke, Kirche und Universitäten, in: Festschrift J. Autenrieth, 1988, S. 265ff.
[16] Folgendes nach Meuthen S. 28ff.; auch Seifert. Weijers S. 293ff.
[17] Nach Rückbrod S. 15ff.; ferner Meuthen S. 21ff.; Weijers S. 299ff.
[18] Folgendes nach Jordak S. 60ff.
[19] Zur Problematik des Wegestreites siehe u. a. Ritter, ferner Piltz S. 249ff.
[20] Zum Graduierungswesen siehe: Horn (Disputationen und Promotionen); Kaufmann I S. 352ff.; J. Verger, Artikel »Doctor«, in: Lexikon des Mittelalters III, 1986, Sp. 1155f. Grundsätzlich auch Weijers.
[21] Vgl. R. A. Müller (Universität und Adel).
[22] Dazu Buzas I. S. 114ff.
[23] Vgl. Bildteil.
[24] Zum mittelalterlichen Studentenwesen vgl. grundsätzlich das Standardwerk von Schwinges, sodann u. a. unter kulturhistorischem Aspekt Bauer, Fick, Schulze-Ssymank.
[25] Zu den Studentenzahlen siehe Eulenburg.
[26] Zitiert nach F. Zarncke (Hg.), Sebastian Brant, Narrenschiff, 1961, S. 29.
[27] Statistik nach Schwinges S. 544.

IV.

[1] Zu Paris vgl. u. a. Rashdall I S. 269ff.; Verger (1986) passim; Cobban (The Medieval Universities) S. 75ff.; Kaufmann I S. 246ff.; D'Irsay S. 53ff; Denifle S. 64ff.; Brockliss.
[2] Vgl. oben Anm. II, 8.
[3] Text: H. Denifle / E. Chatelain (Hg.), Chartularium Universitatis Parisiensis, 4 Bde., 1889/97, Nr. 20; Thorndike S. 27ff.
[4] Text: Chartularium (wie Anm. IV, 3) Nr. 79; Thorndike S. 35ff.
[5] Text nach G. Ehrismann (Hg.), Hugo von Trimberg »Renner«, 4 Bde., 1970, Zitat Bd. 2 S. 167f.
[6] Zum Collège de Sorbonne vgl. Rückbrod S. 42ff.; ferner P. Glorieux, Aux Origins de la Sorbonne, 2 Bde., 1965/66.
[7] Rückbrod S. 86ff.
[8] Zu Bologna siehe u. a.: W. Steffen, Die studentische Autonomie im mittelalterlichen Bologna, 1881; P. Weimar, Artikel »Die Rechtsschule von Bologna« sowie P. Collivas Artikel »Universitates« (in Bologna) in: Lexikon des Mittelalters II, 1983 Sp. 374ff. (mit Lit.). Ferner Rashdall I S. 87ff., Cobban (The Medieval Universities) S. 48ff., Kaufmann I S. 167ff.; Denifle S. 132ff.; D'Irsay S. 75ff.
[9] Dazu W. Stelzer, Zum Scholarenprivileg Friedrich Barbarossas, in: Deutsches Archiv 34, 1978, S. 123ff.
[10] Rückbrod S. 49ff.; B. M. Marthi, The Spanish College at Bologna in the Fourteenth Century, 1966.
[11] Zitat nach Rückbrod S. 67.
[12] Dazu G. Knod, Deutsche Studenten in Bologna, 1289–1562, 1899; P. Colliva (Hg.), Statuta Nationis Germanicae Universitatis Bononiae (1292–1750), 1975.
[13] Zu Oxford vgl. Cobban (The Medieval English Universities) S. 26ff.; ferner u. a. Rashdall III S. 140ff.; Ch. E. Mallet, A History of the University of Oxford, 2 Bde., 1924; T. H. Aston (Hg.), The History of the University of Oxford, 1984ff.; Denifle S. 237ff.
[14] Cobban (wie Anm. IV, 13) S. 97ff.
[15] Dazu Rückbrod S. 98ff.
[16] Vgl. W. H. A. Vallance, The old colleges of Oxford, 1913; R. O'Day, Education and Society 1500–1800; Cobban (wie Anm. IV, 13) S. 111ff. William von Durham bestiftete 1249 das *University College;* es folgten 1261 *Balliol College*, 1264 *Merton College*, 1326 *Oriel*, 1314 *Exeter*, 1341 *Queens*, 1361 *Canterbury*, 1379 *New College*, 1429 *Lincoln*, 1438 *All Souls*, 1448 *Magdalena*, 1516 *Corpus Christi*, 1525 *Christ Church* und diverse Ordenskollegien.
[17] Zum Universitätswesen der USA vgl. u. a. J. Herbst, From Crisis to Crisis: American College Government 1636–1819, 1982.
[18] Zu Salamanca vgl. u. a. Rashdall II S. 74ff.; Denifle S. 478ff.; ferner: J. L. Peset, La universidad espanola, 1974; A. Candido (Hg. u. a.), Historia de las universidades hispanicas, 1957/1968; R.-L. Kagan, Students and society in early modern Spain, 1974.
[19] Alfonso X el Sabio, Las siete partidas, 3 Bde. 1807 (ND 1972).
[20] Dazu auch V. Beltrán de Heredia, Los origines de la Universidad de Salamanca (1218–1600), 1953; Mielescu.

V.

[1] Lit.: V. V. Tomek, Geschichte der Universität Prag, 1849; R. W. Eichler (Hg.), Die Universität zu Prag, 1986; J. Havránek (Hg. u. a.), Universitas Carolina Pragensis, 1987.
[2] Lit.: R. Kink, Geschichte der kaiserlichen Universität zu Wien, 2 Bde., 1854; J. Aschbach, Geschichte der Wiener Universität, 2 Bde., 1865/98; Jordak; Engelbrecht I S. 199ff.
[3] Lit.: G. Ritter, Die Heidelberger Universität, 1936; H. Weisert, Geschichte der Universität Heidelberg, 1983; P. Classen / E. Wolgast, Kleine Geschichte der Universität Heidelberg, 1983.
[4] Lit.: H. Keussen, Die alte Universität Köln, 1934; W. P. Eckert, Kleine Geschichte der Universität Köln, 1961; Meuthen; Schwinges.

VI.

[1] Zum Folgenden vgl. grundsätzlich Prahl S. 109ff.; Kluge S. 20ff.; Hufen passim.
[2] Nach Eulenburg S. 51ff.
[3] Siehe grundsätzlich Pleyer S. 15ff.; ferner Willoweit S. 373ff.; E. Schubert, Motive und Probleme deutscher Universitätsgründungen des 15. Jahrhunderts, in: Beiträge zu Problemen deutscher Universitätsgründungen der frühen Neuzeit (hg. v. P. Baumgart / N. Hammerstein), 1978, S. 13ff.; Kaufmann II S. 110ff.; Scheel S. 13ff.
[4] Dazu Meuthen S. 32ff., ferner Prahl S. 122ff., Pleyer S. 18ff.
[5] Siehe Schulze-Ssymank S. 53ff., Fick S. 21ff., Klose S. 42ff.
[6] Vgl. u. a. Prahl / Schmidt-Harzbach S. 60ff., Schulze-Ssymank S. 53ff.
[7] Zitat nach Fick S. 48
[8] Prinzipiell dazu L. Boehm (Humanistische Bildungsbewegung), Paulsen (Gelehrter Unterricht) I S. 53ff. sowie H. Rupprich, Das ausgehende Mittelalter, Humanismus und Renaissance 1370–1520, in: Geschichte der deutschen Literatur (hg. v. H. de Boor / R. Newald) Bd. IV, 1, 1970, S. 425ff.; ferner u. a.: P. O. Kristeller, Humanismus und Renaissance, 2 Bde., 1974/76; E. König, »Studia humanitatis« und verwandte Ausdrücke bei den deutschen Frühhumanisten, in: Festgabe f. J. Schlecht, 1917, S. 202ff.; B. Moeller, Die deutschen Humanisten und die Anfänge der Reformation, in: Zeitschrift f. Kirchengeschichte 7, 1959, S. 46ff.; Meuthen S. 203ff.; J. Overfield, Humanism and Scholasticism in Late Medieval Germany, 1984, S. 61ff und S. 101ff.; G. E. Grimm, Literatur und Gelehrtentum in Deutschland, 1983.
[9] Vgl. E. Keßler, Das Problem des frühen Humanismus, seine philosophische Bedeutung bei C. Salutati, 1968.
[10] Zitat nach Rupprich (wie Anm. VI, 8) S. 428.
[11] Zitiert nach W. Binder, Briefe der Dunkelmänner, 1964, S. 248.
[12] L. Boehm (vgl. Anm. VI, 8) S. 332/333. Meuthen S. 204. A. Seifert, Studium als soziales System, in: Schulen und Studium im sozialen Wandel des hohen und späten Mittelalters (hg. v. F. Fried), 1986, S. 601ff.
[13] Wichtige Monographien: Freiburg: J. Köhler, Die Universität zwischen Landesherr und Bischof, 1980; Greifswald: Festschrift z. 500 Jahr-Feier, 2 Bde., 1956; Basel: E. Bonjour, Die Universität B. von den Anfängen bis zur Gegenwart, 1971 (2. Aufl.); Ingolstadt: C. v. Prantl, Geschichte der Ludwig-Maximilians-Universität in Ingolstadt, Landshut, München, 2 Bde., 1872; A. Seifert, Statuten- und Verfassungsgeschichte (1472–1586), 1971; Trier: E. Zenz, Die Trierer Universität 1473–1798, 1949; Mainz: H. Mathy, Die Universität M. 1477–1977, 1977; Tübingen: J. Haller, Die Anfänge der Universität T. 1477–1537, 1927/29; Wittenberg: W. Fridensburg, Geschichte der Univ. W., 1917; Frankfurt/O.: G. Bauch, Die Anfänge der Univ. F. (1506–1540), 1900.

VII.

[1] Vgl. prinzipiell Petry; ferner u. a. demnächst Seifert. Prahl / Schmidt-Harzbach S. 45ff.; Steiger S. 39ff.; Kluge S. 48ff.
[2] Paulsen (Gelehrter Unterricht) I S. 179.
[3] Zitiert nach Steiger S. 37.
[4] Stellen nach M. Luther, Ausgewählte Schriften (hg. v. K. Bornkamm / G. Ebeling) I, 1983 (2. Aufl.) S. 224ff.
[5] Edition in: Corpus Reformatorum XI, S. 15ff. Auch in R. Nürnberger, Melanchthons Werke III, Humanistische Schriften, 1969 (2. Aufl.). Deutsche Übersetzung bei G. Krüger, Deutsch-Evangelisch, 1917, S. 437ff.
[6] Zitat nach H. Junghans (Hg.), Die Reformation in Augenzeugenberichten, 1973, S. 224f.
[7] Nach Eulenburg S. 54ff. und S. 102ff.
[8] Nach Kink (wie Anm. V, 2) S. 253ff.
[9] Paulsen (Gelehrter Unterricht) S. 202.
[10] Ebenda S. 209.
[11] Titel der Schrift: »An die Ratsherren aller Städte deutschen Landes, daß sie christliche Schulen aufrichten und halten sollen.« Text ediert u. a. in der Wittenberger Ausgabe XV, S. 27–53, auch bei Bornkamm (wie Anm. VII, 4) S. 41ff. Die sächsische Schulordnung rekurriert 1528 noch auf dem Latein: »Erstlich sollen die Schulmeister Fleiß ankehren, daß sie die Kinder allein Lateinisch lehren, nicht Deutsch.« (Dolch S. 197).
[12] Vgl. am ausführlichsten Paulsen (Gelehrter Unterricht) S. 180ff.
[13] Ebenda S. 262/263.
[14] Wichtige Monographien: Marburg: W. Heinemeyer (Hg. u. a.), Academia Marpurgensis, 1977; Königsberg: G. v. Selle, Geschichte der Albertus-Univ. zu K., 1956 (2. Aufl.); Jena: M. Steinmetz (Hg.), Geschichte d. Univ. J. (1548–1948), 2 Bde., 1958/62; Helmstedt:

H. Haase, Die Univ. H. 1576–1810, 1976; Altdorf: G. A. Will, Geschichte und Beschreibung der Nürnberg. Univ. A., 1801 (ND 1975); Herborn: G. Menk, Die Hohe Schule H. (1584–1660), 1981; Gießen: P. Moraw, Kleine Geschichte der Univ. G., 1982; Rinteln: G. Schormann, Academia Ernestina, 1982; Straßburg: A. Schindling, Humanistische Hochschule und freie Reichsstadt, 1977; Duisburg: H. Jedin / G. v. Roden, Die Univ. D., 1968; Kiel: K. Jordan, Christian-Albrechts Univ. K. 1665–1965, 1965.

[15] Dazu grundsätzlich das Standardwerk von Duhr. Ferner ders., Die Studienordnung der Gesellschaft Jesu, 1896; G. Weicker, Das Schulwesen der Jesuiten nach den Ordensgesetzen, 1863.

[16] Zusammenstellung nach Duhr, passim.

[17] Edition: G. M. Pachtler, Ratio studiorum et institutiones scholasticae Societatis Jesu, 4 Bde., 1887/1894; L. Lukacs, Ratio studiorum, 1986ff.

[18] Nach Hengst S. 70.

[19] Dazu M. Kaindl-Hönig / K. H. Ritschel, Die Salzburger Universität 1662–1964, 1964.

[20] Wichtige Monographien: Dillingen: Th. Specht, Geschichte der Univ. D. (1549–1804), 1902; Würzburg: F. X. Wegele, Geschichte der Univ. W., 1892; Graz: F. G. Smekal, Die Geschichte der G. Univ. in vier Jahrhunderten, 1967; Paderborn: vgl. Hengst; Salzburg: vgl. Anm. VII, 19; Osnabrück: C. Riepe, Geschichte der Univ. O., 1965; Bamberg: H. Weber, Geschichte der gelehrten Schulen im Hochstift B., 1880; Innsbruck: F. Hölbing / W. Stratowa, 300 Jahre Universitas Oenipontanae, 1980; Breslau: G. Kaufmann (Hg.), Festschrift zur Feier des hundertjährigen Bestehens der Univ. Breslau, 1911.

[21] Vgl. Rückbrod S. 133ff.

VIII.

[1] Siehe Ellwein S. 47ff.; Prahl S. 142ff.; McClelland S. 4ff. und S. 34ff.

[2] Vgl. Pleyer S. 48ff.

[3] Zum Komplex der Staatsexamina vgl. u. a. B. Wunder, Privilegierung und Disziplinierung, 1978; D. Willoweit, Allgemeine Merkmale der Verwaltungsorganisation in den Territorien, in: Deutsche Verwaltungsgeschichte I (1983), S. 289ff.; R. v. Westphalen, Akademisches Privileg und demokratischer Staat, 1979, S. 91ff.; W. Bleek, Von der Kameralausbildung zum Juristenprivileg, 1972.

[4] P. Ssymank, Bruder Studio in Karikatur und Satire, 1929, S. 8.

[5] Vgl. K. E. Jeismann, Das preußische Gymnasium in Staat und Gesellschaft (1787–1817), 1974; M. Heinemann, Schule im Vorfeld der Verwaltung. Die Entwicklung der preußischen Unterrichtsverwaltung 1771–1800, 1974.

[6] Conrads passim; ferner E.-M. Loebenstein, Die adelige Kavalierstour im 17. Jahrhundert, Diss. Wien 1966.

[7] Zitat nach Prahl / Schmidt-Harzbach S. 77.

[8] Zitat nach R. A. Müller, Sozialstatus und Studienchance in Bayern im Zeitalter des Absolutismus, in: HJb 95, 1975, S. 141.

[9] Zusammengestellt (teilweise ergänzt) nach Eulenburg S. 319. Die * versehenen Daten gelten für 1796.

[10] Rückbrod S. 150ff.

[11] Zur Aufklärung vgl. vornehmlich Kühlmann.

[12] Zur Kameralwissenschaft vgl. W. Stieda, Die Nationalökonomie als Universitätswissenschaft, 1906.

[13] Allgemein dazu Grau.

[14] Zitat nach Paulsen (Gelehrter Unterricht) S. 511f.

[15] Ebenda S. 480.

[16] Dazu u. a. W. Aehle, Die Anfänge des Unterrichts in der englischen Sprache auf den Ritterakademien, 1938.

[17] Zitat nach Paulsen (Gelehrter Unterricht) S. 529.

[18] Dazu Müller (Freiheitsraum); ferner W. Schmidt, Die Freiheit der Wissenschaft, 1929; R. Thoma, Die Lehrfreiheit der Hochschullehrer, 1952.

[19] Text bei W. Ebel, Die Privilegien und ältesten Statuten der Georg-August Universität Göttingen, 1961, S. 180f.; McClelland S. 34ff.

[20] Dazu Conrads; ferner F. Debitsch, Die staatsbürgerliche Erziehung an den deutschen Ritterakademien, 1927.

[21] Lit.: Krause S. 43ff.; Fick S. 66ff.; Schulze-Ssymank S. 125ff.; Gladen S. 10ff.

[22] Karte: Akademisches Deutschland I, nach S. 32.

IX.

[1] Darstellung u. a. nach Ellwein S. 109ff.; Prahl S. 181ff.; McClelland, S. 101ff.; grundsätzlich R. S. Turner, The Prussian Universities and the Research Imperative, 1806–1848, 1973.

[2] Vgl. Turner S. 221ff.; W. Rüfner, Universitäten (Preußen), in: Deutsche Verwaltungsgeschichte II., 1983, S. 489ff.; McClelland S. 101ff.

[3] Vgl. Turner S. 229ff.; vgl. auch J. H. v. d. Graaff, The Politica of German University Reform, 1810–1970, 1973.

[4] Vgl. u. a. Müller (Akademisches Studium); L. Boehm, in: HdBG IV; Baldus.

[5] Dazu Scheel S. 41ff.; Ellwein S. 111ff.; Kluge S. 74ff.; Steiger S. 72ff.

[6] These vornehmlich von P. Moraw (vgl. VII, 14).

[7] Ed. von Klaus Reich, 1959.

[8] Text bei Anrich S. 1ff.

[9] Nach Scheel S. 46.

[10] Druck Berlin 1812.

[11] Text bei Anrich S. 219ff.

[12] Text ebenda S. 309ff.

[13] Text ebenda S. 375ff. Vgl. auch Menze.

[14] Dazu H. Dickerhof (Hg.), Dokumente zur bayer. Studiengesetzgebung in der ersten Hälfte des 19. Jahrhunderts, 1975; Turner S. 231.

[15] Grundlegend M. Lenz, Geschichte der Königl. Friedrich-Wilhelms-Universität zu Berlin, 4 Bde., 1910/18.

[16] Vgl. Anm. IX, S. 4.

X.

[1] Vgl. Scheel S. 46ff.; Ellwein S. 114ff.; McClelland S. 151. Vgl. auch M. Stürmer, Staat und Gesellschaft. § 1. Die Suche nach dem Glück: Staatsvernunft und Utopie, in: Deutsche Verwaltungsgeschichte II, 1983, S. 1ff.

[2] Vgl.: Schulze-Ssymank S. 190ff.; Fick S. 89ff.; Gladen S. 19ff.; Jarausch (mit Lit.).

[3] Zitat bei Schulze-Ssymank S. 180f.

[4] Vgl. G. Steiger, Die Teilnehmerliste des Wartburgfestes, in: Darstellungen und Quellen d. deutschen Einheitsbewegung 4, 1963.

[5] Zitat nach H. Hattenauer, Deutsche Nationalsymbole, 1984, S. 13f.

[6] Zitiert nach »Allgemeines Deutsches Commersbuch«, 1858 (ND 1975) S. 30.

[7] Nach Schulze-Ssymank S. 188.

[8] Lit.: W. Fabricius, Die deutschen Corps, 1925 (2. Aufl.).

[9] A. Machinek (Hg.), Dann wird Gehorsam zum Verbrechen. Die Göttinger Sieben: Ein Konflikt um Obrigkeitswillkür und Zivilcourage, 1989.

[10] Zitiert nach G. v. Selle, Die Georg-August-Univ. zu Göttingen, 1937, S. 275f.

[11] Vgl. W. König, Universitätsreform in Bayern in den Revolutionsjahren 1848/49, 1977; H. Thielbeer, Universität und Politik in der deutschen Revolution von 1848, 1976; Lersch; W. L. Diehl, Das Ringen um die politische Universität in der unvollendeten Revolution 1848, 1941; G. Bartol, Ideologie und studentischer Protest, 1977.

[12] Zitate nach Schulze-Ssymank S. 222ff.

[13] Vgl. Müller (Freiheitsraum) S. 66ff.

[14] R. Koch, Die Frankfurter Nationalversammlung 1848/49, 1989.

[15] Vgl. dazu u. a. Gladen S. 24ff.

[16] Tabelle nach Turner S. 224.

[17] Vgl. Prahl S. 211ff.

[18] Nach Eulenburg S. 248.

XI.

[1] Zitate nach Riese S. 13.

[2] Vgl. grundsätzlich zum Folgenden die maßgebende Studie von Riese; ferner: Ellwein S. 127ff., Prahl S. 199ff., McClelland S. 239ff.; L. Burchardt, Hochschulen, in: Deutsche Verwaltungsgeschichte III, S. 481ff.

[3] Siehe Ellwein S. 132ff., ferner die Arbeiten von Bock und Busch.

[4] Vgl. den Buchtitel von Ringer.

[5] Systematisch erfaßt bei Riese.

[6] Siehe H.-E. Tenorth, Lehrerberuf und Lehrerbildung, in: Handbuch der deutschen Bildungsgeschichte III, 1987, S. 250ff. (mit Lit.).

[7] Dazu u. a. Pfetsch (Datenhandbuch/Wissenschaftspolitik).

[8] Zitat nach Riese S. 216.

[9] Vgl. Eulner, passim.

[10] Dazu Rückbrod S. 150ff.

[11] Vgl. Bildteil Abb. 292ff.

[12] Zahlenmaterial bei Ellwein S. 319ff., Prahl S. 380f.

[13] Nach Prahl S. 208ff.

[14] Zitiert nach Prahl / Schmidt-Harzbach S. 144.

[15] Kluge S. 93ff.; Ellwein S. 126ff.; Ringer S. 96ff.

[16] Vgl. allgemein Manegold, Schnabel.

[17] Lit.: Vgl. Deutscher Hochschulführer, 1981, S. 419ff.

[18] Dazu siehe L. Boehm, Von den Anfängen des akademischen Frauenstudiums in Deutschland, in: HJb 7 (1958) S. 298ff.; ferner Prahl / Schmidt-Harzbach S. 175ff.

XII.

[1] Zum folgenden Abschnitt vgl. grundsätzlich Ellwein S. 227ff., Steiger S. 143ff., Prahl / Schmidt-Harzbach S. 143ff.; ferner H. Titze, in: Handbuch der deutschen Bildungsgeschichte V (1989) S. 209ff.

[2] Zahlen nach Prahl S. 204ff.; vgl. auch Titze (Datenhandbuch) sowie Jarausch (Deutsche Studenten) S. 106ff.

[3] Vgl. grundsätzlich Schwabe (Wissenschaft und Kriegsmoral).

[4] Zitiert nach Prahl / Schmidt-Harzbach S. 145.

[5] Sämtliche Zitate nach Schwabe (wie Anm. XII, 3); vgl. ferner Ringer S. 169ff.

[6] Zu den nachfolgenden Ausführungen vgl. H. Titze, in: Handbuch der deutschen Bildungsgeschichte V S. 212ff.; D. Rimmele, Die Universitätsreform in Preußen 1918–1924, 1978; ferner die Arbeiten von Düwell und Wippermann.

[7] Dazu Moraw (Kleine Geschichte der Universität Gießen) S. 200.

[8] Zitat nach Prahl / Schmidt-Harzbach S. 144f.
[9] Ebenda S. 145ff.
[10] Ebenda S. 143ff.; Ellwein S. 228ff.
[11] Dazu u. a. Prahl S. 293ff.; Pfetsch (Datenhandbuch).
[12] Zitat nach Steiger S. 154.
[13] Vgl. Kluge S. 98f., ferner Wippermann.
[14] Seine Ideen in Becker (1925).
[15] Zahlen nach Ellwein S. 232; vgl. auch Ferber.
[16] Grundsätzlich dazu Bleuel / Klinnert, Kater (Studentenschaft), Leisen, Klose S. 211ff., Gladen S. 39ff.
[17] Dazu Döring; ferner Ringer S. 186ff.
[18] Zitate nach Prahl / Schmidt-Harzbach S. 153ff.; vgl. auch Heidegger.
[19] Zur NS-Hochschulpolitik vgl. die beiden Sammelwerke der Universitäten München und Berlin (ohne Autor, 1966); ferner Ellwein S. 233ff., Prahl S. 317ff., Steiger S. 173ff., Kluge S. 100f.; auch H. Titze (wie Anm. XII 1) S. 224ff., und Ph. Eggers, in: Deutsche Verwaltungsgeschichte Bd. IV, S. 968ff.; H. Seier, Universität und Hochschulpolitik im nationalsozial. Staat, in: K. Malettke (Hg.), Der Nationalsozialismus an der Macht, 1984, S. 143ff.
[20] Dazu u. a. Faust, ferner Jarausch (Deutsche Studenten), S. 165ff.
[21] Eggers (wie Anm. XII, 19) S. 971.
[22] Dazu Kater (Machtergreifung).
[23] Neben den angegebenen Arbeiten (Anm. XII, 19) vgl. Kleinberger, Lundgreen (Wissenschaft im Dritten Reich) und Vezina.
[24] Vgl. zum Folgenden Möller.
[25] Vgl. an exemplarischen Studien Golczewski und Mussgnug.
[26] Zitiert nach der Ausgabe von 1938, S. 452.
[27] Die folgenden Zitate nach Ellwein S. 280ff.
[28] Ebenda S. 280–282.
[29] Ebenda S. 288f.
[30] Dazu die Studien von Giles und Pauwels; vgl. ferner Prahl S. 317ff., Jarausch (Deutsche Studenten) S. 176ff.
[31] Vgl. Gladen S. 49ff., Krause S. 178.
[32] Dazu u. a. T. Prittie, Deutsche gegen Hitler, 1965; P. Hoffmann, Widerstand, Staatsstreich, Attentat, 1970 (2. Aufl.).
[33] Vgl. C. Petry, Studenten aufs Schafott. Die Weiße Rose und ihr Scheitern, 1968; Kirchberger; zum sozialistischen Widerstand an den Hochschulen; Steiger S. 183ff.

XIII.

[1] Dazu allgemein Kluge S. 101ff., Ellwein S. 236ff., Prahl S. 326ff., Prahl / Schmidt-Harzbach S. 159ff., Rollett; ferner: H. Schelsky, Einsamkeit und Freiheit. Die Idee der deutschen Universität und ihre Reformen, 1963; H. Peisert / G. Frammheim, Das Hochschulsystem in der Bundesrepublik Deutschland, 1979; F. Letzelter, Die wiss. Hochschulen und ihre Verwaltung, in: Deutsche Verwaltungsgeschichte V, S. 654ff.; U. van Lith, Der Markt als Ordnungsprinzip des Bildungsbereichs, 1985.
[2] Zitat nach U. Schneider, Hochschulreform, in: Heinemann S. 56.
[3] Grundsätzlich zum Folgenden Albert / Oehler.
[4] Ebenda S. 189.
[5] Ebenda S. 342ff.
[6] Daten nach Boehm / Müller, Universitäten und Hochschulen, passim.
[7] Vgl. allgemein Engelbrecht III. S. 268ff.
[8] Neben Steiger / Fläschendräger (S. 195ff.) vgl. G. Schmidt, Hochschulen in der DDR, 1982.
[9] Zitate bei Müller (Freiheitsraum) S. 80/81.
[10–12] Dieses und die zwei nachfolgenden Zitate nach Steiger / Fläschendräger S. 195ff.
[13] Vgl. Ellwein S. 242ff., ferner: K. O. Hondrich, Demokratisierung und Leistungsgesellschaft, 1972; J. Habermas; G. Bartol, Ideologie und studentischer Protest, 1977.
[14] Siehe J. Baumert u. a. (Hg.), Das Bildungswesen in der Bundesrepublik Deutschland, 1979, S. 206ff.
[15] Daten nach Ellwein S. 311ff.
[16] Vgl. ebenda S. 244f.
[17] Zahlenmaterial aus: Grund- und Strukturdaten 1988/89, hg. v. Bundesminister für Bildung und Wissenschaft, 1989.
[18] Ebenda.

Register

PERSONENREGISTER

Die geraden Ziffern beziehen sich auf die Textseiten, die kursiven auf die Abbildungsnummern.

Abaelard, Peter 10, 16, 31, Fig.3
Accursius 36
Adam 23
Adorno, Theodor 97
Aelius Donatus 27, 49, Fig.7, 14
Agricola, Rudolf 43, 49
Alanus Anglicus 34
Albertus Magnus 15, 33, 43, Fig.1
Albornoz, Ägidius, A. 35
Albrecht III., Herzog 41, *195*
Albrecht, Wilhelm 77
Alexander de Villa Dei 27
Alexander III., Papst 31
Alexander IV., Papst 17, 38
Alexander v. Hales 17
Alfons IX., König 38
Alfons X. d.Weise, König 38
Alfred der Große, König 36
Althoff, Friedrich 86
Alvarez 27, 56
Anselm v.Canterbury 31
Anselm v.Laon 31
Arendt, Hannah 97
Aristoteles 15f., 27, 32, 48, 50ff., 56, 61, *28f.*, Fig.7, 13
Arndt, Ernst M. 74, 76
Arons, Leo 86, Fig.51
Assisi, Franz v. 16
Augustinus 15, 22
Aurelian, Kaiser 31
Averroes 15
Avicenna 15, 27

Baader, Franz X. v. 73
Bacon, Roger 33
Baeyer, Adolf v. 87
Barbarossa 10, 14, 34
Barth, Karl 97
Bartolus 36, *61*
Bäumler, Alfred 99
Beauvais, Vinzenz v. 31
Beck, Sebastian *120*
Becker, Carl H. 93
Beckett, Thomas 36
Behring, Ernst v. 87
Benedikt v. Nursia 15
Benedikt XIII., Papst 38
Bergsträsser, Arnold 97
Bernardus de Botone 36
Bernhard v. Chartres 10
Bernhard v. Clairveaux 15, 32
Beyme 71
Binzer, August 76
Bischoff, Theodor v. 88
Bismarck Otto v. *52*

Bloch, Ernst 97
Boccaccio, Giovanni 48
Bocci, Dorothea 87
Boeckh, August 72
Boethius 27
Bonaventura 17, 33
Bonifaz VIII., Papst 38
Born, Max 96
Börne, Ludwig 77
Bosch, Carl 92
Botone, Bernardus de 36
Brant, Sebastian 29
Brentano, Ludwig J. 89
Brenz, Johannes 43
Bucer, Martin 43
Buchner, Eduard 87
Büchner, Georg 77
Bulgarus 34
Bunsen, Robert W. *279*
Buridanus, Johannes 33

Canisius, Peter 56
Canterbury, Anselm v. 31
Carnap, Rudolf 97
Cassirer, Ernst 97
Celtis, Konrad 41, 43, 49
Champeaux, Wilhelm v. 31
Chartres, Bernhard v. 10
Christus 23
Cicero 48, Fig.7
Clairveaux, Bernhard v. 15, 32
Clemens V., Papst 35, 38
Clemens VI., Papst 39
Comenius, Johannes Amos 62
Compiègne, Roscelin v. 31
Conches, Wilhelm v. 31
Cornelius, Peter *101*
Cosia, Martinus 34
Cosmas 22f., *25*
Courçon, Robert v. 15, 32
Crotus Rubianus 49

Dahlmann, Friedrich Chr. 77ff.
Damian 22f., *25*,
Dante 33, 48
Delbrück, Hans 89f., Fig.51
Descartes, René 61
Dieter v. Isenburg *31*
Dinkelsbühl, Nikolaus v. 41
Diokletian 22
Dippe, Alfred 86
Döllinger, Ignaz 73
Dominikus 16
Donatus, Aelius 27, 49, Fig.7, 14
Duisberg, Carl 92
Duns Scotus, Johannes 33

Ebendorfer, Thomas 41
Eberhard im Bart, Graf *2, 130*, Fig.27, 30
Eberhard Ludwig, Herzog *129*
Echter v. Mespelbrunn, Julius *205, 207*

Eck, Johannes *62*
Ehrlich, Paul 87
Einstein, Albert 90,92, 96
Engels, Friedrich 68
Erasmus v. Rotterdam 49, 51, 53, Fig.29
Ernst-August, König 77
Erxleben, Dorothea 88, Fig.52
Eucken, Richard 87
Euklid 27, Fig.7
Euler-Chelpin, Hans v. 92
Ewald, Heinrich 77

Ferdinand I., Kaiser 41
Ferdinand III., Kaiser 38
Ferdinand IV., Kaiser 38
Ferdinand, Herzog *42*
Ferstel, Heinrich Frhr. v. *248*
Fichte, Johann G. 68f., 71f., 74, Fig.40
Fischer, Emil 87, 92
Follen, Karl 76
Förster, Friedrich W. 90
Franck, James 92
Fränkel, Ernst 97
Franz Joseph I., Kaiser *247*
Franz v. Assisi 16
Freyer, Hans 94
Friedrich d. Siegreiche, Kurfürst 42
Friedrich d. Streitbare, Kurfürst *25*
Friedrich I., Barbarossa, Kaiser 10, 14, 34
Friedrich II., Kaiser 11, 14
Friedrich III., Kaiser 41, 49
Friedrich Wilhelm III., König 71, Fig.43
Friedrich Wilhelm IV., König 80
Fries, Jakob F. 77

Galen 27, 50
Gärtner, Friedrich v. *233f.*
Georg II., König *33, 44*
Georg v. Peuerbach 41
Gervinus, Georg G. 77
Gesner, Johann M. 61
Gierke, Otto v. 90
Goebbels, Paul J. 98
Goethe, Johann W. v. 68, *252, 256*
Görres, Johann J. v. 73, 76
Gottesheim, Jakob v. *121*
Gottesmutter 22f., *25, 26a–d, 31, 112*, Fig.10
Gratian 34
Gregor IX., Papst 18, 32
Gretser, Jakob 56
Grieb, Wilhelm *114*
Grimm, Jakob 77
Grimm, Wilhelm 77
Grosser, Alfred 97
Gundling, Nikolaus 63

Haber, Fritz 90, 96
Hales, Alexander v. 17
Haller, Karl L. v. 75
Haller, Albrecht v. *222*
Hardenberg, Karl A. Fürst v. 71

Hauptmann, Gerhard 87
Heeren, Arnold 78
Hegel, Georg W. F. 72
Heidegger, Martin 94
Heine, Heinrich 77
Heinrich II., König 36
Heinrich V., Kaiser 34
Heinrich v. Langenstein 41
Heinrich v. Segusia 33, 36
Heisenberg, Werner K. 92
Herrad v. Landsberg Fig.8
Hertz, Gustav 92
Hess, Rudolf 100
Hieronymus 15, 22
Hippokrates 27
Hitler, Adolf 96f., 101
Holborn, Hajo 97
Homer 52
Horaz 63
Horkheimer, Max 97
Huber, Ernst R. 98
Huber, Kurt 100
Hufeland, Christoph W. 72
Hugo 34
Hugo v. Trimberg 33
Hugutio 34
Humboldt, Wilhelm v. 67, 70ff., 96, 98f., 101f., 105, Fig.42
Hus, Johannes 40
Hutten, Ulrich v. 49, 51

Ignatius v. Loyola 55
Ihering, Rudolf v. 72
Immermann, Karl 75
Inghen, Marsilius v. 28, 42
Innozenz II., Papst 32
Innozenz III., Papst 32
Irnerius 34
Isenburg, Dieter v. *31*
Ivo, Hl. 22f., *2*, *10–12*, *16*

Jacobus 34
Jahn, Friedrich L. 74, 76
Jedin, Hubert 97
Johann v.Gmunden 41
Johannes d. Evangelist *16*
Johannes d.Täufer 22
Johannes Regiomontanus 41
Johannes v. Salisbury 31
Johannes XXII., Papst 37
Jonas, Justus 53
Joseph II., Kaiser 64
Justinian 34
Justitia 23

Kant, Immanuel 63, 67f., Fig.38
Kantorowicz, Ernst 97
Karl d.Große, Kaiser 31
Karl Eugen, Herzog *226*
Karl IV., Kaiser 14, 39, 41, *194*, Fig.23
Karl V., Kaiser *18*
Katharina, Hl. 22f., *1*, *5*, *10ff.*, *14*, *27*, *43*, *72*, *117*
Kepler, Johannes *38*
Kerer, Johannes *59f.*
Kiefer, Dietrich G. 77
Kleist, Heinrich v. 74
Koch, Robert 87
Konrad v.Gelnhausen 28, 42
Körner, Theodor 74
Kotzebue, August v. 75
Kuczynski, Jürgen 97
Kues, Nikolaus v. 43
Kuhn, Helmut 97

Lachmann, Karl 72
Landsberg, Herrad v. Fig.8
Laon, Anselm v. 31
Laube, Heinrich 77
Laue, Max v. 90
Leibniz Gottfried W. 61f.
Lemercier, Jacques 34, 60
Lenard, Philipp 87, 98
Leopold II., Kaiser *118*
Liebig, Justus v. 84, *276f.*
Löwenthal, Richard 97
Löwith, Karl 97
Loyola, Ignatius v. 55
Luder, Peter 43, 49
Ludwig d. Reiche, Herzog *112*
Ludwig I., König 73, 78, *101*, *233f.*, *287*
Ludwig IX., König
Luitpold, Prinzregent *287*
Lukas, Hl. 22f., *16*, *28f.*, *34*
Luther, Martin 13, 47, 51ff., 55, 75, Fig.31
Lützow, Adolf Frhr. v. 74f., Fig.44

Madonna 22f., *14*, *25*, *26a–d*, *31*, *112*, Fig.10
Magnus, Albertus 15, 33, 43, Fig.1
Maimonides 15
Mann, Golo 97
Mann, Thomas 92
Marcuse, Herbert 97
Maria 22f., *14*, *25*, *26a–d*, *31*, *112*, Fig.10
Maria Theresia, Kaiserin 64, *213*
Marsilius v. Inghen 28, 42
Martin V., Papst 38
Martin, Hl. *32*
Martinus Cosia 34
Marx, Karl 105
Massow v. 71
Maßmann, Hans F. 75
Matthäus Paris 38
Maurer, Georg L. 73
Max-Planck-Gesellschaft 92
Maximilian I., Kaiser 41
Maximilian II., Kaiser 73, *131*
Maximilian, Herzog *42*
Meinecke, Friedrich 89
Meister Eckart 43
Melanchthon, Philipp 27, 51ff., 55, Fig.32
Mendel, Christoph *112*
Metternich, Klemens W. Fürst v. 76, 78f.
Meyer, Eduard 91
Meyerhof, Otto 92
Moerbecke, Wilhelm v. 15
Mohl, Robert v. 79
Mommsen, Theodor 87
Montez, Lola 78
Montgelas, Maximilian Graf v. 73
Moses *26a–d*
Müller, Johannes v. 72
Münchhausen, Gerhard A. 63
Mutian, Conrad 51

Napoleon, Kaiser 34, 67, 74f.
Naumann, Friedrich 89
Nernst, Walther H. 92
Neumann, Balthasar *219*
Neumann, Else *105*
Nicostrata Fig.7
Nikolaus V., Papst 40
Nikolaus v.Dinkelsbühl 41
Nikolaus v.Kues 43
Nikolaus, Hl. 22
Noah 23
Nursia, Benedikt v. 15

Odertzheim, Ludwig *113*
Odofredus 36
Oken, Lorenz 77
Oresmius, Nikolaus 33
Ostwald, W. 87

Pantaleon, Hl. *26a–d*
Pardubitz, Ernst v. 39
Paulus 22f., *10–12*
Payr, Erwin *108*
Pepo 24
Permetter v. Adorf, Johann *63*
Peter v. Andlau Fig.5
Petrarca 33, 48
Petrus Lombardus 27, 31, 52, Fig.7
Petrus, Hl. 22f., *24*
Peuerbach, Georg v. 41
Pfefferkorn, Johannes 49
Philipp d.Großmütige, Landgraf 55
Philipp II., König 24
Philipp, Prinz v.Bayern *42*
Piccolomini, Enea Silvio 41, *132*
Pius II., Papst 41, *132*
Planck, Max 90, 92
Plato 48, Fig.8
Pontanus, Jakob 56
Popper, Karl 97
Priscian Fig.7
Ptolemäus Fig.7
Pythagoras Fig.7

Radbruch, Gustav 90
Rahner, Karl 97
Raimund v. Pennafort 17
Ranke, Leopold v. 72
Raumer, Friedrich v. 72
Regiomontanus, Johannes v. 41
Reuchlin, Johannes 43, 49ff.
Reuter, Fritz 77
Richelieu 34
Robert de Sorbon 33, Fig.6, 18
Robert v. Courçon 15, 32
Roger Bacon 33
Roger v. Wendower 36
Rogerus 36
Rolandus 34
Röntgen, Wilhelm 87
Roscelin v.Compiègne 31
Rosenberg, Hans 97
Rothfels, Hans 97
Rotteck, Karl v. 77
Rudolf IV., Herzog 40, Fig.4
Ruprecht I., Kurfürst 41f.
Rust, Bernhard 95, 97, Fig.57

Salha v. der 74
Salisbury, Johannes v. 31
Salomon *25*
Salutati, Coluccio 48
Sand, Karl L. 75f.
Savigny, Friedrich C. v. 72
Schelling, Friedrich Wilhelm 68, 73, Fig.39
Schinkel, Karl F. *228*, *230*, *253*
Schleiermacher, Friedrich 69, 71f., 76, Fig.41
Schlözer, Dorothea v. 88
Schmoller, Gustav v. 89
Scholl, Hans 100
Scholl, Sophie 100
Schram, Johannes 29
Schwag, Gustav *183*
Semper, Gottfried *235*
Seneca Fig.7
Siebold, Josepha v. 88

Siebold, Marianne T. v. 88
Siemens, Carl Fr. v. 92
Sigbert, König 31, 36
Siger v. Brabant 33
Sigismund, Kaiser 40
Soarius 56
Sokrates Fig.8
Sorbon, Robert de 33, Fig.6, 18
Spinoza, Baruch 63
Stark, Johannes 92
Steffen, Henrik 70
Stein, Heinrich F. K. Frhr. vom 71
Stern, Otto 96
Stresemann, Gustav 92

Tegen, Johannes *66*
Teutonicus, Johannes 34
Theodosius II., Kaiser 31
Thiersch, Wilhelm v. 73
Thomas v. Aquin 15, 17, 33, 43, 56, Fig.1
Thomasin v. Zerclaere *68*
Thomasius, Christian 62, *46*, Fig.36
Tillich, Paul 97
Trimberg, Hugo v. 33
Tudeschis, Nicolaus 36

Ulenberg, Caspar *64f.*
Ulrich v.Hutten 49, 51
Urban II., Papst 34
Urban IV., Papst 41
Urban V., Papst 36, 40, Fig.4
Urban VI., Papst 41

Valentin, Veit 97
Vergenhans, Johannes *66*
Vergius 92
Vinzenz v.Beauvais 31
Virchow, Hans *72, 107*
Vogt, Heinrich *122*

Wagner, Mathilde 88
Waldburg, Gebhard Truchseß v. *117*
Wallach, Otto 87
Warburg, Otto H. v. 92
Weber, Alfred 97
Weber, Gebrüder 89
Weber, Max 84
Weber, Wilhelm 77
Welcker, Karl T. 77
Wendower, Roger v. 36
Wenzel IV., König 39f., *194*
Wieland, Heinrich 92
Wien, Wilhelm 87
Wilhelm I., König *48, 133*
Wilhelm II., Kaiser *251*
Wilhelm v. Champeaux 31
Wilhelm v. Conches 31
Wilhelm v. Moerbecke 15
Willstätter, Richard 90
Wilson, Woodrow 89
Wimpfeling, Jakob 43, 49
Windaus, Adolf O. 92
Wolf, Christian 61
Wolf, Friedrich A. Fig.49
Wyclif, John v. 40

Zantfurt, Johannes *41*
Ziegler, Christina M. 88
Zerclaere, Thomasin v. *68*

ORTSREGISTER

Aachen 56, 87, 102, 107f., *240*
Aberdeen 44
Aix 44
Alcala 38, 44
Altdorf 55, 57, 60, 65ff., *126, 149*, Fig.37
Amberg 67
Angers 44
Arezzo 35, 44
Aschaffenburg 87
Augsburg 56, 106, 108
Avignon 44

Bacharach 42
Bamberg 56f., 60, 65ff., 76, 106, 108
Barcelona 44
Basel 12, 29f., 41, 43f., 49f., 52, 55, 60, 65, 104, 108, *3f., 13, 27–29, 36f., 39, 73ff., 113f., 120ff., 132, 168, 204*, Fig.5
Bayreuth 106, 108
Berlin 61, 66f., 69–73, 75, 78f., 80f., 86f., 89, 95ff., 102, 105, 107, 108, *105, 107, 109, 111, 136f., 241, 243f., 250f., 282*, Fig.39, 43, 53, 62
Bern 103f., 108
Bethel 107f.
Bielefeld 106ff.*299*
Bochum 106ff., *292, 307*
Bologna 9, 11, 13, 17ff., 21, 31f., 34–39, 44, 57, 87, Fig.19
Bonn 64ff., 80f., 83, 86f., 89, 102, 107f., *119, 157, 176, 184, 211f., 253, 262, 275*
Bordeaux 44
Bourges 44
Bratislava 44
Braunschweig 87, 102, 108
Bremen 106, 108, *302*
Breslau 56, 60, 66, 70, 80f., 83, 86f.
Buda 12, 44

Caen 44
Cahors 44
Cambridge 11, 12, 17, 21, 24, 31, 36ff., 44
Catania 44
Chartres 15, 31
Chemnitz 105, 108
Clausthal 87, 108
Coburg 80
Coimbra 38, 44

Danzig 87
Darmstadt 87, 102, 107f.
Dillingen 57, 60, 65ff., *21, 77*
Dole 44
Dortmund 106ff.
Dresden 87, 105, 108
Dublin 12
Duisburg 55, 65f., 106, 108
Düsseldorf 56, 102, 106ff.

Eichstätt 24, 56, 73, 106ff.
Eisenach 75f., 79, Fig.45
Ellwangen *20*
Erfurt 12, 22, 29f., 39f., 43f., 49, 56f., 60, 65f., 108 *23, 142, 199f., 202, 216f.*
Erlangen 60, 63ff., 67, 73, 75, 80f., 86, 102, 107f., *125, 159, 224, 258*
Essen 106ff.
Ettal 60

Ferrara 44
Flensburg 106, 108
Florenz 44
Frankfurt/M. 87, 92, 102, 107f., *284*, Fig.54f.
Frankfurt/O. 12, 50, 55, 60f., 65f., *71, 77–80*
Freiberg 105, 108
Freiburg 12, 30, 44, 50, 57, 60, 65, 77, 81, 86, 88f., 94, 102, 107f., *8, 10, 11, 12, 59, 138–141, 167*
Fribourg 103, 108
Friedrichsruh *52*
Fulda 56, 60, 64, 65f., 107f.

Genf 103f., 108
Genua 60
Gießen 55, 60, 65, 75, 77, 81, 84, 86, 88, 102, 107f., *18, 51, 90, 128, 158, 277, 285*
Glasgow 44
Göttingen 48, 60, 63–67, 71, 73, 75, 77ff., 81, 83, 86, 102, 107f., *33, 44, 150, 172, 174, 182, 218, 220, 222, 227, 231, 259, 269f., 300*, Fig.46, 56f.
Graz 56f., 60, 64f., 87, 104, 108
Greifswald 12, 30, 44, 50, 55, 60, 65, 81, 86, 105, 108
Grenoble 44

Hagen 65, 106
Halle 48, 60–67, 71f., 75, 78, 81, 83, 85f., 88, 108, *46, 229f.*, Fig.49, 50
Halle-Wittenberg 105
Hambach 76
Hamburg 92, 102, 106ff., *186, 189, 265f.*
Hannover 87, 102, 106, 108 *232, 242*
Heidelberg 12, 22, 24, 28ff., 39–44, 49, 52, 54f., 60, 65, 75, 78, 81, 86, 100, 102, 106ff., *5, 22, 24, 49f., 56, 80, 151, 165, 175, 177, 181, 187, 209, 278f., 288f., 301*, Fig.25, 33
Helmstedt 55, 57, 60, 65f.
Herborn 55, 60, 65f.
Herdecke 106, 108
Hildesheim 56, 106, 108
Hohenheim 87, 108
Huesca 38, 44

Ilmenau 108
Ingolstadt 12, 24, 30, 44, 49f., 56f., 60, 65ff., 73, *14–16, 40, 42f., 62f., 72, 112, 115ff., 193, 221, 223*
Innsbruck 57, 60, 64–67, 104, 108, *76, 92ff., 208*

Jena 55, 60, 65f., 68, 71, 74f., 76ff., 81, 86, 105, 108, *162ff., 196, 252, 255f., 283, 286*

Kaiserslautern 61, 106, 108
Kaiserswerth 42
Karl-Marx-Stadt s. Chemnitz
Karlsbad 76
Karlsruhe 87, 102, 107f.
Kassel 63, 106, 108
Kiel 55, 60, 65f., 75, 81, 86, 102, 106, 108
Klagenfurt 104, 108
Koblenz 106, 108
Köln 12, 17, 22, 24, 29f., 39f., 42ff., 49, 52, 56f., 60, 65f., 87, 92, 102, 107f., *6, 26 a–d, 58, 64f., 293*, Fig.26
Königsberg 55, 60, 65f., 71, 81, 83, 86f., *7, 106, 169, 190, 245*.
Konstanz 40f., 106, 108, *295ff.*
Kopenhagen 12, 44
Kösen 80
Krakau 12, 44

Landau 106
Landshut 67, 73, *160*
Lausanne 103, 108
Leipzig 12, 22, 29f., 40, 44, 49, 55, 60, 62, 65f., 72, 74f., 81, 83, 86f., 89, 105, 108, *9, 25, 99, 108, 146, 156, 180, 228*, Fig.15, 35
Lenda 44

Leoben 104, 108
Lerida 38
Leyden *78*
Lincoln 36
Linz 56, 104, 108
Lissabon 38, 44
Löwen 12, 30, 44, 56
Lübeck 106, 108
Ludwigsburg 106, 108
Lüneburg 63, 108
Luzern 104, 108

Magdeburg 108
Mainz 12, 29, 44, 50, 56f., 60f., 65f., 102, 106ff., *30ff.*, *34f.*, *81–86*, *210*, Fig.10
Mannheim 87, 108
Marburg 55, 60f., 65f., 78, 81, 86, 102, 107f., *18*, *47*, *54*, *197f.*, *246*, *260*
Molsheim 57
Montpellier 17, 44
München 22, 60, 67, 72f., 78, 80f., 83, 85–89, 92, 100, 102, 106ff., *101–104*, *110*, *131*, *188*, *233f.*, *254*, *267*, *272*, *276f.*, *287*, *291*, *303–306*, *308*
Münster 56f., 64ff., 102, 107, *53*, *135*, *185*

Nantes 44
Neapel 11f., 14, 44
Neuchâtel 104, 108
Neuendettelsau 107f.
Northampton 37
Nürnberg 49, 87, 107

Oldenburg 106, 108
Olmütz 60, 64
Orange 44
Orléans 24, 31f., 44
Osnabrück 57, 106, 108
Oxford 9, 11, 12, 17, 21, 24, 29–32, 36ff., 44, 55, Fig.20, 21

Paderborn 56f., 60, 65f., 106ff.
Padua 12, 31, 35, 44
Palencia 38, 44
Palma 44
Paris 9, 11, 13, 15–19, 21, 23f., 29–34, 36–44, 55, 77, 87 Fig.17,
Passau 56, 67, 106, 108
Pavia 31, 44
Pecz 12, 44
Perpignan 44
Perugia 44
Piacenza 44
Pisa 44
Poitiers 44
Poppelsdorf *275*
Prag 12, 21f., 29, 39–42, 44, 57, 60, 65, 87, *194*

Ravenna 44
Regensburg 56, 67, 106ff., *298*
Reggio 44
Reichenau 15
Reims 31
Reutlingen 106, 108
Rinteln 55, 60, 65f.
Rogau Fig.44
Rom 13, 44, 57, Fig.34
Roncaglia 10
Rostock 12, 30, 43f., 55, 60, 65, 81, 86, 105, 108, *97*
Rudelsburg *173*

Saaleck *173*
Saarbrücken 102, 107f.
Salamanca 12, 38, 44, 60, Fig.22
Salerno 19, 33, 44, 87
Salzburg 57, 60, 65ff., 104, 108
Schwäbisch Gmünd 106, 108
Schweinfurt 61
Sevilla 38, 44
Siegen 106, 108
Siena 12, 44
Siguenza 44
Speyer 42, 56, 107f.
St. Andrews 44
St.Gallen 104, 108
Stamford 37
Straßburg 55, 65f., 83, 85f., 92
Stuttgart 64ff., 87, 102, 107f., *191f.*

Tirol 67
Toulouse 12, 17, 18, 24, 44
Tours 31
Treviso 44
Trient 55
Trier 12, 43f., 50, 55, 57, 60, 65f., 106ff.
Tübingen 12, 30, 44, 50, 53, 55, 60, 63, 65, 81, 86, 102, 108, *1f.*, *20*, *38*, *66f.*, *70f.*, *95ff.*, *129f.*, *133f.*, *143ff.*, *152–155*, *161*, *183*, *203*, *225ff.*, *271*, Fig.27, 30
Turin 44

Ulm 106, 108
Uppsala 12, 44

Valence 44
Valencia 44
Valladolid 38, 44
Vercelli 44
Vicenza 35, 44

Weimar 75, 91f., 94, 98, 100, 108
Weingarten 106, 108
Wien 12, 21f., 24, 29f., 39ff., 44, 49, 52, 56f., 60, 63, 65, 77f., 87, 104, 108, *19*, *79*, *118*, *195*, *213ff.*, *247ff.*, *257*, *264*, *274*, *281*, *290*, Fig.4, 11, 24
Witten-Herdecke 107
Wittenberg 12, 47, 50ff., 55, 60, 65f., 88
Wolfenbüttel 63
Worms 24, 42, 56
Wuppertal 106ff.
Würzburg 12, 56f., 60, 65, 67, 73, 81, 86, 102, 107f., *41*, *69*, *127*, *205ff.*, *219*, *261*, *263*

Ybbs 41

Zaragoza (Saragossa) 38, 44
Zürich 79, 87f., 103f., 108, *235–239*, *268*, *273*, *280*

Bildnachweis

Die vom Institut für Hochschulkunde Würzburg zur Verfügung gestellten Abbildungen stammen aus den Sammlungen des Verbandes Alter Corpsstudenten, der Stadt Würzburg, der Deutschen Gesellschaft für Hochschulkunde sowie der Studentengeschichtlichen Vereinigung des Coburger Convents.

Archiv der Albert-Ludwigs-Universität, Freiburg Abb. 8, 10, 11, 12
Archiv Callwey, München Abb. 126, 233
Archiv der Eberhard-Karls-Universität, Tübingen Abb. 38, 133
Archiv der Friedrich-Schiller-Universität, Jena, Kustodie Abb. 45, 163, 164, 283
Archiv der Georg-August-Universität Göttingen Abb. 33, 231
Archiv der Johann-Wolfgang-Goethe-Universität, Frankfurt Abb. 284
Archiv der Justus-Liebig-Universität, Gießen Abb. 158, 286
Archiv der Karl-Marx-Universität, Leipzig, Kunstsammlung Abb. 9
Archiv der Ludwig-Maximilians-Universität, München Abb. 14, 15, 16, 40, 42, 43, 77, 78, 80, 112, 160, 188, 267, 291, 306 (Foto F.M. Schmidt), 307; Fig. 58, 59, 60, 61
Archiv der Martin-Luther-Universität Halle (Foto D. Brandt) Abb. 229
Archiv der Ruprecht-Karls-Universität, Heidelberg Abb. 288 (Foto Gottmann), 289
Archiv der Technischen Universität, München, Pressestelle Abb. 303, 304, 305, 308 (Foto W. Waschkowski)
Archiv der Universität, Hannover Abb. 242
Archiv der Universität zu Köln, Pressestelle Abb. 293
Archiv der Universitätsbibliothek Erlangen–Nürnberg, Erlangen Abb. 51, 68, 125
Archiv der Universitätsbibliothek, Gießen Abb. 90
Archiv der Universitätsbibliothek, Heidelberg Abb. 278, 279
Archiv der Westfälischen Wilhelms-Universität, Münster Abb. 53, 135, 185
Archiv des Universitätsbauamts, Erlangen Abb. 258
Archiv für Kunst und Geschichte, Berlin Abb. 56, 105, 109, 111, 136, 165, 277, 282, 301
Atelier 5 Architekten und Planer, Bern Abb. 191, 192

Bavaria Bilderdienst, Gauting (Foto Christ) Abb. 179
Bayerisches Hauptstaatsarchiv, München Abb. 21
Bayerisches Nationalmuseum, München Abb. 55
Bildarchiv der Universitäts-Sternwarte, Jena Abb. 255, 256
Bildarchiv Foto Marburg, Marburg Abb. 54, 67, 197, 227, 246
Bischöfliches Ordinariat, Mainz Abb. 30, 31, 32, 34, 35
Botanischer Garten, München Abb. 272
British Library, London Abb. 153
Buhl, Rüdiger, Kirchzarten Abb. 59, 60, 138–141
Bundesdenkmalamt, Wien Abb. 249

Corps Rhenania, Bonn (Foto Günther Brenner) Abb. 170, 171

Deutsche Staatsbibliothek, Berlin Abb. 57, 58
Deutsches Museum, München Abb. 276

Foto Friedrich, Leipzig Abb. 146
Foto Lohoff, Bochum Abb. 292
Foto Mader, Nürnberg Abb. 72
Foto Paulmann-Jungeblut, Berlin Abb. 250

Germanisches Nationalmuseum, Nürnberg Abb. 22, 24
Glasow, Gertrud, Erlangen Abb. 224
Grohe, Manfred, Kirchentellinsfurt Abb. 20, 48, 129, 130
Gursky, Andreas, Düsseldorf Abb. 307

Heidersberger, H., Wolfsburg Abb. 300
Hell, Hellmut, Reutlingen Abb. 1, 2, 66, 161, 226
Heman, Peter, Basel Abb. 204
Hessisches Staatsarchiv, Darmstadt Abb. 82, 84, 85
Historisches Institut der RWTH, Aachen Abb. 240
Historisches Museum, Basel Abb. 3, 4
Hoffmann, Heide, Hamburg Abb. 190, 245 (Foto K.H. Clasen)

Institut für Hochschulkunde, Würzburg Abb. 17, 25, 41, 44, 46, 52, 69, 70, 71, 73, 87, 88, 89, 90, 95, 96, 97, 98, 99, 100, 106, 108, 123, 124, 127, 137, 147, 148, 149, 150, 151, 154, 156, 157, 159, 162, 167, 169, 172, 173, 174, 175, 176, 180, 181, 183, 193, 203, 205, 206, 213, 218, 220, 222, 225, 228, 230, 232, 241, 251, 252, 253, 259, 260, 261, 263, 269, 270, 275; Fig. 27, 37, 49
Interfoto Pressebild-Agentur, München Abb. 107

Keetman, Peter, Breitbrunn Abb. 234
Krüger, Torsten, Bremen Abb. 210, 302
Krupp, Bruno, Freiburg Abb. 294–297
Kunsthistorisches Institut der Universität Heidelberg (Foto I. L. Klinger) Abb. 5

Landesamt für Denkmalpflege Rheinland-Pfalz, Mainz Abb. 201
Landesbildstelle, Berlin Abb. 243
Landesbildstelle, Wien Abb. 248, 257
Landesdenkmalamt Baden-Württemberg, Tübingen (Foto K. Göhner) Abb. 271
Landesmuseum, Mainz Abb. 81, 83, 86
Lichtbildwerkstätte Alpenland, Wien Abb. 195

Medizinische Akademie, Erfurt Abb. 199, 202
Münchner Stadtmuseum, München Abb. 101 (Inv.-Nr. MII/354c), 102 (354b), 103 (354a), 104 (354d)

Neubert, Sigrid, München Abb. 298, 299
Neumann, Peter, Ammerbuch Abb. 155
Neumeister, Werner, München Abb. 194

Öffentliche Bibliothek der Universität Basel, Basel Abb. 13, 61, 74, 75, 113, 114, 120, 121, 122

Pfistermeister, Ursula, Fürnried Abb. 214, 215
Photo Gundermann, Würzburg Abb. 207, 219

Rheinisches Amt für Denkmalpflege, Brauweiler Abb. 262
Rheinisches Bildarchiv, Köln Abb. 6, 26, 64, 65; Fig. 26

Sammlung Deutsche Gesellschaft für Hochschulkunde (DGfH) im IfH Fig. 44
Schmidt, Christel, Gießen Abb. 18, 51, 128
Schmidt-Glassner, Helga, Stuttgart Abb. 177, 178, 287
Schwarz, Michael, Heidelberg Abb. 209
Staatl. Landesbildstelle, Hamburg Abb. 189, 265 (Foto Johann u. Heinrich Hamann)
Staatliche Museen Preußischer Kulturbesitz, Berlin Abb. 132
Staatsarchiv, Basel Abb. 27, 28, 29, 36, 37, 39, 168
Stadtarchiv, Erfurt Abb. 23, 200, 216, 217
Stadtarchiv, Ingolstadt Abb. 62, 63, 223
Stadtarchiv, München Abb. 110, 233
Stadtarchiv und Wissenschaftliche Stadtbibliothek, Bonn Abb. 119, 184, 211, 212
Stadtverwaltung Tübingen, Kulturamt Abb. 91 (Foto Alfred Göhner), 154
Süddeutscher Verlag, Bilderdienst, München Abb. 306; Fig. 62

Technische Universität, Berlin Abb. 244
Tietz, Thomas, München Abb. 115, 116, 117, 131
Tiroler Landesmuseum Ferdinandeum, Innsbruck Abb. 76, 92, 93, 94, 208

Universitäts-Sternwarte, München Abb. 254

Verlag Edm. von König, Dielheim Abb. 178
von Voithenberg, G. u. E., München Abb. 221

Württembergische Landesbibliothek, Stuttgart Abb. 152

Die untenstehenden Abbildungen wurden aus folgenden Büchern entnommen (vollständige Angaben siehe Literaturverzeichnis):
Beiträge zur Geschichte der Universität Erfurt, H. 13, Erfurt 1967 Abb. 142
Das Universitätsgebäude zu Marburg..., Marburg 1891 Abb. 198
Die Universität Hamburg, Düsseldorf o.J. Abb. 186, 266
Die Universität Tübingen..., Tübingen 1977 Abb. 143
Die Universität Wien ..., Düsseldorf 1929 Abb. 264, 274, 281
A. v. d. Driesch, Geschichte der Tiermedizin, München 1990 Abb. 268
Festschrift zum 75jährigen Bestehen der ETH Zürich, Zürich 1930 Abb. 235, 236, 237, 238, 239, 273, 280
R. Fick, Auf Deutschlands hohen Schulen, Berlin-Leipzig 1900 Abb. 166
F. Gall, Alma mater Rudolphina, Wien 1965 Abb. 79, 118, 247, 290 (Foto F. Votava)

Geschichte der Universität Jena, Jena 1958 Abb. 285
G. Heer, Marburger Studentenleben, Marburg 1927 Abb. 47
W. Hubatsch (Hrsg.), Die Albertus-Universität zu Königsberg/Preußen in Bildern ..., Würzburg 1966 Abb. 7
Neyffer/Ditzinger, Illustrissimi Wirttembergici Novi Collegii ..., Tübingen um 1607 Abb. 144, 145
G. Richter, Die Insignien der Universität Tübingen, Tübingen 1964 Abb. 49, 50
L. Schmieder, Ruperto Carola, Die Universität Heidelberg, Heidelberg 1931 Abb. 187
Die 600-Jahrfeier der Universität Wien, Wien 1965 Abb. 19
400-Jahrfeier der Philipps-Universität Marburg 1927, Marburg 1928 Abb. 134
E. Weigel, Speculum Uranicum ..., Jena 1661 Abb. 196

Die Abbildungen der Figuren wurden sämtlich aus folgenden Büchern entnommen (mit Ausnahme der Figuren 26, 27, 37, 44, 49, 58, 59, 60, 61, 62):

Akademischer Senat (Hrsg.), Die Universität Wien ..., Düsseldorf 1929 Fig. 4, 11
R. Alt, Bilderatlas zur Schul- u. Erziehungsgeschichte, Bd. 1, Bd. 2, Berlin 1971 Fig. 2, 7, 8, 9, 14, 25, 45, 47, 48, 51
T.H. Aston (Hrsg.), The history of the University of Oxford, Vol. V, Oxford 1984 Fig. 21
Carmen heroicum de typo depositionis ..., Erfurt/Wittenberg 1578 Fig. 28
Dahms/Becker/Wegeler (Hrsg.), Die Universität Göttingen unter dem Nationalsozialismus, München u.a. Orte 1987 Fig. 56, 57
H. Decker-Hauff, W. Setzler, Die Universität Tübingen ..., Tübingen 1977 Fig. 30
R. Fick, Auf Deutschlands hohen Schulen, Berlin/Leipzig 1900 Fig. 15, 35
M. Flesch-Thebesius, J.-W.-Goethe-Universität Frankfurt/M., Frankfurt 1964 Fig. 54
R.H. Foerster, Das Leben in der Gotik, München 1969 Fig. 12
A.L. Gabriel, Garlandia, Frankfurt/M. 1969 Fig. 3, 18
P.L. Ganz, Die Miniaturen der Basler Universitätsmatrikel, Basel/Stuttgart 1960 Fig. 5
H. Graven, Das große Siegel der alten Kölner Universität ..., Köln 1934 Fig. 17
Die Humboldt-Universität ..., Berlin 1960 Fig. 39, 40
K. Jordak, Die Universität Wien ..., Wien 1965 Fig. 24
S. d'Irsay, Histoire des Universités Françaises ..., Paris 1933 Fig. 6, 20
L. Just, H. Mathy, Die Universität Mainz ..., Mainz 1965 Fig. 10
Kat. Hessische Universitäten und Studenten ..., Wiesbaden 1986 Fig. 55
G. Könnecke, Bilderatlas zur Geschichte der deutschen Nationalliteratur, Marburg 1895 Fig. 38, 41, 42
O. Liebmann, Die juristische Fakultät der Universität Berlin, Berlin 1910 Fig. 43
A. Piltz, Die gelehrte Welt des Mittelalters, Köln/Wien 1982 Fig. 1, 13
E. Reicke, Der Gelehrte ..., Nachdr. Bayreuth 1924 Fig. 16, 31
E. Reicke, Lehrer und Universitätswesen ..., Leipzig 1901 Fig. 29, 32, 33
K. Rückbrod, Universität und Kollegium ..., Darmstadt 1977 Fig. 19, 34
F. Seibt (Hrsg.), Kaiser Karl IV., ..., München 1978 Fig. 23
G. von Selle, Universität Göttingen, ..., Göttingen 1953 Fig. 46
450 Jahre Martin-Luther-Universität Halle-Wittenberg, Bd. II, Halle? 1945 Fig. 36, 50, 52, 53
J.A. Villar, La universidad de Salamanca ..., Salamanca 1972 Fig. 22